Cláudio Vicentino

Bacharel e licenciado em Ciências Sociais pela Universidade de São Paulo (USP)

Professor de História do Ensino Médio e de cursos pré-vestibulares

Autor de obras didáticas e paradidáticas para Ensino Fundamental e Médio

José Bruno Vicentino

Bacharel e licenciado em História pela Pontifícia Universidade Católica (PUC-SP)

Professor de História do Ensino Fundamental, Médio e de cursos pré-vestibulares

Autor de obras didáticas para Ensino Fundamental e Médio

O nome ***Teláris*** se inspira na forma latina *telarium*, que significa "tecelão", para evocar o entrelaçamento dos saberes na construção do conhecimento.

TELÁRIS

HISTÓRIA

6

editora ática

editora ática

Direção Presidência: Mario Ghio Júnior
Direção de Conteúdo e Operações: Wilson Troque
Direção editorial: Luiz Tonolli e Lidiane Vivaldini Olo
Gestão de projeto editorial: Mirian Senra
Gestão de área: Wagner Nicaretta
Coordenação: Eduardo Guimarães
Edição: Solange Mingorance, Flávia Merighi Valenciano, Carolina Ocampos Alves e Wellington Santos (editores), Ligia Torres Figueiredo (edit. assist.)
Planejamento e controle de produção: Patrícia Eiras e Adjane Queiroz
Revisão: Hélia de Jesus Gonsaga (ger.), Kátia Scaff Marques (coord.), Rosângela Muricy (coord.), Ana Curci, Ana Maria Herrera, Ana Paula C. Malfa, Arali Gomes, Brenda T. M. Morais, Carlos Eduardo Sigrist, Claudia Virgilio, Daniela Lima, Diego Carbone, Flavia S. Vênezio, Gabriela M. Andrade, Hires Heglan, Lilian M. Kumai, Luciana B. Azevedo, Luís M. Boa Nova, Patricia Cordeiro, Sandra Fernandez, Sueli Bossi, Tayra Alfonso, Vanessa P. Santos; Amanda T. Silva e Bárbara de M. Genereze (estagiárias)
Arte: Daniela Amaral (ger.), Claudio Faustino e Erika Tiemi Yamauchi (coord.); Katia Kimie Kunimura, Yong Lee Kim, Jacqueline Ortolan e Lívia Vitta Ribeiro (edição de arte)
Diagramação: Daniel Aoki e Arte ação
Iconografia e tratamento de imagem: Sílvio Kligin (ger.), Denise Durand Kremer (coord.); Angelita Cardoso e Mariana Sampaio (pesquisa iconográfica); Cesar Wolf e Fernanda Crevin (tratamento)
Licenciamento de conteúdos de terceiros: Thiago Fontana (coord.), Luciana Sposito (licenciamento de textos), Erika Ramires, Luciana Pedrosa Bierbauer, Luciana Cardoso Sousa e Claudia Rodrigues (analistas adm.)
Ilustrações: Alessandro Meiguins, Carlos Bourdiel, Débora Biachi, Fabio Otubo, Hector Gomez, J. Rodrigues, Kazuhiko Yoshikawa, Luís Moura, Luiz Iria, Luiz Maia, Mariana Moreira Henrique da Rocha, Osnei Roko, Rodval Matias, Sattu, Tiago Cordeiro e Theo Szczepanski
Cartografia: Eric Fuzii (coord.), Robson Rosendo da Rocha (edit. arte) e Portal de Mapas
Design: Gláucia Correa Koller (ger.), Adilson Casarotti (proj. gráfico e capa), Erik Taketa (pós-produção), Gustavo Vanini e Tatiane Porusselli (assist. arte)
Foto de capa: Robert Harding World Imagery/Getty Images

Avenida das Nações Unidas, 7221, 3º andar, Setor A
Pinheiros – São Paulo – SP – CEP 05425-902
Tel.: 4003-3061
www.atica.com.br / editora@atica.com.br

Dados Internacionais de Catalogação na Publicação (CIP)

Vicentino, Cláudio
Teláris história 6º ano / Cláudio Vicentino, José Bruno Vicentino. - 1. ed. - São Paulo : Ática, 2019.

Suplementado pelo manual do professor.
Bibliografia.
ISBN: 978-85-08-19326-4 (aluno)
ISBN: 978-85-08-19327-1 (professor)

1. História (Ensino fundamental). I. Vicentino, José Bruno. II. Título.

2019-0109 CDD: 372.89

Julia do Nascimento - Bibliotecária - CRB-8/010142

2023
Código da obra CL 742189
CAE 648351 (AL) / 648352 (PR)
1ª edição
5ª impressão
De acordo com a BNCC.

Impressão e acabamento: Bercrom Gráfica e Editora

Apresentação

Muita gente questiona: por que estudar História? Por que precisamos saber o que aconteceu no passado?

Essas perguntas, feitas frequentemente por alguns alunos, nos motivaram a escrever uma coleção que pretende despertar seu interesse pelo estudo dessa disciplina.

Não se trata de decorar datas ou de falar sobre assuntos que parecem distantes da sua realidade. Neste estudo da História, você encontrará inúmeras oportunidades de relacionar o passado com o presente e compreender diferentes formas de pensar e agir do ser humano. Por que isso importa? Porque vai ajudar você a compreender melhor o mundo em que vivemos, a identificar a necessidade de mudanças e defender a permanência das conquistas sociais, políticas, econômicas e culturais.

Você faz parte da História, você faz História – e como cidadão precisa construir conhecimento sobre os mais variados assuntos de maneira crítica e participativa. Aprender História é um rico caminho para desenvolver o senso crítico, a capacidade de análise e entendimento, a valorização dos legados culturais e a percepção das permanências e mudanças presentes nas diferentes sociedades ao longo do tempo.

Nesta coleção você vai conhecer sujeitos, lugares, períodos, investigações, processos e eventos históricos do Brasil e das diversas regiões do mundo, desde os primórdios da humanidade até os dias atuais. Vai compreender diferentes conceitos e concepções científicas; interpretar documentos escritos e imagéticos; perceber como a História dialoga com as outras disciplinas. Vai descobrir que estudar História pode fazer diferença na sua formação.

Bom ano de estudo!

Os autores

CONHEÇA SEU LIVRO

Este livro é dividido em **quatro unidades**, subdivididas em **capítulos**.

Abertura de unidade

As aberturas de unidade trabalham a leitura de imagem e apresentam um breve texto de introdução aos principais temas que serão tratados.

Abertura de capítulo

As aberturas de capítulo apresentam um texto introdutório e uma imagem cujo propósito é estimulá-lo a refletir sobre o tema tratado e a relacionar passado e presente.

Trabalhando com documentos

Presente em todos os capítulos, esta seção permitirá a você conhecer e analisar os mais diferentes tipos de documentos históricos.

Glossário

As palavras e as expressões destacadas no texto com **grifo verde** remetem ao glossário na lateral da página, que apresenta a definição desses termos.

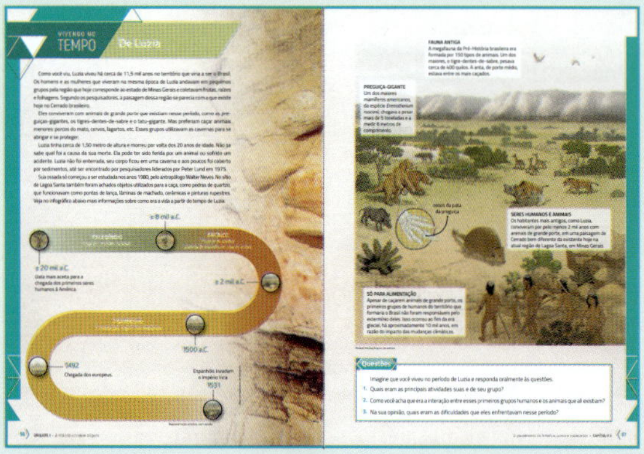

Vivendo no tempo

O objetivo desta seção é demonstrar aspectos da vida em um determinado tempo ou contexto histórico.

Infográfico

Seção especial que trata os conteúdos mais complexos de forma gráfico-visual, auxiliando na compreensão de determinados temas.

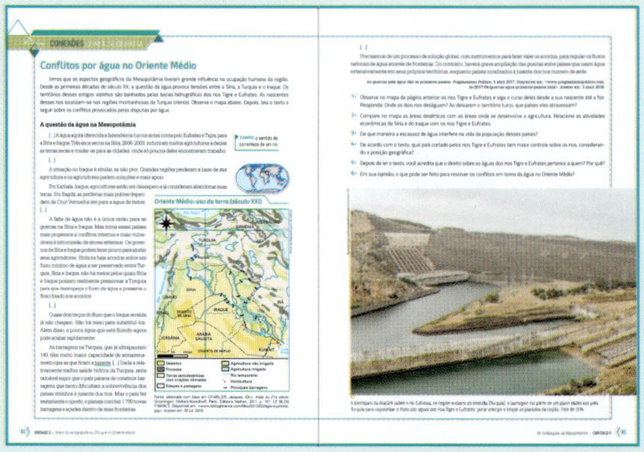

Conexões

Seção que valoriza a interdisciplinaridade, relacionando a História com outros saberes, disciplinas e áreas do conhecimento. Ela aparece em momentos diferentes em cada volume.

Mapeando saberes

Ao final de cada capítulo, você encontrará uma síntese dos principais tópicos estudados. Esta seção está dividida em **Atenção a estes itens** e **Por quê?**.

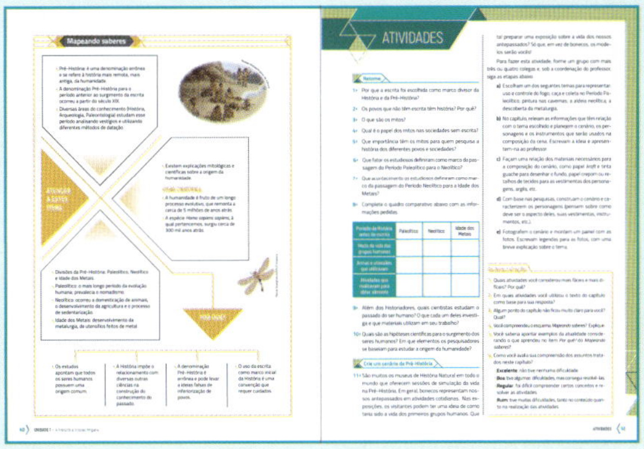

Atividades

No final dos capítulos, você vai encontrar exercícios de retomada do conteúdo estudado, de análise de documentos e propostas de atividades práticas.

Autoavaliação

Seção voltada à autoanálise do aprendizado. Traz questões cognitivas e atitudinais e propõe uma reflexão sobre suas facilidades e dificuldades no estudo do capítulo.

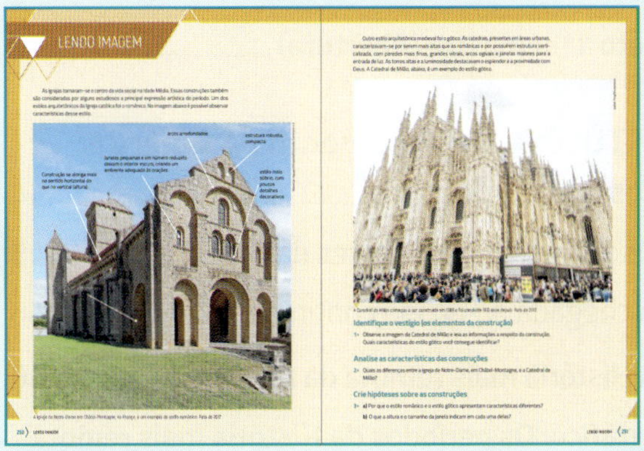

Lendo imagem

Seção que encerra cada unidade. Primeiro, apresenta a análise de uma imagem e, depois, propõe outra imagem para você ler, seguindo etapas que vão ajudá-lo a desenvolver essa competência.

Projeto do semestre

Promove a cidadania por meio da reflexão e do debate de temas da atualidade. A seção aparece duas vezes no livro e traz oportunidades de trabalhos práticos envolvendo a escola onde você estuda e a comunidade onde vive.

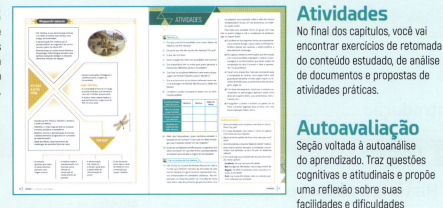

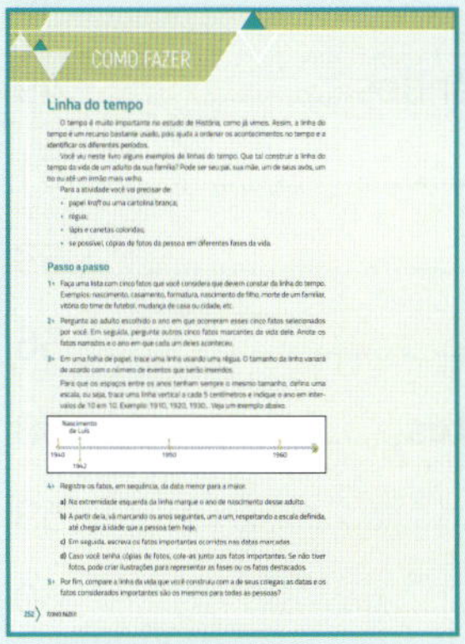

Como fazer

Aparece no final do livro e vai orientá-lo a desenvolver procedimentos úteis em seus estudos escolares, como fichamentos, trabalhos em equipe, leitura de mapas históricos, entre outros.

Saiba mais

Este boxe traz comentários sobre dúvidas ou polêmicas envolvendo interpretações ou concepções históricas e o aprofundamento de um dos assuntos tratados no capítulo.

Construindo conceitos

Boxe que explica conceitos importantes da História.

Distribuídos ao longo dos capítulos, estes boxes trazem dicas de filmes, livros, músicas e *sites* relacionados aos temas estudados para você explorar e aprofundar seus estudos.

De olho na tela

Minha biblioteca

Mundo virtual

Minha *playlist*

SUMÁRIO

Sergi Reboredo/Alamy/Fotoarena

Reprodução/Museu de Arqueologia e Etnologia da USP, São Paulo, SP.

Unidade 2

Povos da Antiguidade na África e no Oriente Médio

Unidade 3

O mundo antigo: Grécia e Roma

Unidade 4

O período medieval: sociedade, política e religião

The Bridgeman Art Library/Keystone Brasil/Arquivo da Coroa de Aragão, Barcelona, Espanha.

INTRODUÇÃO

Nos anos anteriores, você aprendeu muita coisa importante relacionada aos seres humanos e aos lugares onde vivem.

Conheceu os processos de deslocamento de pessoas – as chamadas migrações –, motivados por diferentes causas: busca de melhores condições de vida e emprego, fuga de guerras ou catástrofes naturais, etc. Percebeu também que as migrações não acontecem só nos dias de hoje. Há milhares de anos, os primeiros grupos humanos também migraram da África para outros continentes, iniciando o povoamento do mundo. Esses grupos se espalharam pelo planeta, como você pode ver no mapa a seguir.

As mais remotas migrações humanas

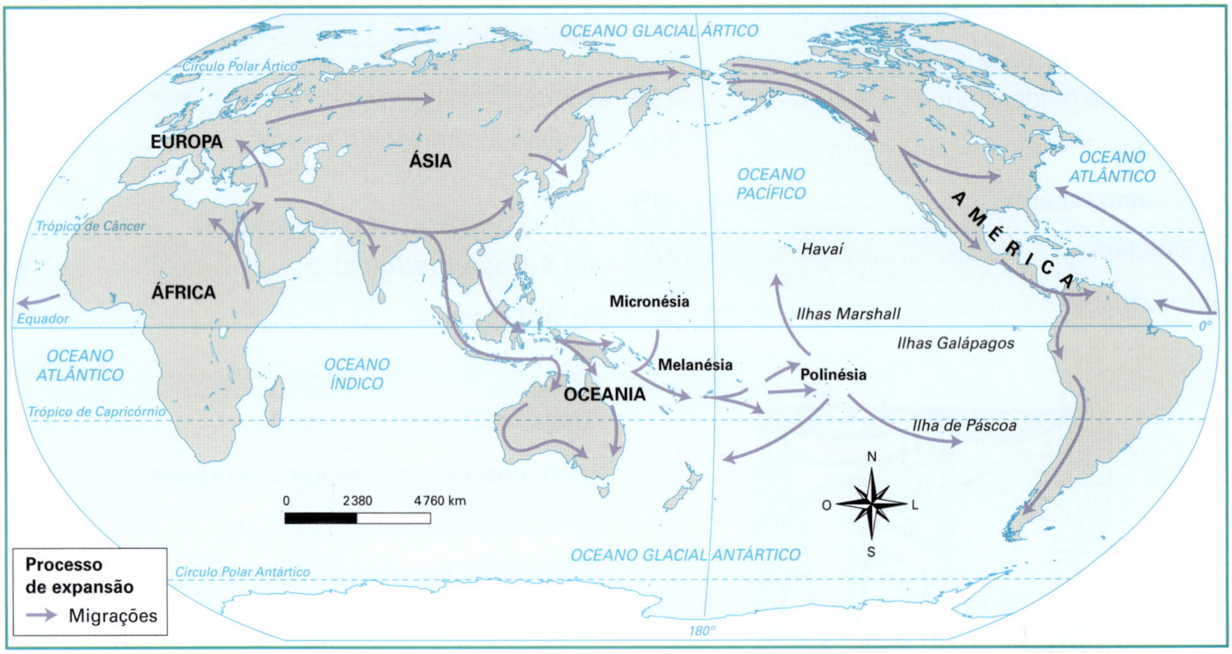

Fonte: elaborado com base em A AURORA da humanidade. Rio de Janeiro: Time-Life/Abril Livros, 1993. p. 60-61.

Como estudaremos mais à frente, durante milhões de anos nossos ancestrais desenvolveram inúmeros instrumentos de madeira e de pedra. Mas foi o fogo a descoberta mais importante para a humanidade nesse período. Segundo pesquisadores, há indícios de que os seres humanos faziam uso esporádico do fogo há mais de 800 mil anos, mas foi somente por volta de 300 mil anos atrás que descobriram que podiam produzi-lo friccionando uma pedra na outra e passaram a dominá-lo.

Nossos ancestrais descobriram que, ao esfregar uma pedra na outra, era possível produzir faíscas.

Ao dominarem o fogo, os seres humanos ampliaram suas possibilidades de alimentação, cozinhando o que coletavam e livrando-se de germes e parasitas nesse cozimento. O controle do fogo também serviu para que pudessem se aquecer no inverno, espantar animais, produzir melhores instrumentos e firmar-se em novos *habitat*. Por todo o planeta foi um recurso imprescindível para as migrações e o sucesso das ocupações dos novos territórios pelos grupos humanos.

Rodval Matias/Arquivo da editora

O controle do fogo permitiu, entre outras coisas, o cozimento de alimentos.

As fogueiras iluminavam inicialmente as cavernas e os espaços habitados. Após milhares de anos esses locais passaram a ser iluminados por tochas. Ainda hoje, o fogo é uma importante fonte de energia para o ser humano.

Inúmeros povos têm lendas e mitos sobre a origem do fogo. Para os gregos antigos, coube a Prometeu, considerado deus do fogo e benfeitor da humanidade, entregá-lo aos homens, depois de roubá-lo dos deuses. Na América, quase todos os povos indígenas têm histórias sobre a origem do fogo. Nessas narrativas geralmente os animais são donos do fogo, que é roubado pelos humanos ou doado a eles.

Após o domínio do fogo, os grupos humanos foram se aglomerando em comunidades. O crescimento das comunidades, aldeias e cidades levou ao surgimento de reinos e impérios (veja o mapa abaixo). No 6º ano estudaremos muitos desses povos e civilizações de diversas partes do mundo.

Alguns reinos/impérios antigos

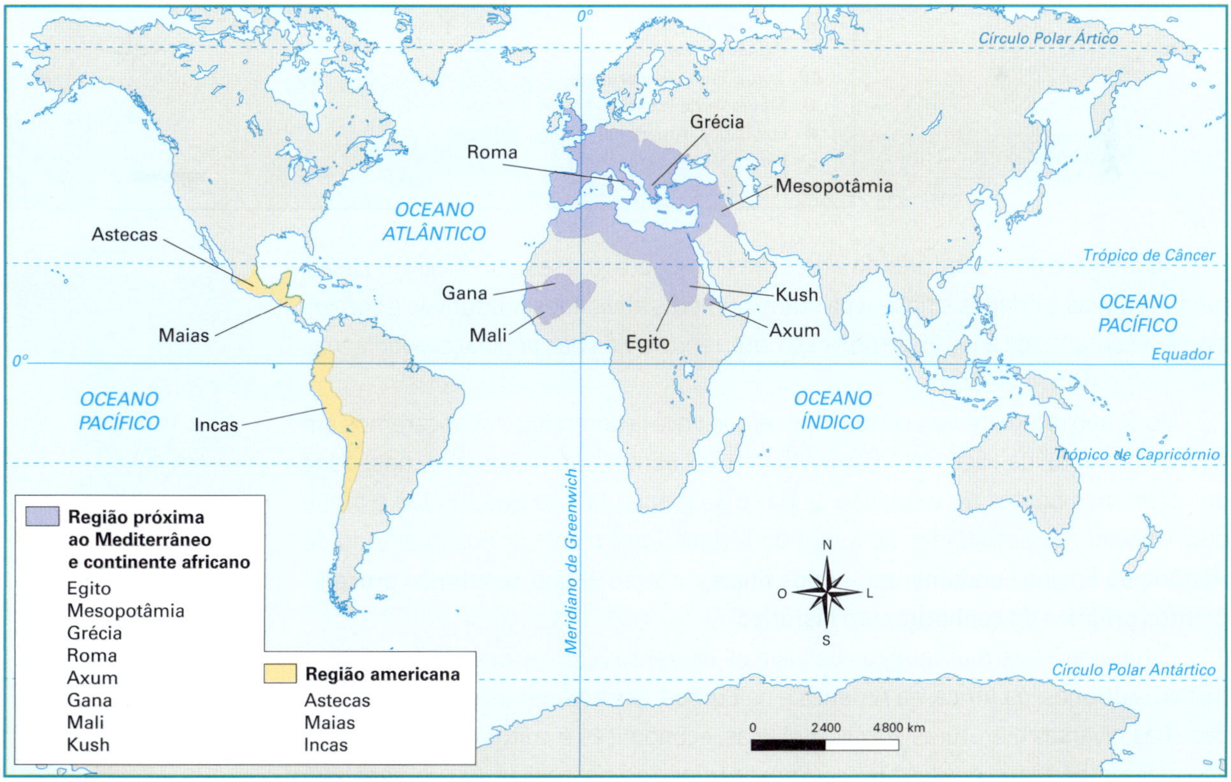

Portal de Mapas/Arquivo da editora

Fonte: elaborado com base em *Atlas da história do mundo*. São Paulo: Folha de S.Paulo. 1995. p. 38-39.

Ao longo do tempo, muitos reinos e impérios surgiram, expandiram-se e declinaram.

Não se sabe com muita precisão como e quando os primeiros seres humanos chegaram ao atual continente americano. Mas o fato é que vários povos ocuparam essas terras por muito tempo. Quando os europeus aportaram no que viria a ser a América, tanto em 1492 com Cristóvão Colombo quanto em 1500 com Pedro Álvares Cabral, eles se encontraram com os descendentes dessas primeiras populações. São conhecidos diversos locais na atual América do Sul que mostram evidências desses povos mais antigos, de milhares de anos antes da chegada dos europeus. Observe alguns exemplos no mapa ao lado.

Alguns locais de ocupação na América do Sul anteriores a 11 mil anos atrás

Fonte: elaborado com base em REVISTA NOSSA HISTÓRIA. São Paulo: Vera Cruz, n. 22, ago 2005. p.18.

Ao chegarem ao território do atual Brasil, os portugueses construíram casas, fundaram vilas e cidades e desenvolveram inúmeras atividades produtivas e comerciais por centenas de anos. Esse processo interferiu na vida das populações indígenas que já ocupavam essas terras.

No 6º ano retomaremos certos tópicos que você já aprendeu e avançaremos em novos caminhos da História. Você vai conhecer conteúdos novos que, baseados em diferentes pontos de vista, vão ajudá-lo a compreender o que mudou e o que permaneceu nas sociedades ao longo do tempo. Para começar nosso estudo de **História do Ensino Fundamental – Anos finais**, do 6º ao 9º ano, **usaremos procedimentos próprios do conhecimento histórico**.

Estudaremos os mais antigos povos e as diferentes civilizações no decorrer de milhares de anos, na África, na América e na Europa. Observaremos com mais atenção suas diversas estruturas sociais, políticas, econômicas e culturais. Buscaremos associar a importância desses povos ao nosso tempo e à nossa vida. Assim, você verá assuntos que despertam a curiosidade e exigem respostas, como se fossem desafios sobre a história humana.

Nessa caminhada, novos conhecimentos vão ampliar nossos horizontes e nos levar a refletir sobre a vida no local onde moramos e sobre a realidade brasileira e mundial. São saberes que nos tornarão mais capazes de enfrentar as variadas situações desafiadoras de nosso tempo e de compreender quem somos e como vivemos. Ou seja, vamos trabalhar o conhecimento histórico como ferramenta de compreensão das experiências humanas.

Eis uma caminhada que promete muitas descobertas para todos nós.

AlienCat/FotoSearch/Latinstock

Representação gráfica do *Homo erectus* (Antiguidade na África). Imagem sem data.

Michel Renaudeau/Only France/AFP

Grande Mesquita de Djenné, no Mali (Idade Média na África). Foto de 2018.

Fabio Colombini/Acervo do fotógrafo

Cerâmica marajoara do Brasil pré-colonial (Antiguidade na América). Foto de 2013.

Centrill/Dreamstime/Glow Images

Sítio arqueológico de Chetro Ketl no Novo México, Estados Unidos (Idade Média na América). Foto de 2017.

Stichelbaut Benoit/hemis.fr/AFP

Castelo de Suscinio, na França, datado do século XIII (Idade Média na Europa). Foto de 2016.

Giuseppe D'amico/Moment RF/Getty Images

Termas de Caracalla, importante construção do Império Romano (Antiguidade na Europa). Foto de 2018.

Na Esplanada dos Ministérios, em Brasília, indígenas do Acampamento Terra Livre fazem manifestação contra a extinção de políticas públicas voltadas aos seus povos. Foto de 2017.

José Cruz/Agência Brasil

UNIDADE 1

A História e nossas origens

Vamos começar estudando o que é História, essa disciplina que trata das vivências e dos conhecimentos do ser humano ao longo dos tempos. Estudar História nos ajuda a entender o que mudou e o que permaneceu em diferentes períodos e em variadas sociedades. Nesta unidade, também vamos conhecer as origens da humanidade, as características de nossos ancestrais e como se deu o povoamento da América.

Observe a imagem e responda oralmente:

1. Você sabe dizer quantas histórias há nesta foto?
2. Na sua opinião, essas pessoas estão fazendo história?

CAPÍTULO 1

O que é História?

Wagner Bahia/Acervo do fotógrafo

Grupo teatral de Salvador (Bahia) que interpreta a vida do cangaceiro Virgulino Ferreira, o Lampião, posa para foto de divulgação da peça *Virgulino menino, futuro Lampião*. A montagem trouxe elementos da cultura nordestina, como a literatura de cordel, e reflexões a respeito de valores como a honra, a honestidade e a solidariedade. Foto de 2017.

Para começar

Observe a imagem e responda às questões.

1. Qual é o sentido da palavra "história" para você?
2. Em sua opinião, qual é o sentido da palavra história representado na imagem? Você acha que essa é a História que você aprenderá neste livro? Por quê?

Quando alguém nos conta alguma coisa, sejam fatos ocorridos ou imaginários, está narrando uma história. Pode ser um conto de fadas ou algo visto na rua, como uma manifestação. Todos nós já ouvimos, lemos e contamos muitas histórias.

Você já viveu muitas histórias e conheceu parte da história do país e do mundo em seus estudos e leituras. A sua vida, desde o dia em que nasceu até hoje, compõe uma história. O dia do seu nascimento, seus primeiros anos de vida, fazem parte de sua história.

A sua história está ligada à história da sua família, dos seus pais, avós, etc. E está relacionada à cidade e ao país onde você nasceu. Quer dizer, sua história está associada à história da sua família, da sua cidade, do seu país e até de outros lugares do mundo.

Neste capítulo, você verá que contar histórias é diferente de viver a história, que é diferente de estudar História. Isso quer dizer que a palavra "história" possui vários significados.

1 Diferentes significados para "história"

Toda vez que uma pessoa conta uma história ela dá sentido aos acontecimentos.

As tirinhas abaixo apresentam os mesmos quadrinhos, porém as partes narradas estão em ordem diferente. Será que elas contam a mesma história?

Tirinha 1

QUINO. *Toda Mafalda*. São Paulo: Martins Fontes, 2003. p. 45.

Tirinha 2

QUINO. *Toda Mafalda*. São Paulo: Martins Fontes, 2003. p. 45.

Viver e fazer história

Tudo o que aconteceu no passado da humanidade também se chama **história**. Os seres humanos fazem história ao agir sobre a natureza; ao se relacionar com outras pessoas; ao eleger seus representantes, ao participar de movimentos sociais e associações; ao disputar riquezas, poder; etc.

Por exemplo: quando as pessoas constroem abrigos para se proteger da chuva e do frio, criam diques para controlar as cheias de rios e cultivam seu próprio alimento, estão agindo sobre a natureza. Ao agir sobre a natureza, estão alterando o ambiente em que vivem, bem como criando e estabelecendo relações entre as pessoas. E, assim, estão fazendo história.

Você e seus colegas interagem com as pessoas, relacionam-se com o lugar onde vivem e produzem objetos, relatos, documentos em seu dia a dia. Dessa forma, estamos sempre **fazendo história**.

Observe a foto a seguir.

Roberto Sungi/Futura Press

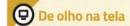

Marcha das Mulheres Negras em São Paulo (SP), em 2018, contra o racismo e o genocídio do povo negro e pela solução do caso de Marielle Franco, vereadora eleita do Rio de Janeiro (RJ) para o mandato 2017-2020 e ativista dos direitos humanos assassinada em março de 2018.

Estudar História

Você já deve ter ouvido seus familiares contarem coisas que aconteceram tempos atrás. Para isso, eles usam a memória, os relatos de outras pessoas, além de fotografias, cartas, documentos, objetos e outras recordações.

As pessoas se interessam por eventos já ocorridos porque pesquisar o passado é uma forma de saber quem somos, de onde viemos, por que pensamos e vivemos de uma maneira e não de outra. Quando analisamos o passado, entendemos a formação e as características de nossa cidade ou país.

Para compreender o passado de algum tema ou assunto, costumamos fazer muitas perguntas. Por exemplo: Quando os portugueses vieram para nossas terras, os indígenas eram minoria da população como são hoje? De que forma as pessoas percorriam grandes distâncias por terra antes da invenção dos automóveis? Como os alunos faziam pesquisas antes da existência dos computadores? Para responder a essas e muitas outras perguntas, contamos com o trabalho dos **historiadores**.

E qual é o papel dos historiadores? Eles são os especialistas que estudam História. Eles analisam os vários acontecimentos ocorridos no passado e lhes dão um sentido, ou seja, transformam a história vivida pelos seres humanos em uma história contada. Para isso, eles utilizam documentos, também chamados de **fontes históricas**.

Documento histórico é todo tipo de registro ou vestígio que pode fornecer informações do passado dos seres humanos.

De olho na tela

Uma cidade sem passado. Direção: Michael Verhoeven. Alemanha, 1989. Estudante alemã decide participar de um concurso com um texto sobre o impacto do nazismo na pequena cidade onde vive. Durante a pesquisa ela descobre diversas atividades nazistas ocorridas na cidade. O filme aborda a importância da pesquisa para esclarecer e reconstruir a própria história.

Essas fontes históricas são a base da investigação do historiador, ou seja, servem de evidências para as análises dos acontecimentos passados. Os tipos de documentos históricos são:

- **Textos**: cartas, livros, diários, documentos oficiais, etc.
- **Imagens**: pinturas, esculturas, fotografias, desenhos, filmes, caricaturas, etc.
- **Sons**: depoimentos pessoais, músicas, etc.
- **Objetos**: vestuário, ferramentas, enfeites, utensílios, etc.
- **Fósseis** e **uma infinidade de outros vestígios** que nos informam sobre o passado.

Reprodução/Museu Histórico de Imigração Japonesa, São Paulo, SP.

Família imigrante japonesa em colônia da cidade de Registro, estado de São Paulo. Foto de aproximadamente 1920.

A NAÇÃO

SEM A REFORMA IMMEDIATA DO CODIGO ELEITORAL NINGUEM PODERÁ ACREDITAR NA SINCERIDADE DO GOVERNO; PROMETTENDO ELEICÕES PARA MAIO VINDOURO

Reprodução/ Fundação Biblioteca Nacional, Rio de Janeiro, RJ.

Jornal *A Nação*, do Rio de Janeiro, em publicação de 1933.

Jochen Schlenker / Robert Harding Heritage /AFP

Imagem de páginas do códice *Sinaiticus Syriacus*, que agrega manuscritos dos antigos evangelhos siríacos datados do século V. O documento encontra-se no Monastério de Santa Catarina, no Egito. Foto de 2008.

Andrey_Popov/Shutterstock

Questionários ou entrevistas são uma forma de coletar depoimentos orais. Foto sem data.

Werner Forman/Universal Images Group/Getty Images

Parte de um vestido com detalhes plissados, conhecido como o mais antigo vestuário do mundo, encontrado no Egito e datado de aproximadamente 3000 a.C. Foto sem data.

Massimo Gama / Alamy /Fotoarena

Múmias incas datadas do ano 200, no cemitério de Chauchilla, na região de Nazca, no Peru. Foto de 2017.

Tomando como base as fontes históricas, um acontecimento pode ter um sentido diferente para cada historiador. Ou seja, eles podem apresentar pontos de vista distintos sobre o que ocorreu. Assim, a análise sobre os fatos históricos pode ter várias respostas. Essas respostas se apoiam nas interpretações e conclusões que cada historiador retira das fontes históricas que utiliza.

Neste livro, você vai conhecer algumas **interpretações** da história vivida por homens e mulheres em diferentes épocas e lugares. E, por falar em épocas, chegamos a um dos principais eixos da História: o **tempo**.

Acervo do autor/Arquivo da editora/Museu do Homem Americano, São Raimundo Nonato, PI.

Projétil de cristal de quartzo do tipo "rabo de peixe", de 8 mil anos, demonstrando o domínio da técnica de preparo de materiais de pedra pelos primeiros agrupamentos humanos que ocuparam a América. Museu do Homem Americano, no Parque Nacional Serra da Capivara, no Piauí. Esses vestígios, assim como outras fontes históricas, ajudam o historiador a interpretar o passado.

Mundo virtual

Museu Nacional/UFRJ

Apresenta dezenas de imagens de achados arqueológicos de indígenas brasileiros, do Egito antigo, de culturas mediterrâneas, entre outros. O prédio do Museu Nacional, ligado à Universidade Federal do Rio de Janeiro, foi destruído por um incêndio em setembro de 2018. Disponível em: <www.museunacional.ufrj.br>. Acesso em: 2 abr. 2018.

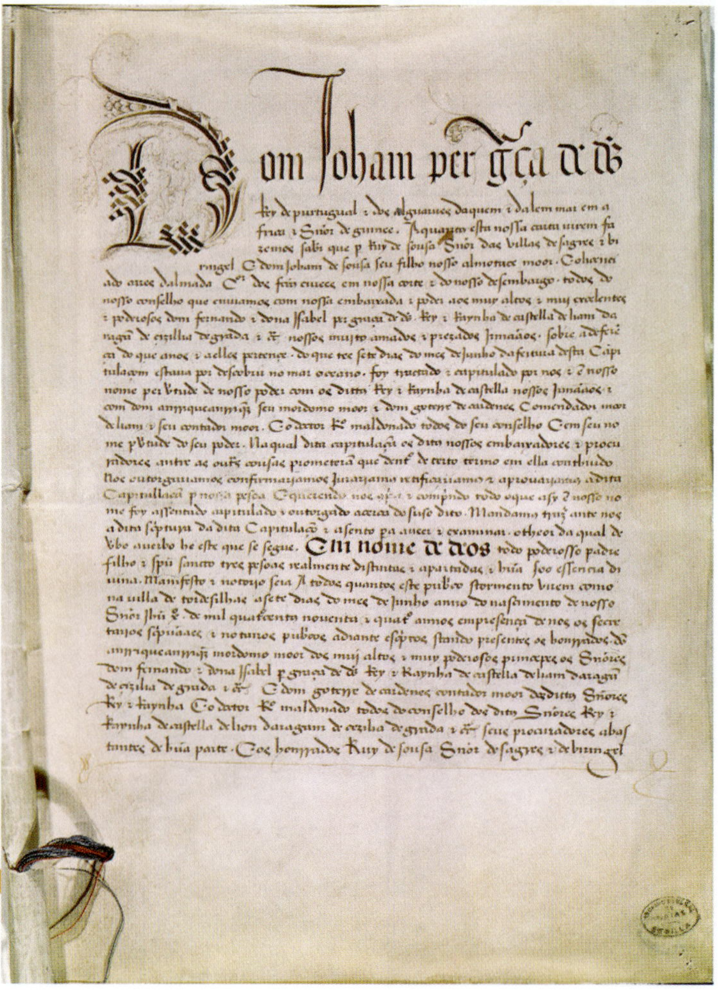

Álbum/Latinstock/Arquivo Geral das Índias, Sevilha, Espanha.

Manuscrito do Tratado de Tordesilhas, assinado em 7 de junho de 1494 entre Espanha e Portugal.

2 Tempo e História

Você já percebeu que o tempo tem um papel importante no estudo da História, assim como em nossa vida.

Existem diversas formas de dividir e marcar o tempo. Vários povos elaboraram **divisões do tempo** com base no movimento da Terra em torno do Sol ou nas fases da Lua. Os seres humanos estabeleceram a duração das horas, dos dias, das noites, dos meses e das estações observando a natureza e suas mudanças.

A duração de um dia, para nós, é determinada pelo tempo que a Terra leva para completar uma rotação em torno do próprio eixo. Dividimos o dia em 24 partes iguais, chamadas horas. Dividimos as horas em 60 minutos e estes em 60 segundos. De acordo com essa divisão, o dia começa oficialmente a zero hora (ou à meia-noite).

Os antigos povos da Mesopotâmia dividiam o dia de forma diferente. Para eles, o dia era composto de 12 partes e começava quando o Sol estava a pino, momento que, para nós, estaria próximo do meio-dia. Para outros povos, o dia se iniciava quando o Sol aparecia no horizonte. Para os seguidores da religião judaica, o dia começa com o pôr do Sol.

Embora a passagem do tempo seja um **fenômeno da natureza**, a forma de perceber e dividir o tempo é uma **criação humana** e, portanto, varia de acordo com cada povo.

Os calendários

Ao longo da História, foram criadas diferentes divisões do tempo e algumas delas permanecem até hoje. O **calendário** é uma forma de organizar o tempo, agrupando os dias em meses, e os meses em anos.

Os povos podem dividir o tempo de maneiras variadas: conforme os fenômenos da natureza, as crenças, interesses e preocupações diversas, como plantio e colheita. Com base no movimento da Lua e do Sol ou em fatos tidos como importantes de sua história, cada povo criou seu próprio calendário.

Alguns calendários foram adotados por diversos povos para uso próprio. Outros foram impostos por conquistadores aos povos dominados.

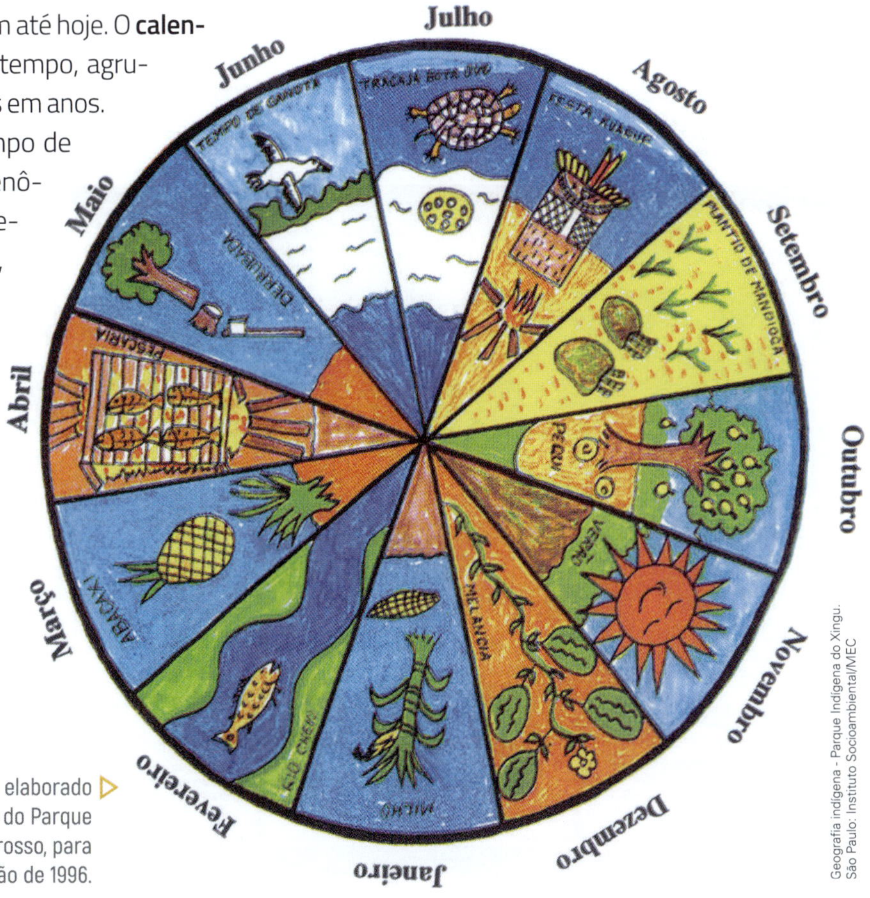

Calendário indígena agrícola elaborado por Thiayu Suyá, professor do Parque Indígena do Xingu, Mato Grosso, para uma publicação de 1996.

Geografia indígena - Parque Indígena do Xingu. São Paulo: Instituto Socioambiental/MEC

De acordo com o calendário cristão, hoje adotado na maioria dos países do mundo, incluindo o Brasil, os anos começam a ser numerados a partir do nascimento de Jesus Cristo (ano 1). Os anos anteriores ao nascimento de Cristo são numerados em ordem decrescente, sempre acompanhados pela sigla **a.C.**, que significa "antes de Cristo".

Nos anos posteriores ao ano 1, pode-se escrever apenas a data ou usar a sigla **d.C.**, que significa "depois de Cristo".

Veja abaixo uma linha do tempo que utiliza o calendário cristão.

Cristão: referente ao cristianismo, isto é, que segue a religião cujos preceitos são os ensinamentos de Cristo.

Decrescente: que vai do maior para o menor.

Os cristãos consideram o nascimento de Jesus Cristo tão importante que seu calendário foi dividido em duas partes: antes e depois desse acontecimento.

Além do calendário cristão, outros calendários antigos são utilizados ainda hoje, como o muçulmano, o judaico e o chinês.

No calendário judaico, o marco inicial (ano 1) é a criação do mundo, o que, segundo a Bíblia, ocorreu em 3760 a.C. Já no calendário muçulmano, o ano 1 corresponde à partida de Maomé (fundador da religião islâmica) da cidade de Meca para Medina em 622 d.C.

Para sabermos a data em que se encontra o calendário muçulmano hoje, não basta subtrairmos 622 anos do calendário cristão. Isso porque o calendário cristão é solar, isto é, considera o tempo que a Terra leva para dar uma volta em torno do Sol; já o muçulmano é lunar, pois se baseia nos movimentos da Lua. Com isso, o ano do calendário cristão tem de 10 a 11 dias a mais que o ano do calendário muçulmano.

Muçulmano: referente ao islamismo, isto é, que segue a religião cujos preceitos são os ensinamentos de Maomé.

Judaico: referente ao povo judeu ou israelita e à sua religião, o judaísmo.

Album Art/Latinstock/Museu de Israel, Jerusalem, Israel.

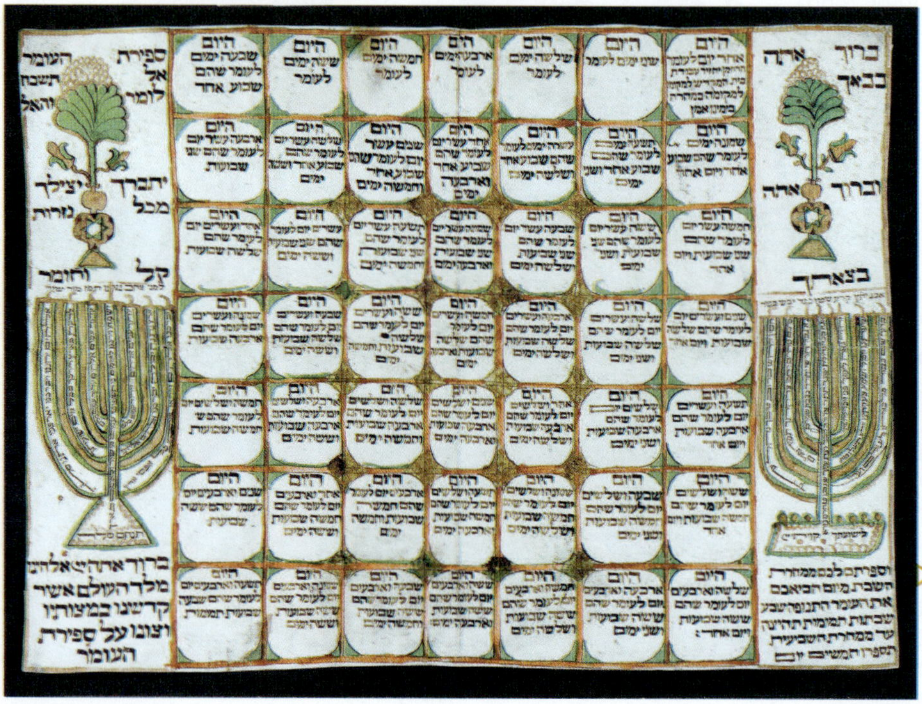

Calendário judaico Ômer, do século XIX, contando os 49 dias entre o *Pessach* (a Páscoa judaica) e o *Shavuot*, a colheita da cevada.

Divisões da História

Para facilitar a contagem de longos períodos, costuma-se agrupar os anos de diferentes formas, como abaixo:

- **Década**: período de dez anos.
- **Quartel**: período de 25 anos.
- **Século**: período de cem anos.
- **Milênio**: período de mil anos.

Observe ao lado a organização do calendário cristão em anos, séculos e milênios.

VectorPot/Shutterstock

Representação de ▷ divindade maia.

tan_tan/Shutterstock

Representação ▷ do deus egípcio Anúbis.

A linha do tempo ao lado do calendário apresenta alguns ▷ anos e séculos a.C. e outros d.C. Observe que o calendário tem como marco inicial o ano 1, considerado a data do nascimento de Cristo, e que não existe o ano 0 (zero).

anos	séculos	
2001-2100	XXI	3º milênio d.C.
1901-2000	XX	2º milênio d.C.
1801-1900	XIX	
1701-1800	XVIII	
1601-1700	XVII	
1501-1600	XVI	
1401-1500	XV	
1301-1400	XIV	
1201-1300	XIII	
1101-1200	XII	
1001-1100	XI	
901-1000	X	1º milênio d.C.
801-900	IX	
701-800	VIII	
601-700	VII	
501-600	VI	
401-500	V	
301-400	IV	
201-300	III	
101-200	II	
1-100	I	
100-1	I	1º milênio a.C.
200-101	II	
300-201	III	
400-301	IV	
500-401	V	
600-501	VI	
700-601	VII	
800-701	VIII	
900-801	IX	
1000-901	X	
1100-1001	XI	2º milênio a.C.
1200-1101	XII	
1300-1201	XIII	
1400-1301	XIV	
1500-1401	XV	
1600-1501	XVI	
1700-1601	XVII	
1800-1701	XVIII	
1900-1801	XIX	
2000-1901	XX	
2100-2001	XXI	3º milênio a.C.
2200-2101	XXII	
2300-2201	XXIII	
2400-2301	XXIV	

depois de Cristo (d.C.)

Nascimento de Cristo

antes de Cristo (a.C.)

Representação artística, sem escala.

Vectorpocket/Shutterstock

Representação de ▷ astronauta.

MoreVector/Shutterstock

△ Representação de caravela portuguesa.

Marcos históricos

O tempo de vida de uma pessoa pode ser dividido em fases: infância, adolescência, vida adulta e velhice. Da mesma forma, o tempo da História pode ser dividido em períodos ou fases.

Cada período ou fase é separado por eventos, chamados de **marcos históricos**. A divisão da História mais conhecida é a criada pelos historiadores europeus. Ela é formada por cinco grandes períodos, como mostra o esquema a seguir.

Saiba mais

Muitos historiadores criticam a divisão da História criada pelos historiadores franceses do século XIX, porque leva em conta os fatos mais significativos da História da Europa, que nem sempre tiveram importância para povos de outras regiões. Se a divisão da História ocorresse do ponto de vista dos povos americanos, ou seja, com os acontecimentos que foram mais importantes para eles, esses marcos históricos seriam diferentes.

Divisão tradicional da História segundo historiadores europeus

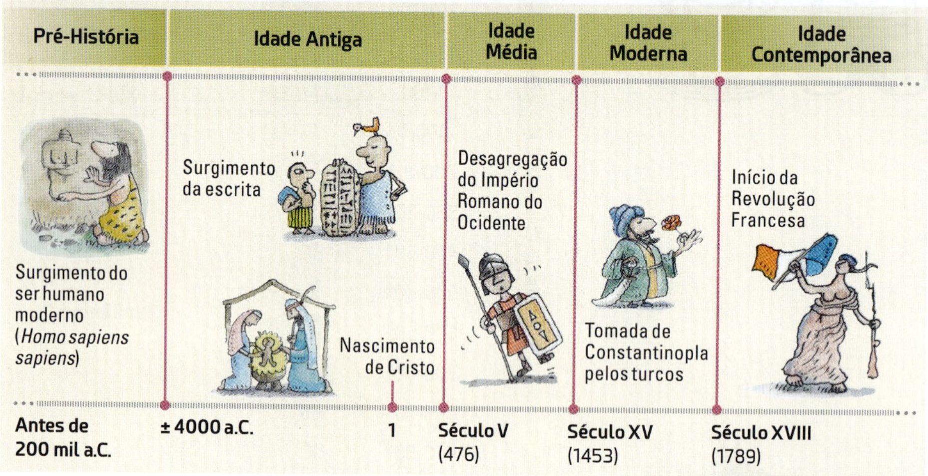

Ilustrações: Luiz Maia/Arquivo da editora

Representação artística, sem escala.

Minha biblioteca

Breve história do mundo, de Ernst Gombrich, Editora Martins Fontes, 2001. Narrativa simples e ilustrada que propõe um passeio da Pré-História até a Segunda Guerra Mundial.

A separação entre um período e outro geralmente é marcada por uma mudança, ou seja, uma **ruptura**. Mas isso não significa que a partir desse momento não exista mais ligação entre a época anterior e a que veio depois. Muitas características do que havia antes continuam no período seguinte, o que destaca que existe uma **permanência**. Assim, podemos concluir que a História é feita de rupturas e permanências, exatamente como acontece na nossa vida.

Rubens Chaves/Folhapress

Vista aérea do Palácio dos Campos Elíseos, antiga sede do governo do estado de São Paulo, no centro da capital paulista. Inaugurado no final do século XIX, a arquitetura renascentista convive hoje com os altos muros que circundam o prédio, criados no último restauro para proteger o patrimônio histórico. Foto de 2018.

TRABALHANDO COM **DOCUMENTOS**

Você aprendeu que, para interpretar o passado da espécie humana, os historiadores utilizam documentos (ou fontes históricas). Ao longo do estudo de História, você entrará em contato com diferentes tipos de documentos históricos.

Observe as imagens. Depois, responda às questões.

Adilson B. Liporage / Opção Brasil Imagens

Esqueleto reconstruído a partir de fósseis do maior dinossauro brasileiro, o *Maxakalisaurus topai*, com cerca de 80 milhões de anos. O esqueleto, que estava abrigado no Museu Nacional do Rio de Janeiro, foi destruído em um incêndio no local, ocorrido em 2018. Foto de 2016.

James Steidl/Shutterstock

Aparelho de televisão de 1952.

Reprodução/Museu de Arte de São Paulo Assis Chateaubriand, São Paulo, SP.

Rosa e azul, óleo sobre tela de 1881, de Pierre-Auguste Renoir, representando as irmãs Alice e Elisabeth Cahen d'Anvers. Dimensões: 74 cm × 119 cm.

DIÁRIO DA REGIÃO

NOVA PROMESSA

Atrasado, parque tecnológico vai abrigar empresas a partir de outubro

DIÁRIO NA COPA

Liberação do PIS/Pasep põe R$ 39,5 bilhões na economia

Mulher roubada logo ao sair de agência bancária perde R$ 50 mil

Todos por Enzo

Principal cotado para ser o vice, Rodrigo Garcia fecha com Doria

Estudo coloca municípios da região no topo do saneamento

Bebê de 8 meses sofre graves queimaduras

Reprodução/Diário da Região

Reprodução da capa da edição impressa do jornal *Diário da Região*, publicado em São José do Rio Preto no estado de São Paulo, em 14 de junho de 2018.

1. Dos elementos representados nas imagens, apenas um não pode ser considerado documento histórico. Qual é esse elemento? Por que ele não é um documento histórico?
2. Por que os demais elementos podem ser considerados documentos históricos?
3. Desses documentos, qual é o mais antigo?
4. E qual é o mais recente?
5. Indique a que século pertence cada documento histórico.

Mapeando saberes

Luiz Maia/Arquivo da editora

- As fontes históricas são fundamentais no trabalho dos historiadores.
- A história contada dá sentido à história vivida, formando interpretações do passado e do presente dos seres humanos.

ATENÇÃO A ESTES ITENS

- O calendário cristão utiliza a.C. para antes do nascimento de Jesus Cristo.
- Europeus dividiram a História a partir da criação da escrita (cerca de 4 000 a.C.).
- Essa divisão fixou períodos: Pré-História, Idade Antiga, Idade Média, Idade Moderna e Idade Contemporânea.
- A periodização europeia é criticada por valorizar fatos significativos da Europa, muitas vezes sem grande importância para outros povos.

- O tempo é fundamental no conhecimento histórico.
- A divisão do tempo e os marcos históricos são criações dos seres humanos, com base na natureza, em crenças e interesses.

MoreVector/Shutterstock

POR QUÊ?

Reprodução/Museu Histórico de Imigração Japonesa, São Paulo.

- A partir das fontes históricas, as análises dos historiadores resultam em interpretações que dão sentido à história vivida.
- Tais interpretações não são reproduções fiéis e totais do passado.

- Estudar a História incentiva reflexões sobre o significado que atribuímos ao nosso tempo, à nossa vida e a tudo o que nos rodeia.
- A História ajuda a compreender o presente e o passado, nosso e de outros povos.

ATIVIDADES

Retome

1› Como você viu, a palavra "história" pode ter vários significados. Reveja as imagens deste capítulo e escreva qual(is) pode(m) ser associada(s) a:

a) história contada;

b) história vivida;

c) história estudada.

2› Como se chamam os cientistas que estudam a História?

3› Quais tipos de fontes eles utilizam em suas pesquisas?

4› O que são calendários?

5› Os calendários usados por diferentes povos são iguais? Explique e cite exemplos.

6› Com base na linha do tempo apresentada na página 23, responda aos itens abaixo.

a) Quais são os períodos em que a História está dividida?

b) Quais são os fatos ou eventos que indicam o início e o fim de cada período histórico?

c) Essa divisão é válida para toda a humanidade? Por quê?

7› Segundo o que você estudou, os acontecimentos históricos possuem somente uma explicação? Justifique sua resposta.

Explore datas

8› Observe novamente a linha do tempo da página 23 (reproduzida abaixo) e responda às questões.

a) Os anos 399 e 400 pertencem ao mesmo século? Por quê?

b) Os anos 1500 e 1501 pertencem ao mesmo século? Por quê?

c) Da mesma forma que os séculos, os milênios também são contados **antes** ou **depois** de Cristo. Em que milênio nós estamos?

9› Escreva a que séculos pertencem as datas a seguir.

a) 10 a.C.

b) 200

c) 189

d) 401 a.C.

e) 1400

f) 1401

g) 600 a.C.

h) 601 a.C.

i) 1900

j) 2000

k) 2019

Autoavaliação

1. Quais atividades você considerou mais fáceis e mais difíceis? Por quê?
2. Em quais atividades você utilizou o texto do capítulo como base para sua resposta?
3. Algum ponto do capítulo não ficou muito claro para você? Qual?
4. Você compreendeu o esquema *Mapeando saberes*? Explique.
5. Você saberia apontar exemplos da atualidade considerando o que aprendeu no item *Por quê?* do *Mapeando saberes*?
6. Como você avalia sua compreensão dos assuntos tratados neste capítulo?
   - » **Excelente**: não tive nenhuma dificuldade.
   - » **Boa**: tive algumas dificuldades, mas consegui resolvê-las.
   - » **Regular**: foi difícil compreender certos conceitos e resolver as atividades.
   - » **Ruim**: tive muitas dificuldades, tanto no conteúdo quanto na realização das atividades.

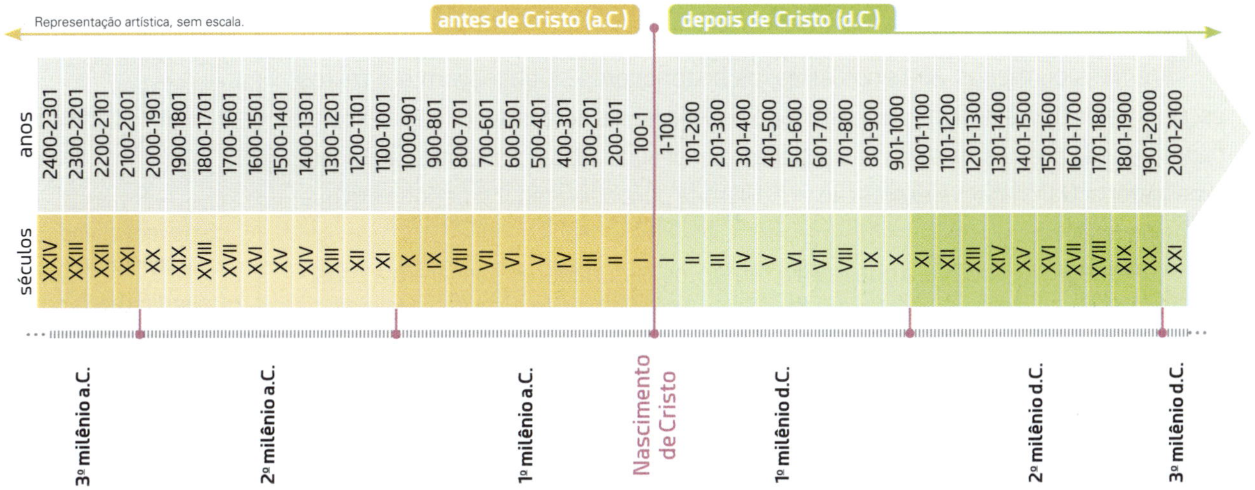

CAPÍTULO 2

A História antes da escrita

Representação artística de alguns aspectos da vida cotidiana dos primeiros grupos humanos (Período Paleolítico).

O período mais remoto da humanidade, também conhecido como Pré-História, está entre o aparecimento dos primeiros ancestrais dos seres humanos (há mais de 5 milhões de anos) e o surgimento da escrita (cerca de 4 mil anos antes de Cristo).

Até mais ou menos 200 anos atrás, os historiadores se baseavam em textos escritos pelos povos antigos para estudar o passado. Eles acreditavam que as sociedades que não possuíam escrita não poderiam ser pesquisadas e, portanto, não teriam uma história. Daí criaram a expressão Pré-História para denominar o período em que esses povos viveram.

Neste capítulo, você verá que, com o tempo, os historiadores passaram a considerar outros vestígios, como desenhos, moradias e ferramentas deixados pelos povos da época chamada pré-histórica. Essas fontes revelavam muito sobre o modo de vida e os acontecimentos do passado. Embora os historiadores tenham compreendido que era possível investigar a História utilizando documentos não escritos, a expressão Pré-História continuou sendo usada.

Para começar

Observe a ilustração e faça o que se pede.

1. Observe as características físicas dos seres humanos representados, o cenário e as atividades que estão realizando. O que esta imagem mostra? Explique como você chegou a essa conclusão.
2. O que diferencia o ser humano de hoje de seus antepassados? Explique.

1 O estudo da História antes da escrita

O conhecimento que temos da História antes da escrita, época conhecida como Pré-História, deve-se, em grande parte, a estudos de especialistas da Paleontologia e da Arqueologia.

- **Paleontólogos**: estudam a origem e a evolução de todos os seres vivos (incluindo o ser humano) por meio dos **fósseis**.
- **Arqueólogos**: estudam o passado das sociedades humanas por meio de **vestígios** deixados pelo ser humano. Além de fósseis, eles estudam objetos, adornos, utensílios, pinturas, inscrições, etc., que servem de fontes históricas.

Inscrição: registro esculpido ou desenhado em pedra ou metal.

Saiba mais

A divisão entre Pré-História e História originou a falsa ideia de que todos os povos que não desenvolveram a escrita não tinham história. Assim, deveriam ser considerados como anteriores à História, isto é, "pré-históricos", incluindo povos existentes atualmente, como alguns grupos indígenas brasileiros e certos povos africanos e australianos. Dessa forma, a expressão "Pré-História" pode erradamente qualificar como atrasados e inferiores os povos ou as pessoas que não desenvolveram a mesma cultura e tecnologia que outros.

A palavra "fóssil" quer dizer "aquilo que se extrai da terra". Chama-se fóssil qualquer vestígio de planta ou animal que foi preservado até os dias atuais, como ossos, dentes, pegadas, etc. Os fósseis oferecem informações valiosas sobre épocas remotas e sobre as realizações e o modo de vida dos primeiros grupos humanos.

Esses vestígios foram preservados porque a planta ou o animal, ao morrer, são cobertos por camadas de sedimentos ao longo do tempo. Esses sedimentos se petrificam, conservando restos orgânicos da planta ou do animal. Há também fósseis que se conservam no gelo e em outras matérias da natureza, como resinas e solos.

Sedimento: material sólido que se desprende das rochas e se deposita sobre o solo.

Petrificar: transformar em pedra.

Métodos de datação

Para datar um fóssil (descobrir sua idade), os arqueólogos e paleontólogos contam com diversos métodos, como a **estratigrafia**, que analisa as camadas do solo onde o objeto foi encontrado, e o **carbono-14**. Essa é uma substância que está presente em todos os seres vivos e vai se desprendendo lentamente a partir da morte de um animal ou planta. Os pesquisadores podem descobrir a idade dos fósseis medindo a quantidade de carbono-14 ainda presente neles.

Portal de Mapas/Arquivo da editora

LINHA DO TEMPO

± 5 MILHÕES DE ANOS
Surgimento do *Australopithecus*
Início do Período Paleolítico

± 2,5 MILHÕES DE ANOS
Homo habilis

± 1,5 MILHÃO DE ANOS
Homo erectus

± 300 MIL A 100 MIL ANOS
Homo sapiens
Homo sapiens sapiens

± 10 MIL a.C.
Início do Período Neolítico

± 4 MIL a.C.
Surgimento da escrita

Linha do tempo esquemática. O espaço entre as datas não é proporcional ao intervalo de tempo.

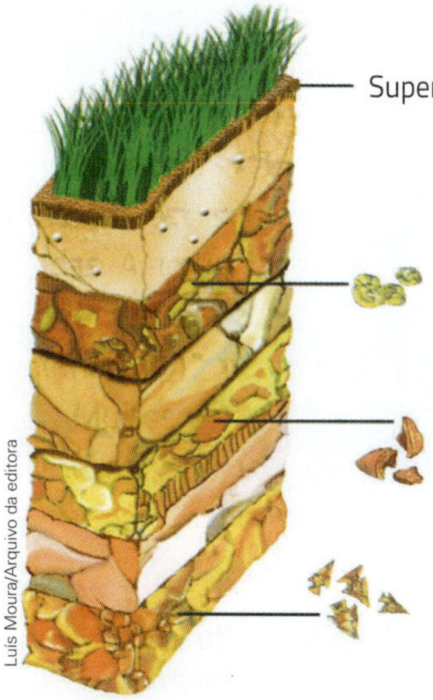

Este esquema exemplifica como vestígios encontrados em diferentes camadas de terra podem ajudar os arqueólogos a determinar a idade de um achado.

Fóssil de libélula encontrado no Brasil com idade entre 99 milhões e 65 milhões de anos.

Encontrado na Alemanha, este fóssil de 18 cm de comprimento é da samambaia *Pterophyllum lyellianum*, que viveu entre 149 milhões e 100,5 milhões de anos atrás. Foto de 2017.

2 A origem do ser humano

O surgimento dos seres humanos é uma questão que sempre provocou perguntas e respostas distintas conforme a época e a cultura. Os mitos foram as primeiras formas de explicar a origem humana.

Mitos são histórias elaboradas pelos povos para explicar o mundo em que vivem, de acordo com sua percepção da realidade. Essas narrativas valorizam as forças da natureza e contêm personagens reais e imaginários. Há mitos sobre a origem do mundo, do ser humano e dos costumes, entre outros. Os mitos são narrativas importantes para conhecermos as características e a lógica de organização dos diversos povos existentes.

Por exemplo, os dogons, povo do Mali, na África, contam um mito sobre a criação do mundo a partir de um ovo (leia a seguir).

Dogons – o ovo cósmico

Os dogons, do Mali, dizem que a deusa Amma criou um ovo dividido em quatro partes. Cada parte continha um elemento: terra, ar, fogo e água. Um dia, os elementos começaram a interagir e misturar, causando uma série de explosões. O resultado foi o surgimento da vida na Terra. Em seguida, Amma plantou em si mesma uma semente de gêmeos. Um deles, Yurugu, acabou se rebelando e fugiu. Amma então espalhou pelo mundo as partes de Nommo, o segundo gêmeo, a fim de restaurar a ordem. Mais tarde, tornou a reunir suas partes. Nommo reviveu e foi o responsável por criar quatro espíritos – aqueles que se tornariam os ancestrais dos dogons.

BULLEN, Matthew et al. *National Geographic*: guia visual da mitologia do mundo. São Paulo: Abril, 2010. p. 439.

Estatueta de madeira representando figura divina (Nommo), da cultura dogon, do Mali, sem datação definida.

A história a seguir pertence aos mitos do povo Kamaiurá e fala sobre a origem dos povos indígenas.

Kamaiurá: grupo indígena brasileiro que atualmente habita o Parque Indígena do Xingu, no estado de Mato Grosso.

Mavutsinim, o Sol e a Lua

No princípio só existia Mavutsinim, que vivia sozinho na região do Morená. Não tendo família nem parentes, possuía apenas para si o paraíso inteiro. Um dia sentiu-se muito, muito só. Usou então de seus poderes sobrenaturais, transformando uma concha em uma linda mulher e casou-se com ela. Tempos depois nasce seu filho. Mavutsinim sem nada explicar levou a criança à mata, de onde não mais retornaram. A mãe desolada voltou para a lagoa transformando-se novamente em concha. Apesar de ninguém ter visto a criança, os índios acreditam que do filho de Mavutsinim tenham se originado todos os povos indígenas. Foi também Mavutsinim quem criou de um tronco de árvore a mãe dos gêmeos Sol-Kuat e Lua-Iaê, responsáveis por vários acontecimentos importantes na vida dos xinguanos, antes de se tornarem astros.

VÉLEZ-RODRÍGUEZ, Ricardo (Org.). *Seminário sobre a filosofia dos mitos indígenas*. Universidade Federal de Juiz de Fora: Núcleo de Estudos Ibéricos e Ibero-Americanos, 2004. p. 12.

Minha biblioteca

O homem na Pré-História, de Rosicler Martins Rodrigues, Editora Moderna, 2003.
O tema central deste livro é a origem da vida e dos seres humanos.

Ricardo Teles/Pulsar Imagens

Indígenas Kamaiurá durante a dança da Taquara, no Parque do Xingu, Mato Grosso. Foto de 2014.

INFOGRÁFICO

Nossos ancestrais

Você conheceu algumas explicações míticas para o surgimento dos seres humanos. Agora, vamos conhecer algumas explicações científicas que existem sobre o assunto.

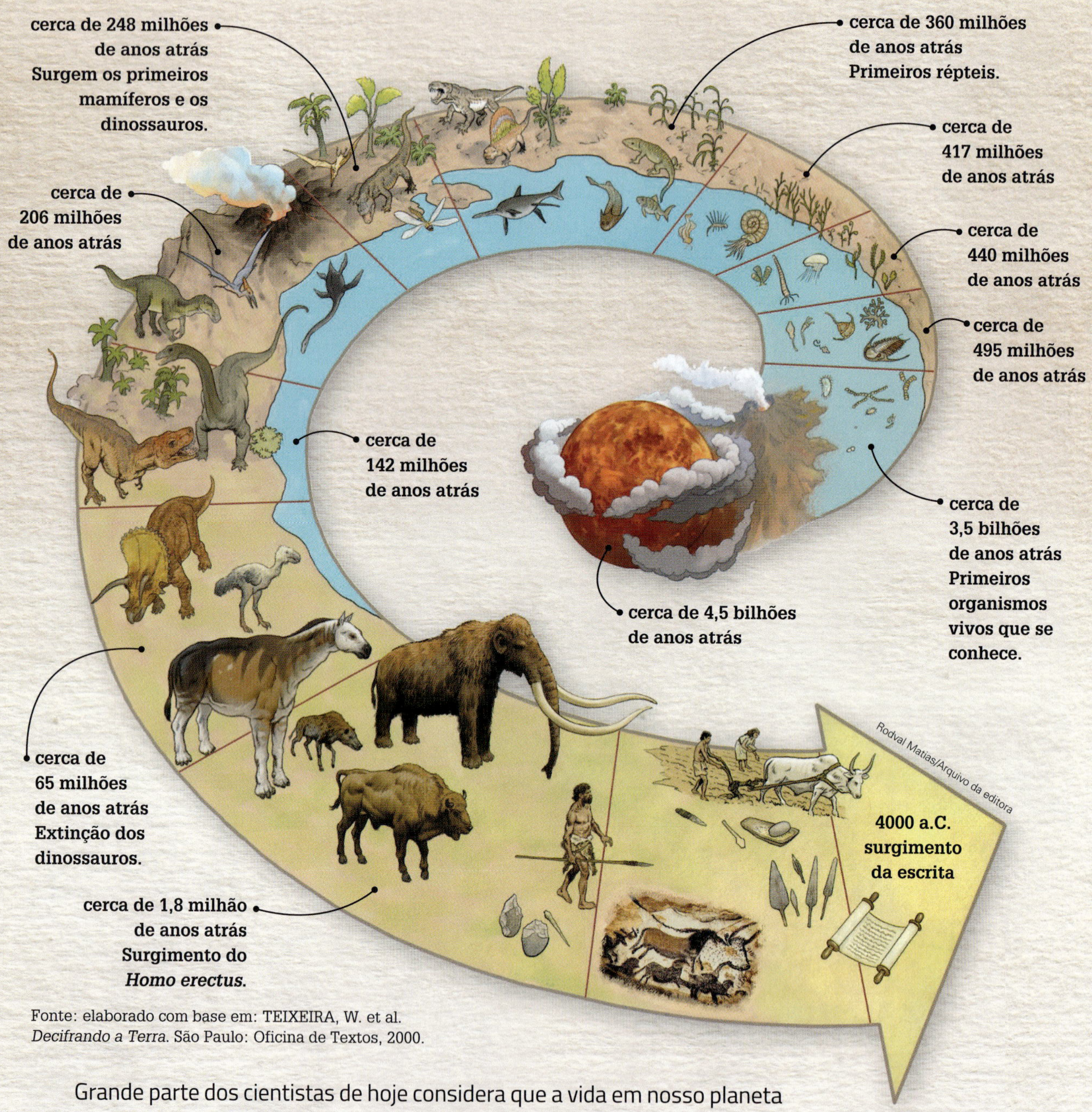

Fonte: elaborado com base em: TEIXEIRA, W. et al. *Decifrando a Terra*. São Paulo: Oficina de Textos, 2000.

Grande parte dos cientistas de hoje considera que a vida em nosso planeta começou há cerca de 3,5 bilhões de anos. Os seres vivos que conhecemos são resultado de uma longa trajetória. Os seres humanos, por exemplo, vieram de ancestrais cujos fósseis mais antigos foram localizados no sul do continente africano, com destaque para o *Australopithecus*.

A pesquisa sobre a origem do ser humano está em constante construção. Os estudiosos ampliam nossos conhecimentos sobre o assunto de tempos em tempos, considerando as novas descobertas.

A imagem traz uma representação da evolução da vida na Terra, desde cerca de 4,5 bilhões de anos atrás até o surgimento da humanidade e da escrita.

Do *Australopithecus* ao *Homo sapiens sapiens*

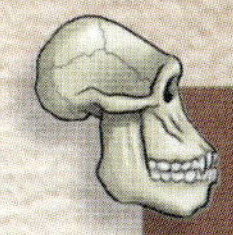

Australopithecus

Desde cerca de 5 milhões de anos; dimensão estimada do crânio: 500 cm³
Habitou a savana e já andava sobre dois pés, possuia a arcada dentária e o esqueleto parecidos com os do ser humano atual, mas o cérebro era bem menor.

Crânios: Hector Gomez/ Arquivo da editora

Mapa ilustrativo sem escala. J. Rodrigues/Arquivo da editora

Homo habilis

Desde cerca de 2,5 milhões de anos; dimensão estimada do crânio: 650 cm³
Homem habilidoso: caminhava longas distâncias, além de fabricar e utilizar instrumentos para diversos fins.

Mar Negro

Mar Mediterrâneo

Mar Vermelho

OCEANO ATLÂNTICO

OCEANO ÍNDICO

Homo erectus

Desde cerca de 1,5 milhão de anos; dimensão estimada do crânio: 950 cm³
Homem ereto: tinha o cérebro maior do que o do *Homo habilis* e mais habilidade com as mãos, o que o auxiliou no aperfeiçoamento de ferramentas. Além de viver em cavernas, foi responsável por uma das maiores conquistas da evolução humana: o domínio do fogo. Acredita-se que o *Homo erectus* tenha sido também o primeiro a sair da África, espalhando-se pela Ásia e Europa.

▷ O mapa mostra os limites políticos atuais do continente africano para facilitar a localização. Eles não existiam na época que está sendo tratada.

Foram encontrados fósseis de *Australopithecus* em diferentes regiões da África (veja o mapa), catalogados conforme descrevem as legendas.

- 🟩 *Anamensis*
- ⬛ *Afarensis*
- ⬜ *Garhi*
- 🟨 *Africanus*

Fonte: elaborado com base em: DUBY, Georges. *Atlas historique*. Paris: Larousse, 2013. p. 12.

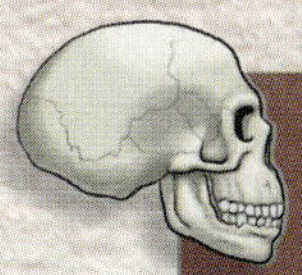

Homo sapiens

Desde cerca 300 mil e 200 mil anos; dimensão estimada do crânio: 1500 cm³
Homem inteligente: dele descenderam o *Homo sapiens neanderthalensis* (desde cerca de 200 mil anos) ou homem de Neanderthal, já extinto.

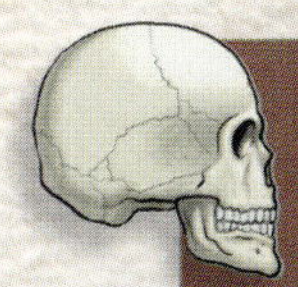

Homo sapiens sapiens

Desde cerca de 300 mil e 100 mil anos; dimensão estimada do crânio: 1400 cm³
Homem duplamente inteligente: espécie à qual pertencemos. A postura ereta, a mudança das feições do rosto, o alongamento do polegar, que aumentou a habilidade manual, foram algumas das principais transformações sofridas pelo *Homo sapiens*.

▶ **Neanderthal:** referente ao Vale de Neander, região da atual Alemanha, onde foram encontrados fósseis dessa espécie.

TRABALHANDO COM **DOCUMENTOS**

A tirinha abaixo, do personagem Piteco, de Mauricio de Sousa, trata de um momento da Pré-História da humanidade. Leia a história em quadrinhos, observe as imagens e responda às perguntas a seguir.

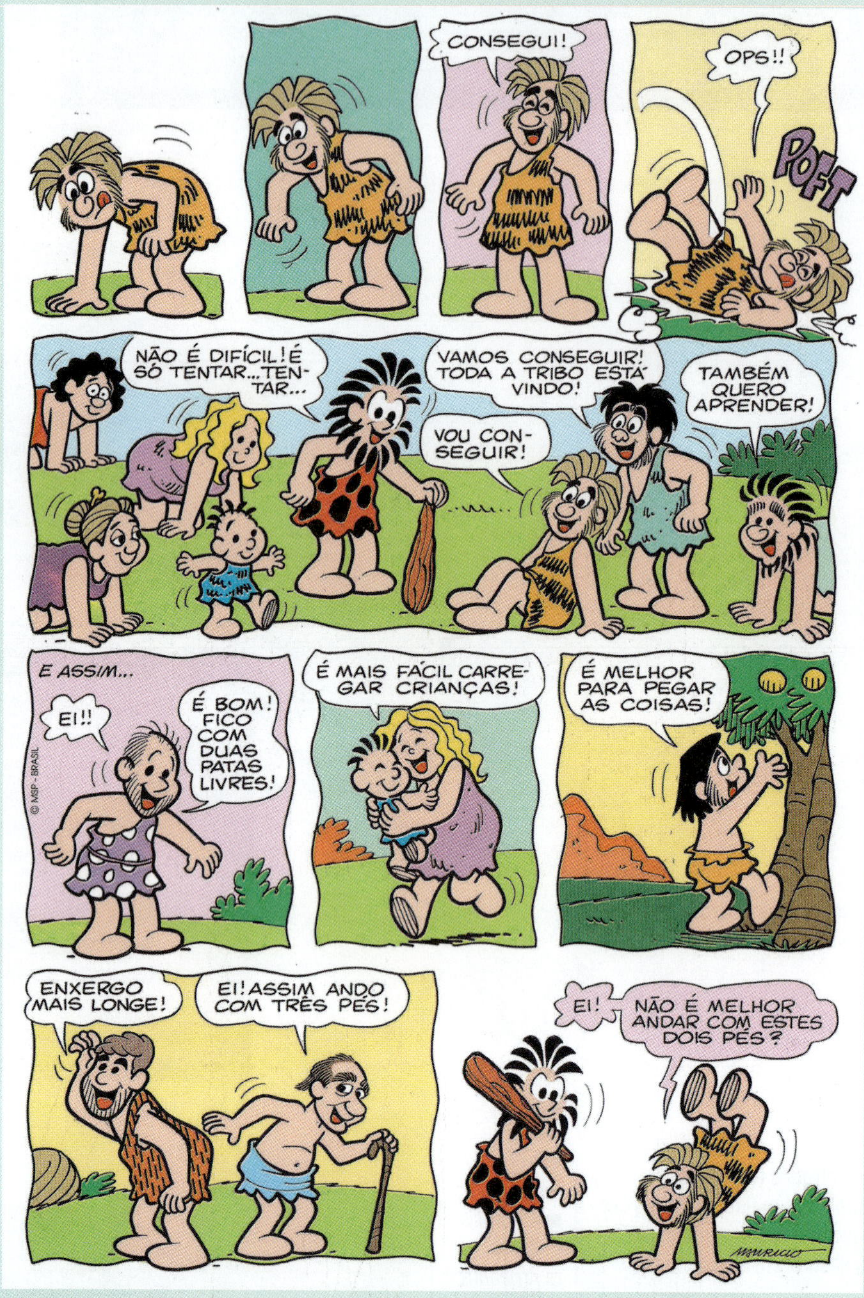

SOUSA, Mauricio de. Piteco: Homus erectus. *Cebolinha*. n. 202. São Paulo: Globo, 2003. p. 6.

1 Qual é o assunto principal da tirinha?

2 O que diferencia Piteco dos outros ancestrais dos humanos mostrados na história?

3 Quais são as vantagens que os hominídeos veem nessa diferença?

4 Essa história em quadrinhos de Mauricio de Sousa tem como título *Piteco: Homus erectus*. De acordo com o que você conhece e estudou sobre o assunto, a representação dos ancestrais dos seres humanos é realista ou fantasiosa? Se necessário, faça uma busca em livros e na internet para justificar sua resposta.

3 Os períodos da História antes da escrita

Nossos ancestrais, diferentemente de outros animais, passaram a interferir na natureza, ou seja, começaram a fazer história. Eles dominaram o fogo, construíram armas, controlaram as cheias dos rios, começaram a cultivar a terra, desenvolveram a linguagem, fizeram arte, e tudo isso muito antes da invenção da escrita.

Como a História antes da escrita teve uma duração muito longa, costuma-se dividi-la em três grandes períodos: **Paleolítico** (ou Idade da Pedra Lascada), **Neolítico** (ou Idade da Pedra Polida) e **Idade dos Metais**. Observe abaixo a linha do tempo da Pré-História.

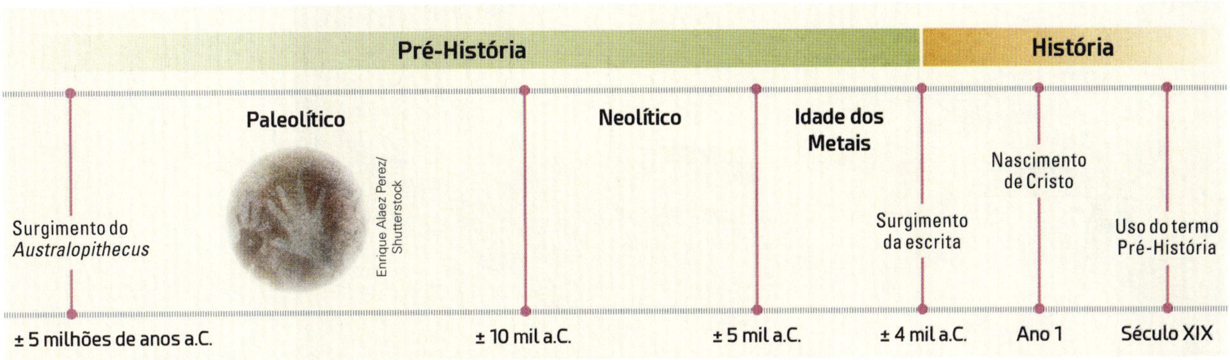

Representação artística, sem escala.

O longo tempo dos povos nômades: Paleolítico (± 5 milhões a.C.- ± 10 mil a.C.)

O Paleolítico foi o período mais longo da História antes da escrita. Foi nessa época que nossos ancestrais passaram pelas diversas fases de evolução, do *Australopithecus* até o *Homo sapiens sapiens*. O termo "paleolítico" (do grego *palaio* = antigo; *lithos* = pedra) se relaciona ao fato de os hominídeos terem observado que uma pedra, ao ser lascada (ou quebrada), ganhava uma ponta cortante, servindo de instrumento de defesa, caça e pesca. Por isso essa fase também ficou conhecida como Idade da Pedra Lascada.

Nossos ancestrais viviam predominantemente da coleta de frutos e raízes, da caça e da pesca durante o Paleolítico. Organizavam-se em grupos, protegiam-se do frio com peles de animais e habitavam cavernas ou cabanas feitas com galhos e folhas de árvores. Alimentos, habitações, terras, águas e bosques eram coletivos. Eles eram **nômades**, ou seja, mudavam-se constantemente, para buscar alimentos ou fugir de ameaças naturais (inundações, excesso de frio ou calor, etc.).

Um avanço importante dessa época foi o uso e o controle do **fogo**, que permitiu a melhora das condições de sobrevivência, o aquecimento no frio, o cozimento dos alimentos e a possibilidade de defender-se dos animais.

Com o passar do tempo, foi criada uma organização do trabalho. Os homens se encarregavam da caça e da pesca (tarefas mais arriscadas e que exigiam o afastamento do grupo por certo tempo) e as mulheres cuidavam das crianças e coletavam frutos e raízes.

De olho na tela

A guerra do fogo. Direção: Jean-Jacques Annaud. França/Canadá, 1981. O filme retrata a sobrevivência de diferentes grupos de hominídeos, suas relações e a importância do fogo para a evolução do ser humano.

10 000 a.C. Direção: Roland Emmerich. Estados Unidos/Nova Zelândia, 2008. O diretor mescla diferentes épocas históricas nessa narrativa épica sobre a viagem de um jovem que lidera um pequeno grupo por áreas desconhecidas, enfrentando seres daquele período.

Um destaque importante sobre a vida na época paleolítica é o conjunto das pinturas de animais, objetos e cenas cotidianas feitas pelos seres humanos desse período nas imediações e paredes das cavernas. Algumas delas, segundo os arqueólogos, foram pintadas há cerca de 40 mil anos! Esses desenhos e símbolos (chamados pictografias ou pinturas rupestres) mostram o uso do raciocínio e de planejamento dos homens e mulheres daquela época para se expressar e se comunicar.

Símbolo: palavra, objeto, som ou imagem que representa algo. Nos mitos indígenas brasileiros, por exemplo, o Sol geralmente simboliza a regularidade e a certeza, e a Lua, a variação e o imprevisível.

Sergi Reboredo/Alamy/Fotoarena

Pinturas rupestres da caverna de Altamira, em Santillana del Mar, Cantábria, Espanha. Foto de 2016. As pinturas de Altamira são datadas entre 16 mil a.C. e 12 mil a.C., embora alguns estudos indiquem a data aproximada de 32 mil a.C.

O povoamento do planeta

Vimos que uma das principais características dos seres humanos do Paleolítico era o nomadismo. Ao migrarem em busca de melhores condições de vida, acabaram povoando o planeta.

Acredita-se que a primeira espécie a sair da África, espalhando-se pela Ásia e pela Europa, foi o *Homo erectus*. Milhares de anos depois foi a vez de o *Homo sapiens sapiens* fazer o mesmo. Posteriormente, ele alcançou a América.

Há cerca de 20 mil anos, grossas camadas de gelo cobriram grandes áreas da Terra, provocando a diminuição do nível dos oceanos e o aparecimento de trechos de terra que antes estavam embaixo da água e que agora ligavam os continentes (veja no mapa da página seguinte). Provavelmente esses trechos funcionaram como uma espécie de ponte, favorecendo a expansão dos grupos humanos pelo mundo, em busca de regiões onde o clima fosse mais agradável. Mais tarde, quando a temperatura aumentou e o gelo derreteu, o nível dos oceanos subiu e as águas cobriram novamente esses trechos de terra. Observe no mapa a seguir as possíveis rotas de migração.

Povoamento do mundo no Paleolítico

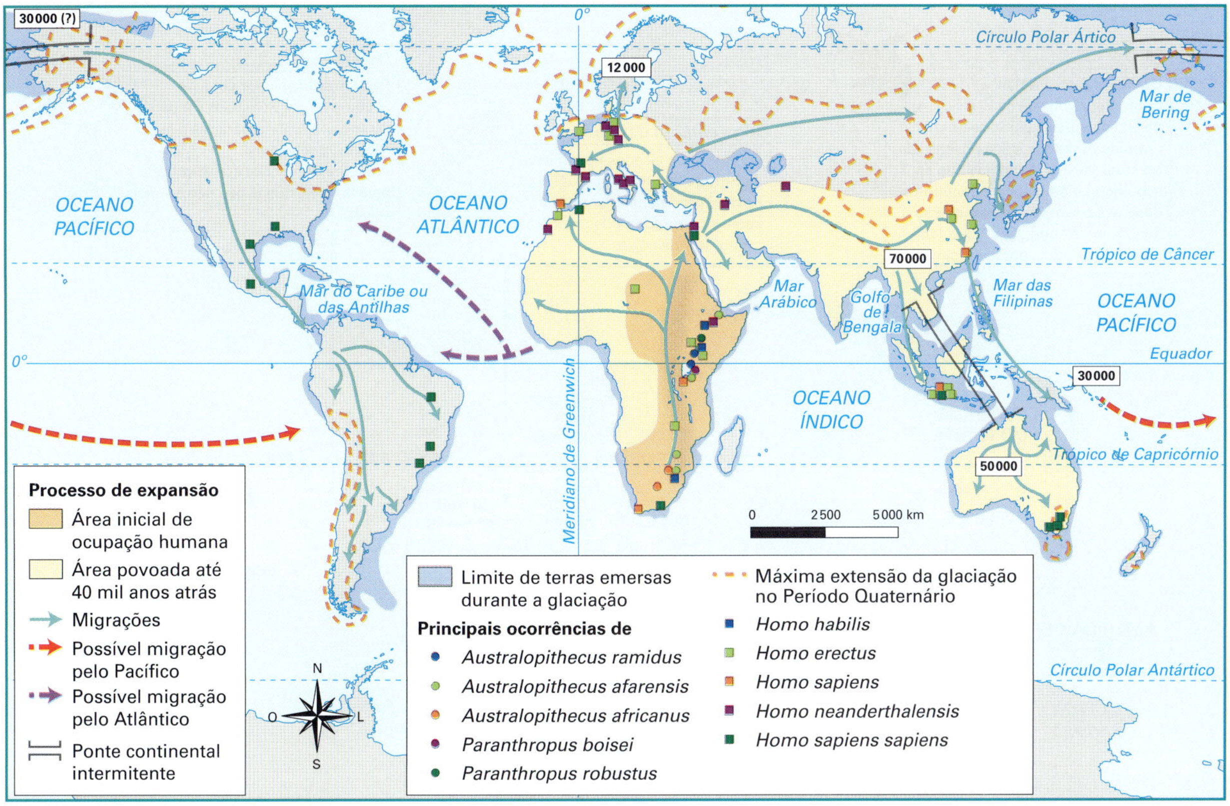

Portal de Mapas/Arquivo da editora

Fonte: elaborado com base em: A AURORA da humanidade. Rio de Janeiro: Time-Life/Abril Livros, 1993. p. 60-61. (História em revista).

Com o passar do tempo, nossos ancestrais perceberam que, quando uma semente caía na terra, uma nova planta nascia no lugar. Notaram, assim, que era possível **plantar**. E que também podiam **domesticar** e criar alguns animais. Eram os primeiros passos para que os humanos se tornassem sedentários, isto é, habitassem um lugar fixo.

Agricultura e domesticação: Neolítico

(± 10 mil a.C.-5 mil a.C.)

O termo "neolítico" significa "pedra nova" (do grego *neo* = novo; *lithos* = pedra). Essa palavra nomeia o período da Pré-História em que os indivíduos poliam a pedra na fabricação de seus instrumentos. Por isso, o Neolítico é também denominado **Idade da Pedra Polida**.

G. Dagli Orti/DEA/Getty Images/ Museu de Arqueologia Nacional, Saint-Germain-en-Laye, França.

Pilão de pedra do Período Neolítico, utilizado para moer grãos e preparar alimentos.

Nessa época, os grupos humanos já não dependiam exclusivamente da caça e da coleta para sobreviver. O aumento das áreas de agricultura e a domesticação de animais modificou a vida nas comunidades: surgiram aglomerações de grupos humanos que se fixavam em uma localidade e cultivavam grãos e cereais, como mostra o mapa da página seguinte.

Principais áreas de origem da agricultura

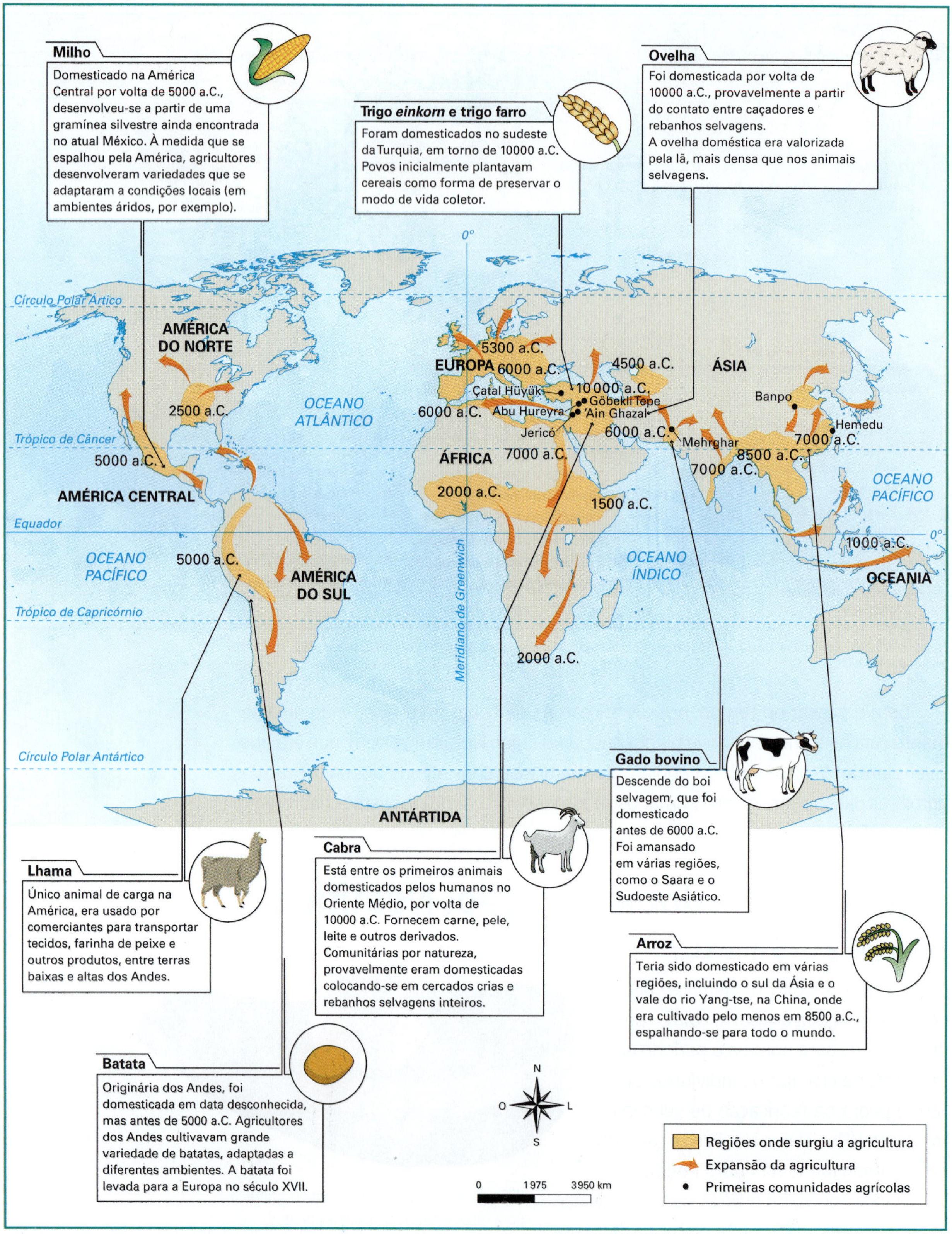
Milho
Domesticado na América Central por volta de 5000 a.C., desenvolveu-se a partir de uma gramínea silvestre ainda encontrada no atual México. À medida que se espalhou pela América, agricultores desenvolveram variedades que se adaptaram a condições locais (em ambientes áridos, por exemplo).
Trigo *einkorn* e trigo farro
Foram domesticados no sudeste da Turquia, em torno de 10000 a.C. Povos inicialmente plantavam cereais como forma de preservar o modo de vida coletor.
Ovelha
Foi domesticada por volta de 10000 a.C., provavelmente a partir do contato entre caçadores e rebanhos selvagens.
A ovelha doméstica era valorizada pela lã, mais densa que nos animais selvagens.
0°
Círculo Polar Ártico
Trópico de Câncer
Equador
Trópico de Capricórnio
Círculo Polar Antártico
Meridiano de Greenwich
AMÉRICA DO NORTE
2500 a.C.
5000 a.C.
AMÉRICA CENTRAL
OCEANO PACÍFICO
5000 a.C.
AMÉRICA DO SUL
OCEANO ATLÂNTICO
EUROPA
5300 a.C.
6000 a.C.
6000 a.C.
Çatal Hüyük
Abu Hureyra
Jericó
10000 a.C.
Göbekli Tepe
'Ain Ghazal
4500 a.C.
6000 a.C.
ÁFRICA
7000 a.C.
2000 a.C.
1500 a.C.
2000 a.C.
ÁSIA
Banpo
Mehrgahr
Hemedu
7000 a.C.
8500 a.C.
7000 a.C.
OCEANO ÍNDICO
OCEANO PACÍFICO
1000 a.C.
OCEANIA
ANTÁRTIDA
Lhama
Único animal de carga na América, era usado por comerciantes para transportar tecidos, farinha de peixe e outros produtos, entre terras baixas e altas dos Andes.
Cabra
Está entre os primeiros animais domesticados pelos humanos no Oriente Médio, por volta de 10000 a.C. Fornecem carne, pele, leite e outros derivados. Comunitárias por natureza, provavelmente eram domesticadas colocando-se em cercados crias e rebanhos selvagens inteiros.
Gado bovino
Descende do boi selvagem, que foi domesticado antes de 6000 a.C. Foi amansado em várias regiões, como o Saara e o Sudoeste Asiático.
Arroz
Teria sido domesticado em várias regiões, incluindo o sul da Ásia e o vale do rio Yang-tse, na China, onde era cultivado pelo menos em 8500 a.C., espalhando-se para todo o mundo.
Batata
Originária dos Andes, foi domesticada em data desconhecida, mas antes de 5000 a.C. Agricultores dos Andes cultivavam grande variedade de batatas, adaptadas a diferentes ambientes. A batata foi levada para a Europa no século XVII.
N
O
L
S
0 1975 3950 km
Regiões onde surgiu a agricultura
Expansão da agricultura
Primeiras comunidades agrícolas

Portal de Mapas/Arquivo da editora

Fonte: elaborado com base em HART-DAVIS, Adam. Coleção enciclopédia ilustrada de história: origens. *História Viva*. São Paulo: Duetto Editorial, 2009. p. 34-35.

A partir de aproximadamente 10000 a.C., comunidades começaram a praticar a agricultura. A mais antiga evidência vem do Oriente Médio, mas nos milênios seguintes essa atividade parece ter ocorrido isoladamente em outras partes do mundo.

As comunidades do Neolítico se desenvolveram em aldeias e estabeleceram, aos poucos, suas regras, seu modo de planejar o trabalho e armazenar e dividir os alimentos. Essas práticas favoreceram o surgimento de diferentes culturas.

O desenvolvimento da linguagem facilitou a comunicação e a expressão de sentimentos e crenças entre as comunidades. Também facilitou a união do grupo nas ações de ocupação das terras mais férteis e na defesa contra populações rivais.

De olho na tela

O homem das cavernas. Reino Unido, BBC, 2002. Documentário em quatro episódios que reconstitui a vida dos primeiros seres humanos usando efeitos especiais e computação gráfica.

Geoffrey Kidd/Alamy/Fotoarena

Conjunto de ferramentas de pedra neolíticas (pontas de raspador, lança, seta e flecha), da região do Saara, África, datadas entre 9 mil e 6 mil anos.

Sputnik/SPL/Latinstock

Pontas de flechas de pedra, provavelmente usadas como ferramentas de caça, datadas de mais de 3 mil anos. Foram encontradas em Novosibirsk, na Rússia.

A Idade dos Metais (± 5 mil a.C. em diante)

No final do Neolítico, foi desenvolvida entre alguns grupos a produção de objetos de metal (metalurgia), daí o nome **Idade dos Metais** para esse período.

A pedra, até então empregada nos utensílios e nas armas, foi aos poucos substituída por metais, mas seu uso não foi totalmente abandonado. O cobre, mais macio, foi o primeiro metal empregado, seguido do ouro, do estanho e do bronze (feito de cobre e estanho). Finalmente, aprendeu-se a usar o ferro. Esses metais eram encontrados na natureza e aquecidos; quando amoleciam, eram moldados. Essa técnica permitiu a fabricação de armas usadas para defesa e a produção de utensílios mais afiados e resistentes.

Algumas aldeias começaram a se transformar em cidades. Surgiram atividades novas, como as de artesão (oleiros, tecelões, etc.), sacerdote (responsável pelos rituais e pelo armazenamento de alimentos da cidade), guerreiro (responsável pela defesa da cidade e pela conquista de novas terras), mercador e comerciante.

Nessas primeiras cidades organizaram-se também novas formas de comando e poder. Em algumas delas, os mais poderosos se apossavam das terras comunais, surgindo grupos sociais diferentes na mesma comunidade.

Os períodos que estudamos neste capítulo fornecem uma visão geral das transformações vividas pelo ser humano ao longo dos últimos milênios. No entanto, essas mudanças não aconteceram em todos os grupos humanos, não se deram ao mesmo tempo e da mesma maneira em todo o planeta. Em cada região do mundo, transformações ocorreram em momentos e de modos diferentes.

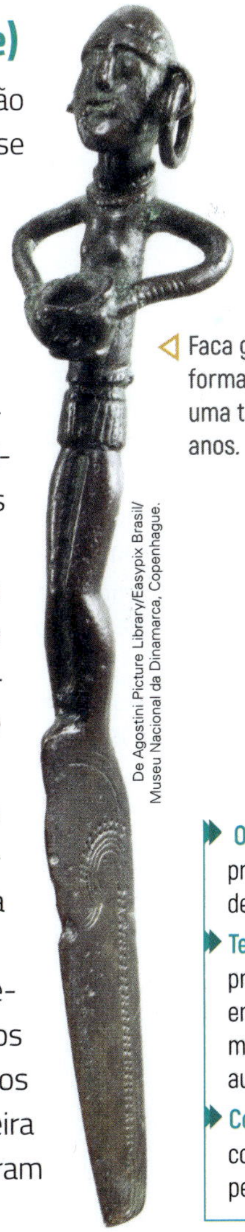

Faca germânica com cabo em forma de mulher carregando uma tigela, de cerca de 5 mil anos.

De Agostini Picture Library/Easypix Brasil/ Museu Nacional da Dinamarca, Copenhague.

Oleiro: indivíduo que produz e/ou vende objetos de cerâmica.

Tecelão: indivíduo que produz tecido entrelaçando fios manualmente ou com o auxílio de um tear.

Comunal: que é comum a todos, que pertence a todos.

Mapeando saberes

- Pré-História: é uma denominação errônea e se refere à história mais remota, mais antiga, da humanidade.
- A denominação Pré-História para o período anterior ao surgimento da escrita ocorreu a partir do século XIX.
- Diversas áreas do conhecimento (História, Arqueologia, Paleontologia) estudam esse período analisando vestígios e utilizando diferentes métodos de datação.

Rodval Matias/Arquivo da editora

ATENÇÃO A ESTES ITENS

- Existem explicações mitológicas e científicas sobre a origem da humanidade.

VISÃO CIENTÍFICA

- A humanidade é fruto de um longo processo evolutivo, que remonta a cerca de 5 milhões de anos atrás.
- A espécie *Homo sapiens sapiens*, à qual pertencemos, surgiu cerca de 300 mil anos atrás.

- Divisões da Pré-História: Paleolítico, Neolítico e Idade dos Metais.
- Paleolítico: o mais longo período da evolução humana; prevalecia o nomadismo.
- Neolítico: ocorreu a domesticação de animais, o desenvolvimento da agricultura e o processo de sedentarização.
- Idade dos Metais: desenvolvimento da metalurgia, de utensílios feitos de metal.

Pascal Goetgheluck/SPL/Fotoarena

POR QUÊ?

- Os estudos apontam que todos os seres humanos possuem uma origem comum.
- A História impõe o relacionamento com diversas outras ciências na construção do conhecimento do passado.
- A denominação Pré-História é errônea e pode levar a ideias falsas de inferiorização de povos.
- O uso da escrita como marco inicial da História é uma convenção que requer cuidados.

ATIVIDADES

Retome

1› Por que a escrita foi escolhida como marco divisor da História e da Pré-História?

2› Os povos que não têm escrita têm história? Por quê?

3› O que são os mitos?

4› Qual é o papel dos mitos nas sociedades sem escrita?

5› Que importância têm os mitos para quem pesquisa a história dos diferentes povos e sociedades?

6› Que fator os estudiosos definiram como marco da passagem do Período Paleolítico para o Neolítico?

7› Que acontecimento os estudiosos definiram como marco da passagem do Período Neolítico para a Idade dos Metais?

8› Complete o quadro comparativo abaixo com as informações pedidas.

Período da História antes da escrita	Paleolítico	Neolítico	Idade dos Metais
Modo de vida dos grupos humanos			
Armas e utensílios que utilizavam			
Atividades que realizavam para obter alimento			

9› Além dos historiadores, quais cientistas estudam o passado do ser humano? O que cada um deles investiga e que materiais utilizam em seu trabalho?

10› Quais são as hipóteses científicas para o surgimento dos seres humanos? Em que elementos os pesquisadores se baseiam para estudar a origem da humanidade?

Crie um cenário da Pré-História

11› São muitos os museus de História Natural em todo o mundo que oferecem sessões de simulação da vida na Pré-História. Em geral, bonecos representam nossos antepassados em atividades cotidianas. Nas exposições, os visitantes podem ter uma ideia de como teria sido a vida dos primeiros grupos humanos. Que tal preparar uma exposição sobre a vida dos nossos antepassados? Só que, em vez de bonecos, os modelos serão vocês!

Para fazer esta atividade, forme um grupo com mais três ou quatro colegas e, sob a coordenação do professor, siga as etapas abaixo.

a) Escolham um dos seguintes temas para representar: uso e controle do fogo; caça e coleta no Período Paleolítico; pintura nas cavernas; a aldeia neolítica; a descoberta da metalurgia.

b) No capítulo, releiam as informações que têm relação com o tema escolhido e planejem o cenário, os personagens e os instrumentos que serão usados na composição da cena. Escrevam a ideia e apresentem-na ao professor.

c) Façam uma relação dos materiais necessários para a composição do cenário, como papel *kraft* e tinta guache para desenhar o fundo, papel crepom ou retalhos de tecidos para as vestimentas dos personagens, argila, etc.

d) Com base nas pesquisas, construam o cenário e caracterizem os personagens (pensem sobre como deve ser o aspecto deles, suas vestimentas, instrumentos, etc.).

e) Fotografem o cenário e montem um painel com as fotos. Escrevam legendas para as fotos, com uma breve explicação sobre o tema.

Autoavaliação

1. Quais atividades você considerou mais fáceis e mais difíceis? Por quê?
2. Em quais atividades você utilizou o texto do capítulo como base para sua resposta?
3. Algum ponto do capítulo não ficou muito claro para você? Qual?
4. Você compreendeu o esquema *Mapeando saberes*? Explique.
5. Você saberia apontar exemplos da atualidade considerando o que aprendeu no item *Por quê?* do *Mapeando saberes*?
6. Como você avalia sua compreensão dos assuntos tratados neste capítulo?
   - **Excelente**: não tive nenhuma dificuldade.
   - **Boa**: tive algumas dificuldades, mas consegui resolvê-las.
   - **Regular**: foi difícil compreender certos conceitos e resolver as atividades.
   - **Ruim**: tive muitas dificuldades, tanto no conteúdo quanto na realização das atividades.

Debate

Degradação do meio ambiente: o exemplo do Crescente Fértil

Neste semestre, a proposta de projeto é a produção de um debate.

O debate é uma forma de conhecer melhor algum assunto por meio da exposição de opiniões e argumentos de diferentes participantes, que devem se fundamentar em fatos e em informações confiáveis. Ou seja, para fazer um bom debate, os participantes devem conhecer pelo menos um pouco do tema debatido. É importante também que os debatedores tenham opiniões diferentes sobre o tema.

Além disso, deve haver um mediador para garantir que os participantes se concentrem no assunto estabelecido e exponham seus pontos de vista respeitosamente.

O tema proposto é a degradação do meio ambiente. Você deve tomar como base um caso concreto desse fenômeno: a desertificação da região do Crescente Fértil, uma área no Oriente Médio e na África que foi muito fértil no passado – daí seu nome –, mas que se tornou uma região de deserto.

A seguir, você vai conhecer um pouco mais sobre o tema proposto e sobre a forma de preparar um debate, que será a primeira parte do projeto a ser desenvolvido durante todo o primeiro semestre. A segunda parte encontra-se no capítulo 7 deste volume (páginas 118-119), no qual você pode conferir o detalhamento da realização do debate.

Conhecendo o tema

A degradação ambiental é hoje um dos maiores problemas enfrentados pela humanidade. Certamente você já ouviu falar de aquecimento global, poluição, desmatamento, queimadas e outras agressões à natureza. Neste projeto, será abordado um dos efeitos dessas agressões em uma região do Oriente Médio que você vai estudar no capítulo 6 deste volume: a Mesopotâmia.

No passado, por volta de 4000 a.C., quando as primeiras civilizações mesopotâmicas começaram a se formar, a região da Mesopotâmia fazia parte do que mais tarde foi chamado de Crescente Fértil. "Crescente" porque estava em uma extensão de terras cuja forma se parecia com a da Lua em quarto crescente, e "Fértil" porque a terra era boa para a agricultura e havia ali dois grandes rios para irrigar as plantações. Observe o mapa dessa região na página seguinte, com a divisão geopolítica atual. No capítulo 6, você verá a localização das sociedades mesopotâmicas nessa área.

Atualmente, o território correspondente à Mesopotâmia pertence a vários países: Iraque, Síria, Irã, Turquia e Kuwait. Mas suas terras já não são férteis como antigamente. Boa parte delas se transformou em área semidesértica, imprópria para a agricultura.

Por que isso aconteceu? Essa desertificação também pode ocorrer em terras férteis no Brasil e em outros países? O que fazer para que isso não ocorra?

O objetivo deste projeto é responder a essas perguntas e discutir o assunto com a comunidade em que você vive. Para alcançar esse objetivo, um grande debate deve ser promovido, envolvendo os professores e também pessoas de fora da escola, como seus familiares e autoridades do município. Ao envolvermos essas pessoas, pretendemos torná-las mais sensíveis à necessidade de preservar o meio ambiente. O debate se realizará no fim do semestre.

A região do Crescente Fértil

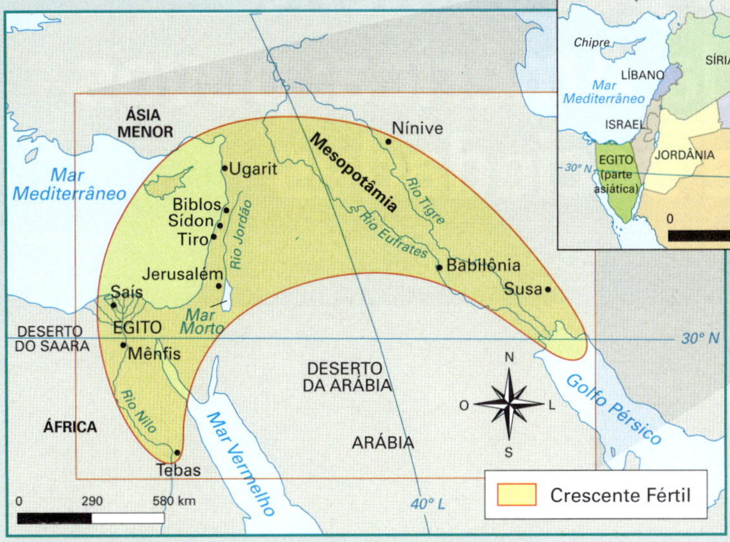

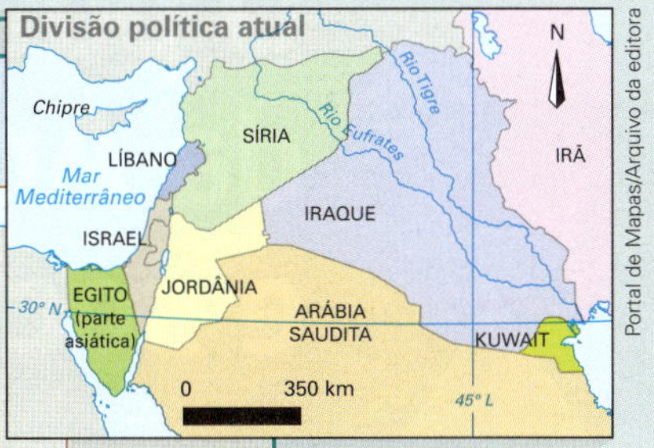

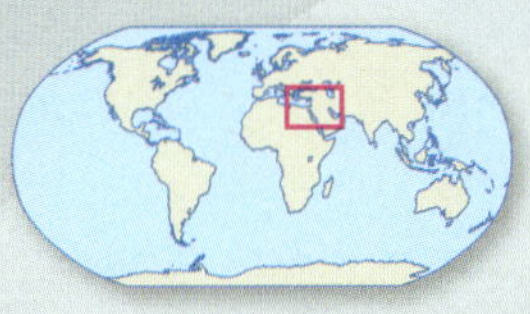

Fontes: elaborado com base em ARRUDA, José Jobson de. *Atlas histórico básico*. São Paulo: Ática, 2007. p. 8; READE, Julian. *Mesopotâmia*. Madrid: Akal, 1998. p. 5.

Planejamento

A fase de planejamento é muito importante para que o debate atinja seus objetivos. Para planejá-lo, siga as etapas apresentadas abaixo.

1› Sob a orientação do professor, organize-se com os colegas em grupos de cinco ou seis pessoas. Baseando-se nas perguntas indicadas, em *Conhecendo o tema*, cada grupo deve pesquisar em livros, revistas e na internet. Nesta página, indicamos alguns *sites* que podem ajudar na pesquisa.

2› Com o auxílio do professor, elabore, em conjunto com a classe, um roteiro de entrevista sobre o processo de desertificação no Brasil, ou seja, de terras férteis que começam a se tornar áridas, secas e a assumir formas semelhantes à dos desertos. O roteiro deve abordar os conhecimentos dos entrevistados sobre o assunto: se conhecem alguma área que passou por esse processo no Brasil, por que ele ocorreu, quais suas consequências, etc. Com base nele, entreviste seus familiares ou outros adultos com quem você tenha proximidade e anote em seu caderno as respostas das pessoas entrevistadas.

3› Durante o semestre, reúna-se regularmente com seu grupo e, juntos, discutam os dados coletados nas pesquisas e entrevistas. Após as discussões, cada grupo deve escrever um texto resumindo essas informações. Vocês farão um mapa colaborativo do Brasil e cartazes com fotos e dados obtidos em sua pesquisa, para o dia do debate, com o auxílio do professor de Arte (veja página 118).

4› Em grupo, estabeleçam um roteiro para guiar o debate, tomando como base o texto que vocês elaboraram com as informações coletadas. Além disso, componham uma lista com nomes de pessoas que vocês gostariam de convidar para participar do debate. Depois, vocês devem se reunir com o professor e os demais grupos para comparar e discutir esse material e definir um roteiro e uma lista unificados.

O encerramento deste projeto, que inclui a realização do debate propriamente dito, será tratado mais detalhadamente no capítulo 7. Lembre-se de que é muito importante que você e seu grupo façam as atividades aqui propostas no decorrer do semestre para evitar o acúmulo de tarefas na reta final do projeto.

Dicas de pesquisa

Indicamos abaixo alguns *sites* sobre o tema desertificação.

ANGELO, Cláudio. Ambiente sofreu muito mais sob Saddam. *Folha de S.Paulo*, São Paulo, 5 maio 2003. Disponível em: <www1.folha.uol.com.br/fsp/ciencia/fe0505200301.htm>.

COMBATE à desertificação. *Ministério do Meio Ambiente (MMA)*. Disponível em: <www.mma.gov.br/gestao-territorial/combate-a-desertificacao>.

PÂNTANOS da Mesopotâmia drenados por Saddam Hussein são reabilitados. *UOL Notícias*, 23 ago. 2005. Disponível em: <https://noticias.uol.com.br/ultnot/afp/2005/08/23/ult1806u2237.jhtm>.

SANCHEZ, Izabela. Agronegócio e madeireiros ameaçam único trecho protegido da Caatinga, 1% do bioma. *Brasil de Fato*, 7 jun. 2017. Disponível em: <https://www.brasildefato.com.br/2017/06/07/agronegocio-e-madeireiros-ameacam-unico-trecho-protegido-da-caatinga-1-do-bioma/>.

WALKER, Matt. Projeto tenta recuperar "Jardim do Éden" iraquiano. *BBC Earth News*, 28 jan. 2011. Disponível em: <www.bbc.com/portuguese/noticias/2011/01/110118_eden_iraque_mv>.

Acesso em: 3 ago. 2018.

CAPÍTULO

3

O povoamento da América: povos e sociedades

Acervo do autor/Arquivo da editora

Pinturas rupestres da Toca do Boqueirão da Pedra Furada, no Parque Nacional da Serra da Capivara, em São Raimundo Nonato, Piauí. Foto de 2016. Alguns pesquisadores destacam indícios de presença humana na região há mais de 50 mil anos.

Para começar

Observe a imagem e atente à legenda.

1. Onde esta imagem foi fotografada? O que ela representa?
2. Esta imagem pode ser considerada uma evidência da ocupação humana no local? Por quê?

Os primeiros seres humanos modernos surgiram na África há milhares de anos e, de lá, espalharam-se pelos cinco continentes, incluindo a América, dando origem a diferentes povos.

A análise dos fósseis e de outras evidências de presença humana encontrados na América aponta que seus primeiros habitantes chegaram ao continente há milhares de anos, embora a data aproximada ainda seja incerta. Alguns especialistas, apoiados em estudos de diversos sítios arqueológicos, acreditam que a América teria sido ocupada há mais ou menos 20 mil anos. Outros estudiosos defendem que a chegada dos seres humanos ao território americano ocorreu muito antes.

Neste capítulo, vamos ver que os pesquisadores investigaram outros indícios (como pedaços de rocha talhada e restos de fogueira), muito mais antigos que os fósseis e ferramentas já descobertos. As evidências encontradas nos sítios do Parque Nacional da Serra da Capivara, no Piauí, e na Toca da Esperança, na Bahia, seriam exemplos dessa ocupação anterior a 50 mil anos ou mesmo 100 mil anos.

Sítio arqueológico: local onde se encontram vestígios de povos do passado.

Indício: sinal, traço, vestígio.

1 Os primeiros povoadores da América

Portal de Mapas/Arquivo da editora

LINHA DO TEMPO

± 100 MIL A 50 MIL ANOS
Uma das hipóteses do início do povoamento da América. Serra da Capivara, Piauí

± 20 MIL ANOS
Datação mais aceita do início do povoamento da América

± 12 MIL ANOS
Achados em Clóvis (cidade dos Estados Unidos); teoria tradicional da mais antiga ocupação das Américas

± 11,5 MIL ANOS
Achados na Patagônia e de povos em território do Brasil (Luzia, na região do estado de Minas Gerais)

10 MIL ANOS
Fóssil de Zuzu (no estado do Piauí)
Fóssil de Luzio (no estado de São Paulo)

Linha do tempo esquemática. O espaço entre as datas não é proporcional ao intervalo de tempo.

Principais sítios arqueológicos do continente americano

Reprodução/Piedra Museo

Os mais antigos vestígios de presença humana ▷ na Argentina foram encontrados no sítio de **Piedra Museo** ❶, em Santa Cruz, e em Los Toldos. Eles possuem cerca de 13 mil anos.

Mapa: J. Rodrigues/Arquivo da editora

Mapa artístico, sem escala.

Durante muito ▷ tempo, o material encontrado no sítio arqueológico de **Clóvis** ❷ (como pontas de flechas, lanças de pedra lascada e ossos de mamute e mastodonte) foi considerado o mais antigo registro humano nas Américas, com cerca de 11,5 mil anos.

Reprodução/Wikimedia/Wikimedia Commons CC-BY-SA-3.0

Reprodução/Sítio Arqueológico de Lagoa Santa, MG.

△ Um dos mais antigos fósseis humanos conhecidos das Américas é o de uma mulher, com cerca de 11,5 mil anos, encontrado no sítio arqueológico **Lapa Vermelha IV** ❸, em Lagoa Santa, Minas Gerais. Na imagem, o crânio de Luzia, nome atribuído pelos pesquisadores.

A chegada ao nosso continente

No sítio Toca da Esperança, na Bahia, foram encontradas inscrições feitas nas paredes rochosas que representam animais e seres humanos. Entre elas existem formas geométricas e abstratas, que poderiam ter função ritual. No local, foram achados também restos de fogueira e partes de pedras talhadas. A arqueóloga brasileira Maria Beltrão defende que a presença humana no continente é anterior a 200 mil anos. Observe a imagem ao lado.

Enoque Viola/Acervo do fotógrafo

Pintura rupestre encontrada no sítio arqueológico Toca da Esperança, localizado na região arqueológica de Central, na Bahia (foto de 2015).

Muitos estudiosos não concordam com as datações mais antigas, apresentadas pelos pesquisadores desses sítios arqueológicos brasileiros. Eles entendem que as pedras talhadas e os restos de fogueira encontrados nesses locais não foram criados por seres humanos. E, portanto, não seriam provas suficientes da existência humana naquele local.

A rota de entrada

O povoamento da América contou com levas sucessivas de grupos humanos. Existem algumas hipóteses para responder qual teria sido a rota de entrada desses povos na América.

a) Os primeiros seres humanos teriam vindo a pé da Ásia para a América, pelo estreito de Bering, aproveitando o trecho de terra firme que se formou nesse local durante a última glaciação (como vimos no capítulo 2). Essa é a teoria mais aceita pelos pesquisadores.

b) Os humanos teriam vindo pelo estreito de Bering, mas a travessia teria sido feita em canoas, contornando os montes de gelo que separavam os dois continentes;

c) Os grupos teriam chegado pela Oceania, navegando pelo oceano Pacífico até a América;

d) Eles poderiam ter navegado pelas ilhas do oceano Atlântico para alcançar o continente americano.

Minha biblioteca

Índios da América do Norte, de Alain Quesnel, Editora Ática, 2000. As lendas de diferentes grupos indígenas da América do Norte são o tema deste livro. Elas tratam de questões como a criação do mundo e a origem das forças da natureza.

2 A História mais remota da América

Para dividir os períodos da História mais remota do nosso continente, a denominada Pré-História americana, utilizamos uma nomenclatura diferente da empregada para a Pré-História da Europa, da Ásia e da África.

Os termos usados são **Paleoíndio**, **Arcaico** e **Formativo** (veja o infográfico da página seguinte). Observe a linha do tempo, que mostra as datas aproximadas de início e de fim de cada período. É importante destacar que, na América, assim como nos demais continentes, o desenvolvimento dos povos ocorreu de formas variadas e em ritmos diferentes. Em alguns lugares prevaleciam características do Período Formativo, em outros, predominavam aspectos do Arcaico.

INFOGRÁFICO

Os períodos da História mais remota da América

Paleoíndio

Dos primeiros povoadores (antes ou após 20 mil a.C.) até aproximadamente 8 mil a.C.

Chegada dos primeiros grupos humanos, que se espalham pelo continente americano.

Época de nomadismo, com coleta de frutos, raízes e caça de animais, incluindo os de grande porte.

Utilização de instrumentos: lanças com pontas em forma de folha, longas e lascadas nas duas faces, e objetos feitos de pedra lascada e de ossos. Muitos desses objetos foram encontrados junto a esqueletos de grandes animais, como a preguiça-gigante, o bisão, o mamute, o tatu-gigante e o tigre-dentes-de-sabre.

Arcaico

De 8 mil a.C. a cerca de 2 mil a.C.

Época de grandes mudanças climáticas, como o aumento de temperatura e variação da umidade, que afetaram a fauna e a flora das regiões americanas. Tais mudanças transformaram esses locais e consequentemente as atividades humanas.

Caça de animais menores, como a raposa do deserto, o lince, o coiote e diversos roedores; pesca e coleta de moluscos, além de raízes e frutos.

Início do cultivo de plantas (agricultura): o milho, na região onde hoje é o México, a Amazônia e a bacia do rio São Francisco; a mandioca, no litoral do Peru e em outras regiões.

Fabricação de cestos, esteiras, redes e cordas.

Utilização do cobre na fabricação de instrumentos, como facas, pontas de flechas e lanças, lâminas, etc.

Formativo

De 2 mil a.C. até 1500 d.C.

Último período da História mais remota da América.

Diminuição do nomadismo e predomínio do sedentarismo em algumas regiões da América.

A agricultura tornou-se, para diversos povos, a principal atividade de sobrevivência.

Aumento da população e formação de grandes aldeias, cidades e reinos, além de grande desenvolvimento da produção artesanal.

Na Mesoamérica, desde perto de 1500 a.C., e na região dos Andes, um pouco mais tarde, surgiram grandes cidades que se transformaram em poderosos reinos e abrigaram os olmecas, os teotihuacanos, os maias, astecas e incas, entre outros.

A partir do século XV, algumas dessas sociedades já não existiam, outras foram atacadas e conquistadas pelos europeus.

Mesoamérica: região em que se desenvolveram as primeiras civilizações da América. Hoje corresponde ao México e ao norte da América Central, acima do istmo do Panamá.

Região dos Andes: região cortada pela cordilheira dos Andes. Compreende principalmente os atuais Equador, Colômbia, Peru, Bolívia, Chile e Argentina.

Rodval Matias/Arquivo da editora

Ilustração representando como seria a vida dos povos da América no período Formativo.

3 Os primeiros habitantes do território brasileiro

Observe o fóssil encontrado em Lagoa Santa (Minas Gerais), conhecido como Luzia, e a reconstituição de seu rosto. Suas feições não se parecem com as dos atuais indígenas brasileiros, e sim com as de povos africanos e australianos. Outro exemplo é o fóssil batizado de Zuzu, encontrado na serra da Capivara (Piauí).

Como explicar que os indígenas brasileiros sejam tão diferentes dos povoadores da América?

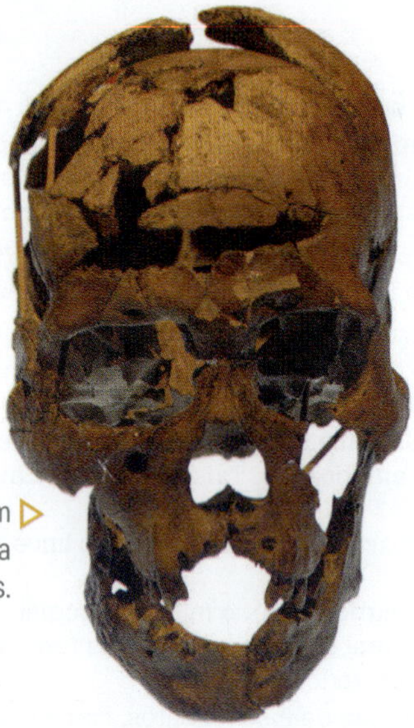

Acervo do autor/Arquivo da editora/Museu do Homem Americano, São Raimundo Nonato, PI.

Zuzu, crânio masculino, oval e alongado, também semelhante ao tipo africano, encontrado na serra da Capivara (Piauí), de 9 920 anos.

Romulo Fialdini/Tempo Composto/Museu Nacional, UFRJ, RJ.

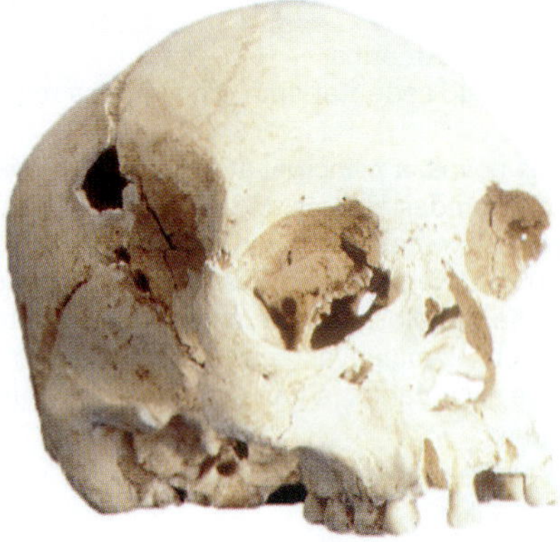

Reprodução/Sítio Arqueológico de Lagoa Santa, MG.

À direita, crânio encontrado em Lagoa Santa (Minas Gerais). À esquerda, uma simulação feita em computador das prováveis feições de Luzia, com base no fóssil encontrado. O crânio tem entre 11 mil e 11,5 mil anos.

As pesquisas revelam que a ocupação da América ocorreu em ondas migratórias há 20 mil anos ou até antes disso. A avaliação das características dos crânios encontrados aponta duas feições dos primeiros povos que colonizaram a América.

- Uma assemelha-se às feições dos asiáticos da Mongólia, como os atuais chineses e japoneses, que lembram as dos indígenas brasileiros.
- A outra seria mais semelhante à aparência do rosto dos africanos, como mostram os esqueletos de Luzia e Zuzu, do Período Paleoíndio.

Não se sabe se, como fizeram os asiáticos, os povos parecidos com os africanos teriam vindo também pelo estreito de Bering ou se chegaram por outra rota, via ilhas e Austrália atravessando o oceano Pacífico ou o oceano Atlântico. Descobertas recentes indicam que a onda migratória mais antiga seria a asiática.

Minha biblioteca

Os primeiros brasileiros, de Rubim Santos Leão de Aquino e outros autores, editora Record, 2000. A obra apresenta os antepassados dos indígenas que chegaram às nossas terras milhares de anos antes dos portugueses.

Mitos indígenas, de Betty Mindlin e narradores indígenas, editora Ática, 2006. A mitologia indígena brasileira é narrada em 28 histórias, pertencentes à cultura de dez povos da Amazônia. Os mitos abordam o mistério de existir e de viver.

De olho na tela

Índios no Brasil. Direção: Vincent Carelli. Brasil, 2000. Série produzida pela TV Escola em dez episódios que abordam temas como identidade indígena, línguas, costumes, tradições, a disputa pela terra, a integração com a natureza e os direitos conquistados.

4 Cultura material e formas de registro antes de 1500

Alguns grupos indígenas americanos passaram do nomadismo para o sedentarismo no Período Formativo, quando dominaram a agricultura. Nessa época se desenvolveram sociedades que, por causa de sua cultura e seus conhecimentos, influenciaram muitos povos e a própria História da América.

Na Mesoamérica e nos Andes

Olmecas

Na região da Mesoamérica, por volta de 1500 a.C., surgiu uma das mais antigas sociedades pré-colombianas: a dos **olmecas**. Eles ocupavam o golfo do México, viviam de caça, pesca e da agricultura, principalmente de milho, abóbora e feijão. Os olmecas construíram centros cerimoniais com altares de pedra para cultuar seus deuses. Esses lugares destacavam-se por suas cabeças de pedra colossais e monumentos representando provavelmente deuses e líderes olmecas.

Alguns achados arqueológicos (um selo para impressão e lascas de pedra com inscrições) indicam que esse povo desenvolveu um sistema de escrita. Pouco se sabe sobre esses símbolos, mas pesquisadores afirmam que eles possuem características semelhantes a escritas que surgiram posteriormente naquela região, como a maia.

Localização das civilizações olmeca, maia, asteca e inca

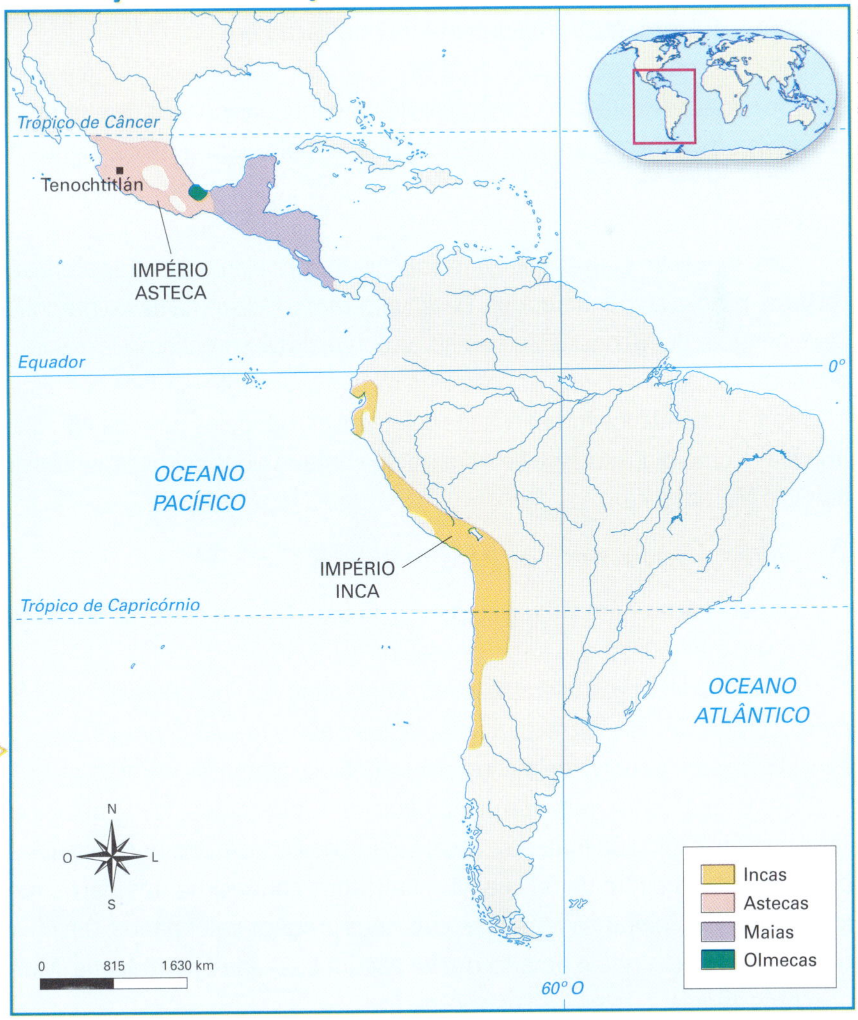

Portal de Mapas/Arquivo da editora

Observe no mapa a localização das grandes civilizações americanas: olmecas (desde o século XV a. C.); maias (entre os séculos III e X d. C.); e incas e astecas (século XV).

Fonte: elaborado com base em CAMPOS, Flávio de; DOLHNIKOFF, Miriam. *Atlas de História do Brasil*. São Paulo: Scipione, 2002. p. 6.

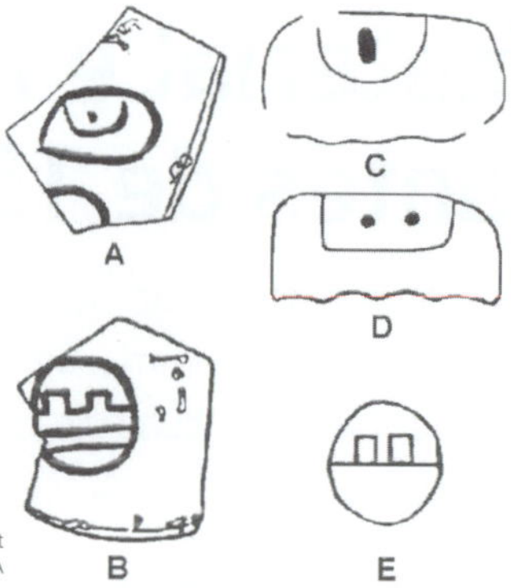

Ao lado, à esquerda, desenhos feitos a partir de um selo cilíndrico olmeca encontrado na ilha de San Andres (Colômbia). Imagem de 2007. À direita, placas com desenhos olmecas datados de 650 a.C. e encontrados na região de Tabasco, México. Imagem de 2002. Esses artefatos revelam que a escrita olmeca combina elementos pictográficos para representar a fala.

Maias (auge entre os séculos III e X)

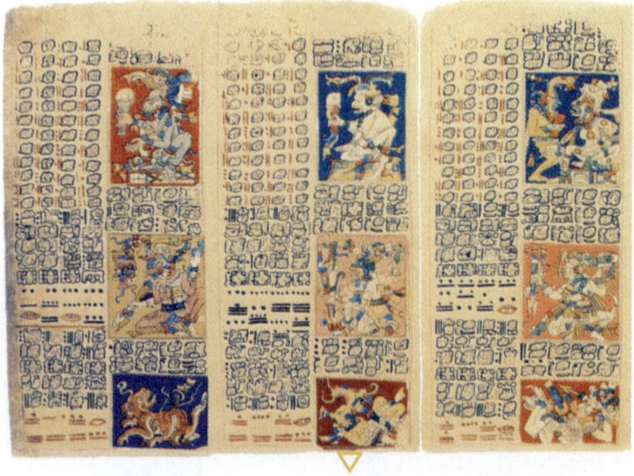

Cópia de fragmento em hieróglifos maias que representam cálculos astronômicos, denominado Códice ou Código de Dresden, provavelmente elaborado no século XIV.

Os **maias** habitaram o sul da península de Iucatã (no atual México) e regiões das atuais Guatemala, Belize e Honduras. Ali se fixaram desde os primeiros séculos da era cristã, mas seu auge econômico e cultural ocorreu entre os séculos III e X.

Esse povo vivia em cidades-Estado independentes. No topo da hierarquia social estavam os governantes, indivíduos tidos como representantes dos deuses, os sacerdotes e os chefes guerreiros. Abaixo deles vinham comerciantes, artesãos, soldados, etc. A maior parte da população era formada por camponeses, que cultivavam principalmente milho, cacau e algodão. Na base da sociedade estavam os escravos, geralmente prisioneiros de guerra.

Os maias construíram grandes palácios, templos e pirâmides, alguns com pinturas murais e máscaras em relevo. Também produziam cerâmica, tecidos bordados e objetos de jade.

Eles adoravam deuses que se relacionavam com elementos da natureza, como a chuva, o milho, a Lua, entre outros. Desenvolveram um sistema de escrita, influenciado pelos olmecas, que é considerado o mais complexo da Mesoamérica. Os maias foram um dos primeiros povos a terem a noção de zero, provavelmente herdada dos olmecas.

Vários calendários foram criados pelos maias, um deles possuía 260 dias; outro, 365 dias, como o nosso. Isso demonstra que tinham bons conhecimentos de Astronomia e Matemática.

Astecas (auge entre os séculos XV e XVI)

Representação da noite e do dia no Códice Borbônico (livro asteca de conteúdo religioso do século XVI), exemplo de inscrição pictográfica que esse povo utilizava em seus registros.

Os **astecas** ocuparam a região central do atual México no século IX e tiveram seu período de maior destaque entre os séculos XV e XVI.

A sociedade asteca, liderada por um imperador, era composta por nobres, sacerdotes, comerciantes, guerreiros, camponeses e escravos. A economia baseava-se na agricultura, com o cultivo de milho, feijão, abóbora, pimentas e frutas.

Os astecas ergueram templos, palácios e pirâmides. Na grande cidade de Tenochtitlán, capital do império e atual Cidade do México, foram construídas a pirâmide do Sol e a pirâmide da Lua. Os avançados conhecimentos de Astronomia e Matemática permitiram aos astecas criar seus próprios calendários. Desenvolveram técnicas de metalurgia e uma forma de escrita baseada em imagens. Muitos manuscritos apresentam essas ilustrações.

Como outros povos americanos, os astecas acreditavam em vários deuses, ligados principalmente aos elementos da natureza e à guerra. Em rituais de adoração, praticavam danças, sacrifícios humanos e ofereciam presentes aos deuses, como flores, alimentos e vestimentas.

Incas (entre os séculos XII e XV)

Aproximadamente no ano 1200, o Império **Inca** se desenvolveu ao sul do continente americano, na região do atual Peru. Os incas se expandiram por grande parte da cordilheira dos Andes, dominando povos vizinhos e formando um império dividido em quatro áreas, cada uma administrada por um governador. Uma rede de estradas ligava esses locais à capital, Cuzco.

A elite inca era formada pelo imperador, seus parentes, funcionários e sacerdotes. Os camponeses, maior parte da população, ficavam logo abaixo na pirâmide social. Eles cultivavam milho, algodão, batata, mandioca, amendoim, abacate e outros vegetais. Criavam ainda a alpaca e a lhama, utilizadas para alimentação, vestimenta e transporte de carga.

Assim como os maias e os astecas, os incas eram politeístas e construíram templos, palácios e outros edifícios. Os templos dedicados aos deuses eram grandiosos, como o Templo do Sol, adornado com ouro. As principais divindades incas eram a Lua, o Sol (Inti) e o criador do Universo (Viracocha).

Apesar de não terem desenvolvido um sistema de escrita semelhante aos dos outros povos aqui estudados, os funcionários do imperador usavam um instrumento chamado quipo. Ele servia para controlar os estoques de alimentos e outros bens. Consistia em várias cordas nas quais se faziam diferentes tipos de nós em determinados pontos. Cada nó representava um registro ou uma mensagem.

little_monster/Alamy/Fotoarena

O quipo era um sistema de comunicação andino que também servia como forma de cálculo e informações. Era feito da união de cordões – coloridos ou não –, de modo que cada nó ou conjunto deles em cada cordão tinha um significado distinto. Quipo produzido entre os séculos XII e XV. Foto de 2015.

No Brasil

Em alguns lugares do Brasil, os mais antigos vestígios dos povos pré-históricos datam do Período Paleoíndio; e em outros, do Arcaico. São restos de ossos, utensílios e pinturas rupestres encontrados em diversos sítios arqueológicos.

Os humanos pré-históricos na região do Brasil atual registravam seu cotidiano e suas crenças nas paredes das cavernas, como vimos. Essas pinturas são muito utilizadas para compreendermos os conhecimentos e as práticas desses povos. Alguns pesquisadores consideram que essa linguagem simbólica é um tipo de "escrita" pictórica com a função de registrar e partilhar informações sobre aquele grupo.

Nas paredes das cavernas e nas rochas do Parque Nacional da Serra da Capivara, no Piauí, local considerado patrimônio nacional e mundial, está uma das maiores concentrações de pinturas rupestres do mundo. As imagens representam rituais dos povos que habitavam a região, cenas de atividades cotidianas e de animais típicos do local, como cervos e lagartos. Na maioria das pinturas predominam os pigmentos vermelhos e brancos. Já o tipo de grafismo varia de acordo com a época e o povo que o criou.

Saiba mais

O início da história no território do Brasil

O dia 22 de abril de 1500, quando os portugueses chegaram à América, tem sido apontado oficialmente como o início da história do Brasil. No entanto, não há certezas em relação à data de chegada dos seres humanos ao território que hoje forma o país. Existem vários estudos em andamento e diferenças de opinião entre os pesquisadores do assunto. Luzia tem sido apontada como o fóssil humano mais antigo encontrado no Brasil, datado de cerca de 11, 5 mil a.C. Entre a época em que Luzia viveu e a chegada dos portugueses, em 1500, passaram-se aproximadamente 10 mil anos.

Durante todo esse tempo, os habitantes das terras que correspondem ao Brasil disputaram domínios e regiões, sofreram inúmeras transformações e criaram culturas diferentes. Existiram muitos anos de História antes da vinda dos conquistadores portugueses.

A data oficial de 22 de abril de 1500 como marco do início da história do Brasil foi estabelecida principalmente porque durante muito tempo a história foi escrita e contada a partir dos relatos dos conquistadores e não a partir da história recuperada dos primeiros habitantes do continente.

Quando os colonizadores portugueses atravessaram o oceano Atlântico em busca de novas terras, em 1500, eles não chegaram a um país chamado Brasil, mas a uma terra sem fronteiras definidas. Somente após vários séculos, os contornos do país em que hoje vivemos foram estabelecidos.

Os sambaquis

Um importante vestígio encontrado no país são os **sambaquis** (do tupi *tamba* = marisco; *ki* = amontoamento – grande amontoado de conchas e restos de peixes e outros animais) feitos por grupos humanos há milhares de anos.

Em 1999, no sambaqui de Capelinha, o mais antigo de que se tem notícia, foi encontrado o fóssil de um homem apelidado de Luzio. O sambaqui de Capelinha fica na região do Vale do Ribeira, no estado de São Paulo. Segundo os pesquisadores, ele viveu há cerca de 10 mil anos. Luzio foi enterrado com as pernas flexionadas, envolvido em argila e conchas.

Como Luzia, ele era um paleoíndio que não se parecia com os indígenas atuais do território brasileiro. Tinha cerca de 1,60 metro de altura e feições semelhantes às dos nativos da Oceania ou da África. Segundo as descobertas, Luzio se alimentava de frutas, raízes e carne, mas comia pouco peixe. No entanto, dentes de tubarão encontrados no mesmo sítio arqueológico indicam que ele tinha contato com o litoral.

Mundo virtual

Museu do Homem Americano. Localizado em São Raimundo Nonato, no Piauí, reúne os resultados das pesquisas da fundação e de estudiosos que atuam na região desde a década de 1970. Disponível em: <www.fumdham.org.br/museu-do-homem-americano>. Acesso em: 12 abr. 2018.

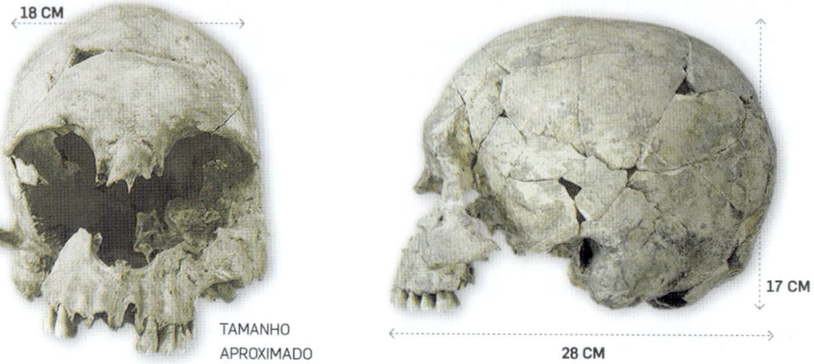

Arte/Agência Estado

Dimensões do crânio de Luzio, nome dado por cientistas à ossada de caçador que viveu há cerca de 10 mil anos no Vale do Ribeira, estado de São Paulo.

Sambaquis

Há 10 mil anos, grupos nômades marcaram suas culturas com edifícios de conchas e restos de peixes e outros animais.

MONTANHA DE CORPOS

Durante a construção dos sambaquis, mortos eram enterrados junto com seus objetos pessoais em covas delimitadas por toras de madeira. Os corpos formavam uma das camadas do monumento. No fim do ritual funerário, era erguida uma base em que se acendia uma fogueira.

DIFERENTES UTILIDADES

Cada comunidade construía seus sambaquis para atender a necessidades específicas. Um monumento podia dobrar de tamanho rapidamente com o objetivo de demarcar o território. Cumprida essa função, continuava a subir até que servisse, por exemplo, de mirante à beira-mar.

Infografia: Alessandro Meiguins, Sattu e Luiz Iria/Foto: Marcelo Zocchio/Arquivo da editora

PROVA DE RIQUEZA

Sambaquis de uma mesma época e tamanhos diversos indicam que grupos mais populosos e com mais prestígio dispunham de edificações maiores. Com novas camadas adicionadas a cada geração, podiam chegar a 30 metros de altura e 200 metros de diâmetro.

MATERIAIS DIVERSOS

A edificação reunia restos de animais marinhos, como peixes, tubarões e arraias, objetos utilizados no cotidiano, como lâminas de machado, agulhas e anzóis, e ossadas humanas. Tudo era coberto por conchas, moluscos e areia e sustentado por toras.

FRUTOS DO MAR

Com o domínio de tecnologias de pesca, como a construção de embarcações, os sambaquieiros conseguiam buscar alimentos em alto-mar. Artefatos como anzóis e flechas feitos com ossos e lanças de pedra lascada eram utilizados para a captura de animais marinhos.

Declínio dos sambaquis

Há cerca de 3 mil anos, houve o declínio dos grupos sambaquieiros, época em que chegavam à região levas de povos caçadores e agricultores provenientes da Amazônia. Eram migrações de um dos maiores e mais poderosos grupos linguísticos, os Tupi-Guarani, que se espalharam pela faixa litorânea e além dela.

No **Período Formativo**, os Tupi-Guarani desenvolveram sistemas de sobrevivência alternativos. Os Tupinambá, por exemplo, tinham como base a produção de mandioca combinada com a caça, a pesca e a coleta. Já os Guarani tinham o milho como ingrediente principal da alimentação. Para as sociedades indígenas, de maneira geral, o território era um **domínio coletivo**.

Entre eles era comum a **roça de coivara**, prática que consiste em atear fogo no mato de certo local para limpar o terreno e preparar o cultivo. A coivara ainda é bastante usada no Brasil. Há evidências de roças de coivara de mais de 5 700 anos. Os indígenas cultivavam mandioca, batata-doce, milho, feijão, amendoim, pimentão, pimenta, abóbora, etc. Com o esgotamento do solo ou com a escassez de caça, pesca, raízes ou frutos, os grupos se deslocavam para outra região.

Na chegada dos colonizadores europeus, a partir do final do século XV, o maior contato foi com as línguas faladas no litoral, todas muito parecidas. Eram chamadas de *abanheenga* pelos indígenas e de tupi pelos colonizadores.

A produção e o uso inicial de artefatos de cerâmica são bastante antigos no Brasil. Alguns deles, encontrados na região dos atuais Pará e Amazonas, datam de mais de 7 000 anos atrás. São conhecidos mais de 3 mil sítios arqueológicos que confirmam a imensa diversidade cultural dos povos originários da Amazônia. Os estudiosos estimam que havia mais de mil línguas faladas na região antes da chegada dos europeus (atualmente são cerca de 240 línguas).

A habilidade na cerâmica amazônica tem como exemplo de sofisticação o vaso de cariátides, na foto ao lado, datado entre 1000 d.C. e 1500 d.C. Cariátides são figuras com forma humana, moldadas na borda do suporte do vaso e sobre as quais se apoia a parte superior do objeto. Esses vasos recebem rica decoração, feita com inscrições geométricas e apliques de figuras de animais típicos da região amazônica. Cada vaso tem uma decoração única, que jamais se repete. No exemplo ao lado, toda a volta do vaso é decorada com cabeças de urubu-rei.

Rogerio Reis / Tyba

Sambaqui em Laguna, Santa Catarina. Foto de 2017.

Amazônia Pré-Colonial

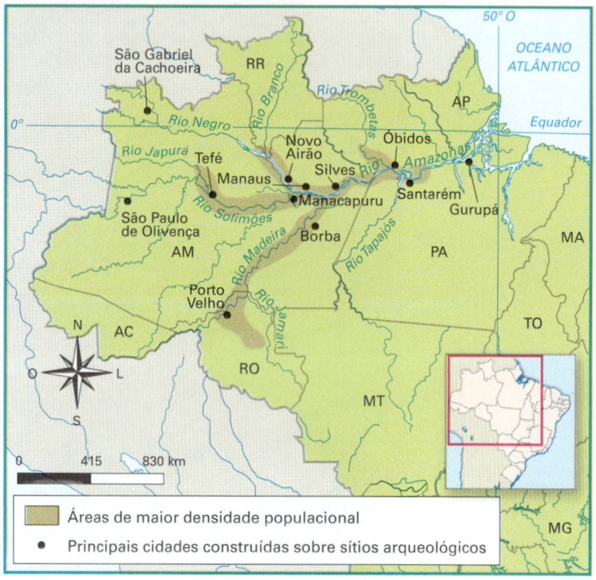

Portal de Mapas/Arquivo da editora

Fonte: elaborado com base em NEVES, Eduardo. Amazônia Pré-Colonial. Disponível em: <www.geografianews.com/single-post/2017/08/30/Conhe%C3%A7a-a-hist%C3%B3ria-da-Amaz%C3%B4nia-pr%C3%A9-colombiana>. Acesso em: 10 maio 2018.

Reprodução/Museu de Arqueologia e Etnologia da USP, São Paulo, SP.

Vaso de cariátides, datado entre 1000 d.C. e 1500 d.C.

Características dos nativos antes de 1500

Havia guerras constantes entre os diferentes povos indígenas que viviam no território do atual Brasil, visando à posse ou à manutenção de áreas férteis. Os derrotados eram expulsos da área conquistada.

No final desses conflitos, alguns povos, como os Tupinambá (que ocupavam o litoral do território), realizavam um cerimonial no qual comiam a carne do(s) prisioneiro(s). Essa prática é conhecida como **antropofagia**. Segundo a crença tupinambá, ao ingerir a carne, passariam a ter a mesma valentia do prisioneiro. A antropofagia também é interpretada como desejo de vingança.

Esse costume causou espanto aos colonizadores europeus, foi proibido e aos poucos deixou de ser praticado. Atualmente, há registros de que os Ianomâmi ingerem as cinzas dos mortos como forma de homenageá-los.

Em 1548, o viajante alemão Hans Staden teve contato com os indígenas da nação Tupinambá e presenciou um ritual antropofágico. Ele contou sua experiência em um livro, que foi ilustrado, no século XVI, pelo belga Theodor de Bry, que nunca esteve no Brasil.

Cada povo se dividia em várias aldeias com centenas ou milhares de habitantes. Nelas, viviam agrupados em pequenas moradias familiares, distantes umas das outras. Mas o mais frequente eram as **malocas** (habitações coletivas).

Os trabalhos eram divididos segundo o **sexo** e a **idade**. Certas tarefas cabiam aos homens, como a caça, a pesca, a guerra e a produção de arcos, flechas e outros armamentos. Já as mulheres cuidavam da coleta de frutos e raízes, da agricultura e da fabricação de cestos, redes e vasos de cerâmica. Tais atividades, porém, variavam muito de um grupo para outro.

Em geral, entre os indígenas prevalecia a monogamia. Mas a poligamia também era praticada, especialmente entre os chefes do grupo.

Os pajés eram responsáveis pelos rituais de consulta aos deuses e pela cura das doenças com o uso de rezas, ervas e danças. Também eram responsáveis por memorizar e transmitir, de geração a geração, os mitos de seus ancestrais.

- **Monogamia:** casamento de uma pessoa (homem ou mulher) com apenas um cônjuge.
- **Poligamia:** casamento de um indivíduo com vários cônjuges. Poliginia seria o casamento de um homem com várias mulheres. E poliandria (mais raro) seria o casamento de uma mulher com vários homens.
- **Pajé:** chefe espiritual dos indígenas e curandeiro.

VIVENDO NO TEMPO

De Luzia

Como você viu, Luzia viveu há cerca de 11,5 mil anos no território que viria a ser o Brasil. Os homens e as mulheres que viveram na mesma época de Luzia andavam em pequenos grupos pela região que hoje corresponde ao estado de Minas Gerais e coletavam frutas, raízes e folhagens. Segundo os pesquisadores, a paisagem dessa região se parecia com a que existe hoje no Cerrado brasileiro.

Eles conviveram com animais de grande porte que existiam nesse período, como as preguiças-gigantes, os tigres-dentes-de-sabre e o tatu-gigante. Mas preferiam caçar animais menores: porcos do mato, cervos, lagartos, etc. Esses grupos utilizavam as cavernas para se abrigar e se proteger.

Luzia tinha cerca de 1,50 metro de altura e morreu por volta dos 20 anos de idade. Não se sabe qual foi a causa da sua morte. Ela pode ter sido ferida por um animal ou sofrido um acidente. Luzia não foi enterrada, seu corpo ficou em uma caverna e aos poucos foi coberto por sedimentos, até ser encontrado por pesquisadores liderados por Peter Lund em 1975.

Sua ossada só começou a ser estudada nos anos 1980, pelo antropólogo Walter Neves. No sítio de Lagoa Santa também foram achados objetos utilizados para a caça, como pedras de quartzo, que funcionavam como pontas de lança, lâminas de machado, cerâmicas e pinturas rupestres. Veja no infográfico abaixo mais informações sobre como era a vida a partir do tempo de Luzia.

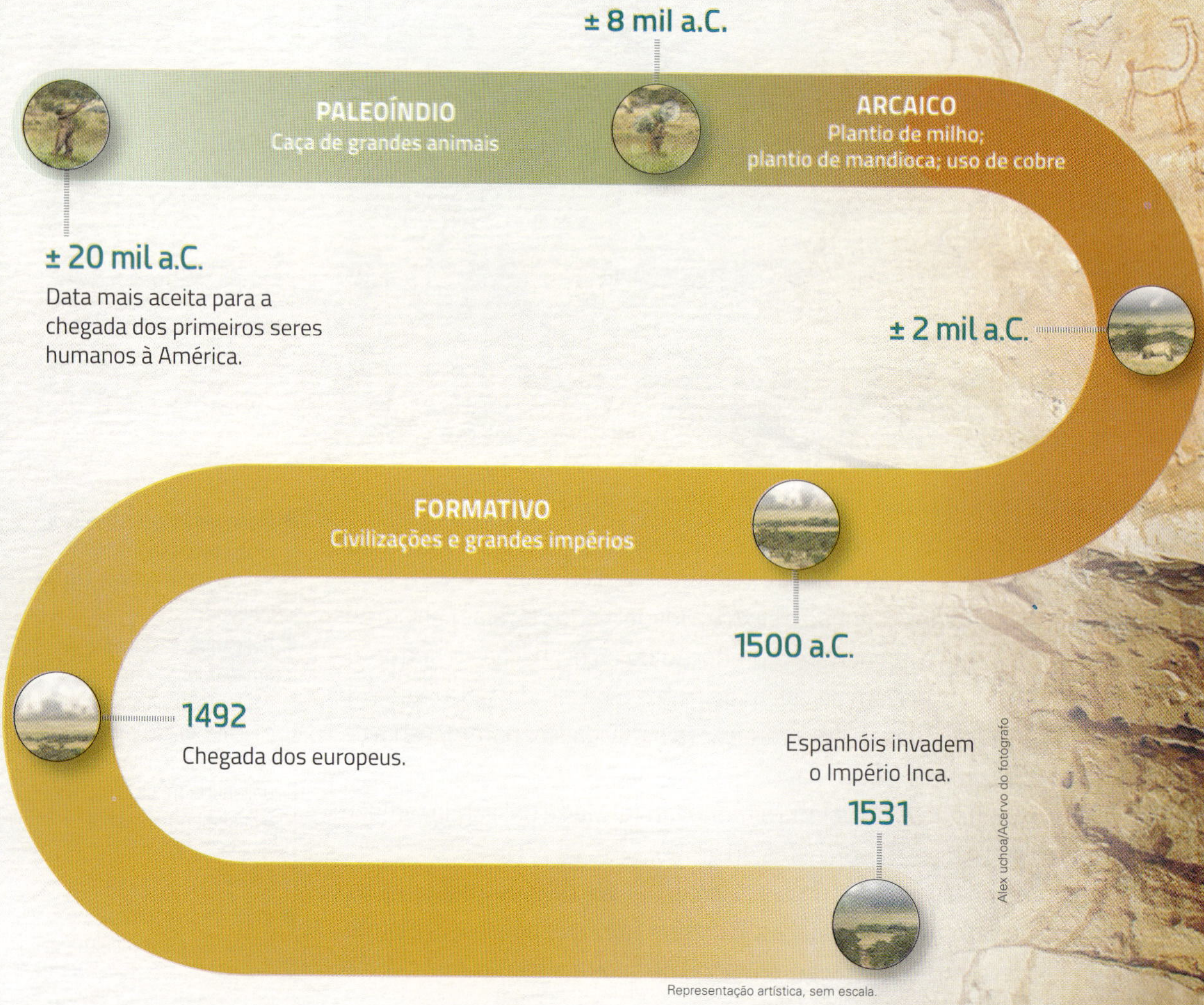

Alex uchoa/Acervo do fotógrafo

Representação artística, sem escala.

FAUNA ANTIGA
A megafauna da Pré-História brasileira era formada por 150 tipos de animais. Um dos maiores, o tigre-dentes-de-sabre, pesava cerca de 400 quilos. A anta, de porte médio, estava entre os mais caçados.

PREGUIÇA-GIGANTE
Um dos maiores mamíferos americanos, da espécie *Eremotherium rusconii*, chegava a pesar mais de 5 toneladas e a medir 6 metros de comprimento.

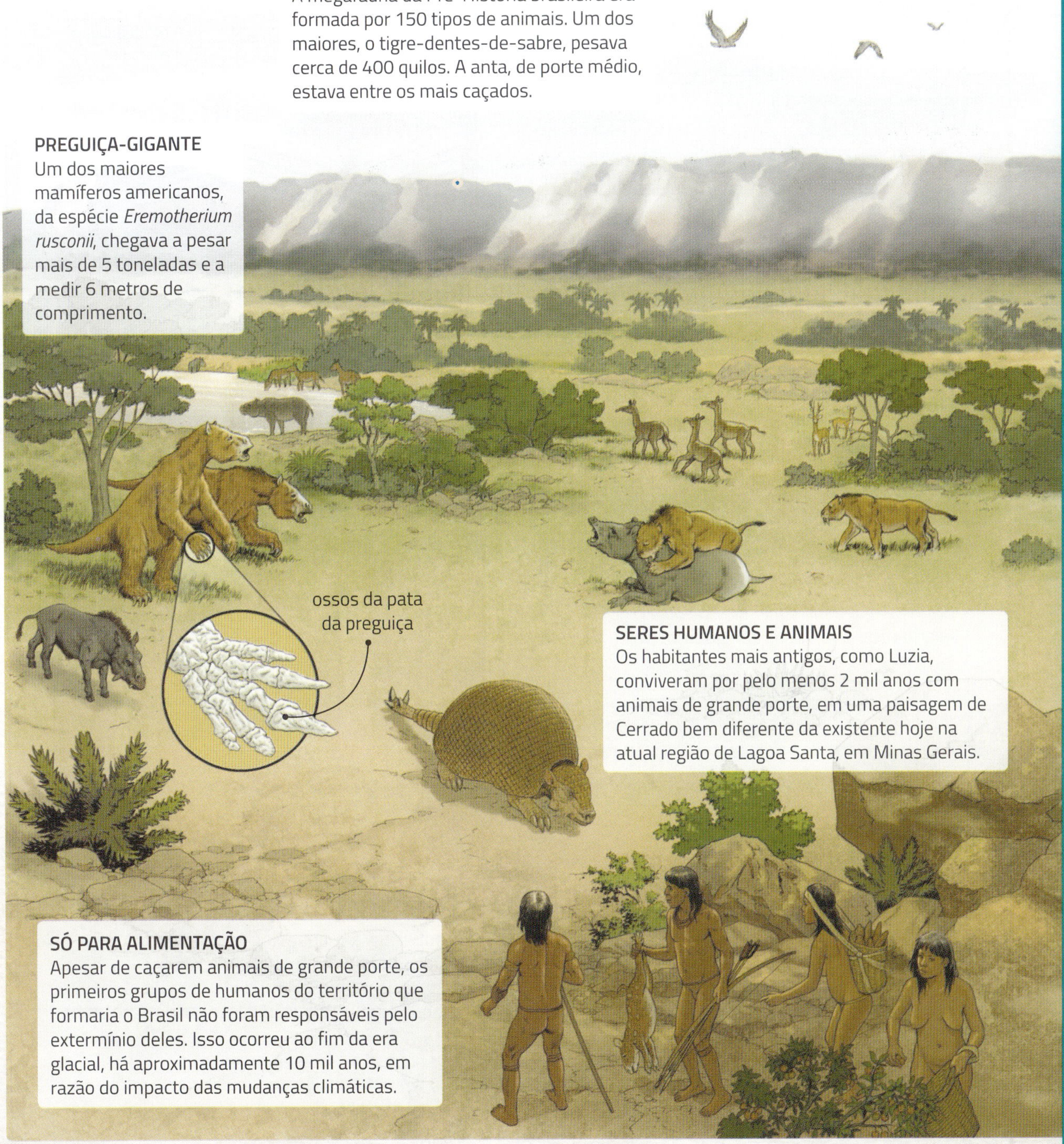

SERES HUMANOS E ANIMAIS
Os habitantes mais antigos, como Luzia, conviveram por pelo menos 2 mil anos com animais de grande porte, em uma paisagem de Cerrado bem diferente da existente hoje na atual região de Lagoa Santa, em Minas Gerais.

SÓ PARA ALIMENTAÇÃO
Apesar de caçarem animais de grande porte, os primeiros grupos de humanos do território que formaria o Brasil não foram responsáveis pelo extermínio deles. Isso ocorreu ao fim da era glacial, há aproximadamente 10 mil anos, em razão do impacto das mudanças climáticas.

Rodval Matias/Arquivo da editora

Questões

Imagine que você viveu no período de Luzia e responda oralmente às questões.

1. Quais eram as principais atividades suas e de seu grupo?
2. Como você acha que era a interação entre esses primeiros grupos humanos e os animais que ali existiam?
3. Na sua opinião, quais eram as dificuldades que eles enfrentavam nesse período?

TRABALHANDO COM **DOCUMENTOS**

Você já sabe que todos os vestígios utilizados pelos historiadores para conhecer o passado são chamados de **fontes históricas** ou **documentos**. Agora, você vai conhecer outra categoria de fonte histórica, a chamada cultura imaterial.

Cultura imaterial é tudo aquilo que é produzido pelas sociedades humanas, mas não tem consistência material. Festas, rituais religiosos, danças, estilos musicais, modos de preparar um determinado alimento ou de fazer um artesanato e outras tradições de um povo são considerados cultura imaterial e constituem parte do patrimônio de um povo.

Os povos americanos desenvolveram diferentes modos de vida, de acordo com suas necessidades e as características da região que habitavam. Que tal conhecer o modo de vida da população de sua cidade, por meio do estudo de sua cultura imaterial?

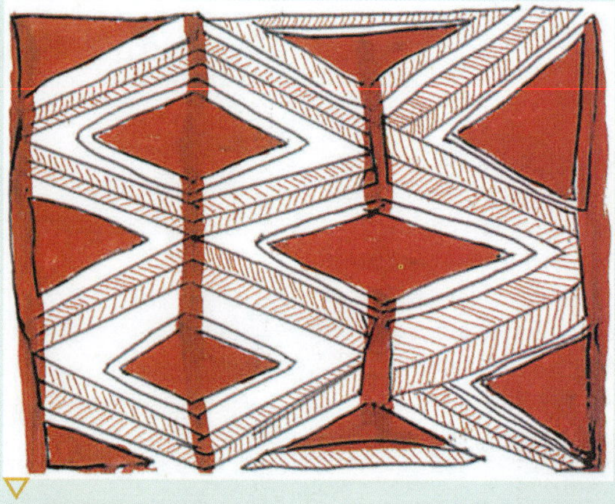

Índios Wajãpi/Conselho das Aldeias Wajãpi/APINA

Pintura *kusiwa* representando roça de milho. Obra realizada por indígenas das aldeias Wajãpi, do Amapá, 1983.

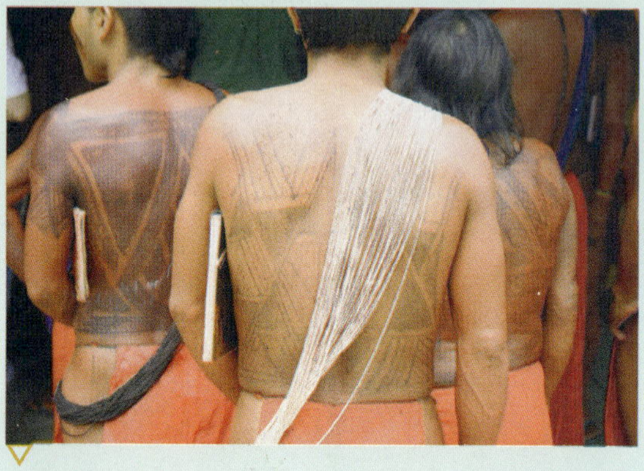

Heitor Reali/Acervo do Fotógrafo

Pintura *kusiwa* em corpo de indígena do povo Wajãpi. Foto de 2009.

1. Em grupos, façam um levantamento das manifestações culturais populares imateriais (festas, rituais religiosos), lendas, manifestações artísticas (músicas, danças), modos de preparar um prato típico da região ou de fazer um tipo específico de artesanato e outros elementos que vocês considerem parte da cultura imaterial de sua cidade.
2. Listem as manifestações culturais identificadas.
3. Escolham uma das manifestações culturais listadas e façam uma breve pesquisa sobre ela, considerando:
   a) Quando surgiu?
   b) Quais são as suas principais características?
   c) Qual é a importância dessa manifestação cultural para a cidade?
4. Entrevistem pelo menos quatro moradores da cidade que conheçam a manifestação cultural escolhida pelo grupo. Perguntem-lhes qual relação eles mantêm com esse patrimônio.
5. A prefeitura e outros órgãos públicos da cidade cuidam da proteção e preservação desse patrimônio cultural? Em caso afirmativo, quais órgãos o protegem e como isso é feito?
6. O que esse patrimônio cultural imaterial revela sobre a história e o passado e o modo de vida da população de sua cidade?
7. Sob orientação do professor, elaborem um cartaz para apresentar o resultado da pesquisa para a sala. Lembrem-se de:
   - deixar margens na cartolina;
   - centralizar o título;
   - escrever textos curtos e objetivos, com letra grande, para ser lido a distância;
   - usar figuras grandes para garantir boa visibilidade. Cortem-nas com cuidado e façam uma moldura para elas, com margem de 0,5 cm. Distribuam as figuras de maneira equilibrada na cartolina.

Ao realizar a pesquisa e as entrevistas, não se esqueça de registrar as informações importantes e de coletar materiais referentes ao assunto (fotos, gravações, reportagens).

Mapeando saberes

ATENÇÃO A ESTES ITENS

- Divisões dos períodos da História mais remota da América: Paleoíndio, Arcaico e Formativo.
- A América foi ocupada há cerca de 20 mil anos, mas existem hipóteses de ocupação anterior a essa data.
- A ocupação tida como mais antiga coube aos grupos humanos de origem asiática.
- Principal rota de ocupação: via estreito de Bering. Outras possíveis rotas: via oceanos Pacífico ou Atlântico.

- Ocupação do território brasileiro: em várias ondas migratórias, sendo uma delas a de origem africana.
- Muitos povos habitavam a região do território brasileiro na chamada Pré-História.
- Diferenças entre as etnias que vivem nas terras brasileiras: línguas, costumes, crenças, etc.

Reprodução/Piedra Museo

Reprodução/Museu de Arqueologia e Etnologia da USP, São Paulo, SP.

POR QUÊ?

- Conhecer o passado mais remoto do continente incentiva discussões e pesquisas sobre a nossa história.
- Antes da chegada dos conquistadores europeus à América, diversos povos que aqui viviam fizeram história com suas culturas e originaram aldeias, reinos e impérios.

- Permite conhecer e compreender parte da história, da riqueza cultural, das lutas, etc. dos antigos povos do território brasileiro.
- Alguns desses costumes permanecem até hoje, com os descendentes desses povos.

ATIVIDADES

Retome

1› Descreva as principais teorias existentes sobre a data de chegada dos primeiros grupos humanos ao continente americano.

2› Explique as diferentes hipóteses sobre as rotas de chegada do ser humano à América.

3› Indique os períodos em que se divide a Pré-História americana e cite suas principais características.

4› Explique com suas palavras como viviam os indígenas durante a chamada Pré-História no território que hoje é o Brasil.

5› As primeiras sociedades que se desenvolveram na América eram todas iguais? Justifique sua resposta com exemplos.

6› Releia o tópico *Cultura material e formas de registro antes de 1500* e explique por que as comunidades indígenas necessitam de grandes extensões de terra para manter seu modo de vida e sua cultura.

Faça uma campanha

7› Observe a foto ao lado. Ela mostra o descaso de algumas pessoas em relação a objetos considerados vestígios pré-históricos. Para evitar que cenas como essa se repitam, crie com seus colegas (em grupo) uma campanha em defesa da preservação do patrimônio histórico da sua cidade. Para isso, sigam as orientações abaixo.

Patrimônio histórico: conjunto de bens considerados importantes para a preservação da história e da memória de um povo ou de um país. Geralmente, os objetos que fazem parte desse conjunto são tombados, ou seja, são protegidos por uma lei para que não sejam destruídos nem modificados. Apesar do tombamento, boa parte do patrimônio histórico brasileiro não é preservada.

a) Façam um levantamento sobre o patrimônio histórico da cidade onde vocês moram: construções, monumentos, objetos, etc.

b) Identifiquem a localização desse patrimônio (em museus, praças públicas, coleções particulares, construções, terrenos privados).

c) Discutam com os colegas:

- O patrimônio histórico da cidade está bem preservado? Por quê?
- O que os cidadãos devem fazer para valorizar o patrimônio da cidade onde moram?
- Quais iniciativas devem ser cobradas do poder público?

d) Elaborem a peça publicitária da campanha (cartaz, panfleto, anúncio de jornal, página em rede social, rádio ou TV, etc.).

e) Definam a quem a campanha será dirigida (estudantes, moradores, turistas, etc.) e procurem uma forma de divulgá-la, distribuindo panfletos, divulgando na internet, em anúncios de jornal, rádio ou TV, em sua escola ou cidade.

João Pedro Cardoso/Mais Castelo

Pichação em uma das rochas do sítio arqueológico da Baixa do Cajueiro, em Castelo do Piauí (Piauí), que abriga milhares de pinturas rupestres. Foto de 2018.

Autoavaliação

1. Quais atividades você considerou mais fáceis e mais difíceis? Por quê?

2. Em quais atividades você utilizou o texto do capítulo como base para sua resposta?

3. Algum ponto do capítulo não ficou muito claro para você? Qual?

4. Você compreendeu o esquema *Mapeando saberes*? Explique.

5. Você saberia apontar exemplos da atualidade considerando o que aprendeu no item *Por quê?* do *Mapeando saberes*?

6. Como você avalia sua compreensão dos assuntos tratados neste capítulo?

» **Excelente**: não tive nenhuma dificuldade.

» **Boa**: tive algumas dificuldades, mas consegui resolvê-las.

» **Regular**: foi difícil compreender certos conceitos e resolver as atividades.

» **Ruim**: tive muitas dificuldades, tanto no conteúdo quanto na realização das atividades.

LENDO IMAGEM

Estima-se que os primeiros seres humanos chegaram à região amazônica há mais de 8 mil anos. Desse passado destacam-se as cerâmicas produzidas por grupos que viveram entre os anos 300 e 1400, na ilha de Marajó, e entre 300 e 1800, às margens dos rios Tapajós e Trombetas. Os artefatos têm estilos e formas próprias, o que faz os arqueólogos concluírem que pertencem às culturas marajoara e santarém, que não deixaram vestígios escritos.

Este vaso de cerâmica da cultura santarém possui incisões (desenhos gravados na cerâmica através de sulcos), figuras com formas humanas (antropomórficas) e figuras com formas de animais (zoomórficas), todas representando algo de valor espiritual ou social. Por causa da riqueza de detalhes e da delicadeza do entalhe, esse objeto era provavelmente destinado a cerimônias.

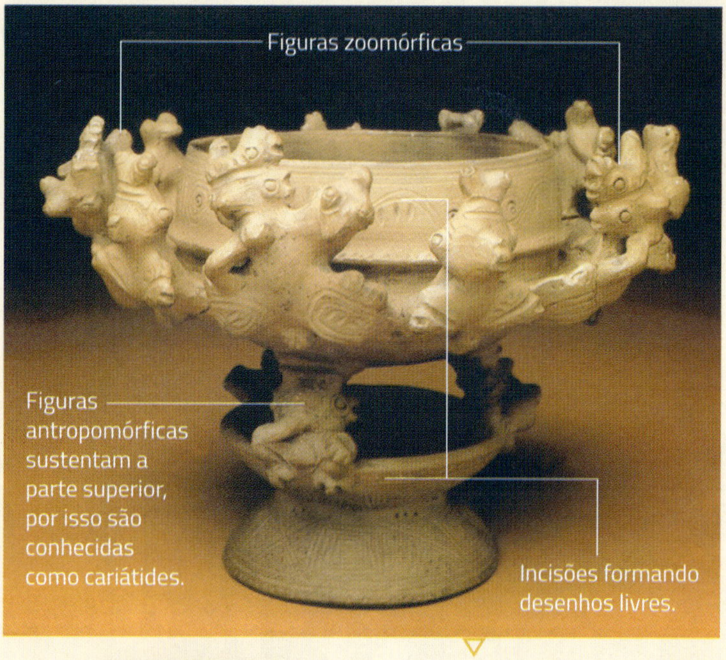
Figuras zoomórficas
Figuras antropomórficas sustentam a parte superior, por isso são conhecidas como cariátides.
Incisões formando desenhos livres.
Rômulo Fialdini/Tempo Composto

Vaso em cerâmica da cultura santarém (ou tapajônica) confeccionado entre os anos 1000 e 1400.

Cerâmica da ilha de Marajó

Romulo Fialdini/Tempo Composto

Urna funerária da cultura marajoara feita provavelmente entre 400 e 1400. Objetos encontrados dentro de urnas como esta sugerem o prestígio e certa distinção social de alguns indivíduos na cultura marajoara.

Funerário: relativo a enterros (funerais) ou à morte.

Identifique o vestígio

1. Qual artefato é mostrado na imagem acima? Utilize também as informações da legenda e identifique a data e a cultura à qual pertence.

Analise as características do objeto

2. **a)** Observe a forma e a cor desse objeto e descreva suas características. Em que ele difere do vaso da primeira imagem?

b) Há figuras? Se houver, que formas elas têm?

Crie hipóteses sobre a elaboração do objeto

3. Pensando na forma e na decoração, o que você conclui sobre as habilidades envolvidas na produção desse artefato?

Ashraf Shazly/AFP

Núbios do Sudão durante dança tradicional no Festival de Patrimônio Cultural das Montanhas Nuba, em Omdurman. Milhares de núbios têm deixado sua área de origem e migrado para Cartum, capital do Sudão, fugindo de conflitos locais e da pobreza. Foto de 2015.

UNIDADE

2 Povos da Antiguidade na África e no Oriente Médio

Parte do continente africano e parte do Oriente Médio atravessam graves conflitos étnicos e religiosos, que geram pobreza e fome. As disputas por recursos naturais criam ainda maior sofrimento às populações. O desenvolvimento de técnicas agrícolas e práticas culturais relacionadas aos rios da região são marcas de civilizações antigas nessa parte do mundo.

Observe a imagem e responda oralmente:

1 Você conhece alguma civilização antiga da África? Qual?

2 Por que você acha que a água era um recurso tão importante para a África e para o Oriente Médio? Ela ainda é essencial para os povos que moram nessas regiões?

CAPÍTULO 4

A antiga civilização egípcia

DeAgostini/Getty Images

Ceifando e colhendo trigo, detalhe de afresco na tumba de Menna, escriba da dinastia de Amenotep III (1402 a.C.-1364 a.C.).

Para começar

1. Na imagem estão representadas pessoas praticando diversas atividades. Que atividades são essas?
2. O Egito possui grandes áreas desérticas. Como você acha que eles faziam para cultivar alimentos?

Como em outras partes do mundo, diversos grupos humanos deixaram a vida nômade e se tornaram sedentários, praticando a agricultura e a domesticação de animais. Ao dominarem outros povos, esses grupos formaram reinos e impérios.

Os reinos mais antigos do continente africano surgiram no final do Neolítico, na área conhecida hoje como África setentrional (região ao norte da linha do equador). Os egípcios são um exemplo de civilização nascida nessa região e nesse período da história.

Na região atualmente denominada África subsaariana (ao sul do deserto do Saara), outros povos nômades tornaram-se sedentários e se organizaram em aldeias e reinos no centro e no sul do continente africano.

Neste capítulo, estudaremos um desses reinos e suas principais características.

1 África: a origem da humanidade

O continente africano sofreu profundas alterações climáticas e no relevo, levando à formação de uma paisagem bastante diversificada com desertos, florestas, savanas, pântanos, planaltos, grandes lagos e montes elevados. O maior deserto do mundo, o Saara, por exemplo, surgiu dessas transformações do clima. Observe o mapa a seguir.

Origem da humanidade

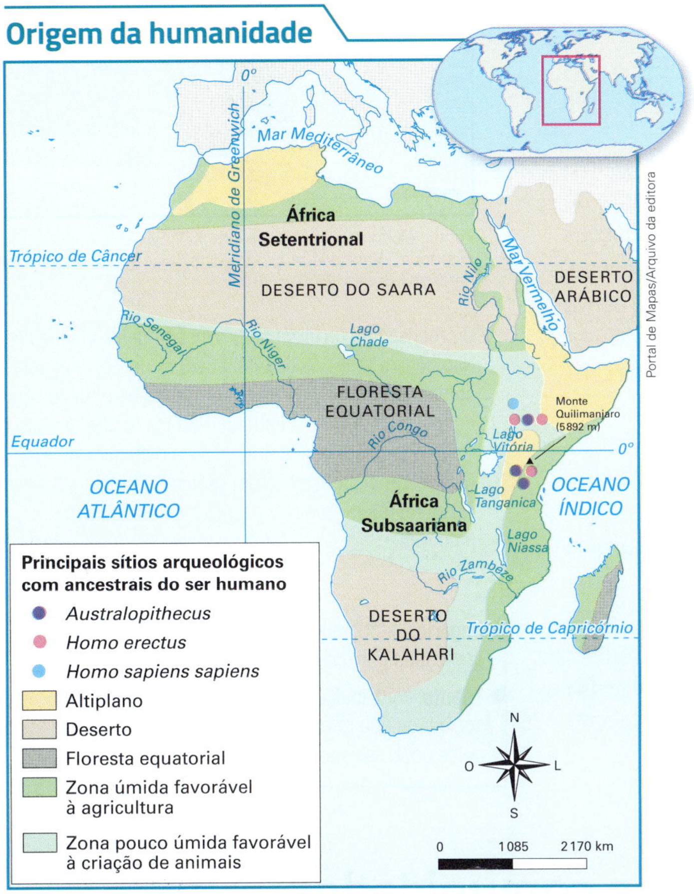

Fonte: elaborado com base em HAYWOOD, John. *Atlas histórico do mundo*. Colônia: Könemann, 2001. p. 10-11 e IBGE. *Mapa físico da África*. Disponível em: <www.paises-africa.com/mapa-fisico.htm>. Acesso em: 9 maio 2018.

LINHA DO TEMPO

- **± 300 MIL ANOS** — *Homo sapiens sapiens*
- **± 3500 a.C.** — Formação de dois reinos no Egito
- **± 3200 a.C.** — Unificação do Alto e do Baixo Egito
- **± 1730 a.C. a 1580 a.C.** — Domínio dos hicsos
- **± 800 a.C.** — Domínio do Reino de Kush da Núbia
- **± 662 a.C.** — Invasão assíria
- **± 525 a.C.** — Conquista persa

Linha do tempo esquemática. O espaço entre as datas não é proporcional ao intervalo de tempo.

2 Os egípcios

"O Egito é uma dádiva do Nilo." A frase do historiador Heródoto, que viveu entre 485 a.C. e 420 a.C., lembra a importância desse rio na formação do povo egípcio. Às suas margens criaram uma cultura e uma maneira de se organizar totalmente novas. Suas águas cortam o nordeste da África, uma região desértica, e transbordam todos os anos ocupando as margens, deixando-as férteis, especialmente por causa do húmus. Terminada a temporada das cheias, suas águas voltam a ocupar o leito normal e deixam as margens prontas para o plantio.

Dádiva: presente, oferta.

Húmus: adubo natural composto principalmente de restos de vegetais em decomposição.

Construindo conceitos

Estado e civilização

A palavra "estado" tem vários significados. **Estado** (com "e" maiúsculo) quer dizer uma organização centralizada, que exerce poder sobre uma determinada região ou território. Essa região pode ser uma cidade, um reino ou um império. Os primeiros Estados surgiram há muito tempo e em diversas regiões do mundo. O Estado era responsável, entre outras coisas, pela organização do espaço das cidades, pela organização jurídica (criação das primeiras leis) e pela cobrança de tributos, geralmente pagos na forma de excedentes (sobras) agrícolas ou de trabalho.

A palavra **civilização** também possui vários significados. Atualmente, civilização se refere ao conjunto de produções de uma sociedade. Podem ser produções materiais (edifícios, tecnologias, etc.) ou culturais (poesia, dança, música, etc.). O termo civilização também deriva do verbo "civilizar", que significa educar alguém a conviver com outras pessoas de acordo com os modelos de conduta de uma sociedade.

No século XVIII, quando a palavra surgiu na França, tinha sentido de superioridade e se opunha a barbárie ou selvageria. Muitas nações usaram o ato de "civilizar" como justificativa para impor sua cultura a outro povo de forma violenta, desrespeitando as diferenças culturais.

Todas as civilizações que se desenvolveram ao longo da História da humanidade tiveram características próprias, o que não significa que algumas sejam avançadas ou melhores e outras atrasadas ou piores. Significa apenas que são diferentes entre si.

Rio Nilo

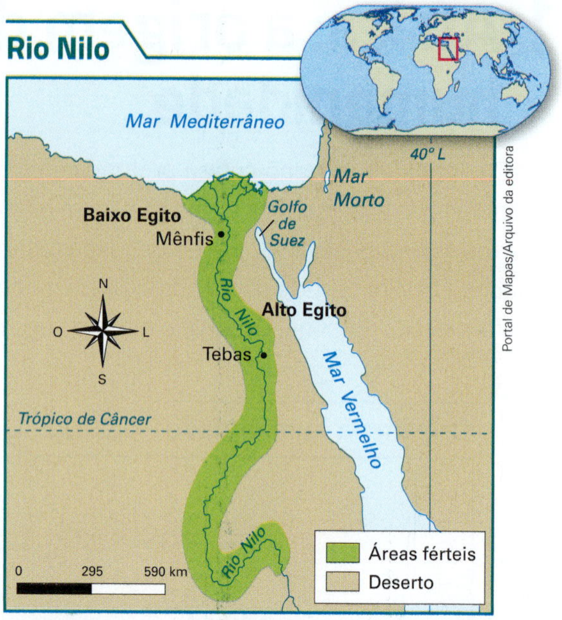

Fonte: elaborado com base em KÖNEMAM, Ludwig (Ed.). *Historical Atlas of the World*: with over 1 200 Maps. Bath: Paragons Books, 2010. p. 308.

O processo de fertilização provocado pelas cheias do Nilo ocorre tanto na desembocadura do rio, conhecida como **delta**, como no vale que acompanha o rio por mais de mil quilômetros. O delta do Nilo é a região em que o rio se divide em vários braços para desaguar no mar Mediterrâneo, formando um triângulo. Observe a área verde no mapa, que representa o solo fertilizado pelo Nilo.

Império: Estado que exerce seu poder sobre um amplo território, governado por um rei (faraó) ou imperador.

Tributo: contribuição exigida pelo Estado de membros da sociedade que governa. Os impostos e outras taxas cobradas pelos governos são formas de tributo.

Os nomos: as primeiras comunidades agrícolas

Estudos arqueológicos revelam que a região do vale do rio Nilo já era habitada por grupos humanos desde antes de 5000 a.C. O clima e a vegetação da região eram bem diferentes do que se conhece atualmente. Áreas que hoje fazem parte de desertos eram verdes e abrigavam animais como elefantes, girafas, avestruzes, antílopes, por exemplo. Tais características atraíram grupos humanos desde a época paleolítica.

Em torno do Nilo, os núcleos humanos neolíticos passaram a cultivar grãos, criar gado e a organizar as primeiras comunidades agrícolas, chamadas **nomos**. Essas aldeias eram autônomas, ou seja, independentes umas das outras. Com o desenvolvimento dos nomos e o crescimento da população, foi necessário aumentar a produção de alimentos.

Com as margens do Nilo ocupadas por plantações, as comunidades locais descobriram que, com a irrigação, era possível cultivar em áreas bem além das margens do rio.

A agricultura (cultivo de trigo, cevada, algodão, papiro e linho) era a atividade mais importante do Egito antigo. Os egípcios dedicavam-se também à criação de animais (cabras, carneiros e gansos) e à pesca. Eles comercializavam entre si e com outras civilizações, sob controle do Estado.

Irrigação: método para levar água para determinada área.

Preparação da folha de papiro
Retira-se a casca verde do caule.
Corta-se o caule em tiras.
Arrumam-se as tiras em camadas (uma horizontal e outra vertical).
Martelam-se as tiras para que se juntem. Alisa-se a folha com uma pedra, finalizando a confecção da folha de papiro.

Ilustrações: Luís Moura/Arquivo da editora

A planta de papiro era abundante nas margens do Nilo. Suas hastes, depois de umedecidas, trançadas e batidas, eram utilizadas como suporte para a escrita. Podiam ainda ser empregadas na confecção de cestos, roupas e barcos e na alimentação.

Os nomarcas e o faraó

Com o aumento da população e da produção de excedentes, surgiu a necessidade de controlar os estoques e as trocas de mercadorias, supervisionar as construções de diques e fortificações e administrar os serviços públicos. Para solucionar esses problemas, surgiu a figura do **nomarca** (líder do nomo), que passou a chefiar a comunidade.

Dique: barreira construída para conter a água de um rio. No texto, o dique tinha a finalidade de fazer represas ou açudes para a irrigação da lavoura.

Por volta de 3500 a.C., os nomos da região do delta (no norte) se uniram para formar o reino do **Baixo Egito**, sob uma liderança única. O mesmo ocorreu com os nomos do sul, que formaram o reino do **Alto Egito**. Esses dois reinos estão entre os mais antigos Estados de que se tem notícia. Ao que parece, por volta de 3200 a.C., um chefe do Alto Egito chamado Narmer ou Menés (não se sabe ao certo) uniu os dois reinos.

Nessa época, a autoridade máxima era o rei ou **faraó**, que tinha a função de manter a unidade, a ordem e a continuidade do Estado egípcio. Assim, foi criado um Estado forte, que impunha a ordem sobre os 42 nomos, subordinados ao governo central, cujos nomarcas tornaram-se representantes locais do faraó.

Os egípcios consideravam que o faraó era um deus vivo. Assim, estabeleceu-se no Egito uma monarquia **teocrática** (*teo* = Deus; *cracia* = governo), na qual o faraó possuía o poder político e o poder religioso, obtidos em sua coroação. Quando um faraó morria, geralmente era sucedido por um membro da família.

De olho na tela

Construindo um império: Egito. Direção: History Channel. Estados Unidos, 2006. O documentário utiliza técnicas de computação gráfica para explorar a arquitetura, a política e a cultura do antigo Egito.

Coroa branca, do Alto Egito.
Coroa vermelha, do Baixo Egito.
Coroa dupla, que simbolizava a união entre o Baixo e o Alto Egito.

Ilustrações: Kazuhiko Yoshikawa/Arquivo da editora

A sociedade egípcia

O topo da pirâmide da sociedade egípcia era ocupado pelo **faraó** e sua família. A seguir vinham os **sacerdotes**, os **funcionários do Estado** (burocratas e militares) e os **nobres**, muitos deles descendentes das famílias que controlavam os nomos. Na base da pirâmide social egípcia estavam os **camponeses** e os **escravos**.

A função dos sacerdotes era interpretar os desejos dos deuses e cuidar dos cultos. Para isso, recebiam tributos e tinham isenção de impostos. Devido a essas características, os sacerdotes chegaram a formar o grupo mais rico e influente do Egito.

Os **escribas** (do grupo dos burocratas) fiscalizavam a administração e registravam por escrito o valor de impostos recolhidos e a quantidade de alimentos estocados. A maioria da população egípcia era analfabeta, portanto dominar a escrita era uma forma de obter poder político.

Os camponeses, conhecidos como felás, eram obrigados a pagar tributos com trabalhos forçados e estavam sujeitos a castigos impostos por funcionários do Estado. Os escravos trabalhavam nas minas e pedreiras do Estado, nas terras reais e nos templos. Em geral, eram prisioneiros de guerra e não constituíam um grupo numeroso.

Veja a pirâmide da sociedade egípcia.

Burocrata: funcionário ligado ao Estado e responsável pela administração dos negócios públicos.

Isenção de impostos: liberação da obrigação de pagar impostos.

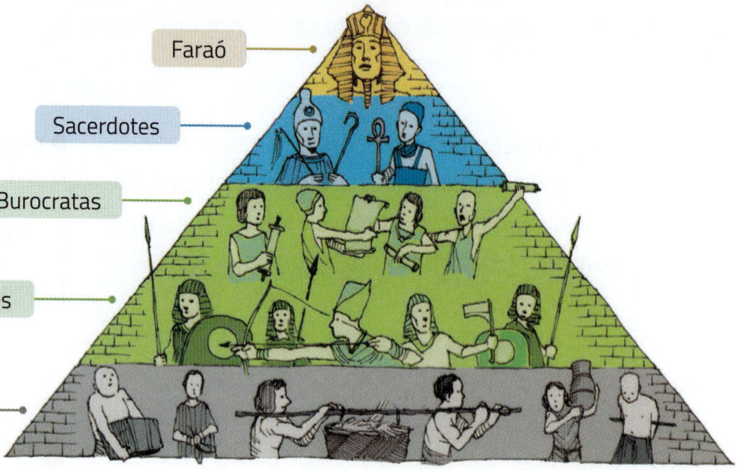

Theo Szczepanski/Arquivo da editora

Saiba mais

Escravos

Ser escravo significa pertencer a outra pessoa. Como um bem, o escravo podia ser vendido, emprestado, doado ou alugado a alguém que passava a ser o seu senhor e dono de tudo o que ele produzia.

A escravidão variou bastante de acordo com a região, época e povo, mas existiu em quase todas as civilizações da Antiguidade. Em algumas culturas, os escravos podiam se casar e ter bens, como os camponeses e trabalhadores livres. Em outras, suas atividades eram bem limitadas e controladas.

A escravidão tem sido combatida por séculos. É uma prática inaceitável, condenada pelas leis e pelos movimentos de direitos humanos. Mesmo assim, ainda existem trabalhadores que atuam em condições parecidas com as da escravidão em muitos lugares, incluindo o Brasil. Esses trabalhadores sobrevivem em moradias precárias e recebem salários muito baixos, além de exercerem suas funções de forma forçada em locais sem as condições mínimas de segurança ou salubridade.

Minha biblioteca

Como seria sua vida no antigo Egito?, de Jacqueline Morley, Editora Scipione, 1997. Bastante ilustrado, este livro conta como faraós, sacerdotes, camponeses e escravos passavam seus dias no Egito antigo.

Espantosos egípcios, de Terry Deary, Editora Melhoramentos, 1997. Livro de curiosidades que, com humor, revela aspectos políticos, sociais, econômicos e culturais do Egito antigo.

O Egito dos faraós e sacerdotes, de Raquel dos Santos Funari, Editora Atual, 2000. Obra que trata dos aspectos econômicos e políticos do Egito antigo, com atenção especial às questões culturais. Traz dados sobre a vida doméstica, a religiosidade, a construção de pirâmides e a mumificação.

TRABALHANDO COM **DOCUMENTOS**

O texto a seguir é uma adaptação da história que justifica o poder dos faraós. Leia-o e discuta com os colegas as questões propostas.

Osíris veio ao Egito acompanhado de sua irmã-esposa, a deusa Ísis. Ele ensinou aos homens a agricultura, a metalurgia [...]. Mas seu irmão Set (o deus mau, o vento seco do deserto) ficou com inveja. Um dia, Set convidou Osíris para uma festa e, enganando-o, fechou-o dentro de uma caixa, que lançou ao rio. Ísis, desesperada, procurou-o e achou-o em Biblos, onde uma grande árvore retivera-o prisioneiro. Mas Set, numa noite em que Osíris caçava sob a claridade da lua, matou-o e cortou seu corpo em quatorze pedaços, os quais espalhou pelo Egito. Pacientemente, Ísis os recolheu e, com a ajuda de seu filho Hórus, juntou-os e, usando de ritos mágicos, levou seu marido a uma nova existência. Hórus tornou-se rei do Egito. Os faraós o sucederam.

AUBERT, André. *Histoire:* L'Orient et la Grèce. Paris: Hachette, 1959. p. 43.

G. Dagli Orti/DEA/Getty Images/Museu do Louvre, Paris, França.

Escultura de ouro e lápis-lazúli representando Osíris (ao centro) com Hórus (à esquerda) e Ísis (à direita) (889 a.C.-866 a.C.).

1. Quais são os deuses egípcios citados no texto?
2. De acordo com o texto, qual é a explicação para a origem dos faraós?
3. De acordo com o que estudamos no capítulo 2, essa é uma explicação mítica ou histórica?
4. Além dessa, que outra explicação há para o aparecimento dos faraós no Egito?

O período dinástico

Depois da unificação do Egito por volta de 3200 a.C., uma sequência de faraós pertencentes à mesma família (**dinastias**) sucederam-se no poder, até a conquista do Egito pelos persas, em 525 a.C. Esse longo tempo ficou conhecido como Período Dinástico e costuma ser dividido em Antigo Império, Médio Império e Novo Império.

Antigo Império (± 3200 a.C. a 2000 a.C.)

- Os faraós promoveram a expansão do território para oeste, sul e nordeste e consolidaram seu poder sobre todo o Egito antigo.
- Por volta do ano de 2200 a.C., as cheias do Nilo diminuíram, trazendo redução das safras e fome para a população.
- Para controlar a crise, vários nomarcas contestaram o poder central do faraó.
- O enfraquecimento político no Egito favoreceu as invasões de povos asiáticos na região do delta do Nilo.

Mohamed Abd El Ghany/Reuters/Fotoarena

As primeiras pirâmides egípcias tinham lados inclinados, telhado plano e degraus (mastaba). Depois, entre 2700 a.C. e 2600 a.C., foram construídas pirâmides sem degraus, como na região de Gizé. Nelas eram depositados os corpos dos faraós e dos membros de sua família após sua morte. Os faraós da 4ª dinastia, Quéops, Quéfren e Miquerinos, foram os que mais se empenharam na construção desses monumentos. A foto acima, de 2017, mostra duas pirâmides em Gizé.

Médio Império (± 2 000 a.C. a 1580 a.C.)

- Aproximadamente em 2000 a.C., os nomarcas da região de Tebas, no alto Nilo, expulsaram os invasores asiáticos e devolveram a unidade do Império aos faraós.
- Por volta de 1800 a.C., começou uma nova onda de invasões. Os hicsos, um povo vindo da Ásia, dominaram boa parte da região, mas a cidade de Tebas, ao sul, resistiu à sua conquista.
- Com os hicsos os egípcios aprenderam a usar o cavalo e o carro de guerra e a produzir utensílios e instrumentos de bronze, mais resistentes que os de madeira, pedra e cobre.
- Os egípcios conseguiram expulsar os invasores em 1580 a.C., sob o comando do faraó Amósis I.

Carro de guerra: tipo de carruagem movida a tração animal.

Bronze: metal feito da combinação de cobre e estanho, que torna o material mais resistente.

Novo Império (1580 a.C. a 525 a.C.)

- Conquistas militares ampliaram as fronteiras do império egípcio. Destaque para a atuação dos comerciantes, que exerciam atividades dentro do Egito e com a Ásia, inclusive tráfico de escravos.
- No século XIV a.C., o sistema de irrigação foi aperfeiçoado, com o uso de um mecanismo conhecido no Egito atual como *shaduf*.

Reprodução/Museu de Arte Metropolitano, Nova York, EUA.

O *shaduf* é usado ainda nos dias de hoje pelos agricultores egípcios por causa de sua eficiência e funcionamento simples: uma bolsa de couro é amarrada em uma extremidade de um tronco, que, por sua vez, é preso a um travessão. Na outra extremidade, é amarrado um contrapeso, que permite que a bolsa seja colocada e retirada sem esforço da água, num movimento de gangorra. A água recolhida é despejada em canaletas, onde correm até as terras a serem irrigadas. Jardineiro usando o *shaduf*, em pintura de 1250 a.C.

- Os templos de Karnac e Luxor, dedicados ao deus Amon, são exemplos da fase de esplender do Novo Império.
- O governo de Necao II (610 a.C.-595 a.C.) intensificou o comércio com a Ásia.
- Depois de Necao II, surgiram disputas políticas entre a nobreza, os burocratas, os militares e os sacerdotes. Os camponeses revoltaram-se contra as condições em que viviam.
- Com o império enfraquecido, as invasões tornaram-se frequentes até que, em 525 a.C., os persas conquistaram o Egito, transformando-o em uma província do Império Persa.

Minha biblioteca

As mais belas lendas da mitologia, de Jose Feron, Emile Genest e Marguerite Desmurger, Editora Martins Fontes, 2000. Coletânea de contos e lendas dos antigos Egito, Grécia e Roma. Os textos trazem relatos de rituais religiosos, de heróis com poderes extraordinários e histórias de monstros diversos.

Contos e lendas do Egito antigo, de Brigitte Évano, Editora Companhia das Letras, 1998. As lendas contadas neste livro nos aproximam do cotidiano dessa civilização e fazem referência a aspectos relacionados à sociedade, à religião e à política egípcia da época dos faraós.

Crenças religiosas e ciência

A religião no Egito antigo caracterizava-se pelo **politeísmo**, ou seja, a crença em vários deuses (*polys* = vários). Os deuses tinham forma humana e animal e representavam elementos da natureza.

Cada nomo tinha seus próprios cultos e divindades. Após a unificação, o governo dos faraós buscou impor a toda a população egípcia o culto aos deuses Amon-Rá (o Sol), Osíris (a morte) e Ísis (a fertilidade). Porém, mesmo com essa exigência, as divindades locais dos antigos nomos foram preservadas ao longo da história egípcia.

Os egípcios acreditavam que, após a morte, a alma era enviada ao reino dos mortos. Depois de julgada no tribunal de Osíris, a alma voltaria ao mesmo corpo para uma nova vida. De acordo com o *Livro dos mortos*, a eternidade só seria conquistada por quem provasse ter sido justo durante a vida. Para isso, diante de Osíris, o deus Anúbis colocava o coração do morto em uma balança, junto com uma pena, que simbolizava a justiça (*ma'at*). Se o coração tivesse o mesmo peso que a pena, o morto seria recebido no reino de Osíris. Se pesasse mais, sua alma seria destruída.

Culto: cerimônia ou ritual em homenagem a seres divinos, entidades próximas a eles ou antepassados.

Imagem do *Livro dos mortos*, datado de 1250 a.C., representando o julgamento de um morto pelo deus Osíris.

Para o corpo se conservar e voltar a abrigar a alma, os egípcios aperfeiçoaram a **técnica de mumificação** dos cadáveres. A mumificação era comum aos mortos das famílias mais ricas, pois era muito cara. Controlada pelos sacerdotes, a mumificação permitiu aos egípcios desenvolver o conhecimento sobre a anatomia humana. Isso favoreceu o avanço da **Medicina** e o surgimento de especialistas em áreas como fraturas e doenças do estômago e do coração.

Anatomia: estudo da forma e da estrutura externa e interna de um órgão ou ser vivo; ramo da Medicina que estuda a forma e a estrutura dos elementos constituintes do corpo humano.

Os egípcios também desenvolveram a **Astronomia** e a **Engenharia**. Elaboraram um calendário solar que determinava as épocas de plantio e de colheita. A Engenharia evoluiu com a construção de obras públicas. A **Matemática** avançou com a cobrança de impostos.

A mumificação

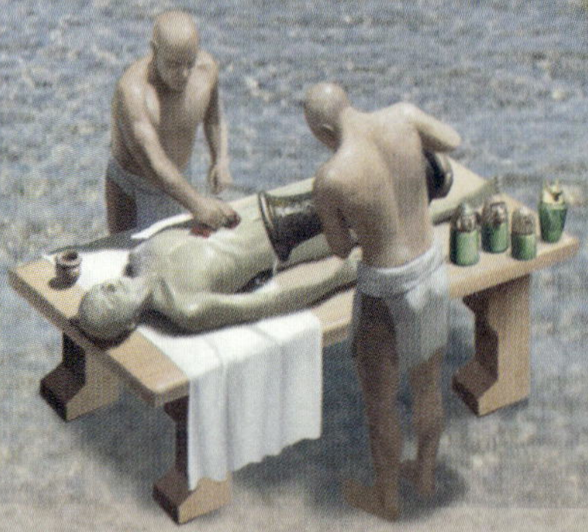

Olho de Wadjet
Colocado na testa, garantia proteção e apoio para a cabeça.
Escaravelho
Impedia que o coração se separasse do corpo.
Nó de Ísis
Colocado no peito pedia segurança à deusa Ísis.
Ankh
Ajudava a superar os obstáculos da outra vida.

1 Limpeza

Sacerdotes lavavam o corpo com água do Nilo e essências. Em seguida, retiravam os órgãos. O cérebro e outros restos eram jogados no rio Nilo. Alguns órgãos internos (pulmões, fígado, estômago e intestinos) eram preservados em quatro vasos canópicos ou canopos, que representavam os quatro filhos de Hórus: Duamutef (cachorro) cuidava do estômago; Qebehsenuf (falcão), dos intestinos; Hapi (babuíno), dos pulmões; e Anset (humano), do fígado. O coração não era retirado, pois acreditava-se que nele residiam as emoções e a inteligência.

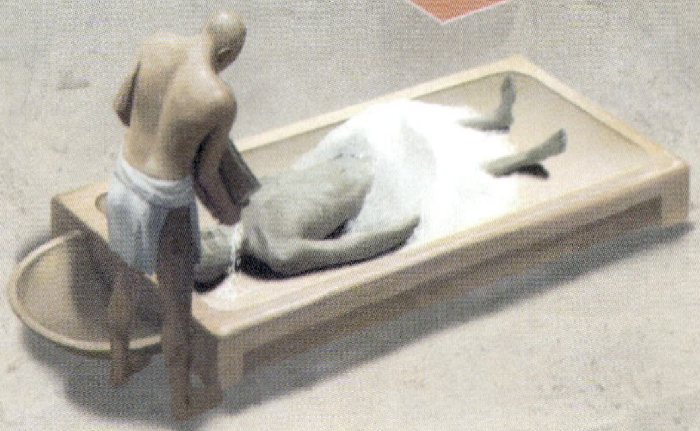

2 Desidratação e preenchimento

O corpo era coberto com natrão (cristais de sal) e deixado para secar por 40 dias. Após essa etapa, o corpo era lavado novamente. As cavidades eram preenchidas com betume, linho e ervas e poderiam ser fechadas com uma placa de ouro.

3 Enfaixamento

O corpo era enrolado com bandagens de linho fino engomado. Entre as bandagens eram inseridos amuletos. Um dos sacerdotes usava uma máscara de Anúbis. Por fim, a múmia era devolvida à família e sepultada. Geralmente, era colocada dentro do sarcófago com tudo aquilo que poderia precisar na vida futura, como roupas, alimentos, joias e vasos canopos.

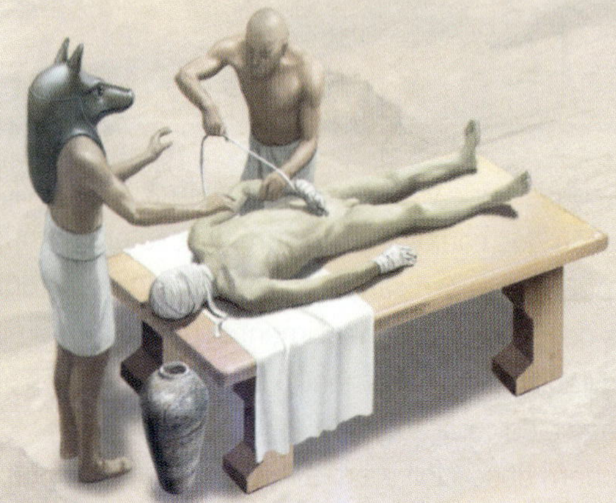

Sattu/Luiz Iria/Tiago Cordeiro/Débora Bianchi/Fabio Otubo/Arquivo da editora

A arte

A arte egípcia envolvia esculturas, pinturas, tumbas, etc. A grandiosidade das pirâmides e a sofisticação das tumbas destacavam o poder do faraó e são exemplos da capacidade intelectual dos antigos egípcios.

Khaled Deouki/AFP

Observe a grandiosidade deste templo, construído em Abu Simbel (Egito) para o faraó Ramsés II, que governou no século XIII a.C. Encravado na rocha, o templo tem uma porta criada entre quatro estátuas colossais. Foto de 2017.

Os egípcios usavam cores vivas na produção de pinturas para as paredes das tumbas, dos objetos funerários ou de uso cotidiano. As figuras humanas e divinas eram frequentemente representadas de forma típica: as pernas, os pés e o rosto eram desenhados de perfil; o olho e o tronco eram vistos de frente.

Eles também produziam tecidos, objetos de cerâmica e de vidro e dominavam a técnica de moldar e fundir diversos tipos de metais. Artesãos criavam joias de ouro e prata ornamentadas com pedras preciosas, como turquesa e lápis-lazúli. Os enfeites indicavam o nível social das pessoas e eram utilizados por homens, mulheres e crianças.

Reprodução/Museu de Arte Metropolitano, Nova York, EUA.

Ísis, à direita, conduz a rainha Nefertari. A pintura original, presente na tumba da rainha, foi produzida entre 1279 a.C. e 1213 a.C.

Minha biblioteca

A arte na Idade Antiga (3 volumes), de Sueli Lemos e Edna Ande, Editora Callis, 2011. Nesta coleção em três volumes, *Roma*, *Egito* e *Grécia*, as autoras abordam a arte na Idade Antiga de forma didática e bem ilustrada, incluindo manifestações da pintura, da escultura, da literatura e da arquitetura. A apresentação das civilizações antigas são de fácil entendimento, ajudando a conhecer o cenário cultural e social da Antiguidade.

Tipos de escrita

No Egito antigo existiam três tipos de escrita: escrita **hieroglífica** (sagrada): utilizada nas paredes de templos e túmulos; escrita **hierática** (para documentos): usada em papiros e placas de barro; e escrita **demótica**, de uso popular.

Com a conquista do Egito por outros povos, essas escritas foram pouco a pouco deixando de ser usadas. Em 1799, foi encontrada uma pedra que continha um mesmo texto em hieróglifo, demótico e grego na região de Roseta, no Egito. Ao comparar as inscrições, o estudioso francês Jean François Champollion conseguiu decifrar as antigas escritas egípcias. A partir daí, iniciaram-se estudos cada vez mais aprofundados sobre o Egito antigo.

De olho na tela

Planeta Egito. Direção: Jeremy Saulnier. Estados Unidos, 2011/2014. Série documental produzida pelo History Channel com quatro episódios sobre a antiga civilização egípcia.

Mapeando saberes

ATENÇÃO A ESTES ITENS

- A civilização egípcia desenvolveu-se ao longo do rio Nilo.
- Nos tempos mais remotos, formaram-se os nomos que se unificaram perto de 3200 a.C., dando origem ao Antigo Império, época da construção das grandes pirâmides.
- A civilização egípcia durou milhares de anos e passou por invasões e conquistas. A época das maiores conquistas ocorreu no Novo Império.
- Hierarquia social: no topo estava o faraó (poder teocrático), seguido dos sacerdotes, burocratas e militares. Na base da sociedade estavam os camponeses e escravos.

- Religião no Egito: politeísmo.
- Desenvolveram a técnica de mumificação, que favoreceu a construção de novos conhecimentos para a Medicina.
- Também desenvolveram a Astronomia e a Engenharia.
- Existiam três formas de escrita: a hieroglífica (sagrada), a hierática (para documentos) e a demótica (popular). A pedra de Roseta foi fundamental na decifração da escrita egípcia.
- No século VI a.C., a civilização egípcia foi conquistada pelos persas.

Sattu/Luiz Iria/Tiago Cordeiro/Débora Bianchi/Fabio Otubo/Arquivo da editora

POR QUÊ?

- As águas do Nilo foram fundamentais à vida das populações da região.
- Ao longo dos milhares de anos, ocorreram certas permanências históricas no modo de viver dos povos locais, assim como algumas mudanças.
- As marcas da civilização egípcia são: a grandiosidade de suas construções, o desenvolvimento das ciências e o poder político centrado na figura do faraó, considerado um deus vivo.

Reprodução/Museu Britânico, Londres, Inglaterra.

ATIVIDADES

Retome

1› Explique, com suas palavras, o que você entendeu dos conceitos de Estado e civilização.

2› Cite a importância do Nilo para o desenvolvimento da civilização egípcia.

3› Observe a ilustração da pirâmide social egípcia na página 68 e descreva a estrutura da sociedade no Egito antigo.

4› Aponte as principais características da religião egípcia e sua importância na manutenção do Estado.

5› Escreva uma frase explicando o que é teocracia.

Troque ideias

Em todas as sociedades que desenvolveram sistemas de escrita, quem sabia ler e escrever tinha grande prestígio. No Egito, esse papel cabia aos escribas, e sua formação poderia levar muitos anos.

Reprodução/Museu do Louvre, Paris, França.

Escultura de escriba egípcio feita entre 2620 a.C. e 2350 a.C.

6› Considerando a função do escriba (releia o subtítulo *A sociedade egípcia*, na página 68), procure avaliar por que saber ler e escrever eram atividades valorizadas no antigo Egito.

7› Leia o texto a seguir e depois responda às questões.

"Sei assinar meu nome, graças a Deus." O alagoano Damião Santos, 66 anos, é um dos 11,5 milhões de pessoas que não sabem ler nem escrever no país. A vida de dificuldades na cidade de Porto Real do Colégio o impediu de seguir adiante com os estudos.

"Fiquei muito doente e não consegui mais ir à escola", lembra. Há 47 anos em São Paulo, o tecelão afirma que chegou a estudar até a 8ª série, mesmo assim sabe apenas escrever o nome completo. "Isso afetou muito a minha vida. [...]"

[...]

Embora a taxa de analfabetismo das pessoas de 15 anos ou mais tenha recuado de 7,2%, em 2016, para 7% em 2017, isso significa dizer que, na prática, ainda existem 11,5 milhões de pessoas que – assim como Damião – não sabem ler nem escrever no país.

Os dados são da Pnad Contínua (Pesquisa Nacional por Amostra de Domicílios) deste ano, divulgada nesta sexta-feira (18), pelo IBGE (Instituto Brasileiro de Geografia e Estatística).

AGUIAR, Plínio. Analfabetismo recua, mas Brasil ainda tem 11,5 mi sem ler e escrever. *R7 Notícias*. Disponível em: <https://noticias.r7.com/educacao/analfabetismo-recua-mas-brasil-ainda-tem-115-mi-sem-ler-e-escrever-18052018>. Acesso em: 2 jul. 2018.

a) De maneira geral, como se apresenta a questão do analfabetismo no Brasil atual?

b) Em sua opinião, é importante saber ler e escrever hoje? Justifique sua resposta.

c) Você acredita que nossa sociedade valoriza os indivíduos que dominam a escrita e a leitura? Por quê?

Autoavaliação

1. Quais atividades você considerou mais fáceis e mais difíceis? Por quê?
2. Em quais atividades você utilizou o texto do capítulo como base para sua resposta?
3. Algum ponto do capítulo não ficou muito claro para você? Qual?
4. Você compreendeu o esquema *Mapeando saberes*? Explique.
5. Você saberia apontar exemplos da atualidade considerando o que aprendeu no item *Por quê?* do *Mapeando saberes*?
6. Como você avalia sua compreensão dos assuntos tratados neste capítulo?

» **Excelente**: não tive nenhuma dificuldade.

» **Boa**: tive algumas dificuldades, mas consegui resolvê-las.

» **Regular**: foi difícil compreender certos conceitos e resolver as atividades.

» **Ruim**: tive muitas dificuldades, tanto no conteúdo quanto na realização das atividades.

CAPÍTULO 5

África: diversidade de povos e reinos

Rajesh Jantilal/AFP

Mulheres sul-africanas em vestes tradicionais dançam durante cerimônia do Prêmio Sul-Africano de Música Tradicional, em Durban, em 2017. O evento é anual e visa celebrar a diversidade cultural sul-africana por meio da música.

Para começar

Observe a foto e leia a legenda.

1. Você tem informações sobre o país da África mostrado na imagem?
2. Identifique o que as pessoas estão fazendo na imagem. Que aspecto mais chamou sua atenção?

Muitas vezes falamos em África como se existisse uma cultura única em todo o enorme continente. Mas a grande marca africana é a diversidade, que está presente desde a formação dos antigos povos e reinos. Veja a seguir o que diz o historiador Alberto da Costa e Silva sobre o continente africano.

> A África é riquíssima de línguas e culturas. Falam-se no continente mais de mil idiomas. [...] Algumas dessas línguas, como o hauçá e o suaíli, são faladas por dezenas de milhões de pessoas e numa área geográfica bem extensa. Outras, por uns poucos milhares. [...] Muitas vezes dois grupos vizinhos se expressam em línguas inteiramente diferentes. E podem ter valores e maneiras de viver também distintos. Ou, ao mesmo tempo, semelhantes e diferentes. Ou até conflitantes. [...]
>
> Não só as culturas diferem de povo para povo, como se foram modificando ao longo dos séculos. Há, contudo, certos traços comuns a todas elas, de modo que se pode falar de uma cultura africana como nos referimos a uma cultura europeia, ainda que sejam tão distintos os modos de vida em Portugal e na Finlândia.

SILVA, Alberto da Costa e. *A África explicada aos meus filhos*. Rio de Janeiro: Agir, 2008. p. 16-17.

1 A diversidade dos povos africanos

Hoje a África é formada por 54 países. Porém, os limites territoriais desses países nem sempre foram desse jeito. Eles foram impostos aos diferentes povos da África no século XIX, numa época em que o continente esteve dominado por colonizadores europeus.

Essas fronteiras foram criadas pelos europeus de maneira artificial e não respeitaram as culturas locais africanas, formadas ao longo de milênios de história. Isso quer dizer, por exemplo, que muitos homens, mulheres e crianças de um mesmo grupo étnico, que antes viviam em uma mesma região, acabaram separados uns dos outros após a criação desses limites.

Observe o mapa desta página e o da seguinte.

Divisão étnica da África

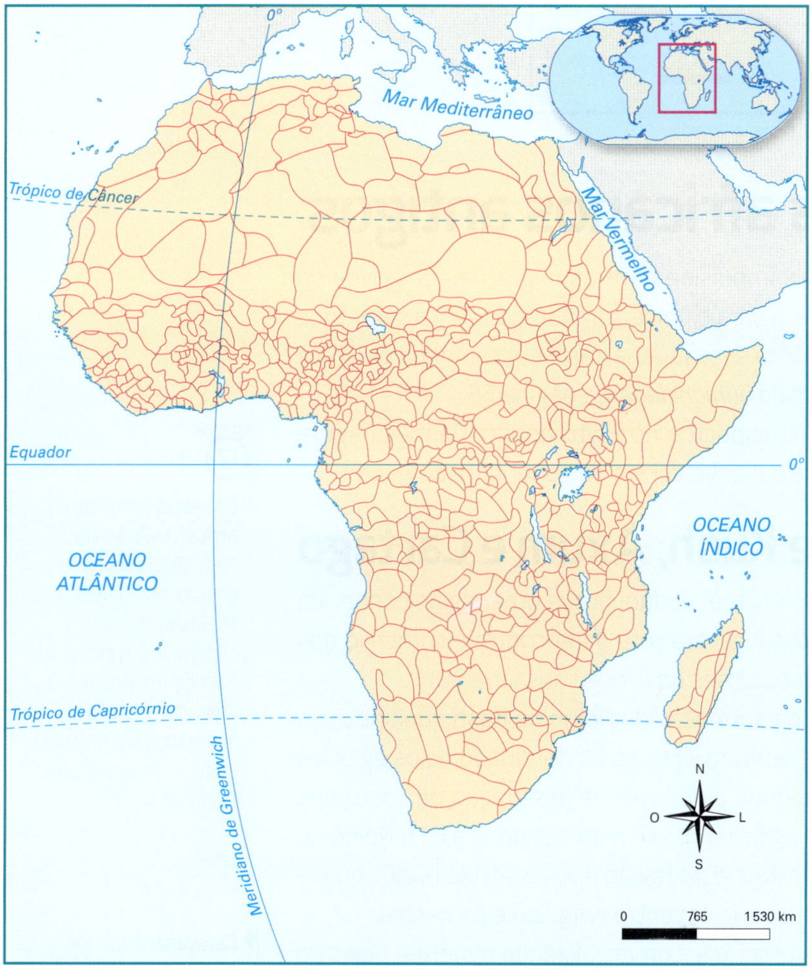

Fonte: elaborado com base em GLASSNER, Martin Ira. *Political Geography*. London: John Wiley & Sons, 2004.

A diversidade étnica africana (mapa acima) não foi levada em consideração na divisão política atual (mapa da página seguinte). No interior de um mesmo país convivem várias culturas, algumas delas historicamente inimigas. Outras vezes, uma mesma etnia se espalha por diversos países.

LINHA DO TEMPO

Século XX a.C.
Reino de Kush (até século IV a.C.)

Séculos IX a.C. a II a.C.
Reino de Cartago no Egito

Século IV a.C.
Conquista do Egito por Alexandre Magno
Reino de Axum (até o século XII d.C.)

Séculos IV d.C. a XII d.C.
Reino de Gana

Século VIII d.C.
Muçulmanos dominam o norte da África: tráfico transaariano de escravos

Linha do tempo esquemática. O espaço entre as datas não é proporcional ao intervalo de tempo.

Divisão política atual da África

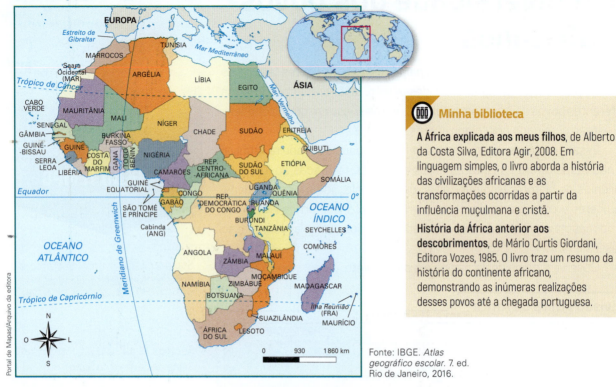

Portal de Mapas/Arquivo da editora

Fonte: IBGE. *Atlas geográfico escolar*. 7. ed. Rio de Janeiro, 2016.

Minha biblioteca

A África explicada aos meus filhos, de Alberto da Costa Silva, Editora Agir, 2008. Em linguagem simples, o livro aborda a história das civilizações africanas e as transformações ocorridas a partir da influência muçulmana e cristã.

História da África anterior aos descobrimentos, de Mário Curtis Giordani, Editora Vozes, 1985. O livro traz um resumo da história do continente africano, demonstrando as inúmeras realizações desses povos até a chegada portuguesa.

2 Alguns reinos africanos antigos

Como vimos, alterações climáticas impulsionaram as migrações de povos no continente africano. Alguns grupos foram para o norte, na chamada África setentrional. Outros se dirigiram para o sul, na África subsaariana, também chamada de África Negra. Reveja o mapa intitulado *Origem da humanidade*, da página 65.

No capítulo anterior, você estudou aspectos do Egito antigo. Conheça agora outros reinos e impérios antigos que se desenvolveram no continente africano.

Os reinos antigos de Kush, Axum e Cartago

No extremo sul do Nilo, localizada no atual Sudão, ficava uma região conhecida como Núbia. Durante muito tempo, esse local era rota de encontro e comércio dos povos egípcios, mediterrâneos e das populações da África subsaariana.

Depois do século XX a.C., teve início a formação do **Reino de Kush** que tinha sua economia baseada na pecuária e na agricultura. O reino foi dominado pelos egípcios a partir do século XVI a.C., o que incentivou ainda mais a integração de costumes entre os povos. Com o fim do domínio egípcio por volta do século XI a.C., o Reino de Kush reergueu-se, ganhando grande destaque na região após o século IX a.C., quando a cidade de Napata, como capital, era o maior centro religioso e comercial.

O Reino de Kush fornecia diversos produtos, comercializando minerais, peles de animais, marfim, ébano (um tipo de madeira), gado e cavalos. Tais bens e grande parte do ouro das ricas jazidas kushitas foram comercializados com os egípcios. Caravanas lotadas de mercadorias atravessavam a cidade de Napata em direção ao Egito e vice-versa.

De olho na tela

Os reinos perdidos de África. Reino Unido, 2010/2012. Esta série documental da BBC traz 12 episódios sobre a história pré-colonial do continente africano. O primeiro episódio é sobre a região da Núbia, onde se desenvolveu o Reino de Kush.

Caravana: grupo de mercadores, peregrinos ou viajantes que se reúnem para atravessar o deserto ou outra região pouco segura.

Meroé, outra cidade de Kush, tornou-se um centro urbano com grandes edificações de alvenaria, como palácios e pirâmides, passando a ser capital do reino depois do século VII a.C. A atividade comercial em Meroé com o Egito foi ainda mais intensa que em Napata.

As caravanas se reorganizaram em novas rotas terrestres e marítimas, com portos espalhados pelo mar Vermelho, permitindo aos kushitas o contato com gregos, indianos e outros asiáticos, que navegavam por essa região. Havia também intercâmbio cultural entre Kush e o Egito. Alguns kushitas faziam parte do exército egípcio e exerciam funções administrativas junto ao faraó.

Ionel Sorin Furcoi/Alamy/Fotoarena

Pirâmides e templos funerários do Reino de Kush, em Meroé, atual Sudão. Foto de 2015.

No século VIII a.C., o Reino de Kush aproveitou-se das crises do Novo Império Egípcio e conquistou a cidade egípcia de Tebas. Foi o início do **governo kushita**, ou **dos faraós negros**. Eles constituíram a 25ª dinastia no Egito.

O poder das rainhas-mães kushitas

As mulheres ocupavam papel de destaque na sociedade de Kush. Em Meroé, havia a tradição matrilinear, assim como ocorria em outros lugares da África. Ou seja, era a filiação por parte de mãe que determinava a sucessão do reino. Os familiares dos reis exerciam diversas funções importantes: suas filhas e irmãs eram nomeadas sacerdotisas (espécie de soberanas espirituais) do Templo de Amon.

Já as **candaces**, conhecidas como **rainhas-mães**, eram esposas ou mães dos reis de Kush; participavam na escolha dos governantes e os ajudavam nas decisões políticas. Algumas delas chegaram a assumir o trono em Meroé, como Amanitore, Shanakdakhete, Amanirenas e Amanishakento, entre outras.

Saiba mais sobre as candaces no texto a seguir.

Fine Art Images/Heritage Images/Getty Images

Estela da rainha Amanishakento, produzida no século I. À esquerda, a deusa egípcia da proteção, Amesemi, que abraça a rainha.

O reinado da rainha Shanakdakhete (cerca de 170 a 160 a.C.) parece ter sido um período de afirmação do poder de um matriarcado tipicamente local. Num edifício dedicado ao nome da soberana, em Naga, estão gravadas inscrições em hieroglíficos meroíticos que se contam entre os mais antigos de que se tem notícia. [...] Duas rainhas tiveram na época especial destaque: Amanirenas e Amanishakento. Seus maridos foram figuras apagadas, e nem sabemos o nome de quem se casou com a segunda. Durante alguns anos, o trono foi ocupado por um rei, que até então fora o Príncipe Akinidad, filho da Rainha Amanirenas e do Rei Teriteqas. [...] Ambas tinham o título de Candace [...]. [...] Os nomes de Akinidad e da Rainha Amanishakento estão inscritos no templo T em Kawa, e acredita-se ter pertencido à rainha um palácio descoberto há poucos anos em Uad, em Naga, bem próximo ao rio. Sua sepultura na necrópole norte de Meroé é de grande beleza. Sua pirâmide [...] é uma das mais imponentes da antiga cidade.

LECLANT, Jean. Kush, o reino que durou mil anos. *Correio da Unesco*, v. 7, 1979, p. 56.

Matriarcado: sistema social no qual a mulher exerce autoridade sobre a família ou grupo.

Necrópole: parte da cidade dedicada a enterrar os mortos; espécie de cemitério das cidades antigas.

O domínio axumita e o comércio de Cartago

O domínio kushita sobre o Egito terminou em 662 a.C., quando os assírios conquistaram a região. Os egípcios expulsaram os assírios cerca de nove anos depois. No entanto, uma nova invasão, desta vez dos persas, pôs fim ao Egito independente em 525 a.C.

Durante a desagregação do Império Egípcio, o Reino de Kush continuava a participar como intermediário no comércio entre o norte africano e a África central. No século IV a.C., após sofrer vários ataques de povos vizinhos, Kush foi conquistado pelo **Reino de Axum** (ou Aksum), localizado na região da atual Etiópia (veja no mapa abaixo).

O Reino de Axum realizava um intenso comércio com várias regiões, como as localizadas junto aos mares Mediterrâneo, Vermelho e Índico. Os axumitas promoviam trocas comerciais e culturais com povos da Pérsia, da Arábia, da Índia e de Bizâncio, entre outros. Como resultado dos contatos com povos cristãos do Mediterrâneo e do Oriente Próximo, os habitantes de Axum adotaram o cristianismo por volta do século IV.

O poderio do Reino de Axum só foi desbancado no século VIII d.C. pelos árabes. Desde meados do século VII, eles vinham conquistando o norte africano, que foi transformado em uma região cada vez mais muçulmana. Isolado e enfraquecido, o reino cristão de Axum sucumbiu no século XII.

De olho na tela

Construindo um império: Cartago. Direção: History Channel. Estados Unidos, 2006. O documentário utiliza técnicas de computação gráfica para explorar a arquitetura, a política e a cultura de Cartago.

Os reinos de Kush e de Axum deixaram inúmeras evidências de suas realizações e atualmente são importantes fontes de pesquisas arqueológicas.

Na região do golfo de Túnis, formou-se outro grande reino da Antiguidade: **Cartago**. Criado pelos fenícios no final do século IX a.C. e comandado por poderosos comerciantes, Cartago competia em conquistas com a República Romana, chegando a controlar um vasto território que envolvia o Mediterrâneo ocidental, a península Ibérica e a ilha da Sicília. No confronto com os romanos pela dominação do Mediterrâneo, o Reino de Cartago acabou derrotado nas Guerras Púnicas (264 a.C. a 146 a.C.).

Reinos africanos e a expansão islâmica no continente

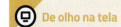

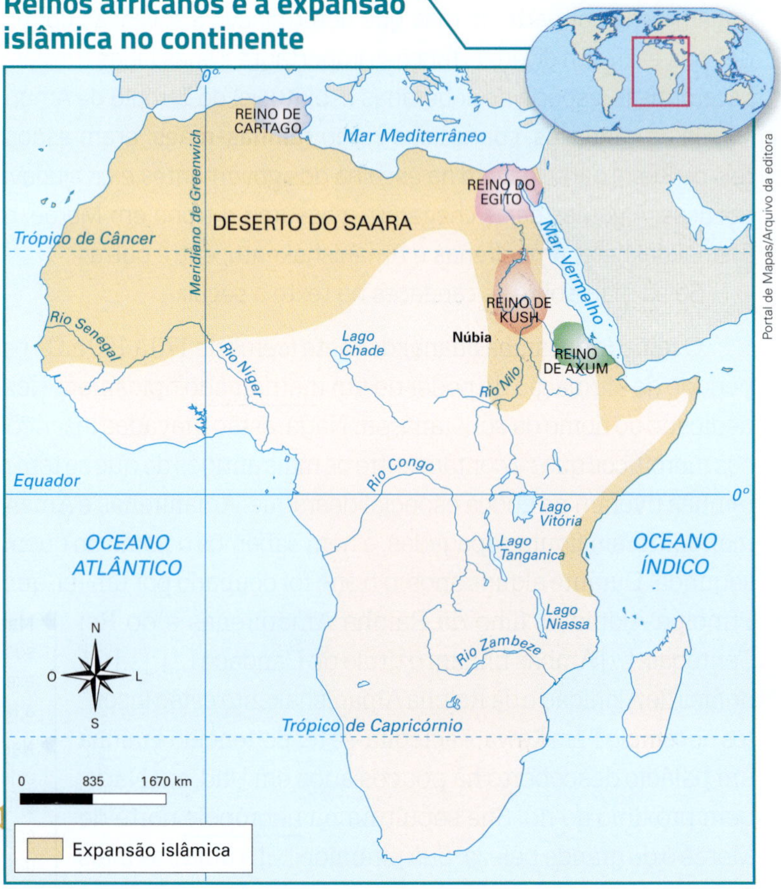

No mapa, os reinos africanos: Cartago, Egito, Kush e Axum e a expansão islâmica no continente.

Fonte: elaborado com base em DUBY, Georges. *Grand atlas historique*. Paris: Larousse, 2004. p. 275; *Atlas of World History – Mapping The Human Journey*. London: Dorling Kindersley, 1999. p. 161.

Saiba mais

Religiões tradicionais africanas

Os povos africanos desenvolveram variadas crenças religiosas ao longo da história. Muitas delas continuaram a existir mesmo após a chegada do cristianismo e, mais tarde, do islamismo.

As religiões tradicionais africanas costumam cultuar os animais e os elementos da natureza (rochedos, montanhas, pedras, árvores, a Lua, o Sol, etc.), que para eles são dotados de alma. Por isso, essas religiões são chamadas **animistas** (do latim *animus* = "alma"). Cultuam também os ancestrais, a fim de que eles protejam seus grupos familiares. Oferecem sacrifícios e promovem rituais para alcançar um objetivo: chuvas, curas, etc.

Em geral, as religiões animistas acreditam na existência de um deus criador do Universo e dos seres humanos. Para os iorubás, por exemplo, povo que habita a Nigéria e outros países da África ocidental, esse criador é Olodumaré. Para os fon, etnia que vive no Benin e no sul do Togo, a deusa Mawu foi quem criou o Universo.

Além dos criadores, várias outras divindades, representantes das forças da natureza, são cultuadas pelas religiões tradicionais africanas. Entre os iorubás, essas divindades se chamam **orixás**. Entre os fon, elas se chamam **vodus**.

Eric Lafforgue/Getty Images

Grupo de mulheres dança durante uma tradicional cerimônia vodu no Benin. Foto de 2015.

Gana e Mali

O **Reino de Gana**, conhecido na História como o reino do ouro, desenvolveu-se no oeste da África a partir do século IV d.C., na região da atual Mauritânia.

No século VIII, caravanas atravessavam o deserto do Saara levando mercadorias. Era o chamado comércio transaariano, dominado por mercadores árabes. Em Gana, eram comercializados escravos, ouro, sal, marfim, entre outros. Viajantes da época descreveram que o rei e os escravos de Gana usavam vestimentas, acessórios e adornos feitos em ouro.

Acredita-se que a concorrência comercial e os ataques vizinhos enfraqueceram Gana, que se fragmentou em vários pequenos Estados. Alguns séculos mais tarde, ao sul da mesma região, formou-se o **Reino de Mali**, um grande império africano islâmico que ocupava partes do atual Mali e Mauritânia.

Transaariano: que atravessa o deserto do Saara.

Reinos de Gana e Mali

Portal de Mapas/Arquivo da editora

Fonte: elaborado com base em DUBY, Georges. *Grand atlas historique*. Paris: Larousse, 2004. p. 258.

TRABALHANDO COM **DOCUMENTOS**

Leia o texto sobre as primeiras sociedades surgidas no continente africano e responda às questões propostas.

[...]

A evolução da espécie humana teve início na África oriental e na meridional, ponto de partida para a colonização do restante do continente e do mundo, quando estas foram se adaptando a novos ambientes e especializando-se até surgirem grupos étnico-linguísticos diferenciados. [...].

Durante muito tempo os sistemas agrícolas foram móveis, ou seja, eram adaptados ao ambiente em vez de o transformarem. O pensamento social centrava-se, portanto, na fertilidade e na defesa do homem perante a natureza. As populações, de número restrito e que detinham grandes extensões de terra, manifestavam as diferenças sociais a partir do controle sobre o povo, a posse de metais preciosos e a criação de gado onde o ambiente permitia (sobretudo no leste e no sul).

Assim, na África o poder estava mais relacionado ao controle de pessoas e rebanhos do que ao domínio permanente de uma porção de terra. Daí que os chamados "impérios africanos" não representavam exatamente entidades territoriais, com fronteiras definidas, como na Europa. E esses impérios, por não permanecerem longo tempo em um lugar, deixaram uma quantidade relativamente limitada de ruínas arquitetônicas. As grandes migrações africanas se encerraram muito recentemente, há pouco mais de dois séculos, ou seja, paralelamente à penetração europeia.

VISENTINI, Paulo Fagundes; RIBEIRO, Luiz Dario Teixeira; PEREIRA, Analúcia Danilevicz. *História da África e dos africanos*. Petrópolis: Vozes, 2014. p. 16.

1› De acordo com o texto, qual foi o modo de organização das sociedades africanas durante muito tempo?

2› Esse modo de organização social originou uma forma de organização política. Qual?

3› De acordo com o texto e com o que você estudou neste capítulo, quais as contribuições do continente africano para as sociedades?

Evgenii Zotov/Moment RF/Getty Images

Ruínas de uma mesquina na antiga cidade de Oudane, na Mauritânia, um dos pontos do comércio transaariano na época da Idade Média europeia. Foto de 2011.

VIVENDO NO TEMPO

Dos griôs

Torrione Stefano/Hemis/DIOMEDIA

Griôs da região sul de Dakar, Senegal. Foto de 2007.

Em várias sociedades da África ocidental, numa região que vai do Senegal, a oeste, até o Chade, a leste, existem pessoas responsáveis por guardar e transmitir oralmente a história de seu povo. São excelentes contadoras de histórias e têm grande capacidade de memorização. Conhecidas como **griôs**, essas pessoas são muito respeitadas nas sociedades africanas tradicionais. A palavra griô se origina do francês *griot*, que designa um tipo de músico ambulante de certas regiões da África.

Os griôs tocam instrumentos musicais enquanto cantam suas histórias. Eles aprendem a arte de narrar ainda muito jovens e passam a vida toda memorizando e divulgando as histórias de seus antepassados.

A origem dos griôs é desconhecida. Segundo a tradição dos malinquês (etnia que habita diversas regiões da África ocidental), os griôs teriam surgido na época do profeta Maomé (século VII d.C.).

Em muitas sociedades da África muçulmana, a expressão "gritar sobre alguém" significa dizer em voz alta o nome dessa pessoa, falar sobre seu passado, sobre os nomes e gestos heroicos de seus ancestrais. É o que chamamos de "cantar suas glórias". Essa é a principal atividade do griô.

Para os historiadores e outros estudiosos, os griôs também são muito importantes, pois preservam histórias e tradições que, por não serem escritas, seriam perdidas. Nós, que vivemos em sociedades que valorizam muito a escrita, temos muito a aprender com esses povos. Seguindo seu exemplo, poderemos reconhecer mais o saber dos mais velhos e desenvolver a função da memória, tão necessária para mantermos vivas nossas histórias e para transmiti-las oralmente.

Questões

Imagine que você vivesse em uma sociedade africana antiga em que existisse um griô.

1. Que tipo de histórias ele contaria para você e para sua comunidade?
2. Na sua opinião, como os griôs memorizavam essas histórias?
3. E como seria se você tivesse que guardar todas as informações somente na sua memória?
4. Você se lembra de alguma história sobre a origem de seus ancestrais e as tradições da sua família? Qual? Conte para os colegas.

Mapeando saberes

Rajesh Jantilal/AFP

- O continente africano teve diversos reinos e impérios além da civilização egípcia.
- Kush, Axum, Cartago, Gana e Mali são alguns deles.

ATENÇÃO A ESTES ITENS

- Os griôs são importantes transmissores da memória e da cultura africana.
- A África apresenta uma grande diversidade de povos e culturas.

- A divisão política imposta ao continente africano pelos europeus, especialmente no século XIX, não respeitou a diversidade étnica africana.

Fine Art Images/Heritage Images/Getty Images

POR QUÊ?

- Grandes civilizações e culturas se desenvolveram na África.
- A África não tem uma única identidade cultural e étnica.
- Diversos aspectos culturais originados no continente africano estão presentes no Brasil.

ATIVIDADES

Retome

1› A respeito da formação do Reino de Kush, complete o quadro.

Reino de Kush

Região de origem	Expansão (locais que conquistou)	Motivos do declínio

2› Explique quais são os elementos de culto das religiões tradicionais africanas.

3› Quais eram as diferenças e semelhanças entre o reino de Gana e o de Mali?

4› Qual é a importância dos griôs para as sociedades africanas? Justifique sua resposta.

Analise o conceito

5› O texto a seguir é do escritor moçambicano Mia Couto. Trata de diversidade, de identidade e dos conceitos equivocados de africanidade.

Economia – a fronteira da cultura

Durante anos, dei aulas em diferentes faculdades da Universidade Eduardo Mondlane. Os meus colegas professores queixavam-se da progressiva falta de preparação dos estudantes. Eu notava algo que, para mim, era ainda mais grave: uma cada vez maior distanciação desses jovens em relação ao seu próprio país. Quando eles saíam de Maputo em trabalhos de campo, esses jovens comportavam-se como se estivessem emigrando para um universo estranho e adverso. Eles não sabiam as línguas, desconheciam os códigos culturais, sentiam-se deslocados e com saudades de Maputo. [...]

Aquelas zonas rurais eram, afinal, o espaço onde viveram os seus avós, e todos os seus antepassados. Mas eles não se reconheciam como herdeiros desse patrimônio. O país deles era outro. Pior ainda: eles não gostavam desta outra nação. E ainda mais grave: sentiam vergonha de a ela estarem ligados. A verdade é simples: esses jovens estão mais à vontade dentro de um *videoclip* de Michael Jackson do que no quintal de um camponês moçambicano.

[...]

Numa conferência em que este ano participei na Europa, alguém me perguntou: o que é, para si, ser africano?

E eu lhe perguntei, de volta: E para si, o que é ser europeu?

Ele não sabia responder. Também ninguém sabe exatamente o que é africanidade. [...]

As definições apressadas da africanidade assentam numa base exótica, como se os africanos fossem particularmente diferentes dos outros, ou como se as suas diferenças fossem o resultado de um dado de essência.

África não pode ser reduzida a uma entidade simples, fácil de entender. O nosso continente é feito de profunda diversidade e de complexas mestiçagens. Longas e irreversíveis misturas de culturas moldaram um mosaico de diferenças que são um dos mais valiosos patrimônios do nosso continente. Quando mencionamos essas mestiçagens falamos com algum receio como se o produto híbrido fosse qualquer coisa menos pura. Mas não existe pureza quando se fala da espécie humana. [...] Pois não há cultura humana que não se fundamente em profundas trocas de alma. [...]

COUTO, Mia. *Economia:* a fronteira da cultura (2003). Disponível em: <www.macua.org/miacouto/Mia_Couto_Amecom2003.htm>. Acesso em: 5 out. 2017.

Com base no texto de Mia Couto, responda às questões.

a) Por que não podemos afirmar que existe apenas uma África?

b) Em sua opinião, a leitura que Mia Couto faz do passado colonial no continente africano e das referências americanizadas no presente dos jovens moçambicanos, que os leva a um afastamento das tradições e dos patrimônios históricos locais, pode ser utilizada também na realidade atual das Américas?

Autoavaliação

1. Quais atividades você considerou mais fáceis e mais difíceis? Por quê?
2. Em quais atividades você utilizou o texto do capítulo como base para sua resposta?
3. Algum ponto do capítulo não ficou muito claro para você? Qual?
4. Você compreendeu o esquema *Mapeando saberes*? Explique.
5. Você saberia apontar exemplos da atualidade considerando o que aprendeu no item *Por quê?* do *Mapeando saberes*?
6. Como você avalia sua compreensão dos assuntos tratados neste capítulo?
   - » **Excelente**: não tive nenhuma dificuldade.
   - » **Boa**: tive algumas dificuldades, mas consegui resolvê-las.
   - » **Regular**: foi difícil compreender certos conceitos e resolver as atividades.
   - » **Ruim**: tive muitas dificuldades, tanto no conteúdo quanto na realização das atividades.

CAPÍTULO 6

As civilizações da Mesopotâmia

Homocosmicos/Deposit Photos/Glow Images

O Zigurate de Ur, no atual Iraque, foi concluído em 2096 a.C. Destinado ao deus da Lua, Nanna, o templo possuía sete pavimentos, interligados por escadarias. Considerados os monumentos mais característicos das civilizações mesopotâmicas, os zigurates eram usados também como depósitos de cereais e locais de observação dos astros. Foto de 2016.

Para começar

Observe a imagem, leia a legenda e responda às questões.

1. Quais eram as funções dos zigurates?
2. Por que podemos afirmar que a sociedade que edificou essa construção formou uma civilização?

Mesopotâmia significa "terra ou região entre rios" em grego. A região que estudaremos neste capítulo ficou conhecida por esse nome porque se localiza entre os rios Tigre e Eufrates. Esses rios atraíram diversos povos, da mesma forma que acontecia com o Nilo no Egito.

Os rios Tigre e Eufrates fertilizavam o terreno para o plantio, o que ajudou a formar as civilizações antigas da Mesopotâmia. As cheias desses rios eram menos frequentes que as do Nilo. Mas, ao descerem regiões montanhosas, as águas ganhavam mais força, e as cheias ocupavam as terras planas com maior violência, especialmente nas margens do Tigre.

A área fazia parte do Crescente Fértil e se estendia do Golfo Pérsico até o Egito. Esse nome foi dado por causa do formato da região, semelhante ao da Lua na fase crescente. Nas terras mais áridas do norte ficava a Assíria. Ao sul, no ponto de encontro dos dois rios, localizava-se a Suméria ou Caldeia, zona mais fértil. Observe o mapa na página seguinte.

1 Região entre rios

As cheias dos rios Tigre e Eufrates obrigaram os grupos que ali viviam a construir diques para controlar as enchentes. Eles também criaram canais para irrigar terras distantes do rio. Para organizar essas obras, surgiram lideranças que, mais tarde, governariam as cidades. A Mesopotâmia é tida como a primeira região do planeta a se urbanizar.

A Mesopotâmia não possuía proteções naturais de suas fronteiras (diferente do Egito, que era cercado por desertos), o que facilitava o acesso de vários povos à região. Isso ajuda a entender a sua história política, que contou com muitas invasões, guerras e com o surgimento e a desestruturação de diversos reinos e impérios, como veremos neste capítulo.

Urbanizar-se: organizar-se em cidades (*urbs*, em latim).

LINHA DO TEMPO

± 3500 a.C.
Formação das primeiras cidades-Estado sumérias

± 2300 a.C.
Invasão dos acadianos na Suméria

± 2000 a.C. a ± 1595 a.C.
Primeiro Império Babilônico

± 1300 a.C.
Império Assírio

612 a.C.
Segundo Império Babilônico

539 a.C.
Início do domínio persa

Linha do tempo esquemática. O espaço entre as datas não é proporcional ao intervalo de tempo.

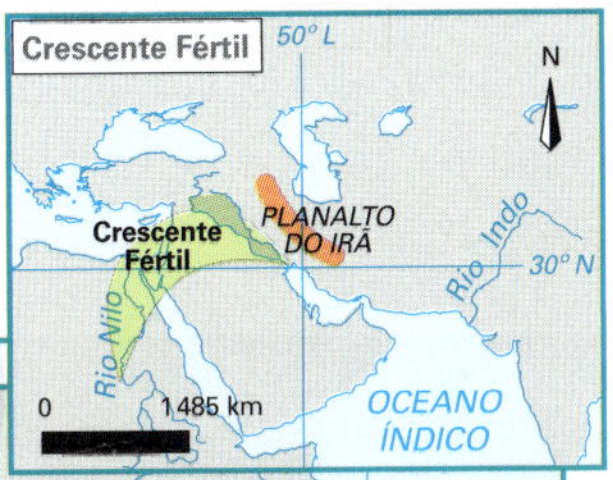

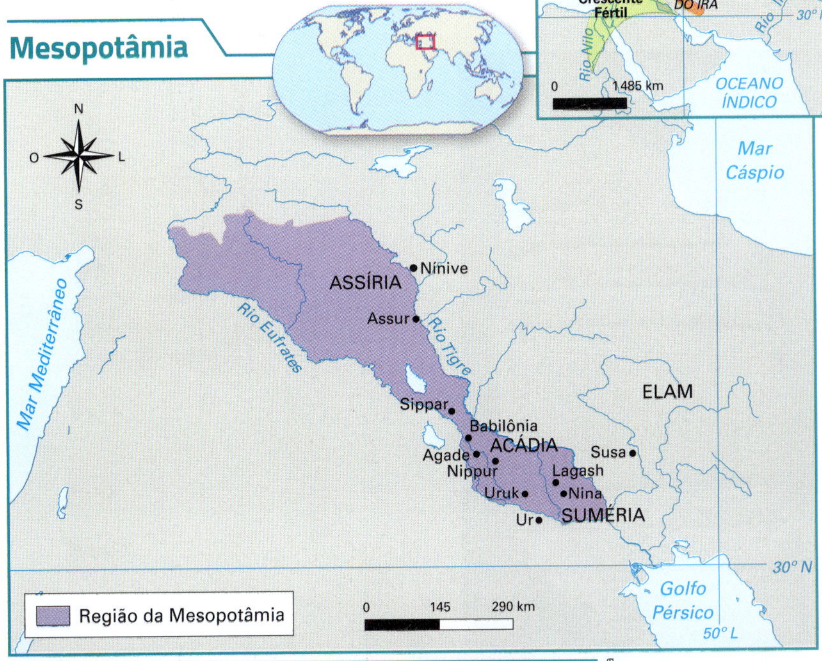

Fonte: elaborados com base em READE, Julian. *Mesopotâmia*. Madrid: Ediciones Akal, 1998. p. 5.

△
Compare os mapas e verifique que países ocupam atualmente a região da antiga Mesopotâmia.

Minha biblioteca

A Mesopotâmia, de Marcelo Rede, Editora Saraiva, 1997. Com base em documentos escritos e achados arqueológicos, o livro reconstrói a trajetória dos povos da antiga Mesopotâmia: as formações sociais e econômicas, as relações políticas, a cultura e os modos de vida.

Mesopotâmia: o amanhecer da civilização, de Olavo Leonel Ferreira, Editora Moderna, 1995. O livro conta a história do nascimento da civilização mesopotâmica, descrevendo as pessoas, os lugares e as cidades que existiram há milhares de anos na região.

Os sumérios

De acordo com alguns estudos arqueológicos, a Mesopotâmia já era habitada por um povo sedentário desde pelo menos 7000 a.C. (Era Neolítica). Bem mais tarde, povos vindos do leste começaram a se fixar na região da Suméria.

Aproximadamente em 3500 a.C., os **sumérios** já haviam formado mais de uma dezena de cidades, como Ur, Uruk, Nipur e Lagash. Conhecidas como cidades-Estado, eram núcleos politicamente independentes e dominavam cidades menores e aldeias. A cidade de Uruk, uma das mais antigas de que se tem conhecimento, era toda murada e tinha cerca de 50 mil habitantes em 2900 a.C.

Os sumérios cultivavam trigo, cevada, legumes e frutas; criavam rebanhos de ovelhas, cabras, porcos, bois e muares e praticavam a pesca. Eles também se dedicavam ao comércio local e com cidades distantes, como as do vale do rio Indo. Com o crescimento da produção, passaram a registrar as transações comerciais, a quantidade de mercadorias, as conquistas de guerra, etc. Muito disso foi documentado em tabuletas de argila, como as que você pode ver a seguir. Os escribas, pessoas que faziam esses registros, tinham papel de destaque em toda a sociedade mesopotâmica.

Cidade-Estado: cidade que tinha um governo próprio e elaborava as próprias leis. As cidades-Estado, além do seu espaço urbano, compreendiam povoados menores que as rodeavam, bem como terras em que eram produzidos os bens necessários à sobrevivência da população.

Muar: burro ou jumento.

Erich Lessing/Album/Latinstock/Museu do Louvre, Paris, França.

Registro de colheita de cevada, trigo e trigo-sarraceno em tablete de terracota, produzido durante o reinado de Gudea, governador de Lagash, na Suméria (atual Iraque). Datado de cerca de 2100 a.C.

Estátua de cerca de 3000 a.C. que representa a deusa suméria Ishtar.

G. Dagli Orti/The Bridgeman Art Library/Keystone Brasil/Museu Nacional de Damasco, Síria.

Os principais edifícios das cidades sumérias eram os templos e os palácios. Os zigurates, considerados moradias das divindades locais, eram estruturas grandiosas. O palácio destinava-se a impressionar os visitantes e era decorado com relevos e tijolos esmaltados. Já as casas da população em geral eram construídas de forma bem simples, com adobe.

Havia muita rivalidade entre as cidades-Estado. Lagash, Ur, Eridu e Kish disputaram o poder por muitos séculos. Essas lutas internas enfraqueceram os sumérios, que ficaram sujeitos às invasões.

Adobe: material usado para fazer tijolos, composto de terra crua, água e palha.

O Império Acadiano

Povos conhecidos como **acadianos**, vindos do norte, conquistaram a Suméria pouco antes de 2330 a.C. Décadas mais tarde, o rei **Sargão I** liderou a unificação das várias cidades-Estado, fundando um império que dominava todo o sul da Mesopotâmia.

Uma série de invasões estrangeiras enfraqueceu o Império Acadiano até que os amoritas, vindos do leste, conseguiram dominar toda a região e, por volta de 1900 a.C., fundaram um império com sede na cidade de Babilônia. Surgia o **Primeiro Império Babilônico**.

The Bridgeman Art Library/Keystone Brasil/Museu Nacional do Iraque, Bagdá, Iraque.

Cabeça em bronze representando o rei Sargão I, século XXII a.C.

Saiba mais

O significado do rei na Mesopotâmia

Na Mesopotâmia, como no Egito antigo, predominaram as monarquias fortes, em que o poder estava concentrado nas mãos do soberano. Contudo, na Mesopotâmia, acreditava-se que o rei era apenas um representante da divindade, enquanto o faraó egípcio era visto como o "deus encarnado".

O termo "rei" pode ter vários significados no período de 2.500 anos considerado aqui. As primeiras cidades mesopotâmicas possuíam chefes, claramente identificáveis por documentos e inscrições. Eles eram responsáveis por manter a infraestrutura, como os canais de irrigação, e de administrar a justiça e a burocracia. Mais tarde, quando áreas mais extensas passaram ao domínio de um único indivíduo, como Sargão [...] e Hamurabi [...], o rei de uma cidade passou a ser uma espécie de governador que prestava lealdade à autoridade central. O poder do rei era ditado pelos deuses: ele era o representante do deus local. [...] Na Babilônia, o rei precisava submeter-se à validação do deus local em uma cerimônia renovada anualmente.

RATHBONE, Dominic. *História ilustrada do mundo antigo*. São Paulo: Publifolha, 2011. p. 90.

O Primeiro Império Babilônico

O grande destaque após a unificação da Mesopotâmia, por volta de 1900 a.C., coube ao rei **Hamurabi**, que governou a cidade-Estado da Babilônia entre 1792 a.C. e 1750 a.C. Durante o seu governo, a capital do império se estendeu do Golfo Pérsico à Assíria e transformou-se em um dos principais centros urbanos e políticos da Antiguidade. A eficiência do governo de Hamurabi se deu, em parte, à elaboração de um código completo de leis. O **Código de Hamurabi** era composto de centenas de leis, muitas delas baseadas em costumes sumérios e códigos anteriores. Essas leis abrangiam vários aspectos da vida cotidiana: comércio, propriedade, herança, escravidão e família.

Os crimes e as punições eram definidos segundo a categoria social do acusado e da vítima: os ricos tinham mais privilégios que o povo e os escravos. A **Lei de Talião**, conhecida pela expressão "olho por olho, dente por dente", fazia parte desse código. De acordo com ela, a punição deveria ser idêntica ao crime cometido.

A partir de 1595 a.C., grandes migrações indo-europeias (principalmente de hititas e cassitas) desorganizaram o Império Babilônico, dando origem a reinos menores rivais.

UIG/Getty Images/Museu do Louvre, Paris, França.

As leis do Código de Hamurabi estão gravadas nesta estela de pedra, com pouco mais de 2 metros de altura. Originária da Babilônia, encontrada em Susa, no atual Irã, é datada do século XVIII a.C.

Indo-europeu: relativo aos povos que tinham se estabelecido desde tempos mais remotos na região entre a Índia e a Europa.

Império Assírio

Os **assírios** estabeleceram-se no norte da Mesopotâmia desde 2500 a.C., na região chamada **Assur**.

Durante séculos, eles foram atacados por diversos povos. Para se defender, fugiram para o alto das montanhas e organizaram exércitos. Os assírios desenvolveram conhecimentos militares e, pouco a pouco, ampliaram seus territórios. A partir do século XX a.C., dominaram todo o norte da Mesopotâmia. Porém, a região de Assur foi conquistada pelos babilônios durante o governo de Hamurabi, no século XVIII a.C.

Muito tempo depois, do século IX a.C. ao VII a.C., quando a Babilônia estava enfraquecida, os assírios estabeleceram um poderoso império sobre toda a Mesopotâmia (veja o mapa desta página). Sua primeira capital foi Assur e depois Nínive.

Eles conquistaram terras e populações, saqueando suas riquezas e punindo os povos que resistiam ou enfrentavam o seu domínio. Com seu temido exército, os assírios invadiram e ocuparam o Egito. Organizados, tinham divisões de cavaleiros, arqueiros e lanceiros.

A morte de Assurbanipal (rei que comandou o ataque ao Egito) em 626 a.C. e as revoltas internas enfraqueceram o Império Assírio. Em 612 a.C., Nabopolassar, rei da Babilônia, saqueou Nínive e pôs fim ao Império Assírio.

Ann Ronan Picture Library / Photo 12/AFP

A caça ao leão, baixo-relevo do Palácio de Nínive representando o rei Assurbanipal durante caçada. Obra datada de 645 a.C.

O Império Assírio

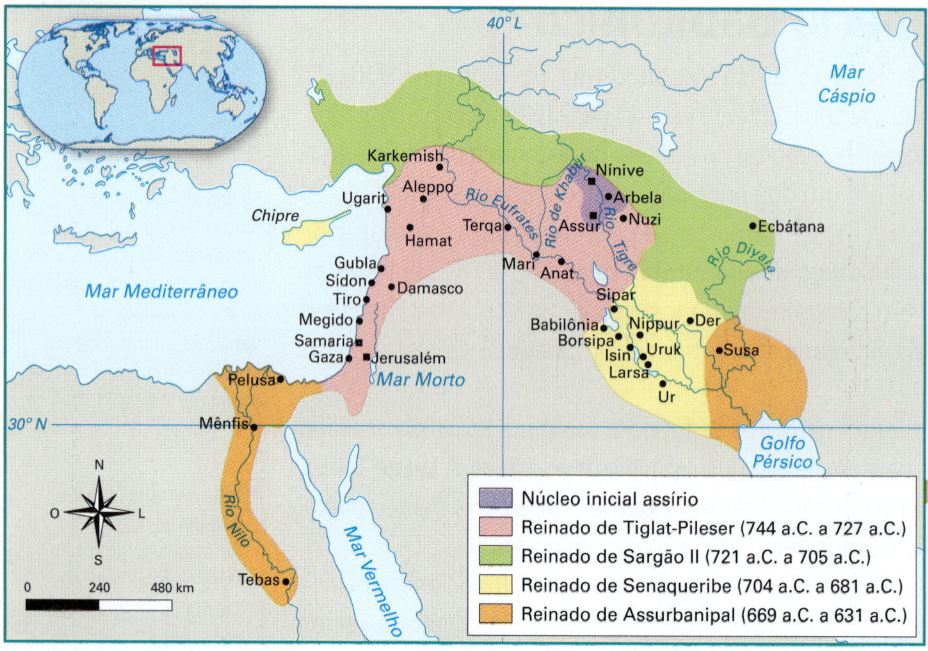

Portal de Mapas/Arquivo da editora

Fonte: elaborado com base em ATLANTE Storico De Agostini. Novara: Istituto Geografico De Agostini, 2005. p. 19.

Observe este mapa. Depois, consulte o mapa da página 92 e descubra quais são os países que hoje ocupam o território do antigo Império Assírio.

A escrita cuneiforme e a Biblioteca de Nínive

A escrita **cuneiforme** foi criada pelos sumérios. Essa forma de escrita tem esse nome porque seus símbolos eram criados por um instrumento em forma de cunha. Os símbolos eram gravados em placas de argila úmida, que depois eram assadas em um forno ou secas ao sol.

Várias civilizações mesopotâmicas adotaram a escrita cuneiforme. Ela é formada por cerca de 500 sinais básicos, que foram simplificados com o tempo facilitando sua representação.

Algumas vezes a escrita era feita em cilindros, que ficavam nos templos e palácios. Neles era contada a história do edifício e do soberano que o havia construído.

Christie's Images/Bridgeman Images/Keystone Brasil/Coleção Particular

Escrita cuneiforme assíria (1900 a.C.-1800 a.C.). Foto de 2013.

A **Biblioteca de Nínive** foi uma importante construção do reinado de Assurbanipal. Descoberta por arqueólogos em 1853, abrigava mais de 20 mil tábuas de argila com inscrições cuneiformes, que tratavam dos mais diversos assuntos, como Astronomia, Matemática, religião, poesia, magia e crônicas. As crônicas contam acontecimentos ligados aos vários reis que existiram. Atualmente, as placas estão no Museu Britânico, em Londres. Com sua leitura, foi possível resgatar parte da história mesopotâmica.

O Segundo Império Babilônico

Após a derrota dos assírios, a Babilônia voltou a ser a capital da Mesopotâmia, desta vez sob domínio dos **caldeus**, habitantes da Caldeia, região no sul da Mesopotâmia. Eles fundaram o **Segundo Império Babilônico**.

Durante o reinado de **Nabucodonosor** (604 a.C.-561 a.C.), diversas regiões foram conquistadas. A Porta de Ishtar e os Jardins Suspensos da Babilônia foram erguidos em seu governo.

A região foi invadida pelos persas pouco depois da morte de Nabucodonosor. Assim, a Babilônia passou a fazer parte do Império Persa e ficou sujeita a seu imperador, Ciro I, a partir de 539 a.C.

Ulrich Baumgarten\Getty Images

A porta de Ishtar foi construída por ordem de Nabucodonosor, por volta de 575 a.C., para ser a porta de entrada da Babilônia. Atualmente, com seus tijolos esmaltados, encontra-se no Museu Pergamon, em Berlim, na Alemanha. Ishtar era a deusa babilônica do amor e da guerra, "senhora do céu e da terra". Foto de 2017.

CONEXÕES COM A GEOGRAFIA

Conflitos por água no Oriente Médio

Vimos que os aspectos geográficos da Mesopotâmia tiveram grande influência na ocupação humana da região. Desde as primeiras décadas do século XX, a questão da água provoca tensões entre a Síria, a Turquia e o Iraque. Os territórios desses antigos vizinhos são banhados pelas bacias hidrográficas dos rios Tigre e Eufrates. As nascentes desses rios localizam-se nas regiões montanhosas da Turquia oriental. Observe o mapa abaixo. Depois, leia o texto a seguir sobre os conflitos provocados pelas disputas por água.

A questão da água na Mesopotâmia

[...] A água agora oferecida a fazendeiros turcos antes corria pelo Eufrates e Tigre, para a Síria e Iraque. Três anos secos na Síria, 2006-2009, induziram muitos agricultores a deixar as terras secas e mudar-se para as cidades, onde só poucos deles encontravam trabalho.

[...]

A situação no Iraque é similar, se não pior. Grandes regiões perderam a base de sua agricultura e os agricultores pedem soluções e mais apoio.

Em Karbala, Iraque, agricultores estão em desespero e já consideram abandonar suas terras. Em Bagdá, as periferias mais pobres dependem da Cruz Vermelha até para a água de beber. [...]

A falta de água não é a única razão para as guerras na Síria e Iraque. Mas torna esses países mais propensos a conflitos internos e mais vulneráveis à intromissão de atores externos. Os governos de Síria e Iraque podem fazer pouco para ajudar seus agricultores. Embora haja acordos sobre um fluxo mínimo de água a ser preservado entre Turquia, Síria e Iraque, não há meios pelos quais Síria e Iraque possam realmente pressionar a Turquia para que desimpeça o fluxo de água e preserve o fluxo fixado nos acordos.

[...]

Quase dois terços do fluxo que o Iraque recebia já não chegam. Não há meio para substituí-los. Além disso, a pouca água que está fluindo agora pode acabar rapidamente:

As barragens na Turquia, que já ultrapassam 140, têm muito maior capacidade de armazenamento que as que ficam a jusante. [...] Dada a relativamente melhor saúde hídrica da Turquia, seria razoável supor que o país pararia de construir barragens que tanto dificultam a sobrevivência dos países vizinhos à jusante dos rios. Mas o país fez exatamente o oposto, e planeja concluir 1 700 novas barragens e açudes dentro de suas fronteiras.

Jusante: o sentido da correnteza de um rio.

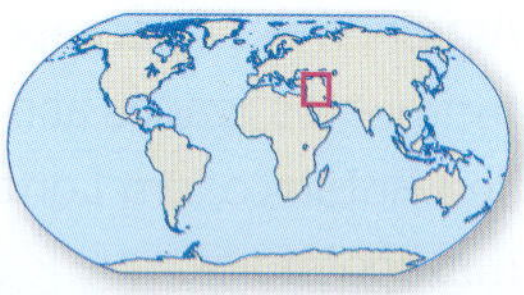

Oriente Médio: uso da terra (século XXI)

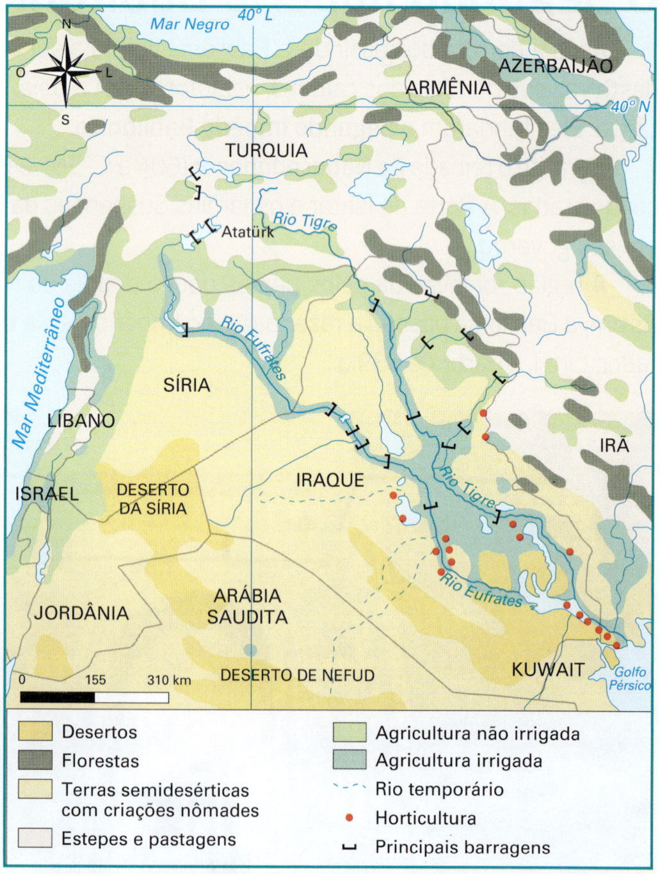

Portal de Mapas/Arquivo da editora

Fonte: elaborado com base em CHARLIER, Jacques. (Dir.). *Atlas du 21e siècle*. Groeningen: Wolters-Noordhoff; Paris: Éditions Nathan, 2011. p. 107; LE BLOG FINANCE. Disponível em: <www.leblogfinance.com/files/2013/02/tigre-euphrate.jpg>. Acesso em: 30 jul. 2018.

[...]

Precisamos de um processo de solução global, com instrumentos para fazer valer os acordos, para regular os fluxos naturais de água através de fronteiras. Do contrário, haverá grave ampliação das guerras entre países que usam água extensivamente em seus próprios territórios, enquanto países localizados à jusante dos rios morrem de sede.

As guerras pela água dão os primeiros passos. *Pragmatismo Político*, 5 abril 2017. Disponível em: <www.pragmatismopolitico.com.br/2017/04/guerras-agua-primeiros-passos.html>. Acesso em: 3 maio 2018.

1› Observe no mapa da página anterior os rios Tigre e Eufrates e siga o curso deles desde a sua nascente até a foz. Responda: Onde os dois rios deságuam? Ao deixarem o território turco, que países eles atravessam?

2› Compare no mapa as áreas desérticas com as áreas onde se desenvolve a agricultura. Relacione as atividades econômicas da Síria e do Iraque com os rios Tigre e Eufrates.

3› De que maneira a escassez de água interfere na vida da população desses países?

4› De acordo com o texto, qual país cortado pelos rios Tigre e Eufrates tem maior controle sobre os rios, considerando a posição geográfica?

5› Depois de ler o texto, você acredita que o direito sobre as águas dos rios Tigre e Eufrates pertence a quem? Por quê?

6› Em sua opinião, o que pode ser feito para resolver os conflitos em torno da água no Oriente Médio?

Bernard Gagnon/Wikipedia/Wikimedia Commons 3.0

A barragem de Atatürk sobre o rio Eufrates, na região sudeste da Anatólia (Turquia). A barragem faz parte de um plano elaborado pela Turquia para regularizar o fluxo das águas dos rios Tigre e Eufrates, gerar energia e irrigar as planícies da região. Foto de 2014.

Aspectos culturais dos mesopotâmicos

Os povos da Mesopotâmia eram **politeístas**, isto é, acreditavam em vários deuses, que representavam fenômenos da natureza. Entre as principais divindades estavam **Marduk**, deus da cidade da Babilônia; **Shamash**, deus do Sol e da justiça; **Anu**, deus relacionado ao céu; **Enlil**, relacionado ao ar; **Ea**, deus dos rios, da chuva, das águas subterrâneas (ou profundezas) e da criação; **Ishtar**, deusa do amor e da guerra; e **Tamus**, deus dos alimentos e da vegetação.

Prevalecia na Mesopotâmia uma grande variedade de crenças, cultos e divindades. Também havia diferenças entre a religião das camadas mais ricas e a praticada pela maioria da população. São raras as fontes históricas a respeito das práticas religiosas populares; o que hoje sabemos se refere basicamente à religião das elites.

Os mesopotâmicos viam a religião como um meio para obter recompensas imediatas, sem se preocupar com a vida após a morte. Os rituais religiosos eram conduzidos pelos sacerdotes em templos chamados zigurates (como o que você viu na foto da página 86).

Uma das inovações da **arquitetura** mesopotâmica foi o uso de arcos (observe a Porta de Ishtar na página 91). Na **escultura** predominavam os baixos-relevos.

Eles fizeram descobertas importantes no campo científico. Na **Astronomia**, aprenderam a prever eclipses e a diferenciar o movimento das estrelas e dos planetas. Criaram ainda um calendário com o ano dividido em 12 meses lunares, e estes, em semanas de sete dias. O dia era dividido em 12 horas de 120 minutos.

Para administrar as cidades, dominaram a **Matemática**. Com a invenção da Álgebra, ocorreram avanços nos cálculos de divisão e multiplicação, incluindo a criação da raiz quadrada e da raiz cúbica. Foram os mesopotâmicos que dividiram o círculo em 360 graus.

A **escrita** cuneiforme (veja na página 91), criada pelos sumérios, foi utilizada por vários povos vizinhos. No campo literário, o destaque fica para duas obras sumérias datadas de cerca de 2000 a.C.: o *Mito da criação*, que explica a origem do mundo, e a *Epopeia de Gilgamesh*, que narra o mito do dilúvio.

Eclipse: obscurecimento parcial ou total de um astro por outro. Por exemplo, quando se posiciona entre o Sol e a Terra, a Lua impede a chegada dos raios solares até nós.

Epopeia: poema longo que narra ações heroicas.

Dilúvio: chuva muito forte e demorada, que alaga grandes extensões de terra.

Friso do templo de Ninhursag, conhecido como Friso dos Ordenhadores (aqueles que fazem a ordenha, ou seja, tiram o leite do animal), produzido em cerca de 3100 a.C. Foi encontrado no sítio de Tell-al Ubaid, nas proximidades da antiga cidade de Ur, atual Iraque.

Minha biblioteca

A história de Gilgamesh, rei de Uruk, de Rosana Rios, Edições SM, 2007. O livro retrata o mito de Gilgamesh, um dos primeiros relatos escritos da história da humanidade.

A Epopeia de Gilgamesh: o rei Gilgamesh (v. 1), **A vingança de Ishtar (v. 2)** e **A última busca de Gilgamesh (v. 3)**, de Ludmila Zeman, Editora Projeto, 1997. Trilogia que reconstrói a trajetória do lendário rei Gilgamesh, considerado o primeiro herói da humanidade, e apresenta aspectos culturais da civilização mesopotâmica.

TRABALHANDO COM **DOCUMENTOS**

Alguns estudiosos consideram a *Epopeia de Gilgamesh*, que conta o mito do dilúvio, a obra literária mais antiga da humanidade. Parece que esse mito sumério, adotado com adaptações por outros povos da região, está ligado às constantes e violentas enchentes dos rios Tigre e Eufrates.

Os fragmentos escritos que se conservaram da *Epopeia de Gilgamesh* reúnem relatos antes transmitidos oralmente. Contam a busca do mítico rei sumério Gilgamesh, senhor de Uruk, na Mesopotâmia, para descobrir o segredo da imortalidade. Essas narrativas descrevem os caminhos, as lutas e aventuras de Gilgamesh. Em uma dessas aventuras, ele encontra o sábio Utnapishtim, único sobrevivente de um dilúvio provocado pelos deuses.

Leia a seguir um trecho da Tábua IX da *Epopeia de Gilgamesh*, encontrada em Nínive, na Biblioteca de Assurbanipal. Ela traz o relato de Utnapishtim.

Reprodução/Museu Britânico, Londres, Inglaterra.

Fragmentos da *Epopeia de Gilgamesh*, registrada em escrita cuneiforme, do século VII a.C.

Um dia, os grandes deuses decidiram provocar o Dilúvio. Ea [Enki, deus da sabedoria] estava junto a eles e me repetiu suas palavras: "Derruba tua casa e constrói um barco, abandona suas riquezas, preocupa-te apenas em sobreviver e embarca em teu navio todas as espécies vivas". Quando com a manhã se fez um pouco de luz, apareceu no horizonte uma nuvem negra e um assustador silêncio de tempestade cruzou o céu e converteu em trevas o que era luminoso. A terra se quebrou como um vaso. Por seis dias e sete noites soprou um vento diluviano. Quando chegou o sétimo dia, a calma voltou ao mar, se calou o vento nefasto e o dilúvio cessou. Abriu uma escotilha e não se escutava um só ruído: todos os povos haviam se convertido em barro. [...]. Quando chegou ao sétimo dia, soltei um corvo e ele não regressou. Então, dirigi-me aos quatro pontos cardeais e fiz um sacrifício aos deuses.

MARCHAND, Pierre. *História de la humanidad*: las primeras civilizaciones. Barcelona: Larousse, 1998. p. 62.

1› Sobre que acontecimento trata esse trecho da *Epopeia de Gilgamesh*?

2› Que relação pode ser estabelecida entre o dilúvio e os rios Tigre e Eufrates, que banhavam a região da Mesopotâmia?

3› Você conhece outro texto que fala sobre o mito do dilúvio? Qual?

4› Quais são as semelhanças entre os dois textos?

Representação de Gilgamesh, do século VIII a.C. A escultura mede mais de 5 metros de altura e representa o rei dominando um leão. A posição frontal da figura era rara na arte assíria e costumava ser usada apenas para identificar personagens com poderes divinos. A arma na mão, o bracelete e o estilo de sua barba e do cabelo caracterizam os dirigentes assírios. Esses elementos levam os pesquisadores a associar a escultura ao mítico rei Gilgamesh.

Erich Lessing/Album/Latinstock/Museu do Louvre, Paris, França.

Modos de vida na Mesopotâmia

Como no Egito, a principal atividade na Mesopotâmia era a agricultura. A maioria da população devia obediência aos membros mais ricos das cidades e era obrigada a pagar tributos com produtos cultivados e com serviços (trabalhos em obras públicas e serviço militar). Os governantes controlavam a construção de reservatórios de água, canais de irrigação e depósitos de alimentos. Nas cidades, praticavam-se diversas atividades artesanais. Havia escultores, ourives, cortadores de pedra, carpinteiros, forjadores de metais, etc.

O comércio desenvolveu-se e alcançou terras distantes: negociavam-se produtos diversos fabricados pelos babilônios, além de madeiras, metais e pedras preciosas, que eram trocados por tecidos e outras manufaturas. Essas trocas eram possíveis graças à rede de rios da região. Em consequência, a Babilônia transformou-se em um dos mais importantes entrepostos comerciais da Antiguidade.

A sociedade era estratificada. As **categorias sociais** menos privilegiadas eram os camponeses e os escravos. Estes eram, principalmente, prisioneiros de guerra, mas havia também escravos por condenação e por dívidas.

Ourives: quem pratica a ourivesaria, isto é, o fabrico ou a comercialização de artigos de ouro ou prata.

Entreposto: local de passagem, onde ocorre uma intensa troca de mercadorias; centro de comércio entre povos.

Estratificado: dividido em diferentes camadas sociais.

Theo Szczepanski/Arquivo da editora

Uma pequena elite controlava a política e a economia na Mesopotâmia. Nesse sentido, a sociedade mesopotâmica era muito parecida com a egípcia.

Elite: grupo da sociedade que detém prestígio e poder.

Como se pode ver na pirâmide social, acima dos camponeses e escravos, havia a camada composta de artesãos, comerciantes, militares e funcionários públicos. As camadas mais privilegiadas eram compostas pelo rei, sacerdotes, familiares do monarca e funcionários da administração. Esses grupos controlavam as melhores terras e, assim, dominavam a produção de alimentos.

As propriedades particulares e o comércio garantiam a força dos homens livres mais ricos. Seus direitos eram reconhecidos e defendidos nos órgãos coletivos. Havia dois órgãos coletivos: o **conselho dos notáveis** (membros locais poderosos) e a **assembleia** (homens livres, que correspondiam a antigos líderes tribais).

Com o tempo, os reis firmaram sua autoridade acima dos órgãos coletivos e a monarquia passou a ser hereditária (ou seja, transmitida de pai para filho, ou para o parente mais próximo).

Minha biblioteca

As grandes maravilhas do mundo, de Russel Ash, Editora Cosac Naify, 2001. Livro que apresenta as sete maravilhas do mundo antigo, entre elas os Jardins Suspensos da Babilônia. As ilustrações de Richard Bonson funcionam como raios X, revelando o interior das sete maravilhas e os costumes da época.

De olho na tela

Mesopotâmia: retorno ao Éden. Discovery Civilization Channel, 1997. Documentário que mostra descobertas arqueológicas sobre a Mesopotâmia.

Mapeando saberes

ATENÇÃO A ESTES ITENS

- Os mesopotâmicos desenvolveram conhecimentos de Astronomia, Arquitetura, Matemática e escultura.
- Sumérios criaram a escrita cuneiforme, uma das mais antigas da humanidade.
- Os rios Tigre e Eufrates atraíram diversos povos e permitiram o desenvolvimento de reinos e impérios.
- O Código de Hamurabi e a Lei de Talião foram destaques do reinado babilônico de Hamurabi.
- Diversas civilizações se desenvolveram na região: sumérios, acadianos, babilônios, assírios e caldeus.
- O rei Assurbanipal ampliou o Império Assírio durante o seu reinado e ordenou a construção da Biblioteca de Nínive.
- A *Epopeia de Gilgamesh* é considerada a mais antiga obra literária do mundo e narra o mito do dilúvio, adaptado por outros povos da região mesopotâmica.
- Segundo Império Babilônico (fundado pelos caldeus): destaca-se o reinado de Nabucodonosor, com suas conquistas e grandes construções.

Reprodução/Museu Britânico, Londres, Inglaterra.

POR QUÊ?

- Permite perceber a diversidade de povos que viveram e disputaram a região mesopotâmica durante milênios.
- Os mesopotâmicos organizaram formas variadas de estrutura governamental: dos órgãos coletivos aos reinados e impérios de poder centralizado e militarizado.
- Produziram códigos de leis, visando regular a convivência dos grupos sociais.
- A sociedade mesopotâmica era estratificada em grupos que tinham poderes e atuações distintas.

ATIVIDADES

Retome

1› Qual é a principal semelhança entre o desenvolvimento das civilizações mesopotâmica e egípcia? Explique.

2› Os povos da Mesopotâmia passaram por guerras e pelo surgimento e enfraquecimento de sucessivos impérios. Alguns historiadores acreditam que as características geográficas da região contribuíram para isso. Quais fatores naturais teriam favorecido esse quadro de instabilidade política?

3› Observe a ilustração da pirâmide social da página 96 e descreva a organização social na Mesopotâmia.

4› Antes de serem governadas por reis, as cidades-Estado sumérias possuíam órgãos coletivos.

a) Quais eram esses órgãos?

b) Quem participava desses órgãos?

c) Quais eram as funções desses órgãos?

5› A Lei de Talião fazia parte do Código de Hamurabi, conjunto de leis babilônico elaborado pelo rei Hamurabi no século XVIII a.C. O que dizia essa lei?

6› Compare a religião dos povos mesopotâmicos com a religião egípcia.

Trabalhe com história em quadrinhos

7› Asterix, Obelix e o cachorro Ideiafix são personagens que vivem por volta do ano 50 a.C., atravessam um deserto na Mesopotâmia e encontram diferentes povos. O autor dessa história em quadrinhos brinca com o fato de ter havido muitos conflitos entre os mesopotâmicos naquela época. Leia a história, consulte a linha do tempo da página 87 e as informações do capítulo e responda às perguntas da página seguinte.

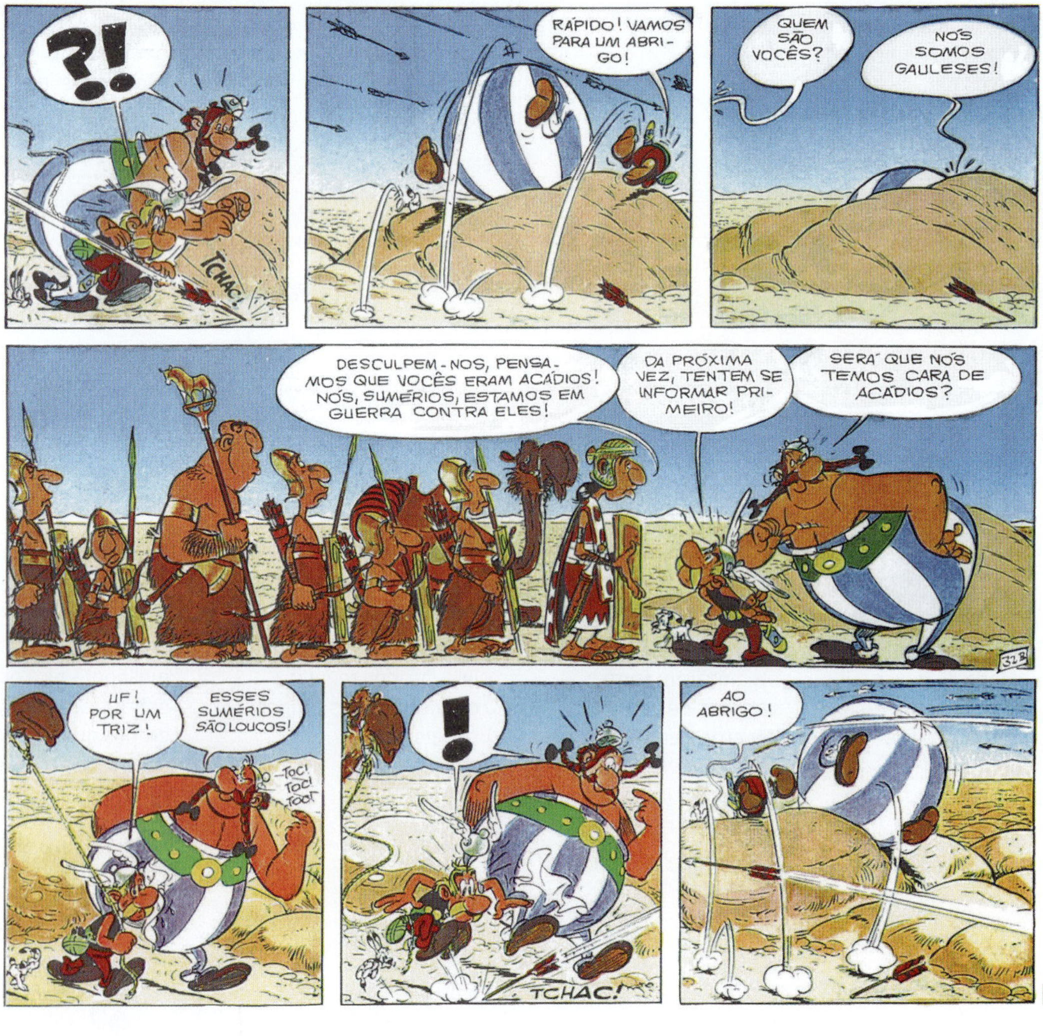

Albert Uderzo e René Goscinny/Les Éditions Albert-René/Goscinny-Uderzo

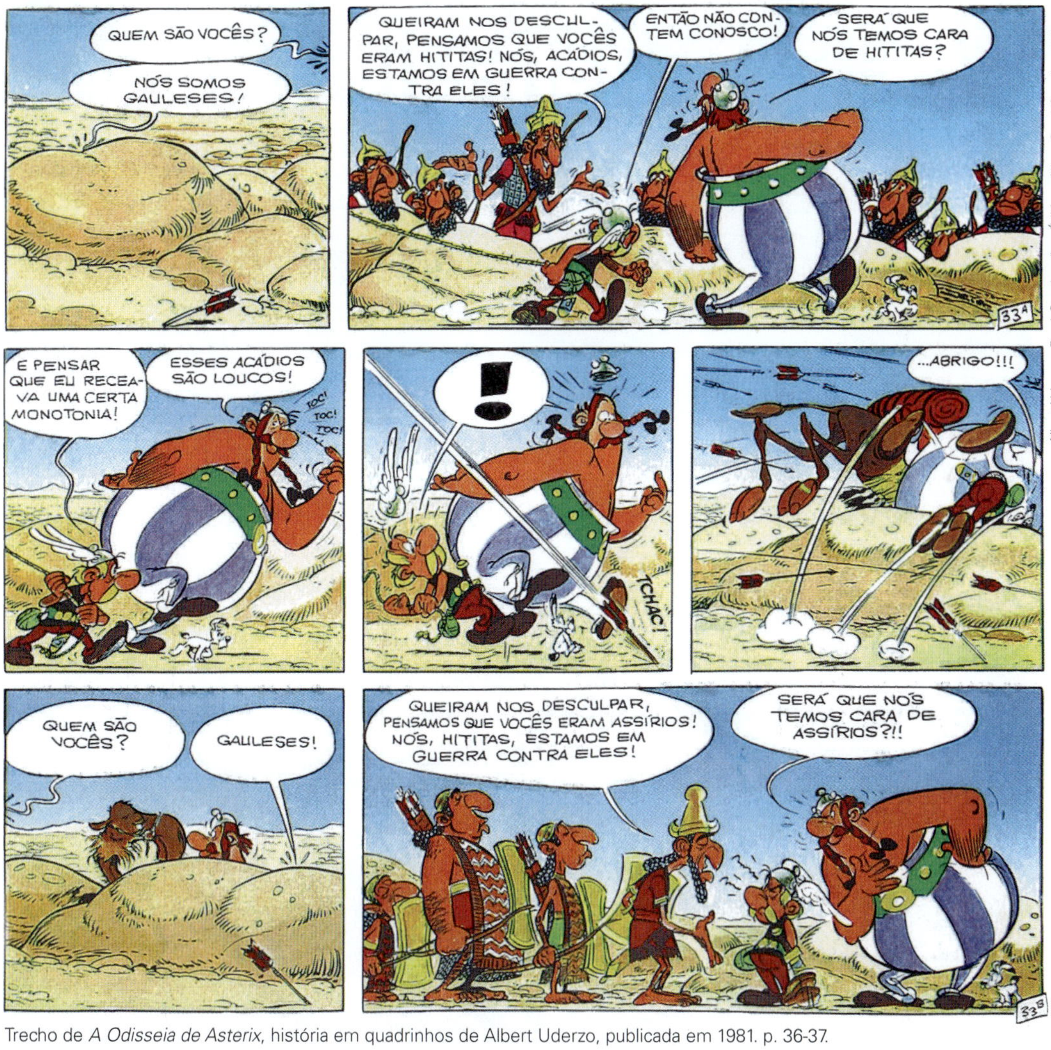

Trecho de *A Odisseia de Asterix*, história em quadrinhos de Albert Uderzo, publicada em 1981. p. 36-37.

a) Você já conhece dois povos citados na história. Cite a região da Mesopotâmia em que viviam, em que momento centralizaram o poder e qual era a extensão de seu império.

b) Há um terceiro povo citado na história que não foi estudado neste capítulo. Busque informações sobre ele em livros ou na internet. Em que momento esse povo ocupou a Mesopotâmia?

c) Os encontros mostrados poderiam ter ocorrido de verdade? Por quê?

Autoavaliação

1. Quais atividades você considerou mais fáceis e mais difíceis? Por quê?
2. Em quais atividades você utilizou o texto do capítulo como base para sua resposta?
3. Algum ponto do capítulo não ficou muito claro para você? Qual?
4. Você compreendeu o esquema *Mapeando saberes*? Explique.
5. Você saberia apontar exemplos da atualidade considerando o que aprendeu no item *Por quê?* do *Mapeando saberes*?
6. Como você avalia sua compreensão dos assuntos tratados neste capítulo?
   - **Excelente**: não tive nenhuma dificuldade.
   - **Boa**: tive algumas dificuldades, mas consegui resolvê-las.
   - **Regular**: foi difícil compreender certos conceitos e resolver as atividades.
   - **Ruim**: tive muitas dificuldades, tanto no conteúdo quanto na realização das atividades.

CAPÍTULO 7

Hebreus, fenícios e persas

liorpt/Istock/Getty Images

Fortaleza de Massada, a sudeste de Israel, na região da antiga Judeia. Foto de 2017.

Para começar

Observe a fotografia e repare nas construções no alto da elevação e no cenário ao redor.

1. Como é a geografia do lugar fotografado?
2. Observe as ruínas que estão sobre a elevação rochosa. Que espécie de construção você imagina que tenha existido nesse lugar?

As três civilizações que vamos estudar neste capítulo pertencem a dois grandes grupos linguísticos: o semítico e o indo-europeu. Os semitas originaram-se na península Arábica e espalharam-se pelo norte da África e por toda a região do Oriente Médio. Os indo-europeus são originários das proximidades do mar Negro e do mar Cáspio. Depois, migraram para Europa, Índia e planalto do Irã. Atualmente, a maior parte das línguas faladas na Europa (e na América, por causa da colonização) é de origem indo-europeia.

Neste capítulo, você vai ver que esses povos deixaram valiosos legados à humanidade. Os persas ocuparam a área que hoje pertence ao Irã. Eles formaram um grande império após a conquista de diversos povos da região. Os fenícios criaram um sistema de escrita que, após certas alterações, se transformou no alfabeto que hoje utilizamos. Os hebreus, por sua vez, desenvolveram uma religião monoteísta.

1 Semitas e indo-europeus

Observe no mapa a localização dos grupos semitas e indo-europeus. Os hebreus e fenícios são de origem semita. Os persas são de origem indo-europeia.

Povos semitas e indo-europeus

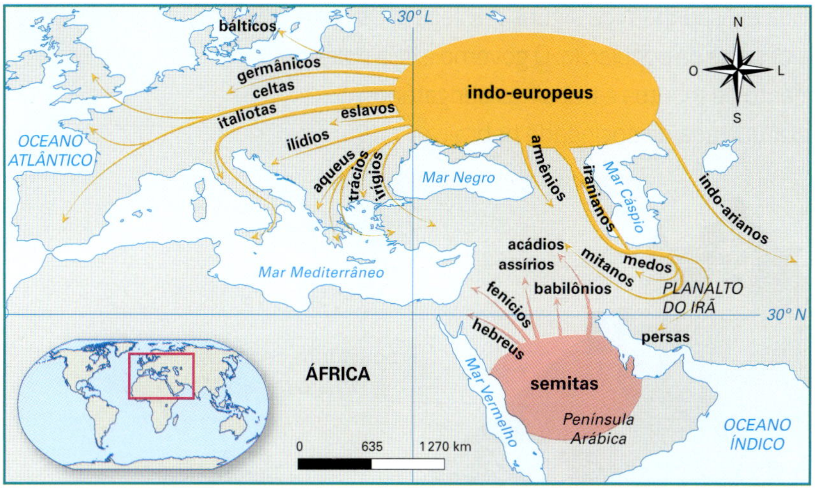

Portal de Mapas/Arquivo da editora

Fonte: elaborado com base em PAOLUCCI, Silvio; SIGNORINI, Giuseppina. *Il corso della storia 1*. Bologna: Zanichelli, 1997. p. 94.

2 Os hebreus

Povos nômades vindos da Mesopotâmia ocuparam a Palestina por volta de 2000 a.C. A Palestina era uma faixa de terra entre o mar Mediterrâneo e o deserto da Arábia (observe o mapa a seguir).

O vale do rio Jordão era a área mais fértil da região. O restante do território palestino é formado por montanhas de solo mais pobre e seco.

Região da antiga Palestina

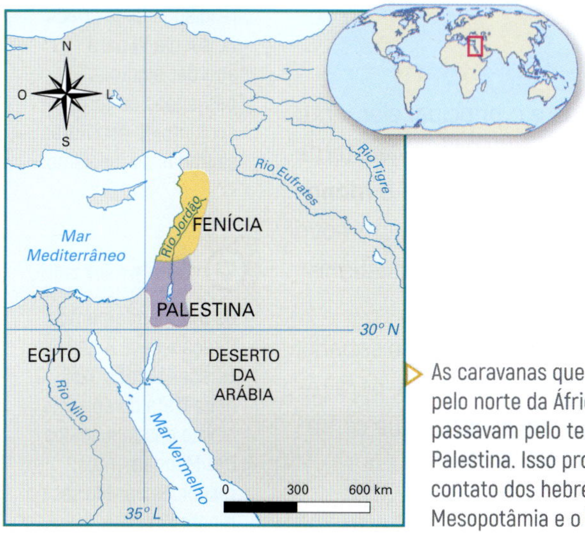

Portal de Mapas/Arquivo da editora

Organizado pelo autor.

As caravanas que transitavam pelo norte da África e pela Ásia passavam pelo território da Palestina. Isso proporcionou o contato dos hebreus com a Mesopotâmia e o Egito.

Portal de Mapas/Arquivo da editora

LINHA DO TEMPO

± 2500 a.C.
Fenícios
Hegemonia de Biblos

± 2000 a.C.
Cananeus e hebreus na Palestina
Indo-europeus no planalto do Irã

± 1500 a.C.
Hegemonia de Sídon

± 1100 a.C.
Hegemonia de Tiro

926 a.C.
Cisma: Israel e Judá

586 a.C.
Cativeiro da Babilônia

539 a.C.
Conquista da Babilônia

490 a.C.
Guerras Médicas

330 a.C.
Império Persa é conquistado por Alexandre Magno

70 d.C.
Dominação romana

Linha do tempo esquemática. O espaço entre as datas não é proporcional ao intervalo de tempo.

A organização social

Os hebreus se organizavam em tribos independentes, cada uma chefiada por um patriarca. Eles viviam em disputas com outros povos da mesma região. Para se defender, as tribos acabaram se unindo em torno de um rei, o que deu origem a uma monarquia.

Patriarca: chefe tribal respeitado por ser o mais velho do grupo, visto como o mais sábio, mais experiente. Geralmente, tinha muitos filhos.

O rei, com seus familiares, proprietários de terras, chefes guerreiros e sacerdotes, liderava um pequeno grupo que detinha o poder. Existiam também burocratas e comerciantes, que tinham boas condições de vida e dispunham de alguns privilégios. Os camponeses, pastores e escravos eram a maior parte da população. O governo exigia deles o cumprimento do serviço militar, o pagamento de tributos e trabalhos obrigatórios.

Observe a seguir a distribuição hierarquizada da sociedade hebraica.

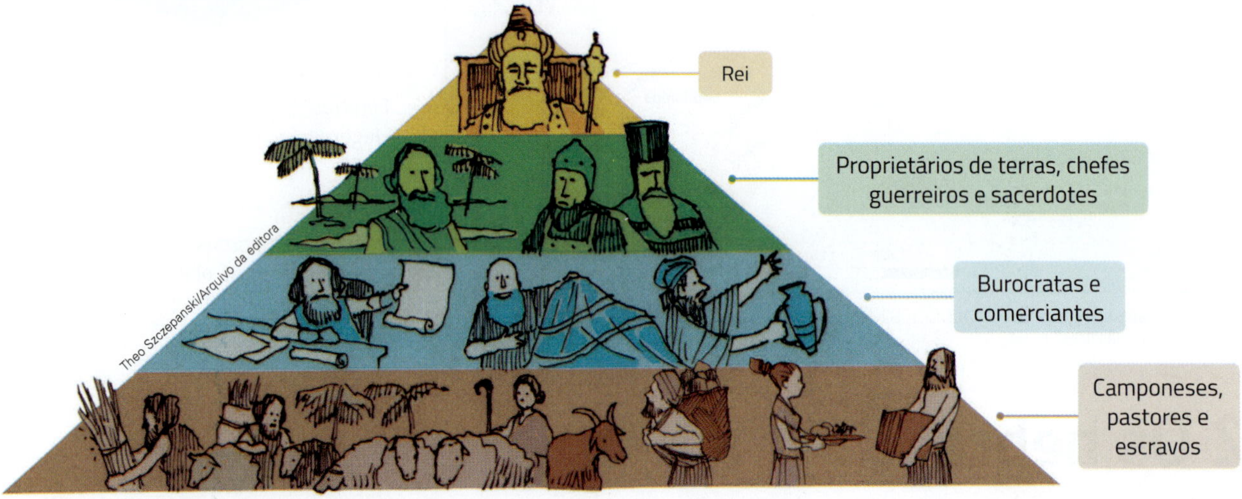

A sociedade hebraica tinha o rei e a família real no topo da pirâmide social. Na base ficavam os camponeses, os pastores e os escravos.

O pastoreio era a principal atividade econômica dos hebreus. Também praticavam a agricultura às margens do rio Jordão, onde cultivavam cereais, videiras (pés de uva), figueiras e oliveiras. A princípio, o solo era coletivo e a produção era dividida entre todos. Mas, pouco a pouco, a terra passou a se concentrar nas mãos de uma elite.

Minha biblioteca

O senhor do bom nome e outros mitos judaicos, de Ilan Brenman, Editora Cosac Naify, 2004. O autor retoma textos do Talmude (código da religião judaica criado no século V) para abordar algumas passagens da Torá, conjunto de escrituras sagradas do judaísmo.

A religião

A religião foi um fator importante na união dos hebreus e o principal elemento na formação do seu Estado. Nos tempos mais remotos eram politeístas. Mais tarde firmaram a adoração a apenas um deus, Jeová (ou Iahweh), prevalecendo o **monoteísmo**. Acreditavam na vinda do messias, um libertador que os levaria a um novo tempo de paz, justiça e liberdade. Esses princípios serviram de base para o cristianismo e o islamismo.

Entre os rituais e crenças dos hebreus podemos citar: a santificação do sábado, considerado o sétimo dia da criação do mundo; a comemoração da **Páscoa**, para relembrar a libertação da escravidão e sua saída do Egito, e o **Pentecostes**, que comemora o recebimento dos Dez Mandamentos por Moisés.

Uma importante herança cultural desse povo foi a consolidação do aramaico como escrita e língua mais difundida na Ásia ocidental.

De olho na tela

Os Dez Mandamentos. Direção: Cecil B. DeMille. Estados Unidos, 1955. O filme trata do episódio bíblico das tábuas dos Dez Mandamentos, recebidas por Moisés no monte Sinai.

A história dos hebreus segundo a Bíblia

A Bíblia é uma valiosa fonte de informações sobre os hebreus, pois descreve vários acontecimentos supostamente vivenciados por eles. Mas é importante destacar que seus textos foram escritos entre os séculos VIII a.C. e II a.C., ou seja, muito tempo depois dos vários fatos narrados nessa obra. Apesar disso, as histórias da Bíblia revelam os hábitos e a realidade do período em que foram escritas e reunidas.

Com base nas narrativas bíblicas, a história hebraica costuma ser dividida em três períodos: **Era dos Patriarcas**, **Era dos Juízes** e **Era dos Reis**.

Fiéis judeus seguram a Torá (em formato de rolo) durante a bênção sacerdotal da Páscoa, no Muro das Lamentações, em Jerusalém. Foto de 2018.

A Era dos Patriarcas

Abraão foi o primeiro patriarca a liderar um grupo de hebreus. Segundo a Bíblia, ele recebeu uma ordem de Jeová para dirigir-se a Canaã (Palestina), porque ali estaria garantida a sobrevivência de seu povo. Seu filho Isaac e depois seu neto Jacó (ou Israel) também se tornaram patriarcas. Jacó deixou 12 descendentes, que deram origem às **12 tribos de Israel**.

Muitos hebreus abandonaram a Palestina em direção ao Egito por causa dos conflitos com os cananeus, um povo vizinho. A maioria desses hebreus foi escravizada pelos egípcios.

Segundo o relato bíblico, no século XIII a.C., Moisés liderou os hebreus na travessia do deserto, a pé, para voltarem à Palestina. Perseguidos pelos soldados egípcios, o grupo contou com a ajuda de Jeová (ou Iahweh), que abriu um caminho por dentro do mar Vermelho para a passagem dos hebreus. Logo depois esse caminho se fechou e afogou seus perseguidores.

Cananeu: povo de origem semita que habitava Canaã quando os hebreus lá chegaram. Os cananeus ocuparam a região antes de 2000 a.C.

A viagem de retorno à Palestina teria levado 40 anos, segundo a Bíblia, e foi chamada de **Êxodo**. Foi durante essa jornada que Moisés teria recebido de Deus as Tábuas da Lei com os Dez Mandamentos, conjunto de orientações a serem seguidas pelos hebreus.

> **De olho na tela**
>
> **Êxodo: deuses e reis.** Direção: Ridley Scott. Estados Unidos, 2014. O filme aborda a história dos hebreus e do profeta Moisés descrita no Antigo Testamento.
>
> **O Êxodo decodificado.** Direção: Simcha Jacobovici. Canadá, 2006. O documentário explora diversas provas científicas que confirmariam a ocorrência do evento bíblico conhecido por Êxodo.

DeAgostini/Getty Images

Ruínas da Grande Mesquita, em Harã (Turquia), construída no século VIII. Segundo os textos bíblicos, Abraão teria partido de Harã em direção a Canaã seguindo as ordens de Jeová. Foto de 2016.

A Era dos Juízes

Após o retorno à Palestina, os hebreus se envolveram em disputas com povos vizinhos pelo controle da região. As sucessivas guerras fortaleceram os chefes militares, conhecidos como **juízes**, que acabaram assumindo o poder político. Para lutar contra os filisteus, as 12 tribos hebraicas decidiram se unir sob um mesmo chefe. **Saul** foi proclamado rei dos hebreus (1010 a.C.) e formou o reino de Israel.

Filisteu: povo de origem não semita que, segundo os textos bíblicos, se estabeleceu na costa sul da Palestina, por volta da mesma época em que os hebreus ocupavam o interior. Vem dele o nome "Filistina" (ou Palestina) para a região.

The Bridgeman Art Library/ Easypix Brasil

Coroação e unção de Saul, xilogravura colorida do século XV, de autoria do italiano Fábio Berardi, presente na Bíblia de Nuremberg (1 Samuel 10). A imagem refere-se ao momento em que Samuel teria ungido Saul (em nome de Jeová) como líder do povo de Israel. Dimensões: 43,7 cm × 54,4 cm.

A Era dos Reis

Na luta contra os filisteus, o rei Saul foi derrotado e suicidou-se. Com seu sucessor, **Davi**, os hebreus venceram os inimigos e reconquistaram Canaã, iniciando o período de maior poderio militar da sua História.

O novo rei centralizou o poder político em um Estado forte, com exército permanente e organização burocrática. Davi estabeleceu a capital em **Jerusalém** e expandiu o reino hebreu, conquistando terras a leste do rio Jordão e de parte da Síria. Ele foi sucedido por seu filho, **Salomão**.

Sob o governo de Salomão, a partir de 966 a.C., o reino hebraico conheceu certa estabilidade. O desenvolvimento comercial e o aumento dos impostos ampliaram as riquezas do reino. Foram construídas obras públicas grandiosas, como o Templo de Jerusalém, dedicado a Jeová, onde foram abrigadas as Tábuas da Lei com os Dez Mandamentos.

Após a morte de Salomão, em 926 a.C, o reino hebreu dividiu-se em dois: **Israel**, com dez tribos e a capital em Samaria; e **Judá**, com duas tribos e a capital em Jerusalém. Os hebreus que habitaram Judá ficaram conhecidos como **judeus**.

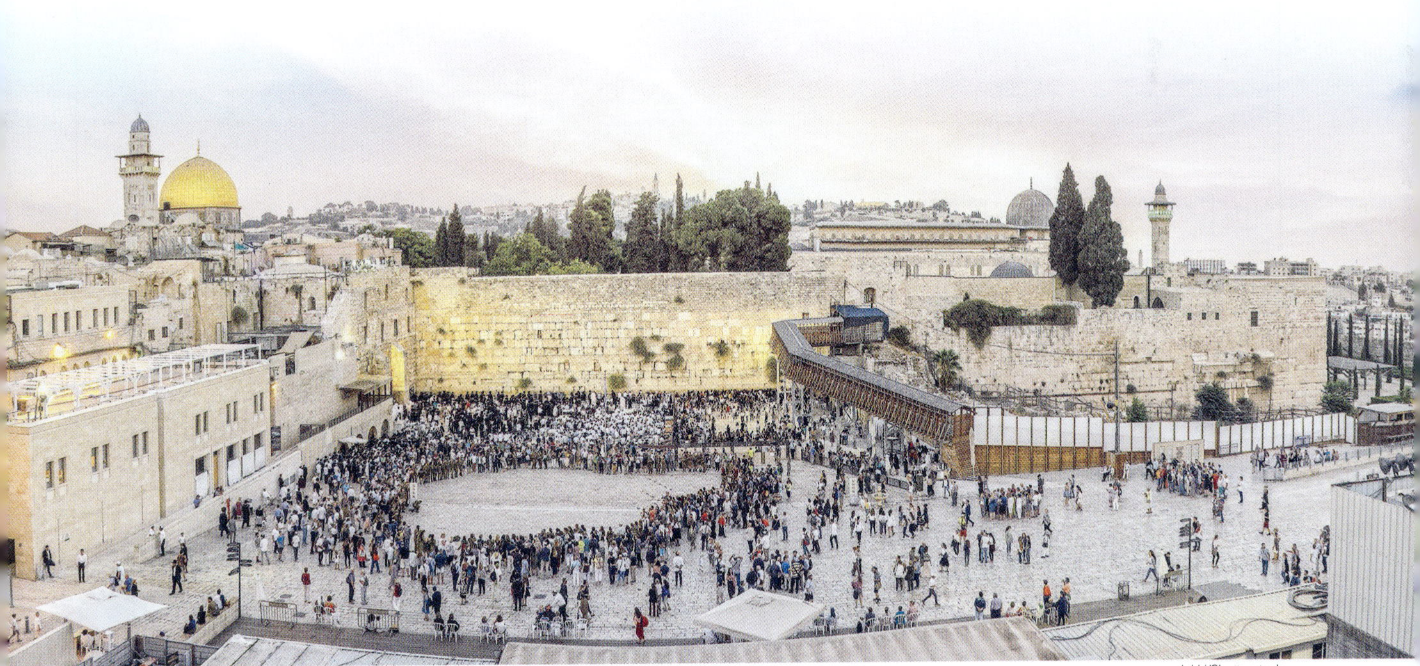

JekLi/Shutterstock

O Templo de Jerusalém foi construído por Salomão para simbolizar a prosperidade e a opulência de seu governo. O Muro das Lamentações, local sagrado para os judeus, é considerado a única parte que sobrou do templo. Na foto de 2017, vista panorâmica do Muro durante uma celebração. Pode-se ver também a cúpula dourada da Mesquita do Domo da Rocha ao fundo.

Divisão e dispersão dos hebreus

Com a divisão em dois reinos (Israel e Judá), os hebreus tornaram-se mais vulneráveis a ataques de outros povos expansionistas. Os assírios invadiram e conquistaram o reino de Israel em 721 a.C. O reino de Judá foi dominado pelo Segundo Império Babilônico em 586 a.C., sob comando de Nabucodonosor. Seu exército destruiu Jerusalém, e muitos hebreus foram levados como escravos para a Mesopotâmia. Iniciou-se, assim, o chamado **Cativeiro da Babilônia**.

Dispersão: resultado de dispersar, espalhar; separação.

A escravidão durou até 539 a.C., quando Ciro I da Pérsia tomou a Babilônia e libertou os hebreus. Eles retornaram à Palestina e reconstruíram o Estado hebraico na região de Judá, mas continuaram sob domínio persa.

Os dominadores seguintes foram os macedônios e, depois, os romanos. Durante o reinado do imperador Tito, no ano 70, o exército romano devastou Jerusalém. Com isso, os judeus se espalharam para outras regiões. Esse episódio da história do povo judaico recebeu o nome de **Diáspora**. Veja o mapa abaixo.

De olho na tela

Noé. Direção: Darren Aronofsky. Estados Unidos, 2014. O filme trata da história bíblica de Noé e a arca que salvou toda a Criação do Dilúvio.

A Diáspora (século I d.C.)

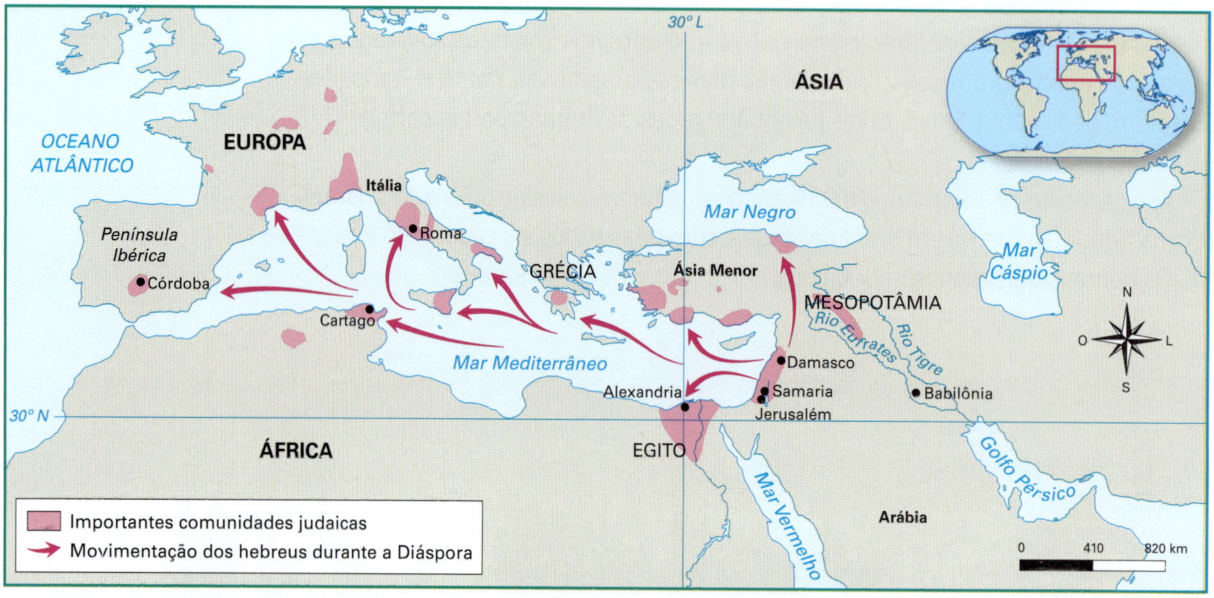

Fonte: elaborado com base em ATLAS da história do mundo. São Paulo: *Folha de S.Paulo*, 1995. p. 72-73.

A Diáspora foi a dispersão dos judeus após a dominação romana, pondo fim ao que restava da unidade política hebraica no mundo antigo. Espalhados pelo mundo, os judeus conservaram muito de seus costumes e de suas práticas religiosas.

Depois da Diáspora, o território da antiga Palestina foi ocupado por diversos povos, principalmente pelos árabes na Idade Média.

Os judeus só voltaram a se reunir em um Estado independente em 1948, quando uma determinação da Organização das Nações Unidas (ONU) criou o Estado de Israel. A criação desse Estado gerou inúmeros conflitos regionais que se estendem até os dias de hoje. Observe o mapa ao lado.

O Estado de Israel

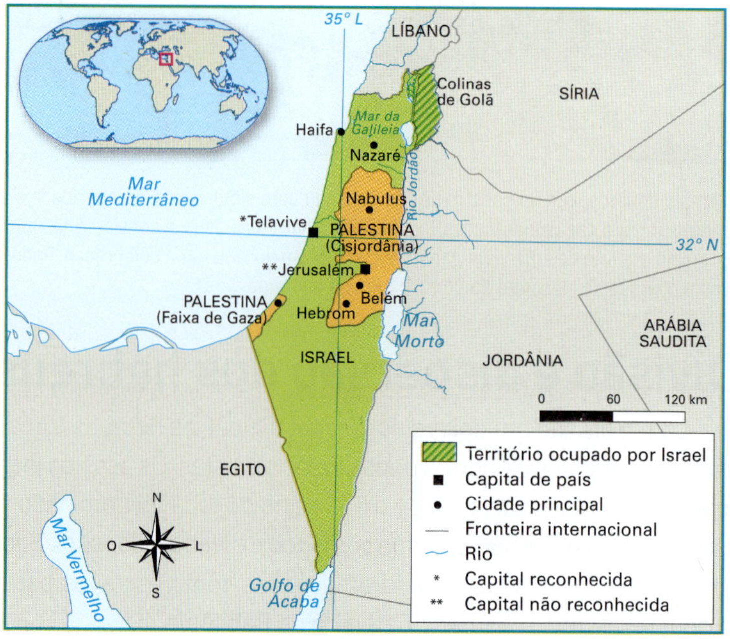

Fonte: elaborado com base em IBGE. *Atlas geográfico escolar.* 7. ed. 2016. p. 49.

3 Os fenícios

A Fenícia é a região que atualmente corresponde ao Líbano e ao norte do Estado de Israel. Ela foi habitada por semitas desde o terceiro milênio antes de Cristo.

Nessa região, desenvolveram-se várias cidades-Estado, como Biblos, Sídon e Tiro. Elas se alternavam no controle da região (veja o mapa a seguir). Ao contrário de egípcios, babilônios e hebreus, os fenícios não tiveram um líder que centralizava o poder.

Região da Fenícia

Portal de Mapas/Arquivo da editora

Fonte: elaborado com base em HART-DAVIS, Adam. *Coleção Enciclopédia Ilustrada de História*: origens. Tradução de Carlos Alberto Pavam. São Paulo: Duetto Editorial, 2009. p. 80-81.

Lebanon Landmarks and People by Vision/Alamy /Fotoarena

Vista do porto de Biblos, no Líbano, que foi um importante entreposto comercial fenício. Foto de 2017.

Comerciantes e navegadores

O território ocupado pelos fenícios era uma estreita faixa de terra entre o litoral e as montanhas, que eram cobertas por árvores como cedro, cipreste e pinho. O fácil acesso ao mar e a abundância de madeira contribuíram para se tornarem grandes navegadores, hábeis construtores de navios e grandes comerciantes no mundo antigo. Tais atividades incentivaram a comunicação entre as civilizações mediterrâneas.

Os fenícios também se destacaram na confecção de tecidos (algodão, linho e lã). Tinham especial talento para os trabalhos com vidro, utilizando técnicas aprendidas com os egípcios, e ganharam fama na produção de objetos de cerâmica, bronze e cobre.

A elite da sociedade fenícia era formada por duas principais categorias: comerciantes e armadores. Já as camadas populares eram os trabalhadores livres (artesãos e camponeses) e escravos.

Armador: pessoa que explora o comércio marítimo.

Os fenícios controlavam o mar Mediterrâneo, e suas rotas comerciais ligaram diversas civilizações. Vários entrepostos comerciais fenícios, chamados de **feitorias**, tornaram-se cidades importantes, como Cartago (reveja o mapa da página anterior). Como estudamos, Cartago, no norte da África, dominou um grande território no Mediterrâneo ocidental.

A cidade-Estado de Biblos dominou a região entre 2500 a.C. e 2000 a.C. Povos como os acádios, hicsos e egípcios vieram para a Fenícia durante esse período. A partir de 1500 a.C., **Sídon** assumiu a liderança.

O comércio fenício foi abalado no século XIII a.C. devido a três invasões: dos hebreus, depois dos filisteus e, por fim, dos assírios.

A autonomia foi recuperada dois séculos mais tarde. A cidade-Estado de **Tiro** passou a liderar a região, e a Fenícia viveu um período de prosperidade. O comércio marítimo voltou a ter destaque até as cidades fenícias serem conquistadas pelo Império Babilônico, no século XI a.C.

Ancient Art and Architecture Collection/The Bridgeman Art Library/Keystone Brasil/Museu Nacional de Beirute, Líbano.

Relevo em pedra de embarcação comercial fenícia, esculpido em superfície de túmulo real no século II.

Religião, ciência, escrita e arte

Os fenícios eram politeístas. Cada cidade tinha seus próprios deuses, que eram associados às forças da natureza. Baal, Melqart e Shamash, entre outros, eram divindades associadas ao Sol. Astarteia e Yarih são exemplos de divindades associadas à Lua.

A Astronomia e a Matemática eram muito importantes para as principais atividades dos fenícios. Com elas, conheciam o movimento dos astros para escolher o melhor momento para o plantio e para definir as rotas de viagem.

A maior contribuição fenícia para a civilização ocidental foi a criação de um sistema de escrita simples, baseado em um **alfabeto de 22 letras** que deu origem ao usado atualmente pelos ocidentais. O alfabeto dos fenícios foi adotado e aperfeiçoado pelos gregos e, mais tarde, pelos romanos.

Reprodução/Museu do Louvre, Paris, França.

Caracteres fenícios em detalhe de inscrição encontrada em um sarcófago. Datada do século V a.C.

TRABALHANDO COM **DOCUMENTOS**

O surgimento do alfabeto foi importante para facilitar o registro das ideias, dos acontecimentos e do modo de vida dos povos, entre outras coisas. Também foi fundamental para popularizar a escrita e a leitura; para isso era necessário aprender a utilizar os símbolos de forma correta.

Leia a seguir um texto sobre a relação da escrita com o alfabeto e suas transformações ao longo do tempo e responda às questões.

Até hoje, há diferentes tipos de escrita, porque suas origens são diferentes. A escrita evoluiu a partir do desenho. Mais ou menos assim: no início, cada figura representava um objeto. Desenhar um peixe para querer dizer peixe, ou a representação de um pé significando andar, ir, ou viagem é o que chamamos pictografia. O significado deriva diretamente da figura que o representa, por isso dizemos que é um sistema figurativo.

Se pedíssemos para você expressar a ideia da água em um símbolo, como você desenharia? Será que todos nós faríamos desenhos iguais? Provavelmente não. Por isso, a criatividade dos muitos inventores da escrita tem consequências até hoje, levando à existência de sistemas diversos. As representações de elementos simples diferem desde os primórdios. Por exemplo, a ideia da água era representada pelos egípcios como uma onda, pelos chineses, por curvinhas que lembravam a correnteza de um rio, e pelos astecas, pela cor azul dentro do desenho de uma vasilha.

A partir da escrita pictográfica, os traços foram sendo simplificados e o desenho já não parecia mais com o objeto que representava.

Quando temos um sistema de escrita que possui um símbolo para cada coisa, como os chineses fazem até hoje, chamamos de sistema ideográfico. [...]

O sistema ideográfico parece complexo para nós porque é necessário conhecer um número grande de símbolos (mais de mil!) para conseguir ler um texto de jornal, por exemplo. Com o alfabeto é diferente, conseguimos ler qualquer palavra desde que conheçamos umas duas ou três dezenas de símbolos.

Isso porque o alfabeto é uma invenção que parte de uma outra ideia: representar não a coisa em si, mas o som. O alfabeto é uma tentativa de desenhar o som da língua. Ele é resultado da decomposição do som das palavras em sílabas ou em fonemas – o som das letras. Cada letra representa um fonema ou mais de um (o C, por exemplo, pode ter som de k – como em casa – ou de s como na palavra cidade, por exemplo).

O nosso alfabeto é o latino e descende do grego. O grego, por sua vez, foi derivado do fenício, que trouxe uma grande inovação. Com apenas 22 letras, o alfabeto fenício era muito mais simples do que as escritas cuneiforme e hieroglífica. O alfabeto fenício era consonantal, pois só registrava as consoantes, e não as vogais, que só seriam inventadas mais tarde pelos gregos. Os fenícios habitavam uma parte do que hoje é Síria e o litoral do Líbano, e o alfabeto que eles desenvolveram surgiu da necessidade de controlar e facilitar o comércio.

Os alfabetos hebraico e árabe até hoje não usam vogais, por isso são chamados consonantais. É como se eles escrevessem txt para dizer texto. E por falar em texto, é só pelo sentido dele (ou por outros sinais especiais, que são incluídos nas letras), que é possível, nestes alfabetos, diferenciar o que o autor ao escrever fc, por exemplo, quis dizer foca, faca ou fica. O alfabeto latino é fonético e vocálico, enquanto o brahmi, sistema indiano que deu origem a muitos outros na Ásia, é silábico.

A escrita nos faz reviver as diferentes civilizações, informando-nos sobre o cotidiano, história, ciência, literatura, religião...

Enfim, ela nos deixa o legado de um patrimônio cultural das civilizações já desaparecidas. E por elas, compreendemos como a escrita atual foi desenvolvida.

PORTAL EBC. *Como se deu o desenvolvimento da escrita?* Disponível em: <www.ebc.com.br/infantil/voce-sabia/2015/08/como-se-deu-o-desenvolvimento-da-escrita>. Acesso em: 25 abr. 2018.

1› Identifique a diferença entre o sistema de escrita pictográfico e o sistema ideográfico.

2› Quais mudanças ocorreram com a criação do alfabeto? Ele simplificou ou complicou a comunicação entre as pessoas?

3› Qual é a origem do alfabeto que usamos no Brasil? De que forma o alfabeto latino se relaciona com o alfabeto fenício?

4› Na sua opinião, a escrita e o conhecimento das diversas formas de comunicação pelos estudiosos são importantes para a história da humanidade? Por quê?

Dança: conversa com os deuses

Você já se perguntou como um historiador estuda a música e a dança de povos como os egípcios, fenícios e hebreus, por exemplo?

A música e a dança desses povos não deixaram grandes pistas. Mas existem documentos que indicam como eram praticadas.

A principal fonte utilizada pelos historiadores para investigar as danças do passado são imagens deixadas pelos grupos que as realizavam. Os relatos escritos sobre sua prática também são bastante úteis. Outra fonte são os relatos orais transmitidos de geração em geração, como os feitos pelos griôs (veja a página 83). Da Pré-História aos reinos antigos, a dança esteve presente em todos os continentes.

Photo AISA/The Bridgeman Art Library/Keystone Brasil/Museu de Arqueologia da Catalunha, Barcelona, Espanha.

◁ Mulheres aparentemente dançando em torno de um homem. Pintura rupestre do Paleolítico, Cogul, Espanha (s.d.).

Origens da dança

Muitos estudiosos acreditam que a dança surgiu como forma de imitar as forças da natureza, que despertavam a curiosidade dos pré-históricos. Acredita-se que ela seja uma das mais antigas formas de comunicação da humanidade.

Há registros de que as primeiras formas de dança, surgidas no Paleolítico, eram em roda. Homens e mulheres se organizavam em círculo e, sem se tocarem, repetiam movimentos desordenados. Indícios apontam que era frequente o uso de máscaras com feições animais.

No período Neolítico, as primeiras comunidades sedentárias dançavam em rituais que cultuavam os antepassados e pediam a fertilidade da terra para o plantio.

As **danças espetaculares**, aquelas realizadas para serem assistidas, surgiram nas primeiras civilizações, com a divisão da sociedade em grupos sociais. Elas eram controladas pelos sacerdotes. No campo, as danças de roda se mantiveram.

Detalhe ampliado da pintura rupestre acima. ▷

Album Art/Latinstock

Afresco na tumba de Nebamun, um escriba do Novo Império que viveu por volta de 1500 a.C. A imagem retrata dançarinas e musicistas.

A dança entre egípcios, mesopotâmicos e hebreus antigos

No Egito, as primeiras formas de dança estavam associadas a rituais de fertilidade praticados exclusivamente por mulheres. Osíris, sua irmã-esposa Ísis e seu filho Hórus eram venerados nesses rituais.

Com o tempo, esses cerimoniais se transformaram em danças espetaculares, praticadas em festivais realizados antes das cheias do rio Nilo. Neles, sacerdotes, músicos e bailarinos representavam a morte e a ressurreição de Osíris. Os primeiros registros sobre esses festivais datam de 3000 a.C.

Por volta de 2000 a.C., fragmentos de textos hieroglíficos descrevem dois tipos de dança: uma funerária, dedicada aos mortos, e outra de colheita. Havia também as danças acrobáticas, nas quais os dançarinos realizavam movimentos com grande habilidade, lançando as pernas para o alto ou curvando as costas.

Há poucas informações sobre a dança na Mesopotâmia. No entanto, diversos fragmentos de cerâmica produzidos pelos sumérios mostram fileiras de dançarinos estilizados, de mãos dadas.

Os hebreus não deixaram imagens de suas danças, pois sua religião proibia a representação de seres vivos. Algumas passagens da Bíblia, porém, citam danças praticadas por esse povo.

> Davi e toda a casa de Israel dançavam diante do Senhor, ao som de toda a sorte de instrumentos: harpas, cítaras, tamborins, sistros [espécie de trombetas] e címbalos [instrumentos de cordas, semelhantes à harpa]. Davi, [...] dançava com todas as forças diante do Senhor.
>
> II Samuel 6,5.14

Ao contrário da dança egípcia, a dança hebraica não era usada em rituais, sendo praticada pelas multidões. Mas ainda assim tinha caráter religioso. Era organizada em rodas ou fileiras, contendo movimentos de giro, saltos e a flexão dos joelhos.

Granger/Fotoarena

O rei Davi dança diante da Arca da Aliança. Iluminura francesa, de cerca de 1250. Embora os hebreus não tenham deixado imagens de suas danças, algumas pinturas foram realizadas, séculos mais tarde, com base em passagens bíblicas. É o caso desta imagem que ilustra a passagem citada no texto acima.

4 Os persas

No final do século XX a.C., povos indo-europeus vindos do sul da Ásia estabeleceram-se na região hoje conhecida como Planalto do Irã, a leste da Mesopotâmia. Essa zona de clima seco é rodeada por desertos de um lado e elevadas montanhas de outro.

Os grupos que se instalaram mais ao norte da região ficaram conhecidos como **medos**, e os grupos que se instalaram mais ao sul ficaram conhecidos como **persas**.

Observe o mapa abaixo.

Região da Pérsia

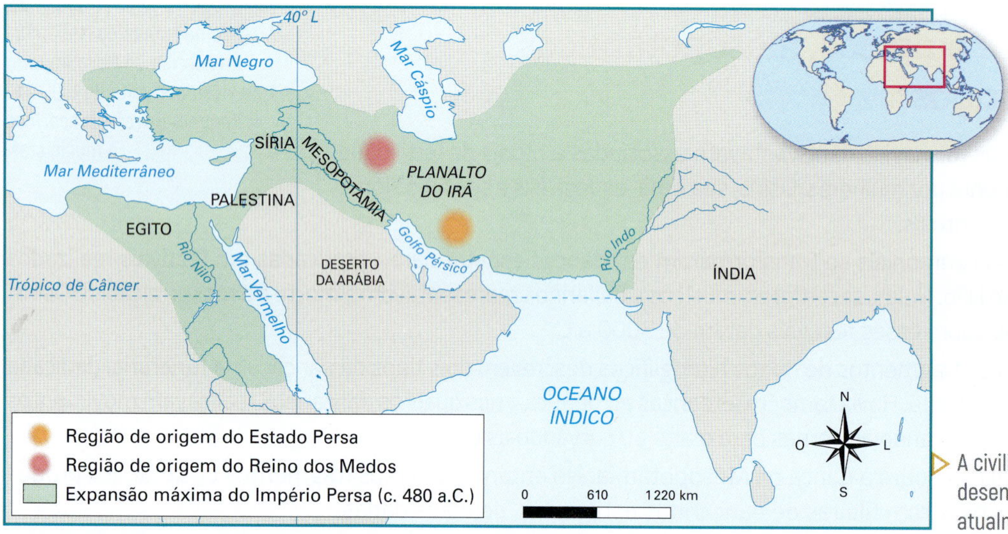

A civilização persa desenvolveu-se na região atualmente ocupada pelo Irã.

Fonte: elaborado com base em KINDER, H.; HILGEMANN, W. *Atlas of World History*. New York: Anchor Books, 1974. p. 44.

Muitos séculos depois de ocuparem essa região, medos e persas ficaram sob domínio da Assíria, que criou um grande império na Mesopotâmia.

No século VIII a.C., os medos se libertaram do domínio assírio e estabeleceram sua hegemonia sobre todo o Planalto do Irã.

Hegemonia: predomínio.

Em 559 a.C., o líder persa **Ciro, o Grande**, comandou um exército que unificou os dois povos e iniciou a expansão territorial que formaria o **Império Persa**, um dos maiores da Antiguidade. Pouco a pouco, Ciro e seus sucessores, Cambises e Dario I, dominaram babilônios, assírios, egípcios, hebreus, fenícios e outros.

O rei persa **Dario I** (512 a.C.-484 a.C.) tomou várias medidas visando fortalecer o poder central e o grande império. Suas providências mais significativas foram:

- Divisão do império em vinte províncias chamadas **satrapias**, governadas por vice-reis (os sátrapas) visando facilitar a administração do território;
- Estabelecimento de uma estrutura de supervisão. Anualmente Dario I enviava funcionários às províncias para fiscalizar os sátrapas e identificar as reclamações da população e dos governantes locais;
- Instituição da moeda persa, o **dárico**, visando intensificar o comércio na região;
- Criação de um eficiente sistema de correio e de ampla rede de estradas ligando as cidades-sedes de governo (**Susa**, **Pasárgada** e **Persépolis**) às províncias para facilitar o controle das satrapias. Observe o mapa a seguir.

Durante o reinado de Dario I, os persas entraram em conflito com os gregos pelo domínio da Ásia Menor. Esse episódio ficou conhecido como **Guerras Médicas**. Derrotado, o Império Persa entrou em declínio. A partir do século IV a.C., os persas foram conquistados pelos macedônicos e depois pelos romanos e, no século VII, o Império Persa foi dominado pelos árabes. Como consequência, os persas incorporaram traços da cultura árabe, como a religião islâmica.

Estrada Real persa

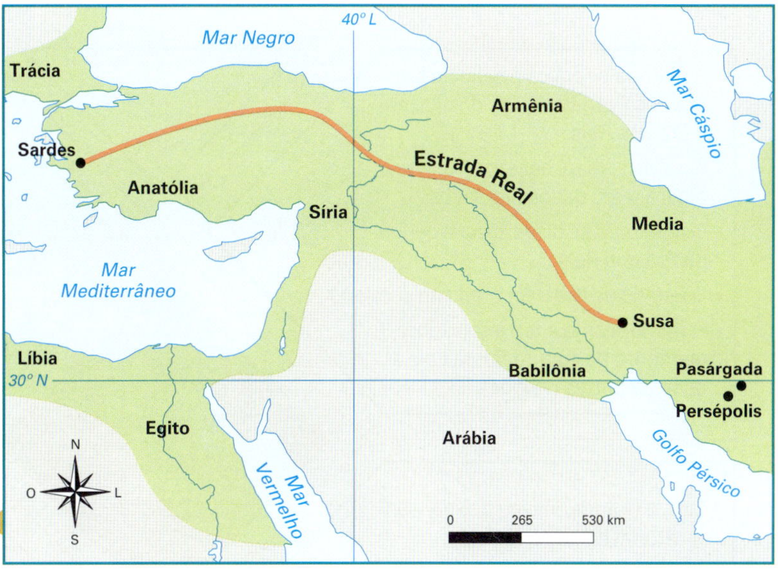

A Estrada Real tinha uma extensão de 2 400 quilômetros e ligava a cidade de Susa, no Golfo Pérsico, a Sardes, nas proximidades do mar Mediterrâneo.

Fonte: elaborado com base em BARBERIS, Carlo. *Storia antica e medievale 1*. Milano: Casa Editrice G. Principato S.p.A, 1997. p. 134.

Portal de Mapas/Arquivo da editora

Minha biblioteca

Contos mágicos persas, de Fernando Alves, Editora Aquariana, 2004. Obra com narrativas persas que nos aproximam do cotidiano de uma das mais antigas civilizações, oferecendo ao leitor a oportunidade de conhecer algumas características da cultura e do pensamento desse povo.

De olho na tela

Construindo um império: os persas. Direção: History Channel. Estados Unidos, 2006. Documentário com técnicas de computação gráfica para explorar a arquitetura, a política e a cultura do Império Persa.

A religião

A religião oficial persa, praticada pelas elites, era o **zoroastrismo** ou **masdeísmo**. Nessa religião havia duas divindades principais: **Ahura-Mazda** (ou Ormuz, em grego), o deus do bem, da luz, do reino espiritual, e **Arimã**, o deus do mal e das trevas. Para evitar a vitória das trevas, os persas cultuavam Ahura-Mazda. Por isso, diz-se que o zoroastrismo tendia ao monoteísmo. Já as camadas populares cultuavam muitos deuses (eram politeístas).

Eles acreditavam na vida após a morte, na existência do paraíso para os justos e do purgatório e inferno para os pecadores. Essa crença teve forte influência sobre o judaísmo e o cristianismo.

Os persas ficaram conhecidos por sua tolerância cultural. Eles permitiam que os povos conquistados mantivessem seus costumes, sua língua e religião. Isso contribuía para certa estabilidade do governo e garantia sua dominação.

Relevo datado entre os séculos VI a.C. e V a.C., representando o emblema do Sol alado do deus Ahura-Mazda acima de duas esfinges aladas. Foi encontrado em Susa, no atual Irã.

Erich Lessing/Album/Latinstock/Museu do Louvre, Paris, França.

Mapeando saberes

- A história hebraica é dividida em: Era dos Patriarcas, Era dos Juízes e Era dos Reis.
- Essa divisão foi baseada na versão bíblica e em dados históricos.
- Os hebreus se dispersaram depois da Era dos Reis.
- O Estado de Israel foi criado no século XX.
- O monoteísmo é um importante elemento da cultura hebraica e a base de outras religiões.

- As tribos hebraicas se estabeleceram na região da Palestina por volta de 2000 a.C.
- Sua base econômica eram o pastoreio e o cultivo agrícola.
- A história hebraica apresentada na Bíblia não tem comprovação arqueológica nem evidências documentais.

ATENÇÃO A ESTES ITENS

- Ciro, o Grande, iniciou a expansão territorial do Império Persa.
- A religião persa tinha duas divindades: um deus do bem e um deus do mal.
- Dario I:
  - dividiu o território persa em províncias;
  - criou o dárico, uma moeda persa;
  - enfrentou os gregos nas Guerras Médicas.

- Os fenícios foram grandes comerciantes e navegadores.
- Eles estabeleceram feitorias no Mediterrâneo.
- Os fenícios criaram um alfabeto com 22 letras.

Ancient Art and Architecture Collection/The Bridgeman Art Library/Keystone Brasil/ Museu Nacional de Beirute, Líbano.

Album Art/Latinstock

POR QUÊ?

- O Império Persa se estendeu por uma vasta área, dominando a Mesopotâmia, o Egito e parte da Índia.
- Os persas tinham respeito pela cultura dos povos conquistados.

- O alfabeto foi um dos grandes legados da civilização fenícia.

- O monoteísmo hebraico produziu o Antigo Testamento, que é uma parte da Bíblia muito importante no desenvolvimento de religiões nascidas posteriormente, como o cristianismo e o islamismo.

ATIVIDADES

Retome

1› Qual é a origem geográfica dos povos estudados neste capítulo?

2› Que povos atuais descendem dos semitas?

3› Cite a principal característica da religião dos hebreus e descreva o que foi o Êxodo para esse povo.

4› Complete o quadro abaixo.

Período da história hebraica segundo os relatos bíblicos	Características e acontecimentos principais
Era dos Patriarcas	
Era dos Juízes	
Era dos Reis	

5› Quais eram as principais atividades dos fenícios? Qual é a importância dessas atividades para os povos da Antiguidade?

6› Sob a liderança de Ciro, o Grande, os persas se expandiram pela Ásia, conquistando um dos maiores impérios da Antiguidade. Dos povos que você estudou até aqui, quais foram dominados pelos persas?

7› Cite três medidas adotadas por Dario I para centralizar o poder e melhorar a administração do Império Persa.

8› Complete o quadro comparativo abaixo com as informações pedidas.

	Governo	Sociedade	Economia	Religião
Hebreus				
Fenícios				
Persas				

Explore o texto

9› Reúna-se com um colega. Leiam o texto a seguir e respondam às questões.

O rei é absoluto. Nenhum indivíduo, nenhum órgão coletivo está habilitado a compartilhar de sua autoridade ou a fiscalizar o uso que dela faz o seu soberano. Recebe-a unicamente de Ahura-Mazda, de quem é o eleito. Todas as inscrições reais, sob o aspecto de uma invocação ao deus, começam por relembrar esta designação:

"Grande deus é Ahura-Mazda, que criou o céu lá em cima, que criou a terra cá embaixo, que criou o homem, que criou a felicidade para o homem, que tornou Dario rei, que ao rei Dario entregou este grande reino, rico em cavalos, rico em homens" [...].

AYMARD, André; AUBOYER, Jeaninne. O Oriente e a Grécia antiga. In: CROUZET, Maurice. *História geral das civilizações*. São Paulo: Difel, 1972. p. 203-204.

a) A qual dos povos estudados neste capítulo o texto se refere? Como você chegou a essa conclusão?

b) O que significa a frase "O rei é absoluto"?

c) De acordo com o texto, qual é a origem do poder real?

Pesquise

10› Massada tornou-se uma fortaleza entre os anos 150 a.C. e 76 a.C. No seu governo, Herodes reforçou a estrutura defensiva da construção. Em revistas, livros e *sites*, pesquise:

a) Quem foi Herodes e por que ele reforçou a fortaleza de Massada?

b) Quais eram as características da fortaleza de Massada?

Autoavaliação

1. Quais atividades você considerou mais fáceis e mais difíceis? Por quê?
2. Em quais atividades você utilizou o texto do capítulo como base para sua resposta?
3. Algum ponto do capítulo não ficou muito claro para você? Qual?
4. Você compreendeu o esquema *Mapeando saberes*? Explique.
5. Você saberia apontar exemplos da atualidade considerando o que aprendeu no item *Por quê?* do *Mapeando saberes*?
6. Como você avalia sua compreensão dos assuntos tratados neste capítulo?
   - **Excelente**: não tive nenhuma dificuldade.
   - **Boa**: tive algumas dificuldades, mas consegui resolvê-las.
   - **Regular**: foi difícil compreender certos conceitos e resolver as atividades.
   - **Ruim**: tive muitas dificuldades, tanto no conteúdo quanto na realização das atividades.

LENDO IMAGEM

Os relevos feitos por artesãos assírios a pedido de Shalmaneser III, que governou o Império Assírio entre 858 a.C. e 824 a.C., ajudam a entender as suas relações com os reinos vizinhos.

Observe na imagem a seguir o relevo, cravado na pedra, que serve de base para o trono do imperador Shalmaneser III e representa a relação do governante assírio com o rei da Babilônia, Marduk-zakir-shumi.

Alguns detalhes indicam que se trata de uma relação de amizade (observe os destaques na imagem).

Os governantes da Assíria e da Babilônia mantinham boas relações desde o final do século X a.C., iniciada no reinado do avô de Shalmaneser, e mantido no mandato de seu pai. Essa proximidade revelava-se nas transações comerciais entre os dois reinos, no respeito às fronteiras e no apoio militar. O relevo demonstra certo orgulho na manutenção dessa política.

AlbumAkg-Images/Latinstock/Museu Nacional do Iraque, Bagdá, Iraque.

Imperador Shalmaneser III
Rei Marduk-zakir-shumi
Cada um tem o mesmo número de carregadores de armas, dispostos de forma equilibrada.
A figura do governante assírio se sobressai em relação ao governante da Babilônia.
Os governantes se cumprimentam; ambos têm a mesma altura e se olham de frente.

Detalhe do pedestal do trono do imperador Shalmaneser III, no palácio localizado na antiga cidade de Kalhu, no atual Iraque. Esculpido provavelmente entre 838 a.C. e 828 a.C.

Observe os detalhes de duas peças de bronze, que faziam parte do portão do primeiro palácio construído a pedido de Shalmaneser III, no atual Iraque.

Album/akg/Bible Land Pictures/Latinstock

Album/akg/Bible Land Pictures/Latinstock

Detalhes de duas faixas do Portão de Bronze de Balawat, feitos por volta de 850 a.C.

Identifique o vestígio

1› Aponte quais ações estão sendo representadas nos relevos.

Analise as características do objeto

2› Entre as pessoas representadas, quem são os assírios? Eles se distinguem dos demais?

Crie hipóteses sobre a elaboração do objeto

3› A partir do que você estudou no capítulo e de sua análise das imagens, aponte um motivo para que os relevos de bronze fossem instalados na porta do palácio imperial assírio no início do século IX a.C.

Debate

Degradação do meio ambiente: o exemplo do Crescente Fértil

Execução

Agora que você já estudou as civilizações mesopotâmicas e dedicou-se durante o semestre, com seu grupo, a pesquisar o processo de desertificação que ocorreu nessa área e casos desse fenômeno no Brasil, chegou a hora do debate. Para isso, siga as instruções.

1› O debate terá caráter interdisciplinar, por isso deve contar, preferencialmente, com a participação dos professores de História, Geografia e Ciências. Além deles, também devem ser convidadas as pessoas da lista elaborada na fase de planejamento. Entre elas, devem estar o diretor da escola, outros professores, autoridades do município (como vereadores ou até mesmo o prefeito, caso seja possível) e seus familiares. É importante que os debatedores tenham certa familiaridade com o tema ou o estudem antes do debate, para que fundamentem seus argumentos em conhecimentos prévios. As pessoas que não tiverem familiaridade com o tema podem ser convidadas a participar como espectadoras.

SECOM/Prefeitura de Anápolis, GO

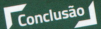

Alunos da rede municipal de Anápolis (Goiás) participam de debate sobre *bullying*. Foto de 2017.

2› Agendem a atividade em data e horário mais convenientes para a maioria dos convidados, de acordo também com a disponibilidade de locais para a realização do debate. Lembrem-se de que o debate deve ocorrer no fim do primeiro semestre. A atividade pode ser realizada na escola ou em algum teatro ou auditório do município, com a prévia autorização dos responsáveis de cada aluno.

3› Sob a orientação do professor de Arte, dividam-se para confeccionar dois grandes mapas que serão colados na parede, preferencialmente atrás dos debatedores. Um dos mapas deve mostrar a região da Mesopotâmia. O outro deve ser um mapa do Brasil, com a localização das regiões onde ocorre o processo de desertificação no Brasil. Esse mapa deve ser montado coletivamente, com base na pesquisa feita pelos diversos grupos ao longo do semestre.

4› O professor de História deve ser o mediador do debate. Ele apresentará o tema e os debatedores. Se possível, organizem as cadeiras em círculo, de modo que todos (debatedores, mediador e espectadores) possam se ver. Os debatedores e o mediador devem sentar próximos uns aos outros.

5› Feitas as apresentações e a introdução ao tema, o mediador seguirá o roteiro definido pela sala para conduzir o debate. Depois da fala dos debatedores, os espectadores podem levantar dúvidas e questões a serem respondidas ou discutidas em conjunto.

6› Após as falas e a consequente discussão gerada, é necessário que um aluno de cada grupo, previamente escolhido, exponha as conclusões da pesquisa sobre o território brasileiro.

7› Ao final da exposição das conclusões de todos os grupos, deve-se abrir uma conversa geral entre os debatedores e espectadores. Assim, todos poderão expor sua percepção sobre o assunto, e será possível verificar como as ideias do debate foram recebidas.

Cândido Neto/Opção Brasil Imagens

Área em desertificação em Gilbués (Piauí). Foto de 2014.

Gerson Gerloff/Pulsar Imagens

Terreno arenizado em virtude de uso intensivo e da falta de cobertura vegetal em Manoel Viana (Rio Grande do Sul). Foto de 2018.

Atividades

1› O que você aprendeu com este projeto?

2› Como você se sentiu ao trabalhar em equipe com seu grupo?

3› O debate ajudou na conscientização da necessidade de lutar pela preservação do meio ambiente? Por quê?

4› Em sua opinião, o que a desertificação do Crescente Fértil e de áreas no Brasil nos revela sobre a relação entre o ser humano e a natureza? Explique sua resposta.

Gabriele Maltinti/Shutterstock

O Arco de Constantino em Roma, Itália (acima), e o Partenon, em Atenas, Grécia (abaixo). Inaugurado no ano de 315, o Arco de Constantino homenageia o imperador de mesmo nome, em comemoração à vitória romana sobre Maxêncio na Batalha da Ponte Mílvia em 312. O Partenon, por sua vez, é dedicado à deusa grega da sabedoria, Atena, e foi concluído no século V a.C. Fotos de 2017.

Zharov Pavel/Shutterstock

UNIDADE

3 O mundo antigo: Grécia e Roma

A construção de monumentos é uma prática muito antiga, como vimos ao longo da história dos povos que estudamos. Alguns tinham funções religiosas, outros celebravam o poder de seus governantes. Entre gregos e romanos eram comuns as edificações imponentes.

Nesta unidade, vamos estudar as civilizações grega e romana e entender por que essas construções foram erguidas. Muitas delas existem até hoje e atraem milhares de turistas.

Observe as fotos e responda.

1 Você conhece algum monumento na região em que mora? Em que local ele está situado?

2 Você sabe identificar o significado dele? Será que esse monumento faz homenagem a algo ou a alguém?

CAPÍTULO

8 O mundo grego antigo

Reconstituição de uma cena da Eclésia (assembleia), em Atenas, no século V a.C., momento em que os cidadãos gregos discutem e tomam decisões sobre problemas da cidade. O desenho representa alguns dos ambientes e elementos que faziam parte dessas reuniões: a acrópole; o altar de Zeus; o relógio de água para controlar o tempo de fala dos cidadãos; o guardião da ordem; e o orador.

Para começar

Observe a ilustração e leia a legenda.

1. Você acha que o ambiente e o formato das construções facilitavam o debate entre as pessoas durante uma assembleia? Por quê?
2. Como você classificaria os participantes representados na ilustração? Há homens e mulheres? Qual é a idade aproximada dos presentes?

O termo **política** vem de **pólis**, nome que os gregos antigos davam às suas cidades-Estado. Na Antiguidade clássica grega, as decisões de toda a sociedade eram tomadas nas cidades. Para isso, contavam com espaços públicos, praças onde o povo se reunia para as discussões. A enorme importância dessas práticas levou os historiadores europeus a apontar a civilização grega como o "berço da política".

Vimos um grande número de sociedades; em várias delas, o poder estava concentrado nas mãos de um rei, como no Egito, ou de um imperador, como na Babilônia. Conhecemos também sociedades em que o poder era dividido entre as cidades-Estado, como no caso da Fenícia e das cidades mesopotâmicas, que, no início de sua história, eram comandadas por órgãos coletivos.

Neste capítulo, você verá que no final do século VI a.C., em algumas cidades gregas, o poder passou a ser exercido pelos **cidadãos**. Isso fortaleceu uma nova forma de fazer política, que até hoje influencia o mundo ocidental.

1 A civilização grega

A civilização grega se desenvolveu na península Balcânica, situada no sudeste do continente europeu (veja o mapa abaixo). Os primeiros habitantes dessa península se estabeleceram ainda no Período Neolítico e ficaram conhecidos como **pelasgos**. Aproximadamente a partir de 1 700 a.C., chegaram outros povos à região: **aqueus**, **eólios**, **jônios** e **dórios**.

Grécia antiga e as migrações indo-europeias

Portal de Mapas/Arquivo da editora

Fontes: elaborado com base em ATLAS da história do mundo. São Paulo: Folha de S.Paulo, 1995. p. 67; THE ANCHOR Atlas of World History. New York: Doubleday, 1974. v. 1. p. 46.

△
O terreno montanhoso da península Balcânica dificultava a comunicação por terra entre as diversas regiões. O isolamento pode ter influenciado a formação de cidades-Estado independentes. Repare que há poucas terras férteis nas planícies entre as montanhas, os chamados cantões. Note ainda que a costa é bastante recortada, com muitas ilhas e bons portos naturais, o que ajudou no desenvolvimento da navegação.

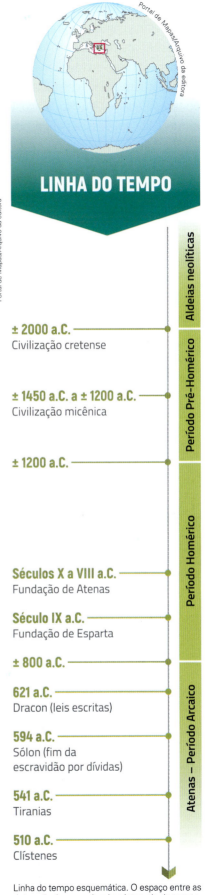

Portal de Mapas/Arquivo da editora

LINHA DO TEMPO

Aldeias neolíticas

± 2000 a.C.
Civilização cretense

Período Pré-Homérico

± 1450 a.C. a ± 1200 a.C.
Civilização micênica

± 1200 a.C.

Período Homérico

Séculos X a VIII a.C.
Fundação de Atenas

Século IX a.C.
Fundação de Esparta

± 800 a.C.

Atenas – Período Arcaico

621 a.C.
Dracon (leis escritas)

594 a.C.
Sólon (fim da escravidão por dívidas)

541 a.C.
Tiranias

510 a.C.
Clístenes

Linha do tempo esquemática. O espaço entre as datas não é proporcional ao intervalo de tempo.

Da mistura dos pelasgos, aqueus, eólios, jônios e dórios, nasceu um povo com uma mesma língua – o grego. Eles chamavam a região balcânica de **Hélade** e seus habitantes, de **helenos**. Ao longo dos séculos, os helenos se difundiram por muitas regiões em torno do Mediterrâneo.

É comum dividir a história da Grécia em cinco períodos, como apontado na linha do tempo abaixo: Pré-Homérico, Homérico, Arcaico, Clássico e Helenístico. Estudaremos cada um desses períodos neste capítulo e no próximo.

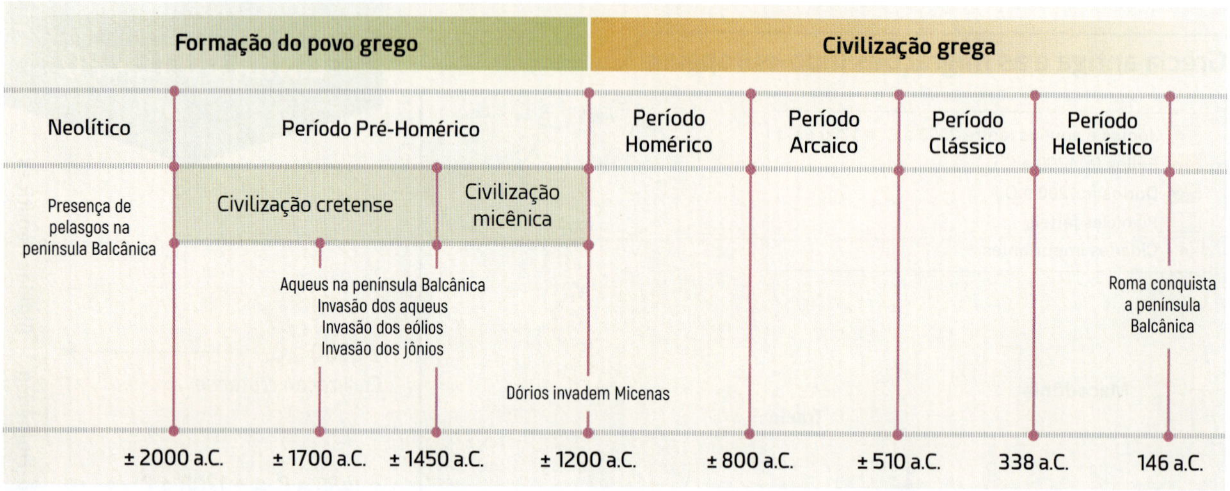

Representação artística, sem escala.

O Período Pré-Homérico (± 2000 a.C.-± 1200 a.C.)

A civilização cretense

Antes do surgimento da civilização grega, o sul da península Balcânica vivia sob a influência da ilha de Creta. Por volta de 2000 a.C., essa ilha exercia grande influência e poder sobre as ilhas próximas. Veja no mapa abaixo sua localização.

A ilha de Creta

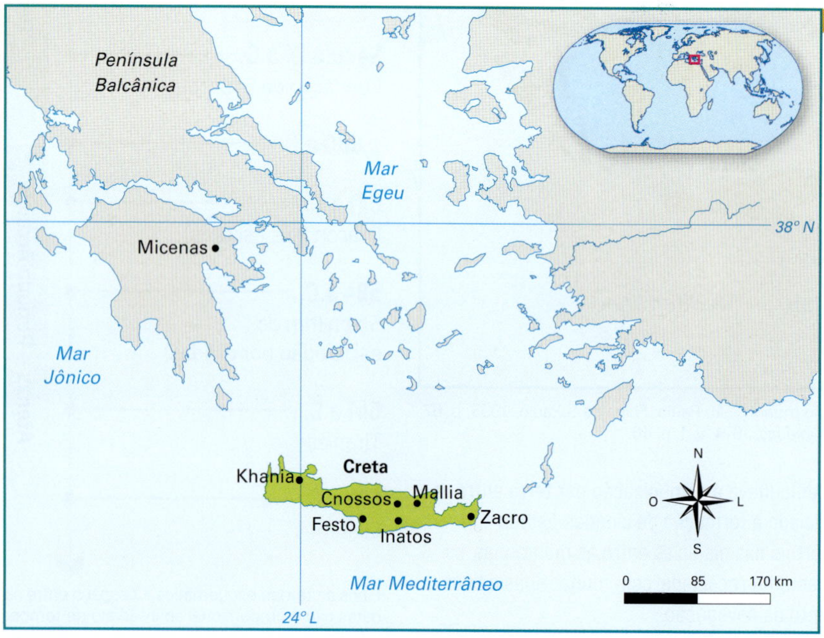

Portal de Mapas/Arquivo da editora

Os cretenses (habitantes de Creta) aproveitaram sua privilegiada posição geográfica para praticar um intenso comércio com cidades a oeste e a leste do Mediterrâneo. Os cretenses chegaram, por certo tempo, a dominar a navegação e o comércio no Mediterrâneo – antes mesmo dos fenícios.

Fonte: elaborado com base em ATLAS da história do mundo. São Paulo: Folha de S.Paulo, 1995. p. 76.

Historiadores acreditam que o comércio marítimo com os egípcios e com povos do Oriente Médio era a base da economia cretense. Para controlar as trocas comerciais, os cretenses desenvolveram um sistema de escrita. Também dominaram a cerâmica, a produção de tecidos e a metalurgia. Seus artesãos fabricavam machados, punhais, cálices, taças e adornos de bronze, ouro e prata.

O poder político em Creta concentrava-se em uma elite comercial liderada por reis chamados **minos**. Eles teriam vivido em luxuosos palácios, como o da cidade de **Cnossos**. Parte dessa riqueza vinha dos tributos cobrados dos povos dominados, tanto nas ilhas próximas quanto no sul da península Balcânica.

Por volta de 1450 a.C., Creta foi incendiada, não se sabe se por causa de um desastre natural ou de uma invasão. Enfraquecida, a ilha acabou dominada pelos aqueus, que incorporaram muitos valores cretenses, incluindo a escrita.

Na sociedade cretense, a mulher tinha um papel de destaque, fato incomum na Antiguidade. Elas desempenhavam as mesmas atividades que os homens e eram aceitas inclusive como sacerdotisas. A importância feminina pode ser observada no culto à principal divindade cretense, a deusa Grande Mãe. Estátua em faiança da Grande Mãe, ou Deusa da Serpente, datada de 1600 a.C.

Faiança: louça de barro coberta por esmalte opaco, sem brilho.

Micenas e a origem dos gregos

Os aqueus (que habitavam a península Balcânica desde 1700 a.C.) foram lentamente dominando os territórios ao sul dessa região, onde fundaram diversas cidades, sendo **Micenas** a mais importante. Após conquistarem a ilha de Creta, em meados do século XV a.C., os micênicos dominaram o mar Egeu.

A civilização micênica

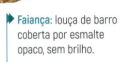

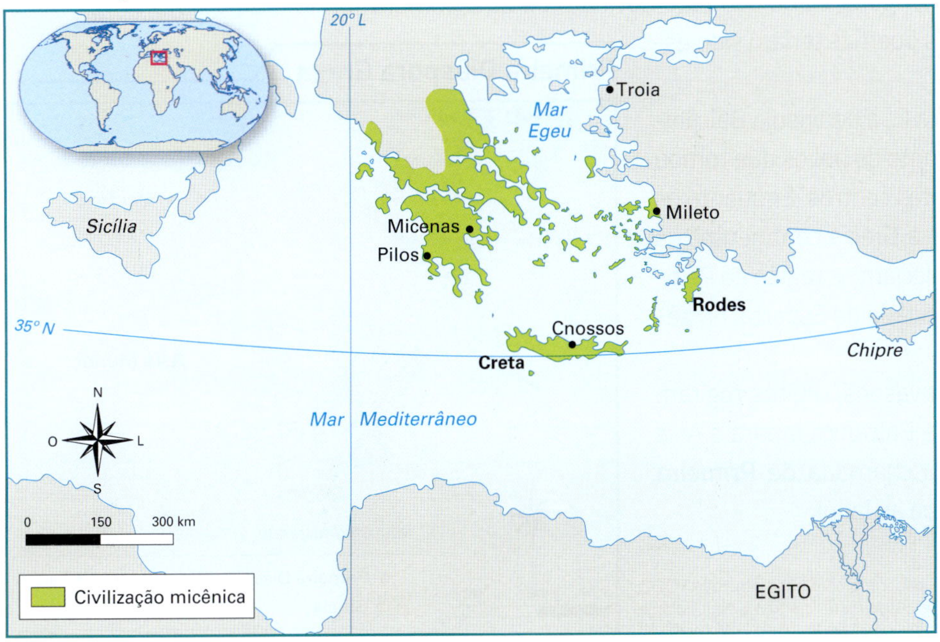

Fonte: elaborado com base em ATLAS da história do mundo. São Paulo: Folha de S.Paulo, 1995. p. 66.

A respeito da conquista de Creta, os gregos tinham uma lenda que dizia que em um labirinto habitava o Minotauro, monstro com cabeça de touro e corpo de homem. Ele dominava a Grécia, obrigando seu povo a pagar pesados tributos, entre os quais a entrega de jovens gregas para servi-lo. Um dia, porém, um jovem grego chamado Teseu decidiu enfrentá-lo. Auxiliado por Ariadne, uma das servas do monstro, Teseu entrou no labirinto, achou o monstro e destruiu-o, conquistando a liberdade para a Grécia.

A lenda do Minotauro ilustra o domínio de Creta sobre o território grego. O nome do monstro deriva do nome dos soberanos cretenses (minos). Além disso, segundo recentes achados arqueológicos, existiu em Cnossos um palácio real formado de inúmeros compartimentos, que se parece muito com um labirinto. Veja a imagem ao lado.

Nicolas Economou/NurPhoto/Getty Images

Ruínas do Palácio de Cnossos, em Creta, na Grécia. Foto de 2018. Pouco restou da construção, que ocupava uma área de 20 mil m^2 e, provavelmente, serviu de referência para o labirinto presente na lenda do Minotauro.

O Período Homérico (± 1200 a.C.-± 800 a.C.)

O Período Homérico é assim chamado porque muitas informações sobre essa época provêm de duas obras atribuídas ao poeta Homero: a *Ilíada* e a *Odisseia*, escritas entre o final do século IX e o início do século VIII a.C.

A *Ilíada* narra a batalha final da Guerra de Troia (*Ílion*, em grego), ocorrida por volta de 1200 a.C. ou 1000 a.C., em que os gregos vencem os troianos. A *Odisseia* conta as aventuras de Ulisses (*Odisseu*, em grego), um dos heróis da Guerra de Troia, em sua volta à terra natal. Alguns estudiosos até duvidam de que Homero tenha existido e defendem que os poemas teriam sido escritos por vários poetas.

Por volta do século XII a.C., a península Balcânica foi invadida por um conjunto de povos que tomou Micenas e outros importantes centros. Enquanto os jônios e eólios dominavam a Grécia continental, os guerreiros dórios se estabeleciam na região do Peloponeso, onde fundaram a cidade de Esparta, no século IX a.C.

Com as migrações e invasões, muitos fugiram para o interior da península Balcânica e para a Ásia Menor. Essa dispersão foi chamada de **Primeira Diáspora Grega** (veja o mapa ao lado).

Primeira Diáspora Grega

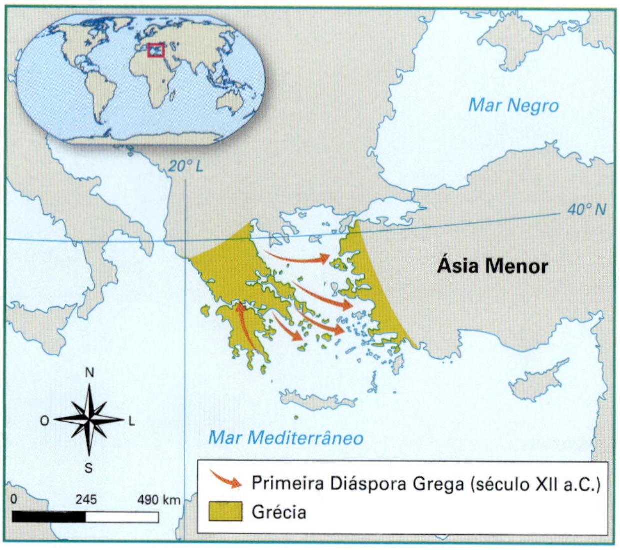

Portal de Mapas/Arquivo da editora

Fonte: elaborado com base em HAYWOOD, John. *Atlas histórico do mundo*. Colônia: Könemann, 2001. p. 42-43.

A população que permaneceu na península se organizou em grupos familiares chamados ***genos***. Nessas comunidades, as terras, animais, sementes e instrumentos de trabalho eram coletivos. Ficavam sob controle do chefe comunitário, chamado *pater*, que exercia funções de sacerdote, governante e juiz.

Saiba mais

O cavalo de Troia

Troia ficava na Ásia Menor, no mar Egeu. A obra *Ilíada* conta que a cidade tinha muralhas intransponíveis e um exército que impedia as investidas gregas. Escavações arqueológicas indicam, porém, que não existiu apenas uma Troia, mas nove. Cada cidade foi construída sobre os escombros da anterior. É Troia II que corresponde ao período em que se passa a *Ilíada*. Contudo, ainda não existem provas definitivas de que uma guerra entre gregos e troianos realmente tenha ocorrido no século XII a.C.

Segundo o texto de Homero, os gregos adotaram uma estratégia criativa para furar as defesas da cidade: após seguidos ataques, deixaram um gigantesco cavalo de madeira na frente dos portões de Troia. Dentro dele, estavam alguns soldados gregos escondidos.

Os troianos levaram o cavalo para dentro da cidade e iniciaram grandes comemorações por mais uma vitória. À noite, os soldados escondidos saíram do cavalo, mataram os guardas e abriram os portões. O exército grego entrou e arrasou a cidade. O cavalo e a queda de Troia originaram a expressão "presente de grego", no sentido de presente que traz problemas a quem o recebe. Você conhecia essa expressão?

Gianni Dagli Orti/DEA/The Bridgeman Art Library/Keystone Brasil/Museu Arqueológico de Míconos, Grécia.

Detalhe de vaso antigo representando o cavalo de Troia. Nele, é possível observar os gregos escondidos dos troianos no interior do cavalo. O vaso, encontrado em Míconos, na Grécia, foi produzido no século VII a.C. aproximadamente.

De olho na tela

A lenda de Enéas. Direção: Giorgio Ferroni. Itália/França, 1962. Durante a guerra entre gregos e troianos, Ulisses propõe uma trégua e oferece um presente à cidade de Troia, um enorme cavalo de madeira dentro do qual se escondiam soldados gregos que, penetrando na cidade, rompem suas defesas.

A Odisseia. Direção: Andrei Konchalovsky. Estados Unidos, 1997. Apresenta as aventuras de Ulisses após a Guerra de Troia.

Troia. Direção: Wolfgang Petersen. Estados Unidos, 2004. O filme aborda a mitológica Guerra de Troia.

O Período Arcaico (± 800 a.C.-± 510 a.C.)

A população grega cresceu bastante no final do Período Homérico, causando disputas internas pelas poucas terras cultiváveis (observe as áreas férteis no mapa da Grécia antiga, página 123). Alguns membros dos genos (em geral o *pater* e seus familiares mais próximos) apossaram-se dos terrenos férteis, transformando-os em propriedades particulares. Surgiram, assim, diferentes grupos sociais.

Para exercer seu poder, os proprietários fundaram, nos centros urbanos, edifícios públicos e templos religiosos. Esses centros chamavam-se pólis e possuíam uma acrópole (em grego, cidade alta, construída em uma região elevada para se defender dos ataques) cercada de habitações e terras cultiváveis. Cada pólis formava um Estado soberano, e por isso também são chamadas de **cidades-Estado**.

Nesse processo, algumas pessoas ficaram sem terras e passaram a se dedicar ao comércio e ao artesanato. Porém, parte da população se mudou para as ilhas vizinhas, para a costa da Ásia Menor ou para regiões mais distantes, como o norte da África e o sul da península Itálica. Os gregos fundaram diversas colônias onde se estabeleceram. Esse movimento ficou conhecido como **Segunda Diáspora Grega**. Veja no mapa ao lado.

As colônias transformavam-se em novas pólis, independentes umas das outras. No entanto, havia vínculos culturais entre elas, graças à origem grega.

A maioria das pólis era governada por uma **aristocracia** (do grego *áristos* = melhores; *kratía* = poder), isto é, o governo daqueles que se julgavam os melhores. Os aristocratas possuíam as melhores terras.

Segunda Diáspora Grega

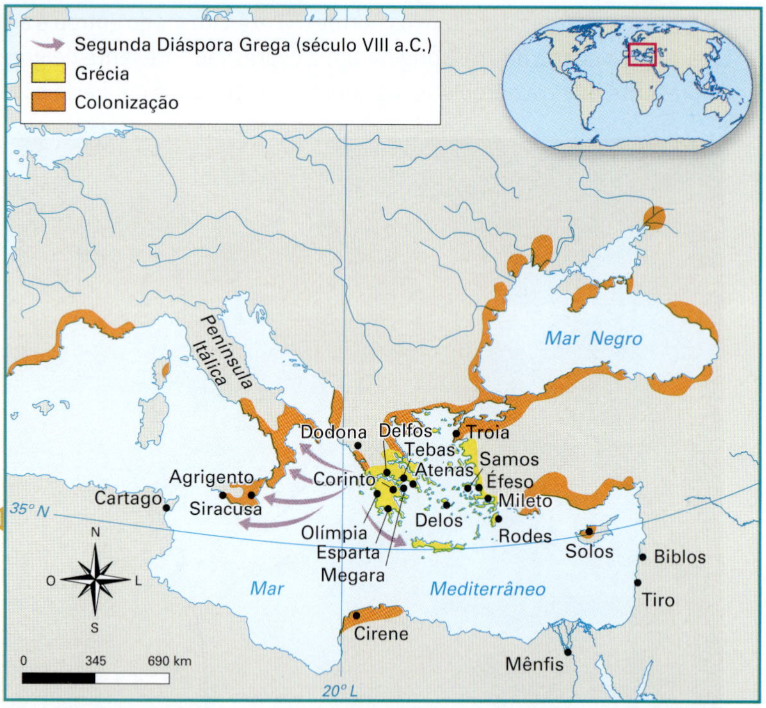

Entre os séculos VIII a.C. e VII a.C., muitas colônias gregas foram fundadas em regiões propícias para o plantio e o pastoreio, como a ilha da Sicília e o sul da península Itálica (região conhecida como Magna Grécia), a costa mediterrânea da Ásia Menor, o norte da África e a península Ibérica.

Fonte: elaborado com base em HAYWOOD, John. *Atlas histórico do mundo*. Colônia: Könemann, 2001. p. 42-43.

Do Período Arcaico ao Período Clássico

Do século VIII a.C. ao século VI a.C., cada uma das pólis montou sua estrutura política autônoma. Era o Período Arcaico, de seguidas disputas por domínios e poder, um quadro que continuou pelo Período Clássico, combinado com grandes realizações culturais e profundas mudanças políticas.

Em meio a mais de uma centena de cidades gregas, **Esparta** e **Atenas** foram as que mais se destacaram. Cada uma teve um modelo diferente de organização política, como veremos a seguir.

Construindo conceitos

Antiguidade clássica

A palavra "clássico" significa modelo a ser seguido; exemplar. As chamadas civilizações clássicas, como ficaram conhecidas as civilizações grega e romana, são consideradas "modelos" para a cultura ocidental. Mas, assim como o termo "Pré-História" não foi inventado pelos seres humanos pré-históricos, o termo "clássico" não foi criado pelos antigos gregos e romanos para definir a si mesmos.

Como vimos, o termo "pré-história", proposto pela primeira vez em meados do século XIX, carregava a ideia equivocada de sociedades sem História. Já o termo "clássico" ganhou força principalmente com os europeus dos séculos XIV e XV. Para eles, os povos da Europa haviam herdado das civilizações grega e romana os modos de pensar, os padrões artísticos e culturais, os estudos matemáticos, astronômicos e arquitetônicos e o sistema de leis e de administração. Ou seja, este é um termo eurocêntrico (centrado na forma de olhar europeia), uma vez que Grécia e Roma são civilizações consideradas clássicas para a formação da Europa ocidental.

Para nós, tal referência de "clássico" ligado ao mundo grego e romano decorre dos colonizadores europeus que conquistaram e dominaram muitos territórios em outros continentes e levaram consigo sua visão de mundo e seus valores. Portugueses e espanhóis, por exemplo, herdaram vários aspectos das civilizações grega e romana na formação de suas sociedades. Isso acabou se refletindo na organização e no desenvolvimento de suas colônias, incluindo o Brasil.

Luisa Ricciarini/Leemage/Agência France-Presse/Museu Nacional da Magna Grécia, Régio da Calábria, Itália.

No Período Clássico, a arte grega atingiu seu maior esplendor. As representações do corpo humano se tornaram mais naturalistas, valorizando a simetria, a harmonia e o equilíbrio das formas. Ao lado, uma das duas estátuas de bronze encontradas no mar Jônico, conhecidas como Bronzes de Riace. Acredita-se que elas foram produzidas no século V a.C.

A pólis de Atenas

Atenas, localizada na Ática, contava com um litoral banhado pelo mar Egeu, bastante recortado, com muitos portos. No interior da região, colinas e montanhas misturavam-se a pequenas planícies.

Atenas foi fundada pelos jônios no final do Período Homérico, quando a região escapou da conquista dos dórios. Com o excelente porto do Pireu, Atenas pôde transformar-se na mais poderosa pólis da Grécia.

A sociedade ateniense ficou conhecida pelo desenvolvimento da **democracia** e das artes. Porém, antes de chegar à democracia, Atenas teve outras formas de governo: a **monarquia**, a **oligarquia** (governo de uma minoria garantido pelos chefes guerreiros e ricos proprietários, formando uma aristocracia) e a **tirania** (governo de uma pessoa que tomou o poder).

A sociedade ateniense

Album/akg-images/John Hios/Fotoarena

Eupátridas
(do grego *eupatrides* = de nascimento nobre, bem-nascidos)

- Formavam a aristocracia, a elite da sociedade ateniense;
- Dedicavam-se aos debates políticos para garantir seus interesses e privilégios.

Detalhe de mosaico romano representando o eupátrida Alcibíades (450 a.C.-404 a. C.), general grego que participou de várias batalhas em defesa da Grécia.

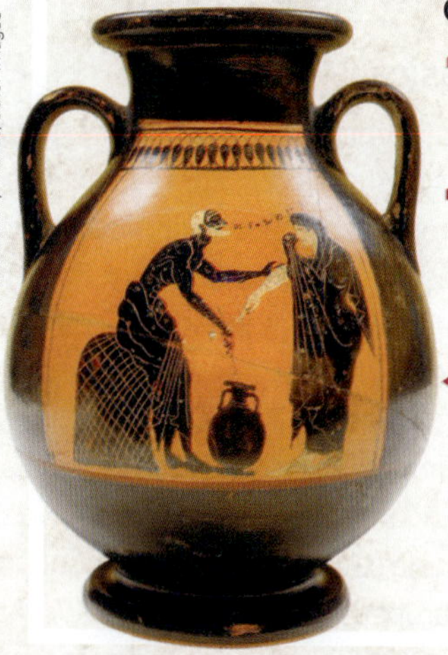

Ministero per i Beni e le Attività Culturali/ Archivi Alinari, Firenze/Other Images

Comerciantes

- Enriqueceram com o desenvolvimento do comércio marítimo;
- Adquiriram prestígio social graças a essa atividade.

Representação de um mercador de óleo conversando com uma mulher em ânfora de terracota grega, produzida entre 520 a.C. e 510 a.C.

Camponeses

- Habitavam a região montanhosa da península;
- Camada menos favorecida da população.

Ânfora grega do século VI a.C. com pintura representando uma colheita em oliveiras. A obra é atribuída ao Pintor de Antimenes, cujo nome real é desconhecido.

Album/Oronoz/Fotoarena

Metecos

- Indivíduos vindos de outros lugares (estrangeiros);
- Eram atraídos pela economia e cultura de Atenas.

Album/akg-images/Nimatallah/Fotoarena

Metecos carregando vasos. Fragmento em baixo-relevo do friso das Panateneias esculpido em mármore no século V a.C., no interior do templo do Partenon, Atenas. As Panateneias eram um feriado religioso em homenagem à deusa Atena.

Escravos

- Prisioneiros de guerras ou filhos de escravos (a escravidão era hereditária);
- Não tinham nenhum direito político.

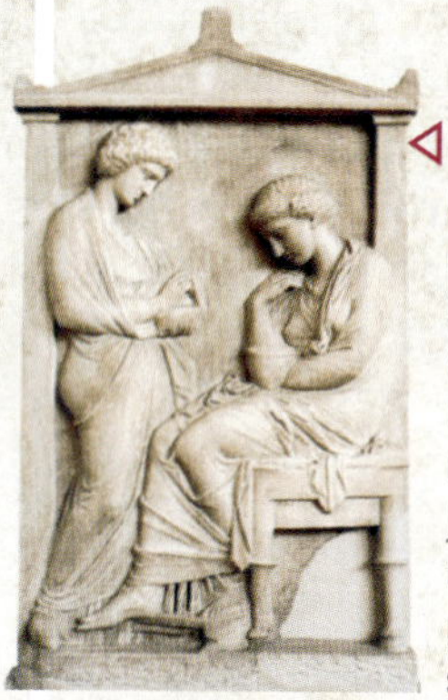

PHAS/UIG/Getty Images

Lápide grega do século IV a.C. representando uma escrava aparentemente entregando uma caixa de joias a uma mulher, provavelmente sua senhora.

As mulheres de Atenas

As atenienses eram impedidas de participar da vida política. Na Grécia, elas ficavam inicialmente subordinadas aos pais e, depois, aos maridos. Geralmente, a mulher se casava aos 14 anos, e o homem, aos 30. A jovem era desligada de sua família e entregue ao futuro marido em um cortejo com cantos religiosos.

O objetivo do casamento era a geração de filhos, especialmente do sexo masculino, para assegurar a descendência e a manutenção dos bens familiares. Nas casas, as mulheres teciam e faziam as refeições, com a ajuda dos escravos.

Embora excluídas do exercício político, elas desempenhavam um importante papel nos ritos da comunidade, campo em que as mulheres encontravam seu espaço de força e reconhecimento na sociedade ateniense.

Cortejo: procissão; grupo de pessoas que acompanham a noiva até a nova residência.

Fototeca Gilardi/akg-images/Album/Fotoarena

Epinetron com Alcesti acompanhada das irmãs no dia do casamento, pintura em vaso grego de cerca de 430 a.C.

TRABALHANDO COM **DOCUMENTOS**

O trecho abaixo é parte da obra *Odisseia*, atribuída ao poeta grego Homero. Telêmaco, o personagem citado, era filho de Ulisses, herói que havia lutado na Guerra de Troia e que fora impedido pelos deuses de retornar à sua casa, na ilha de Ítaca.

Ao raiar da Aurora, de dedos rosados, Telêmaco vestiu-se, calçou suas sandálias e pendurou sua espada no ombro.

Mandou que os arautos avisassem a população de que todos os habitantes da ilha deveriam se dirigir à ágora. E, levando seus cães, encaminhou-os à praça, onde a população estava reunida.

Ele vinha tão bonito e tão imponente que lhe deram a cadeira de Ulisses, que fazia o papel de um verdadeiro trono.

Telêmaco então dirigiu-se à assembleia, dizendo que precisava da ajuda de todos os habitantes de Ítaca.

– De fato – disse ele – uma dupla desgraça abateu-se sobre mim. Perdi meu pai, que outrora foi rei desta ilha, e vejo minha casa sendo ameaçada de ruína. Alguns pretendentes à mão de minha mãe, em lugar de falar com o pai dela, de cobri-la de presentes, como é hábito, meteram-se na minha casa já faz muito tempo e estão consumindo nossos rebanhos e nosso vinho de tal maneira, que botam em perigo meu próprio futuro. Sou muito jovem para acabar com isso, peço, portanto, aos habitantes da ilha que percebam minha aflição e me ajudem.

Todos se penalizaram com a situação, menos, é claro, os causadores dos problemas de Telêmaco.

Antínoo, que era um dos mais ousados pretendentes, reagiu violentamente!

– Como se atreve a falar conosco dessa forma? A culpa pelo que está acontecendo não é nossa. É de sua própria mãe, que não resolve de uma vez com qual de nós vai se casar e fica dando uma porção de desculpas. [...] O que você tem que fazer, já que sua mãe está viúva, é devolvê-la ao pai, e ela que resolva com quem vai casar.

ROCHA, Ruth. *Ruth Rocha conta a Odisseia*. São Paulo: Companhia das Letrinhas, 2000. p. 18-19.

1 Releia o trecho do capítulo que trata do período em que Homero teria escrito *Ilíada* e *Odisseia*.

a) Como esse período é chamado pelos historiadores? Quais são suas datas de início e fim?

b) Como se organizava a sociedade grega nesse período?

2 De acordo com o texto, que papel cabia aos arautos?

3 Por que Telêmaco pede que os habitantes de Ítaca se reúnam na ágora?

4 Considerando as informações do documento, podemos dizer que as mulheres gregas tinham os mesmos direitos que os homens? Por quê?

5 Que situação a ausência de Ulisses causava em Ítaca?

Odisseu retornando a Penélope. Placa de terracota datada de aproximadamente 450 a.C., na qual Odisseu (Ulisses, à direita) retorna a Ítaca e encontra sua esposa Penélope desconsolada pelo assédio dos pretendentes. Odisseu se anuncia como mendigo. A cena apresenta ainda seu pai, Laertes; seu filho, Telêmaco (sem barba); e o criador de porcos Eumaios. Dimensões: 18,7 cm × 27,8 cm.

As leis e a política

Revoltas populares eram constantes durante o governo dos eupátridas. Assim, a aristocracia ateniense viu-se obrigada a buscar soluções para esses problemas. Entre as medidas tomadas, destacou-se a escolha de legisladores encarregados de governar a pólis e fazer leis que diminuíssem as tensões sociais.

O primeiro legislador ateniense foi **Drácon**. Em 621 a.C., ele colocou as leis de Atenas por escrito. Até então elas eram transmitidas apenas oralmente. Mas isso não foi suficiente para diminuir os conflitos sociais em Atenas. Coube a outro legislador, **Sólon**, tentar solucioná-los. Em 594 a.C., ele decretou o fim da escravidão por dívidas, antiga reivindicação popular.

Outra decisão importante de Sólon foi estabelecer a renda do indivíduo como critério para a participação na vida política de Atenas, independentemente de sua origem social. Com isso, comerciantes e artesãos tiveram acesso às decisões políticas.

O governo de Sólon também não acabou com as tensões existentes. Com o fim da escravidão por dívidas, os agricultores não podiam mais oferecer a si próprios nem a seus familiares como pagamento. Assim, tiveram de oferecer suas terras como garantia de empréstimos, e muitos acabaram perdendo tudo o que tinham.

L. Pedicini/DEA/Bridgeman Art Library/Keystone Brasil/Museu Arqueológico Nacional, Nápoles, Itália.

Cópia romana de um busto de Sólon esculpido em mármore na Grécia, século IV a.C.

A tirania e a democracia no governo ateniense

As tensões sociais não diminuíram com as reformas legislativas, o que levou alguns indivíduos a tomar o controle do governo pela força. Eles passaram, então, a exercer o poder de maneira pessoal, estabelecendo a chamada **tirania**. O primeiro tirano de Atenas foi **Pisístrato**, um aristocrata que teve apoio das camadas populares. Durante seu governo, entre 541 a.C. e 527 a.C., ele incentivou o desenvolvimento marítimo-comercial, promoveu a construção de obras públicas e confiscou terras dos nobres para distribuir aos camponeses.

Os conflitos entre os diferentes interesses da sociedade aumentaram. **Hípias** e **Hiparco**, sucessores de Pisístrato, não conseguiram continuar com essa forma de governo. Hiparco foi assassinado e Hípias foi expulso da cidade.

A situação era bastante difícil quando **Clístenes**, político de origem nobre, assumiu o governo de Atenas, em 510 a.C. Disposto a fazer reformas políticas profundas, **instaurou a democracia**, ampliando a possibilidade de participação nas decisões políticas a todo **cidadão ateniense**, independentemente de sua renda. Porém, só eram considerados cidadãos os indivíduos adultos, do sexo masculino, livres e nascidos em Atenas. Mulheres, escravos e metecos continuaram sem direitos políticos. Numa população de aproximadamente 300 mil habitantes, apenas 40 mil participavam efetivamente das decisões políticas. Leia o texto a seguir, que discute a questão da cidadania na Grécia.

E onde está a origem da cidadania? Atribui-se em princípio a cidade ou pólis grega. A pólis era composta de homens livres, com participação política contínua numa democracia direta, em que o conjunto de suas vidas em coletividade era debatido em função de direitos e deveres. Assim, o homem grego livre era, por excelência, um homem político no sentido estrito.

A cidadania está relacionada ao surgimento da vida na cidade, à capacidade de os homens exercerem direitos e deveres de cidadão. Na atuação de cada indivíduo, há uma esfera privada (que diz respeito ao particular) e uma esfera pública (que diz

Reivindicação: ato de reivindicar, reclamar.

Estrito: completo, preciso, absoluto.

De olho na tela

Construindo um império: os gregos. Direção: History Channel. Estados Unidos, 2006. Com diversas técnicas de computação gráfica, este documentário explora a arquitetura, a política e a cultura de Cartago.

Grécia: sua história e seus mitos. Direção: History Channel. Estados Unidos, 2008. Documentário que apresenta a mitologia grega e a história de Atenas, recriando seus períodos de ascensão e decadência.

respeito a tudo que é comum a todos os cidadãos). Na pólis grega, a esfera pública era relativa à atuação dos homens livres e a sua responsabilidade jurídica e administrativa pelos negócios públicos. Viver numa relação de iguais como a da pólis significava, portanto, que tudo era decidido mediante palavras e persuasão, sem violência. Eis o espírito da democracia. Mas a democracia grega era restrita, pois incluía apenas os homens livres, deixando de fora mulheres, crianças e escravos.

MANZINI-COVRE, Maria de Lourdes. *O que é cidadania*. São Paulo: Brasiliense, 2002. (Coleção Primeiros Passos). p. 16-17.

Persuasão: convencimento.

Mas como funcionava a democracia? Em Atenas, a democracia era mantida com três órgãos políticos principais, a Bulé, a Eclésia e a Heliae. Veja a seguir.

Bulé

- Formada por 500 membros encarregados de fazer projetos de lei.

Eclésia

- Assembleia política da qual todos os cidadãos com mais de 18 anos podiam participar;
- Aprovava ou não os projetos encaminhados pela Bulé;
- Elegia dez estrategos (responsáveis pela execução das leis);
- Podia votar a expulsão de cidadãos considerados uma ameaça à democracia (ostracismo).

Ilustrações: Theo Szczepanski/Arquivo da editora

Heliae

- Tribunal de justiça formado por cidadãos escolhidos por sorteio;
- Julgava conflitos e crimes.

Como os cidadãos participavam diretamente das decisões nas assembleias, essa forma de governo ficou conhecida como **democracia direta**. Ela é diferente da democracia que conhecemos hoje, chamada **representativa**, na qual políticos eleitos pelo povo representam a população na tomada de decisões.

Minha biblioteca

A democracia grega, de Martin Cezar Feijó, Ática, 2004.
A partir da história de dois irmãos, o livro mergulha na vida em Atenas dos séculos V a.C. e IV a.C., desvendando a economia, a sociedade, a filosofia e o funcionamento da democracia ateniense.

A pólis de Esparta

A cidade de Esparta ficava às margens do rio Eurotas (vale da Lacônia), em uma grande área fértil ao sul do Peloponeso. Foi fundada no século IX a.C. pelos dórios, que ali estabeleceram um centro urbano e administrativo. Sua população dedicava-se ao cultivo de cereais, vinhas e oliveiras.

Os espartanos ficaram conhecidos por seu preparo militar. Educados para a guerra, foram descritos como pessoas diretas, de poucas palavras. Isso deu origem ao adjetivo lacônico (relativo à Lacônia), que significa "conciso", "breve".

A sociedade espartana

Espartanos ou espartíatas

- Descendentes dos dórios;
- Controlavam o poder político e militar.

Alfredo Dagli Orti/Shutterstock/Museu Arqueológico Regional Antonio Salinas, Palermo, Itália.

Guerreiro em detalhe de vaso grego datado do século VI a.C., aproximadamente.

Periecos

- Grupo social de origem incerta, provavelmente descendente dos aqueus;
- Dedicavam-se ao artesanato, a atividades de troca e à agricultura (em suas próprias terras);
- Serviam o Exército em caso de guerra, como os hilotas, mas possuíam melhores condições de vida que eles.

Reprodução/Museu do Louvre, Paris, França

Representação de Zeus com águia em cerâmica da Lacônia, de cerca de 560 a.C.

Hilotas

- Maioria da população;
- Camponeses descendentes dos que foram derrotados pelos espartanos;
- Servos, pertenciam ao Estado, que podia cedê-los aos espartanos.

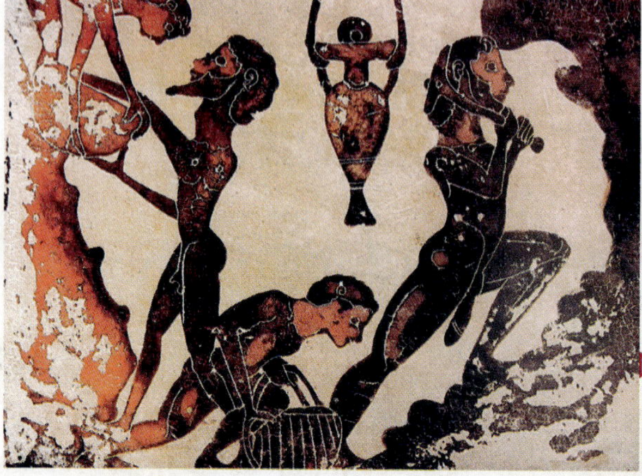

Reprodução/Wikipedia/Wikimedia Commons

Representação de escravos trabalhando em uma mina em Lávrio, na Grécia, século V a.C.

As relações de poder

Esparta era governada por uma **oligarquia** (do grego *olígos* = poucos; *archés* = governo), isto é, governo de uma minoria, formada pelos espartanos.

Veja no esquema abaixo como o governo era exercido em Esparta.

Diarquia
- Formada por dois reis;
- Responsável por assuntos religiosos e pelo comando do exército;
- Os cargos eram hereditários.

Eforato
- Composto de cinco membros eleitos pela Ápela;
- Amplos poderes de vigilância e fiscalização para garantir que todos obedecessem às leis, inclusive magistrados, reis e funcionários.

Gerúsia (ou Conselho dos Anciãos)
- Constituída por 28 espartanos com mais de 60 anos e por dois reis;
- Conselho atuante e respeitado, sobretudo em caso de guerra;
- Tinha a função de formular as leis;
- Tribunal de última instância.

Ápela (ou Assembleia)
- Composta de todos os espartanos com mais de 30 anos de idade;
- Órgão consultivo e responsável pela escolha dos membros da Gerúsia e do Eforato.

De olho na tela

Os 300 de Esparta. Direção: Zack Snyder. Estados Unidos, 2007. O filme aborda a expansão persa e o exército espartano enviado para conter o avanço inimigo, com destaque para a Batalha de Termópilas.

300, a ascensão do Império. Direção: Noam Murro. Estados Unidos, 2014. Continuação de *Os 300 de Esparta*, o filme aborda o período das Guerras Médicas.

Ancião: pessoa idosa.

Tribunal de última instância: tribunal superior, aquele que dá a última palavra, a decisão final.

A educação

Os espartanos eram treinados para defender a pólis e seus domínios. Com um sistema rígido de educação e formação militar, o Estado esperava preservar a ordem interna e proteger a cidade contra inimigos. O preparo físico era importante para os meninos da sociedade espartana. Praticavam corrida, salto em distância, luta, arremesso de dardos e discos, entre outras atividades. As meninas permaneciam com os pais até o casamento. Os meninos deixavam a família aos 7 anos para cumprir o serviço militar obrigatório até os 18 anos.

Durante a formação militar, os meninos ficavam em barracas e enfrentavam fome, chuva e frio. Aprendiam técnicas de guerra, como o manejo de escudos, arcos, flechas e lanças. Aos 18 anos, o jovem tornava-se **hoplita** (soldado) e permanecia a serviço do Estado até os 60 anos. Aos 30 anos passava a ser considerado cidadão, ganhava o direito de participar da Ápela e era obrigado a se casar para ter filhos.

As mulheres espartanas não participavam da vida política. Sua obrigação era se casar e gerar filhos saudáveis para servir ao Estado. Por isso, a saúde do corpo também era uma preocupação feminina. Elas praticavam exercícios para serem fortes e bem preparadas, caso fossem convocadas para a guerra.

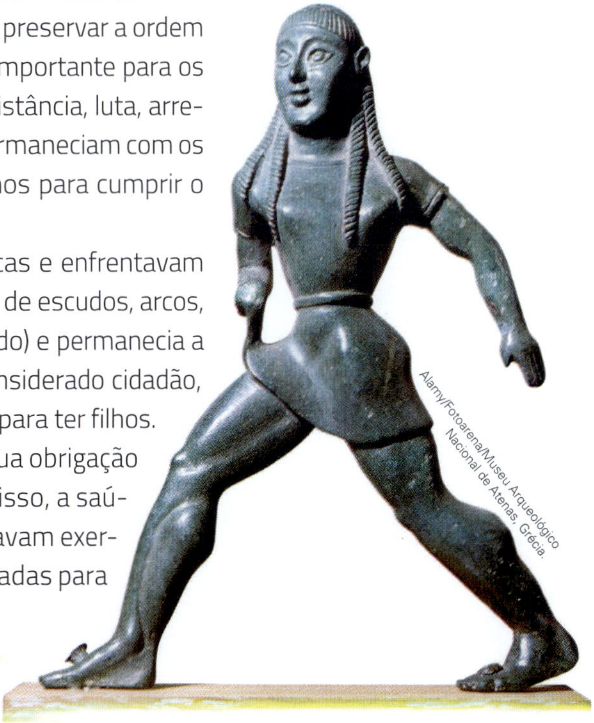

Alamy/Fotoarena/Museu Arqueológico Nacional de Atenas, Grécia.

Estatueta de uma atleta espartana, datada de 530 a.C. aproximadamente.

Mapeando saberes

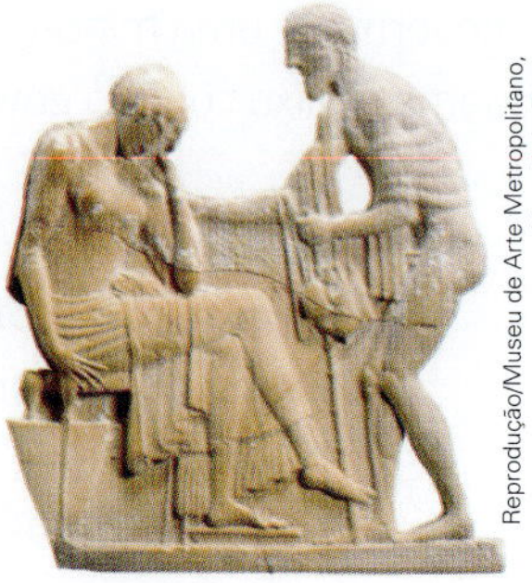

Reprodução/Museu de Arte Metropolitano, Nova York, EUA.

ATENÇÃO A ESTES ITENS

O POVO GREGO

- Formado por um conjunto de povos que se mesclaram com nativos da região balcânica.
- Cidadãos gregos participavam das decisões das pólis.

GRÉCIA ANTIGA

- "Berço da política".
- Não foi uma unidade política, e sim um conjunto de cidades-Estado.
- Muitas informações mais antigas da Grécia advêm da *Ilíada* e da *Odisseia*, obras atribuídas a Homero.
- Esparta foi uma pólis oligárquica e conservadora.
- Cultura e educação espartanas eram militaristas.
- Mulheres espartanas não participavam da ordem política, mas tinham atividades ligadas à vida militar.

DEMOCRACIA GREGA

- Revoltas populares obrigaram legisladores a fazer reformas políticas em Atenas.
- Foi estabelecida com o legislador Clístenes: era direta e restrita aos cidadãos do sexo masculino adultos.
- Órgãos políticos importantes da democracia ateniense: a Bulé, a Eclésia e a Heliae.

POR QUÊ?

- Permite perceber a diferença entre a democracia direta dos gregos e a democracia representativa dos dias de hoje.
- A cidadania está ligada ao envolvimento com as questões de poder e com a prática política.
- A instalação da democracia foi possível graças às lutas sociais e políticas de Atenas e outras pólis.
- A História grega antiga é rica em exemplos sobre o estabelecimento da democracia.
- Estruturas políticas oligárquicas são mais ligadas a atuações políticas conservadoras, como foi o caso de Esparta e de boa parte da história ateniense anterior aos legisladores.

ATIVIDADES

Retome

1› Descreva as características da península Balcânica e explique de que maneira o território influenciou na formação da civilização grega.

2› Identifique características comuns entre a civilização cretense e as civilizações do Antigo Oriente.

3› Descreva o que você entendeu sobre Antiguidade clássica e explique por que o conceito não contempla todas as civilizações antigas.

4› Por que o governo espartano é identificado como um governo oligárquico?

5› Quais eram os objetivos dos legisladores atenienses?

6› O que significava a palavra "política" na Grécia antiga e que relação ela tem com as pólis gregas?

7› O filósofo brasileiro Renato Janine, comentando o lançamento do seu livro *Política: para não ser idiota*, escrito em parceria com o filósofo Mario Sérgio Cortella, em 2010, disse que o subtítulo de sua obra é uma provocação, já que, em grego, "idiota é aquele que se concentra apenas na vida pessoal, que não sai para a vida pública". O conceito de idiota vem da palavra grega *idiótes*, que significa "aquele que só vive a vida privada, que recusa a política". Escreva a frase do quadrinho abaixo que poderia ser apontada como expressão da *idiótes* para os gregos.

Adão Iturrusgarai/Folhapress

ITURRUSGARAI, Adão. Mundo monstro. *Folha de S.Paulo*, out. 2011.

8› Na Grécia antiga, o que diferenciava uma pólis aristocrática de uma pólis democrática?

9› Explique a diferença entre democracia direta e democracia representativa.

10› Os espartanos (ou espartíatas) dedicavam-se integralmente à guerra, não praticando nenhuma atividade produtiva. De que maneira obtinham, então, os bens necessários à sua subsistência?

11› Explique, em poucas palavras, o que foi a tirania que se estabeleceu em Atenas a partir do século VII a.C.

12› Atualmente, a punição para governantes que cometem delitos graves é o *impeachment*. Pesquise o significado da palavra, que delitos justificam essa punição e no que ela consiste. Depois, compare-a com a prática do ostracismo da Grécia antiga.

Reflita

13› Quais as semelhanças entre o papel da mulher em Atenas e em Esparta?

14› E quais as diferenças?

15› Quais as diferenças entre o papel da mulher na Grécia antiga e em nossa sociedade atual em relação:

a) à participação política?

b) ao casamento e à família?

16› Observe a imagem abaixo e leia a legenda com atenção. Agora, responda: Em sua opinião, existe(m) semelhança(s) entre a situação das mulheres de hoje e as da Grécia antiga? Em caso afirmativo, qual(is)?

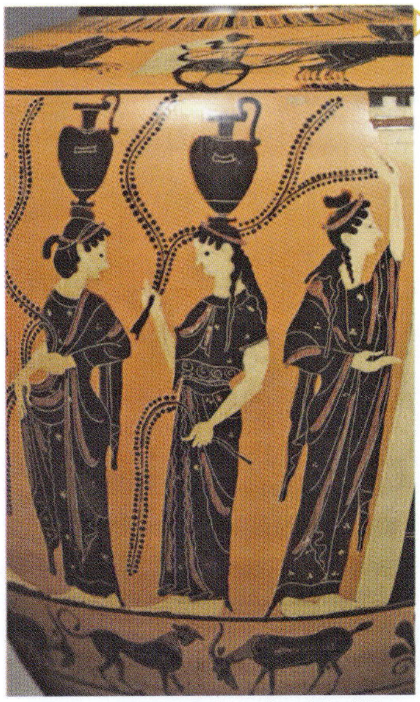

Bridgeman Images/Easypix Brasil/Museu Kanellopoulos, Atenas, Grécia.

Na sociedade ateniense, as mulheres dos cidadãos desempenhavam as atividades domésticas e se dedicavam aos ritos comunitários. Quando saíam para buscar água nas fontes ou colher frutos, por exemplo, podiam encontrar parentes, amigas e vizinhas, com quem trocavam informações e opiniões, participando assim, a seu modo, do desenvolvimento da cidade-Estado. Ao lado, representação de mulheres junto a uma fonte de água, em vaso grego de cerâmica do século VI a.C.

Explore as imagens

17› Com base na observação das fotos abaixo, responda às perguntas.

Aerial-motion/Shutterstock

Vista aérea de Atenas, Grécia, com a acrópole ao fundo. Foto de 2018.

123RF / Easypix Brasil

Ruínas do Templo de Concórdia em Agrigento, na Itália. Historiadores acreditam que o templo foi construído no século V a.C. Foto de 2017.

a) A primeira foto é de Atenas, na atual Grécia. A segunda mostra as ruínas do templo de Concórdia, em Agrigento, na Itália. Localize em um mapa os dois países onde estão os locais fotografados e depois identifique o que ambas as construções têm em comum.

b) Quais locais os gregos escolhiam para construir partes importantes de suas cidades? Por quê?

c) Qual é a palavra grega que designa esses locais?

Explore os mapas

18› O mapa abaixo foi feito com base na descrição do mundo do historiador Heródoto no século V a.C. Observe-o e responda às questões.

O mundo segundo Heródoto (século V a.C.)

Portal de Mapas/Arquivo da editora

Representação artística, sem escala, feita de acordo com descrição do historiador.

a) Quais civilizações estudadas nos capítulos anteriores aparecem na descrição de Heródoto? Cite as cidades do mapa correspondentes a cada uma.

b) Cite o nome dos continentes que aparecem no mapa.

c) A Líbia pertence a qual continente hoje em dia?

19› Compare o mapa baseado nas descrições de Heródoto com o planisfério atual abaixo.

Planisfério atual (século XXI)

Fonte: elaborado com base em SIMIELLI, Maria Elena. *Geoatlas.* São Paulo: Ática, 2000. p. 8.

a) Quais dos atuais continentes não existem no mapa de Heródoto?

b) Por que eles estão ausentes?

c) No mapa baseado nas descrições de Heródoto, qual dos continentes é o maior? De acordo com o planisfério atual, o tamanho desse continente estaria correto? Por quê?

Autoavaliação

1. Quais atividades você considerou mais fáceis e mais difíceis? Por quê?
2. Em quais atividades você utilizou o texto do capítulo como base para sua resposta?
3. Algum ponto do capítulo não ficou muito claro para você? Qual?
4. Você compreendeu o esquema *Mapeando saberes*? Explique-o.
5. Você saberia apontar exemplos da atualidade considerando o que aprendeu no item *Por quê?* do *Mapeando saberes*?
6. Como você avalia sua compreensão dos assuntos tratados neste capítulo?
   - » **Excelente**: não tive nenhuma dificuldade.
   - » **Boa**: tive algumas dificuldades, mas consegui resolvê-las.
   - » **Regular**: foi difícil compreender certos conceitos e resolver as atividades.
   - » **Ruim**: tive muitas dificuldades, tanto no conteúdo quanto na realização das atividades.

Painel

Os impactos das migrações na sociedade

Neste semestre, a proposta de projeto é a elaboração de um painel. O painel é uma forma de apresentação dos resultados de um trabalho sobre determinado tema, composto geralmente de imagens, mapas, tabelas e textos curtos. O apelo visual é muito importante nesse tipo de apresentação.

O tema do painel aqui proposto é migrações. Para realizá-lo, você deve refletir sobre os movimentos migratórios estudados neste livro e pesquisar a ocorrência desses deslocamentos no município em que mora.

A seguir, você vai conhecer um pouco mais do tema proposto e da forma de preparar um painel, que será a primeira parte do projeto a ser desenvolvido durante todo o segundo semestre. A segunda parte desse projeto encontra-se no capítulo 13 deste volume. Lá, você pode conferir o detalhamento da elaboração do painel.

Conhecendo o tema

No capítulo 2 deste volume, você estudou que os primeiros seres humanos surgiram na África. Segundo estudos recentes, nossos ancestrais começaram a sair do continente africano e povoar outras regiões do planeta há milhares de anos. Dessa forma, as migrações fazem parte da vida dos seres humanos há muito tempo.

Neste capítulo, você estudou outra grande migração: a dos povos indo-europeus, que chegaram à península Balcânica entre 2000 a.C. e 1700 a.C. e deram origem ao povo grego. Os povos indo-europeus vieram da Ásia central e do planalto do atual Irã e se instalaram na península Balcânica em várias ondas migratórias. Nos próximos capítulos, você vai estudar outros casos de migração ocorridos no decorrer da história, como o êxodo rural (migração do campo para a cidade) em Roma e as migrações dos povos germânicos.

E no Brasil, também ocorreram e ocorrem migrações? Em que momentos elas aconteceram e acontecem? Quais são os motivos das migrações? Qual é o impacto delas na cultura e nos costumes locais?

O objetivo deste projeto é responder a essas perguntas. Com base em pesquisas e na discussão do tema com a comunidade em que você vive, crie um grande painel com mapas e informações sobre algumas migrações para o Brasil ao longo da história e também sobre as migrações internas do país, ou seja, de uma região do Brasil para outra.

O quadro *Retirantes*, de Candido Portinari, 1944 (óleo sobre tela, de 190 cm × 180 cm), representa uma realidade corrente no Nordeste brasileiro, relacionada ao intenso movimento migratório da população daquela região para outras localidades do país. Nessa obra, Portinari buscou retratar as condições de vida da maioria dos habitantes daquela área na época, caracterizada principalmente por extrema pobreza e desamparo. Inúmeras famílias viviam na miséria, por isso muitas delas migraram para outras regiões. Esse tipo de deslocamento é chamado migração interna.

Planejamento

A fase de planejamento é muito importante para que a pesquisa e a elaboração do painel sejam bem-sucedidas e atinjam seus objetivos. Para planejá-las, obedeça às etapas a seguir.

1. Sob a orientação do professor, organize-se com os colegas em grupos de cinco ou seis pessoas. Baseando-se nas perguntas indicadas acima, em *Conhecendo o tema*, cada

grupo deve pesquisar em livros, revistas e na internet. No boxe desta página, indicamos alguns *sites* que podem ajudar na pesquisa.

2› Além da pesquisa proposta no item 1, que aborda os movimentos migratórios no Brasil em um entendimento mais amplo, você e seu grupo devem investigar também as migrações ocorridas especificamente no município em que vivem e suas consequências, partindo das seguintes questões: Quem foram e de onde vieram os primeiros habitantes de seu município? Existem ou já existiram indígenas na região? A população atual do município é composta de pessoas de origem variada? A cultura da região é única ou tem representações diversas? De que maneira a cultura está relacionada aos movimentos migratórios? Para responder a tais perguntas, vocês podem pesquisar nas fontes já mencionadas no item 1 e em arquivos do município: na Câmara Municipal, na biblioteca pública, na Prefeitura, em cartórios, entre outros. Não se esqueçam de anotar tudo o que interessa à pesquisa.

Autor desconhecido/Acervo Museu da Imigração/ Arquivo Público do Estado de São Paulo

Chegada de imigrantes italianos ao porto de Santos, São Paulo, em 1907.

3› Com o auxílio do professor e em parceria com os colegas, elabore um roteiro de entrevista sobre migrações em seu município. O roteiro deve abordar os conhecimentos dos entrevistados sobre o assunto. É importante levantar questões relacionadas à história familiar dos entrevistados: se nasceram no lugar onde moram ou se vieram de outras regiões do país, se os pais ou avós deles migraram de outra região, quais as razões dessas migrações (caso existam), em que ano ocorreram, etc. Com base no roteiro, entreviste seus familiares ou outros adultos com quem você tenha proximidade e anote as respostas das pessoas entrevistadas.

4› Durante o semestre, reúna-se regularmente com seu grupo para discutir os dados coletados nas pesquisas e entrevistas. Todos os dados obtidos devem ser anotados. Eles serão necessários para a elaboração do painel.

O encerramento deste projeto, que envolve a elaboração do painel, será tratado mais detalhadamente no capítulo 13. Lembre-se de que é muito importante que você e seu grupo realizem as atividades aqui propostas no decorrer do semestre para evitar o acúmulo de tarefas na reta final do projeto.

Dicas de pesquisa

Para facilitar sua pesquisa, indicamos alguns *sites* úteis sobre migrações e seus impactos no Brasil.

ÁFRICA-BRASIL: número de escravizados é quase o dobro do estimado. *Correio Nagô*. Disponível em: <http://correionago.com.br/portal/africa-brasil-numero-de-escravizados-e-quase-o-dobro-do-estimado/>.

COSTA, Gilberto. Censo populacional de 1959 revela quem eram os candangos que construíram Brasília. *Empresa Brasil de Comunicação (EBC)*, 21 abr. 2010. Disponível em: <http://memoria.ebc.com.br/agenciabrasil/noticia/2010-04-21/censo-populacional-de-1959-revela-quem-eram-os-candangos-que-construiram-brasilia>.

ESCRAVIDÃO africana como migração forçada. *Museu da Imigração do Estado de São Paulo*, 19 nov. 2014. Disponível em: <http://museudaimigracao.org.br/escravidao-africana-como-migracao-forcada/>.

FARIA, Caroline. História do ouro no Brasil. *InfoEscola*. Disponível em: <www.infoescola.com/historia-do-brasil/historia-do-ouro-no-brasil/>.

FERNANDES, Fernando Roque. Corrida do ouro. *InfoEscola*. Disponível em: <www.infoescola.com/brasil-colonia/corrida-do-ouro/>.

FRANCISCO, Wagner de Cerqueira e. Diversidade cultural no Brasil. *UOL Mundo Educação*. Disponível em: <https://mundoeducacao.bol.uol.com.br/geografia/diversidade-cultural-no-brasil.htm>.

______. Migrações no Brasil. *UOL Mundo Educação*. Disponível em: <https://mundoeducacao.bol.uol.com.br/geografia/migracoes-no-brasil.htm>.

NORDESTINOS não eram maioria entre os candangos, mas sim goianos e mineiros. *Correio Brasiliense*, 17 mar. 2012. Disponível em: <www.correiobraziliense.com.br/app/noticia/cidades/2012/03/17/interna_cidadesdf,293674/nordestinos-nao-eram-maioria-entre-os-candangos-mas-sim-goianos-e-mineiros.shtml>.

QUAIS foram as maiores levas de imigração para o Brasil? *Superinteressante*, 18 abr. 2011. Disponível em: <https://super.abril.com.br/mundo-estranho/quais-foram-as-maiores-levas-de-imigracao-para-o-brasil/>.

Acesso em: 14 ago. 2018.

CAPÍTULO 9

A Grécia clássica e helenística

Album/Latinstock/Museu Arqueológico Nacional de Nápoles, Itália.

Detalhe de mosaico do século II a.C. exposto no Museu Arqueológico Nacional de Nápoles, na Itália.

Para começar

Observe a imagem e atente à legenda.

1. Indique o século em que a obra sobre o acontecimento representado foi realizada.
2. Observe as pessoas representadas: o que estão fazendo, suas vestimentas, porte físico e expressões faciais. Descreva o que mais chama sua atenção.

Vimos que desde o Período Arcaico os gregos estabeleceram colônias pelo sul da Europa, norte da África e Ásia Menor. Esse expansionismo grego entrou em conflito com o expansionismo persa, que dominava o Egito, a Mesopotâmia e outras regiões próximas. A invasão persa da região grega da Ásia Menor provocou as Guerras Médicas (500 a.C.-448 a.C.). Veja o mapa na página seguinte.

Atenas foi ocupada e destruída durante a guerra. Apesar disso, conseguiu reunir exércitos de várias cidades gregas sob o nome de **Confederação de Delos**, pois os suprimentos enviados pelas cidades (navios, armas, etc.) eram armazenados na ilha de Delos. Como consequência, o exército grego retomou a Ásia Menor dos persas e dominou todo o mar Egeu. Atenas manteve a liderança sobre as cidades da Confederação de Delos mesmo após o fim das Guerras Médicas. Os atenienses muitas vezes interferiram nos negócios de outras cidades-Estado.

Neste capítulo, vamos compreender que Atenas desempenhou um papel imperial, de hegemonia sobre o mundo grego, dominando diversas cidades-Estado e colônias ao redor do mar Egeu.

1 As Guerras Médicas

As Guerras Médicas uniram as cidades gregas contra um inimigo comum, os persas, e serviram para destacar Atenas na liderança da Grécia.

Guerras Médicas (500 a.C.-448 a.C.)

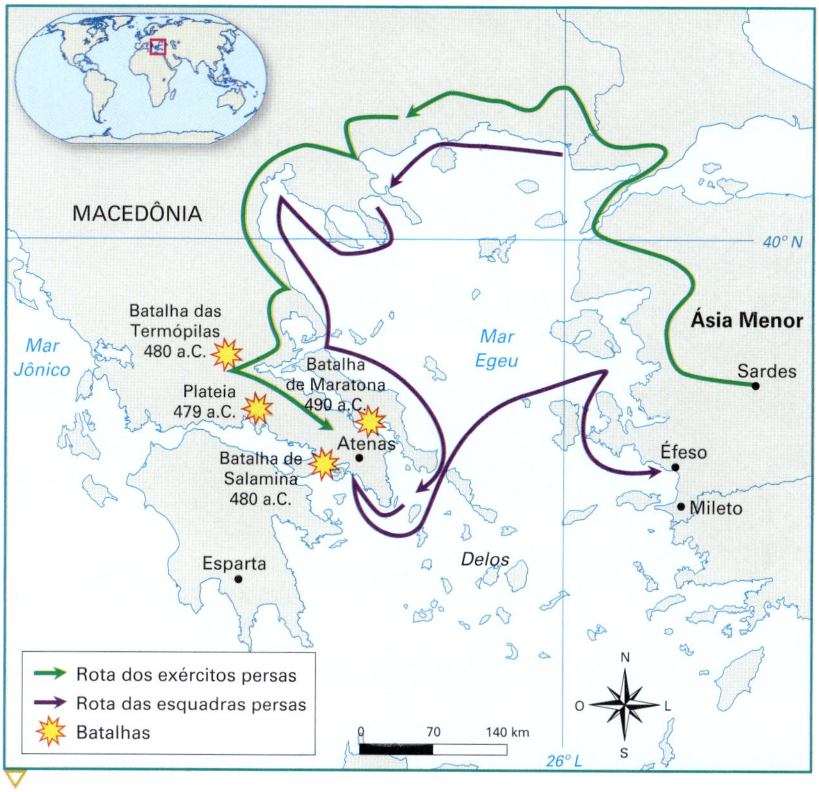

Portal de Mapas/Arquivo da editora

O mapa mostra as principais batalhas das Guerras Médicas, que receberam esse nome em referência aos medos, povo que fazia parte do Império Persa.

Fonte: elaborado com base em DUBY, G. *Atlas histórico mundial*. Madri: Debate, 1987. p. 14.

2 O século de Péricles na Atenas clássica – V a.C.

Sob o governo de **Péricles** (461 a.C.-429 a.C.), a cidade de Atenas transformou-se no maior polo econômico, político e cultural da Grécia. A democracia foi aperfeiçoada e permitiu que os cidadãos mais pobres também participassem da vida política. Isso só foi possível graças ao estabelecimento de pagamento aos que participavam da assembleia e dos tribunais.

Para demonstrar a grandiosidade de Atenas, Péricles mandou construir monumentos de porte e beleza evidentes, como o **Partenon**. Também determinou a construção de novas muralhas para a defesa da cidade. A construção dessas obras caras era paga, em boa parte, com o que era arrecadado das cidades aliadas.

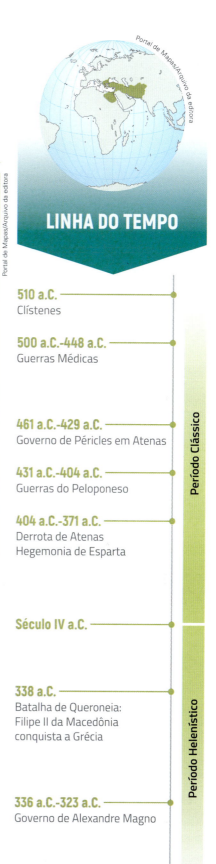

Portal de Mapas/Arquivo da editora

LINHA DO TEMPO

510 a.C. – Clístenes

500 a.C.-448 a.C. – Guerras Médicas

461 a.C.-429 a.C. – Governo de Péricles em Atenas

431 a.C.-404 a.C. – Guerras do Peloponeso

404 a.C.-371 a.C. – Derrota de Atenas; Hegemonia de Esparta

Período Clássico

Século IV a.C.

338 a.C. – Batalha de Queroneia: Filipe II da Macedônia conquista a Grécia

336 a.C.-323 a.C. – Governo de Alexandre Magno

Período Helenístico

Linha do tempo esquemática. O espaço entre as datas não é proporcional ao intervalo de tempo.

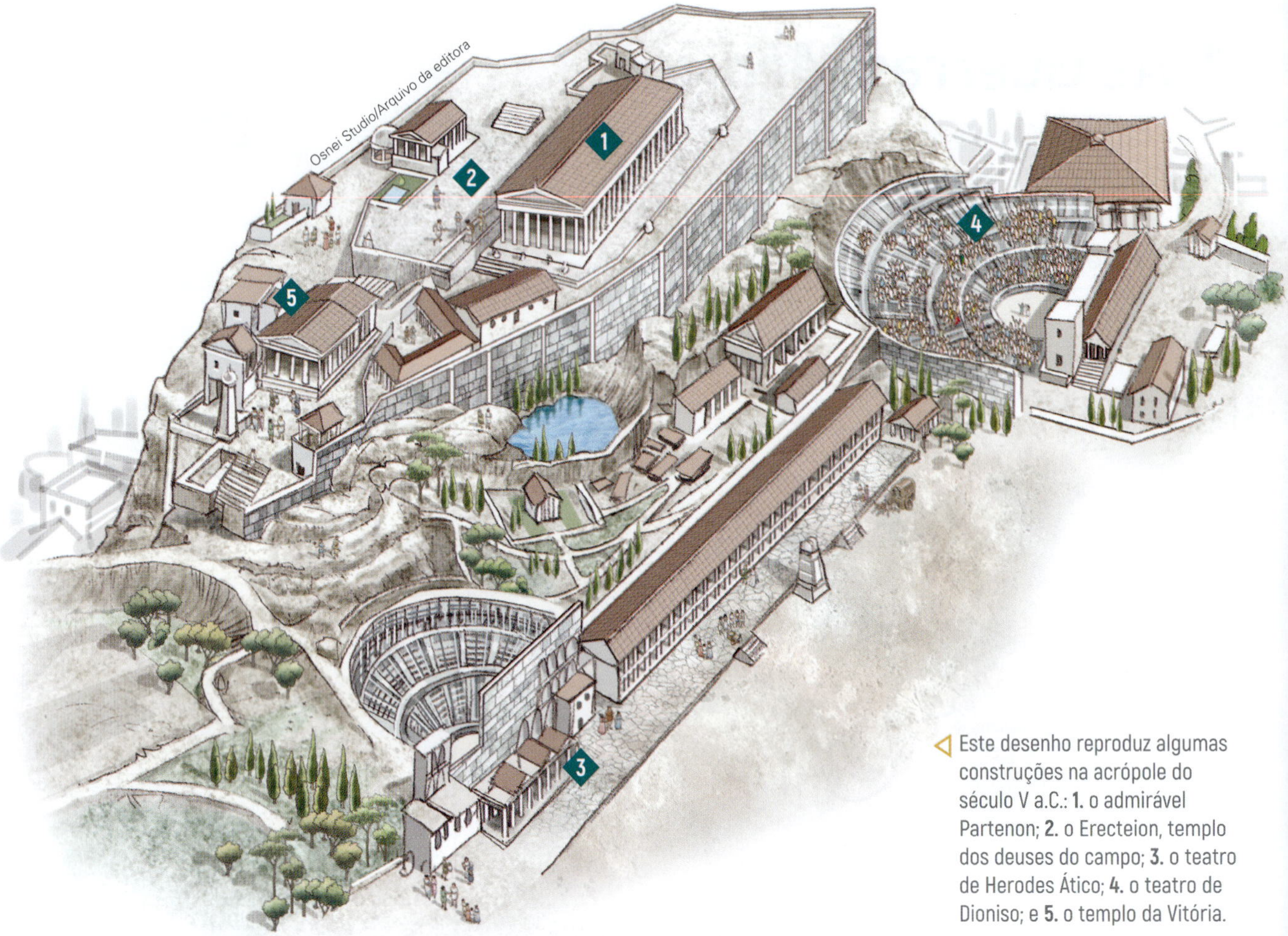

Este desenho reproduz algumas construções na acrópole do século V a.C.: **1.** o admirável Partenon; **2.** o Erecteion, templo dos deuses do campo; **3.** o teatro de Herodes Ático; **4.** o teatro de Dioniso; e **5.** o templo da Vitória.

O Partenon era o templo da deusa Atena, protetora da cidade-Estado de Atenas. O edifício foi construído no século V a.C. e ocupava uma área de aproximadamente 2 mil metros quadrados. Nesta foto, de 2017, é possível ver suas ruínas.

Esparta em guerra contra Atenas

Esparta decidiu enfrentar a hegemonia de Atenas: juntou-se a outras cidades gregas e formou a **Liga do Peloponeso**, que ganhou esse nome porque agregava cidades da região do Peloponeso. As batalhas entre a Liga e a Confederação de Delos são conhecidas como **Guerras do Peloponeso**.

Guerras do Peloponeso (século V a.C.)

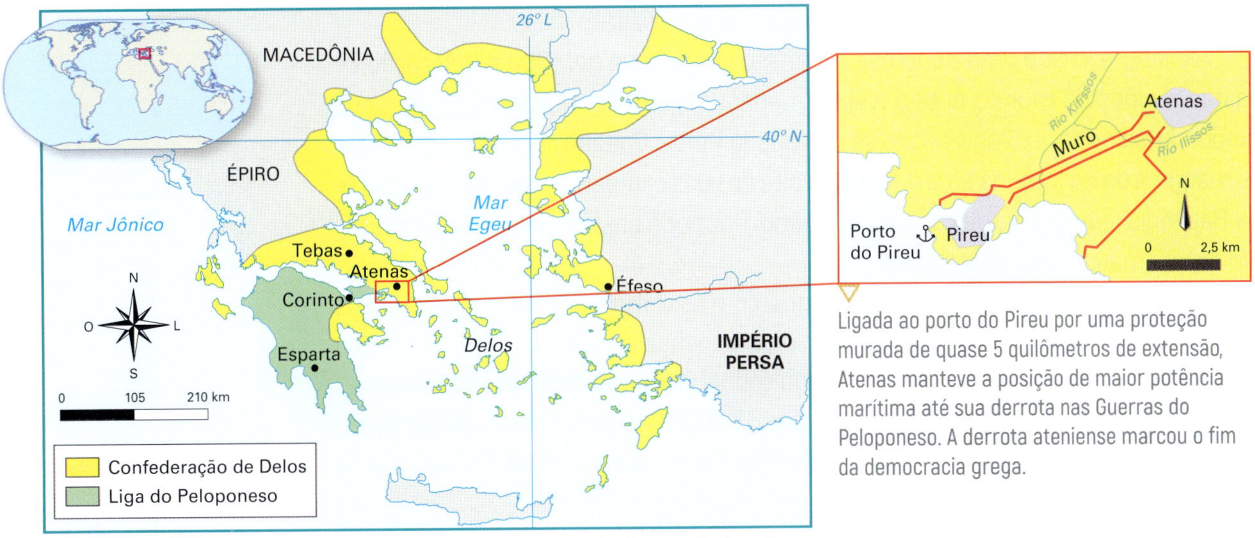

Ligada ao porto do Pireu por uma proteção murada de quase 5 quilômetros de extensão, Atenas manteve a posição de maior potência marítima até sua derrota nas Guerras do Peloponeso. A derrota ateniense marcou o fim da democracia grega.

Fonte: elaborado com base em DUBY, G. *Atlas histórico mundial*. Madri: Debate, 1987. p. 15.

Os conflitos, iniciados em 431 a.C., enfraqueceram muito o poder de Atenas, que se rendeu em 404 a.C. Esse fato marcou o fim da democracia em Atenas, que passou a ser comandada por um governo aristocrático indicado por Esparta.

A cidade de Esparta conquistou, assim, a supremacia sobre a Grécia – porém, por pouco tempo. Outras cidades passaram a disputar o controle sobre a Grécia. As constantes guerras enfraqueceram as cidades gregas, o que facilitou a invasão e a conquista pelos macedônios.

Granger/Fotoarena

Lápide em homenagem a um soldado, datada do final do século V a.C., representando um combate provavelmente entre um espartano e um ateniense na Guerra do Peloponeso.

3 O Período Helenístico

Os macedônios eram originários do norte da Grécia. Em sua expansão, governados por Filipe II, tomaram diversas pólis gregas. Em 338 a.C., a Grécia passou a ocupar a posição de simples província do Império Macedônio.

O macedônio **Alexandre, o Grande** (ou **Magno**), sucessor do trono, assumiu o controle do império dois anos mais tarde. Ele havia sido educado pelo filósofo grego Aristóteles. Tinha, portanto, grande admiração pela civilização grega.

Alexandre iniciou uma poderosa expansão militar, que permitiu a unificação de vastas regiões do mundo antigo (veja o mapa a seguir). Conquistou o Egito, onde fundou **Alexandria**, e depois as terras do Império Persa. Chegou com suas tropas até as margens do rio Indo, na atual Índia. De volta de suas campanhas militares, fixou-se na Babilônia, que se tornou capital do império. Por onde passou, o exército macedônio deixou marcas da cultura grega.

A mescla da cultura dos helenos (gregos) com as culturas dos povos dominados resultou no **Helenismo**. Por isso, o período de expansão do império de Alexandre e de seus sucessores (séculos IV a.C.-II a.C.) ficou conhecido como **Período Helenístico**.

Alexandre Magno morreu em 323 a.C., aos 33 anos. O grande império que conquistou foi se dividindo aos poucos, o que contribuiu para a conquista romana décadas depois.

As conquistas de Alexandre Magno

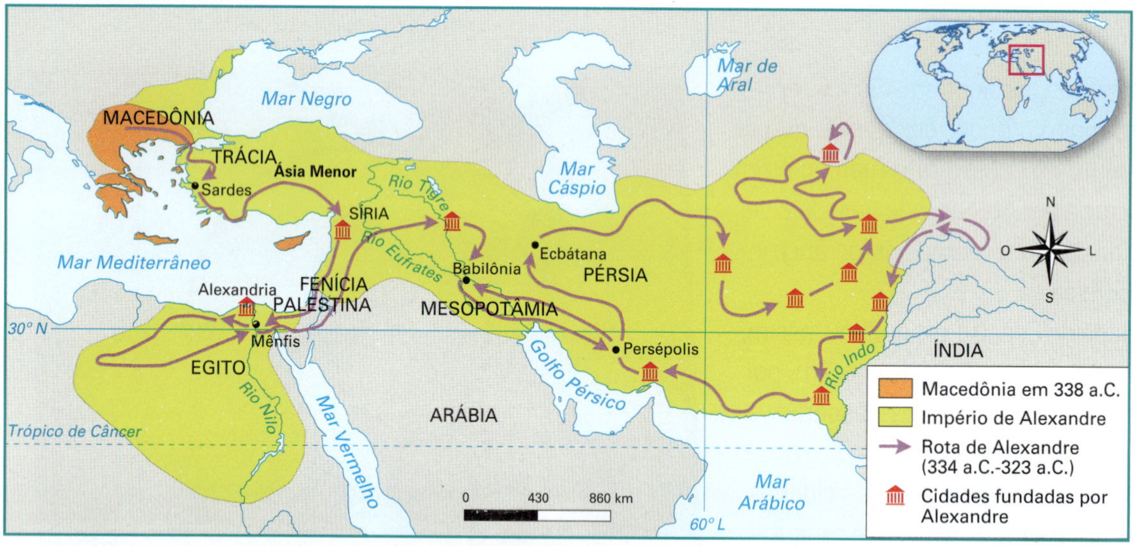

Fonte: elaborado com base em THE ANCHOR. Atlas of World History. New York: Doubleday, 1974. p. 64.

△ As conquistas de Alexandre Magno, além de terem fundido os povos orientais com os greco-macedônios, mesclaram suas culturas, originando o Helenismo. Também foram responsáveis por uma expansão urbanística, já que Alexandre fundou mais de 70 cidades pelos territórios conquistados, sempre seguindo o modelo grego.

△ Escultura de Alexandre Magno (século IV a.C.).

De olho na tela

Alexandre. Direção: Oliver Stone. Estados Unidos, 2005. Filme sobre a vida de Alexandre, sua educação, a chegada ao poder, as conquistas e as grandes batalhas do início da época helenística.

Construindo um império: os gregos – a era de Alexandre. Direção: History Channel. Estados Unidos, 2006. O documentário produzido pelo History Channel utiliza técnicas de computação gráfica para explorar a arquitetura, a política e a cultura do período alexandrino.

4 A cultura grega antiga

Mesmo influenciados pelas civilizações orientais como a egípcia, a mesopotâmica e a persa, os gregos desenvolveram conhecimentos filosóficos e artísticos próprios. Criaram uma forma de perceber o mundo, de conhecê-lo e expressá-lo.

No Período Clássico, como vimos, a produção cultural grega teve grande impulso. Durante essa época Atenas esteve à frente das outras cidades em termos econômicos, políticos e culturais, atraindo poetas, filósofos, arquitetos e artistas em geral.

O conjunto preservado de peças de cerâmica, esculturas e monumentos religiosos gregos produzidos no Período Clássico provoca até hoje admiração e interesse. Essas obras mostram harmonia, simetria, simplicidade e equilíbrio.

Muitas obras gregas valorizavam o humano (e não apenas os deuses, como outros povos da Antiguidade), propondo novas reflexões sobre seus pensamentos, seus sentimentos e suas atitudes diante da vida. Em alguns lugares do mundo, os valores dessa cultura foram considerados exemplares.

O modelo grego de beleza buscava a representação das formas e dos movimentos humanos com base no equilíbrio e na perfeição e foi revisitado, em épocas posteriores, por diversos movimentos artísticos.

Tanto as obras de arte como o pensamento filosófico dos gregos estavam também atrelados à mitologia. Os mitos gregos exerceram grande influência sobre outros povos, servindo até hoje de inspiração para obras de arte e para diversas áreas do conhecimento humano, como a Psicologia.

Construído no século V a.C., o Teatro de Siracusa ainda mostra sua estrutura original, ampliada no século III a.C. e outras vezes mais tarde. O espaço destinado ao público chegou a reunir cerca de 13 mil pessoas. Foto do Teatro de Siracusa, na Sicília, Itália, em 2017.

srekap /Shutterstock

Minha biblioteca

Grandes gregos, de Terry Deary, Editora Melhoramentos, 2001. Descubra os heróis, os soldados espartanos, os principais filósofos e a vida dos escravos. Leia informações sobre a alimentação e sobre o deus que comia seus próprios filhos.

Gregos: vida cotidiana, de John Guy, Editora Melhoramentos, 2002. Traz detalhes sobre a cultura da Grécia antiga.

Saiba mais

Mitos gregos: ontem e hoje

Assim como outros povos, os antigos gregos criaram mitos para explicar a origem do mundo, da humanidade, das instituições, etc.

Os mitos gregos, assim como muitas criações desse povo, influenciaram fortemente outras culturas e atravessaram os séculos. Diversas atividades humanas e áreas do conhecimento têm hoje seus nomes derivados da mitologia. Psicologia deriva de Psiquê, personificação da alma humana, que despertou o amor de Eros, deus do amor. A cronologia (sucessão dos fatos e das épocas) vem de Cronos, deus que separou o céu da terra e deu origem ao tempo. O Destino, personagem da mitologia grega que determina o futuro dos deuses e da humanidade, é uma ideia bastante familiar para nós.

Artes na Grécia antiga

A literatura grega é bastante antiga e foi iniciada por Homero, com os poemas épicos *Ilíada* e *Odisseia*, que se baseavam em mitos gregos. A poesia lírica, que tratava dos problemas, dúvidas e outros sentimentos humanos, também foi criada na Grécia. Um exemplo é *O trabalho e os dias*, de Hesíodo, escrito por volta de 800 a.C. Nesse poema, o autor narra uma disputa com seu irmão Perses pela herança paterna. Hesíodo se sentiu prejudicado pela decisão dos juízes e, apoiado em narrativas míticas, discutiu no texto o que seria a justiça.

Muitos poetas gregos cantavam seus versos em público, geralmente acompanhados por instrumentos musicais. Caso agradassem o público, adquiriam fama por toda a Grécia.

O **teatro** teve igualmente grande importância na Grécia. Sua origem está ligada às festividades **dionisíacas**, em honra ao deus Dioniso. Nessas festas, realizava-se o *comos* (em grego significa "procissão alegre"), que deu origem à comédia. O canto realizado nesses rituais, chamado *tragoedia* (do grego *trágos* = bode e *óidos* = canto), deu origem à tragédia.

As **tragédias** tratavam de mitos, guerras e do sofrimento humano. Já nas **comédias** eram satirizados os comportamentos, os costumes e a própria sociedade.

As peças eram encenadas ao ar livre, em espetáculos concorridos, que duravam horas. Os atores eram sempre homens e usavam máscaras. Acessível a toda a população, o teatro oferecia uma imagem da sociedade e ajudava os espectadores a refletir sobre sua vida e a pólis onde viviam.

Foi na Grécia, também, que se originou o **relato histórico**. Alguns pensadores começaram a investigar o passado para entender a realidade das pólis, seus problemas e possíveis desdobramentos. Eles são considerados os primeiros historiadores.

Heródoto (c. 480 a.C.-420 a.C.), conhecido como o "Pai da História", descreveu com detalhes as Guerras Médicas em sua obra *História*. Já **Tucídides** (450 a.C.-399 a.C.), autor de *A Guerra do Peloponeso*, pesquisou as causas políticas dos conflitos entre Atenas e Esparta.

Poema épico: poema em que são narrados feitos grandiosos de um herói, geralmente de caráter fantasioso. Também chamado de epopeia.

Poesia lírica: poema cantado com o acompanhamento da lira (instrumento de cordas tocado pelos gregos antigos).

Ruínas do Teatro de Dioniso, em Atenas, em foto de 2017. Observe sua construção em forma semicircular, que proporcionava boa visão e audição do que se passava no palco, qualquer que fosse o lugar escolhido. Foi construído no século V a.C.

stoyanh / Deposit Photos / Glow Images

Início da Filosofia

The Bridgeman Art Library/Keystone Brasil/Museus Capitolinos, Roma, Itália.

Busto de Pitágoras, datado de 270 a.C.

O desenvolvimento econômico, as guerras e as constantes migrações que ocorriam na Grécia antiga fizeram da região um "ponto de encontro" de diversos povos. Cada povo tinha os próprios mitos para explicar a origem do mundo e da humanidade.

Com tantas explicações diferentes para os mesmos fatos, os gregos começaram a questionar: quais seriam verdadeiras e quais seriam falsas? A busca de uma explicação verdadeira que valesse para todos originou a **Filosofia**, forma de conhecimento que privilegiava a razão humana e não mais se baseava nas explicações mitológicas.

As primeiras correntes filosóficas surgiram no Período Arcaico, baseadas na observação da natureza. **Pitágoras** (570 a.C.-495 a.C.) e seus seguidores desenvolveram o conhecimento da Matemática. Eles acreditavam que os números eram o sentido de tudo e que o Universo seria comandado por proporções perfeitas.

No século V a.C., surgiram os **sofistas**. Defensores da democracia e preocupados com o desenvolvimento das pólis, esses pensadores voltavam sua atenção para o cotidiano. Os sofistas não acreditavam em verdades absolutas, mas na existência de visões diferentes sobre o mundo e as coisas. Um deles, Protágoras (490 a.C.-420 a.C.), dizia que "o homem é a medida de todas as coisas".

Verdade absoluta: verdade definitiva, que não se discute.

A ética

No final do século V a.C., a Filosofia passou a se ocupar da ética. Desse período, destaca-se **Sócrates** (470 a.C.-399 a.C.). Tudo o que se sabe dele e de suas ideias deve-se a seus discípulos, especialmente Platão, pois Sócrates não escreveu seus ensinamentos. As críticas de Sócrates ao governo ateniense na época das Guerras do Peloponeso levaram-no à morte. Ele foi julgado e condenado a beber cicuta, um poderoso veneno.

Ética: ramo da Filosofia que estuda a conduta do ser humano, estabelecendo normas a serem seguidas.

Para **Platão** (427 a.C.-347 a.C.), cada coisa do mundo material, mutável e passageira, corresponderia a uma ideia, que seria duradoura e imutável. Por exemplo, a ideia de cavalo é permanente; já o cavalo material, que podemos ver e tocar, acaba envelhecendo e morrendo, desaparece. A **aparência** das coisas, dizia Platão, não corresponde ao que elas realmente são (sua **essência**). Em seu tratado *A República*, ele defende que o bom governante é aquele que consegue se elevar ao mundo das ideias e não se prender às coisas mundanas, tal qual elas aparecem para nós.

Aristóteles (384 a.C.-322 a.C.), outro seguidor de Sócrates, interessava-se pelo mundo material e não pelo mundo das ideias. Ele impulsionou o estudo da **lógica** ao procurar organizar todo o conhecimento até então produzido.

No Período Helenístico, surgiram novas correntes filosóficas. Veja-as abaixo.

- **Estoicismo**, fundado por **Zenão** (333 a.C.-264 a.C.), propunha ao homem a possibilidade de aceitar calmamente a dor e o prazer, a ventura e o infortúnio;
- **Epicurismo**, fundado por **Epicuro** de Atenas (341 a.C.-270 a.C.), pregava que a obtenção do prazer era a base da felicidade humana;
- **Ceticismo**, fundado por **Pirro** (365 a.C.-275 a.C.), caracterizava-se, essencialmente, pelo negativismo e defendia que a felicidade consiste em não julgar coisa alguma.

INFOGRÁFICO

Artes na Grécia antiga

Arquitetura

Os antigos gregos desenvolveram diferentes técnicas de construção, produzindo três estilos arquitetônicos que se diferenciavam pela forma das colunas e do capitel (a parte superior da coluna): o **jônico**, o **dórico** e o **coríntio**, mostrados nestas imagens.

Ilustrações: Babich Alexander/Shutterstock

rabbit75_dep/Deposit Photos/Glow Images

Partenon, em Atenas: as colunas do estilo dórico tinham linhas mais rígidas e capitel liso. Foto de 2016.

Aerial-motion/Shutterstock

Templo de Zeus, em Atenas: o estilo coríntio caracterizava-se pelas colunas mais ornamentadas, expressando luxo e abundância. Foto de 2017.

George Atsametakis/Alamy/Fotoarena

Templo de Atena Niké, em Atenas: no estilo jônico, os capitéis possuíam volutas (enfeites em forma de caracol). Foto de 2016.

Escultura

Os gregos também se destacaram no campo da escultura. Criaram obras que até hoje causam admiração pela perfeição de suas formas, que procuram copiar os detalhes da realidade, como o *Discóbolo* (ao lado).

Muitas esculturas clássicas gregas que chegaram até nós são reproduções romanas feitas de pedra – as originais eram geralmente de bronze e se perderam durante as guerras, quando o bronze era fundido para fazer armas. Os próprios gregos faziam cópias das esculturas de bronze antes de destruí-las. Além disso, as esculturas eram coloridas.

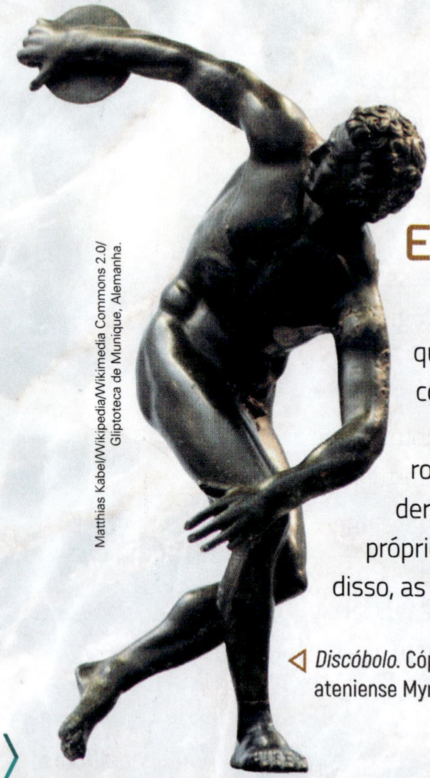

Matthias Kabel/Wikipedia/Wikimedia Commons 2.0/ Gliptoteca de Munique, Alemanha.

◁ *Discóbolo*. Cópia romana em bronze do original do escultor ateniense Myron do século V a.C.

Música

Não é possível escutar a música grega antiga, mas podemos imaginar como ela soava lendo os tratados musicais deixados pelos gregos. Outras fontes para o estudo da música grega são os instrumentos musicais representados em muitas de suas pinturas e esculturas.

A música grega estava associada à poesia, aos rituais religiosos e fazia parte da educação dos jovens da elite, ao lado da Filosofia e das ciências.

Cerâmica

Outro destaque grego foram as pinturas em objetos de cerâmica. Uma grande quantidade de peças com representações de cerimônias, rituais, deuses, homens e mulheres nas mais diferentes situações chegou até hoje. Elas nos revelam muito da vida cotidiana da população da Grécia antiga. Havia vasos destinados a armazenagem, geralmente com alças dos dois lados e bocas estreitas para serem lacradas; outros tinham bocas largas e guardavam misturas. Havia jarros com bicos moldados (para evitar desperdício do líquido guardado) e pequenos recipientes para óleos ou perfumes, próprios para utilizar com uma das mãos.

Reprodução/Museu J. Paul Getty, Malibu, Califórnia, EUA.

Jarro grego datado de 625 a.C.

Akg-Images/Latinstock/ Museu Nacional, Chiusi, Itália.

Vaso grego do século V a.C.

Período Helenístico

No Período Helenístico, a arte grega tornou-se mais realista, exprimindo violência e dor, componentes constantes dos tempos de guerra. Na arquitetura, predominavam o luxo e a grandiosidade, reflexo da imponência do Império Macedônio. Na escultura, turbulência e agitação eram os traços mais significativos.

Araldo de Luca/Corbis/Getty Images/ Museu do Vaticano, Cidade do Vaticano, Itália.

Laocoonte e seus filhos, escultura de mármore de Hagesandro, Polidoro e Atenodoro, provavelmente do século II a.C. A dramaticidade da obra e a ênfase nas emoções foram resultado do contato da arte grega com o mundo oriental. Dimensões: 2,10 m × 1,60 m.

TRABALHANDO COM **DOCUMENTOS**

Os escravos na Grécia antiga eram propriedade do dono e tratados como objetos que podiam ser comprados, vendidos, alugados, doados, segundo a vontade de seu senhor.

Abaixo há um trecho de um tratado de fins do século IV a.C., atribuído ao filósofo grego Aristóteles e que talvez seja obra de um de seus discípulos.

Stefano Bolognini/Wikipedia/Wikimedia Commons 3.0

Ânfora grega com pintura representando um homem sendo amparado por um escravo. Obra datada do século V a.C. atribuída ao Pintor de Brigos, cujo nome real é desconhecido.

Ao lidarmos com escravos, não deveríamos permitir que fossem insolentes para conosco, nem os deixar totalmente sem controle. Aqueles cuja posição está mais próxima da dos homens livres deveriam ser tratados com respeito; aqueles que são trabalhadores deveriam receber mais comida.

Há três coisas: trabalho, punição e comida. O fato de ter comida mas não trabalho e punição torna o escravo insolente; dar-lhe trabalho e punição sem comida é um ato de violência e o debilita. A alternativa é dar-lhe trabalho para fazer e comida suficiente. Não é possível dirigir alguém sem recompensá-lo, e a comida é a recompensa do escravo.

É essencial que cada escravo tenha uma finalidade claramente definida. É tanto justo e vantajoso oferecer liberdade como um prêmio [...]. Também deveríamos deixar que tenham filhos que sirvam como reféns; e, como é de costume nas cidades, não deveríamos comprar escravos das mesmas origens étnicas.

Insolente: mal-educado, atrevido.

Debilitar: enfraquecer.

CARDOSO, Ciro Flamarion. *O trabalho compulsório na Antiguidade:* ensaio introdutório e coletânea de fontes primárias. Rio de Janeiro: Graal, 2003. p. 120-121.

1 Com relação ao escravo, segundo o documento acima:

a) As decisões dos donos na Grécia antiga dependiam da concordância dos seus escravos?

b) Qual era a importância de oferecer trabalho, comida e punição e não apenas trabalho e comida sem punição?

c) Conseguir a liberdade dependia somente dos escravos?

2 Quem eram considerados escravos na Grécia antiga?

3 A Grécia antiga empregou escravos no campo das médias e pequenas propriedades, ao mesmo tempo que apresentou um grande desenvolvimento nas artes e no conhecimento. Como se explica esse quadro?

4 Herdamos da Antiguidade a ideia de escravo-mercadoria. Você conhece exemplos na história brasileira em que o conceito de escravo-mercadoria ganhou uma dimensão maior?

Religião

A religião na Grécia antiga caracterizava-se pelo **politeísmo antropomórfico** (do grego *polys* = vários; *theos* = deus; *anthropos* = homem; *morphos* = forma), ou seja, os gregos acreditavam em vários deuses, que se assemelhavam aos humanos no aspecto físico e psicológico. O que distinguia deuses de humanos era a imortalidade. Os deuses levavam uma vida parecida com a dos aristocratas e formavam uma família hierarquizada. E, como qualquer ser humano, brigavam, amavam, mentiam, traíam ou ajudavam uns aos outros.

Cada cidade-Estado grega era protegida por uma divindade, a quem se erguiam templos e eram dedicadas festas e oferendas. Acreditava-se que muitos dos deuses gregos habitavam o monte Olimpo, de onde comandavam os destinos humanos.

Representação de Olímpia, o mais importante santuário grego dedicado ao deus Zeus, na obra *Universal-Lexikon*, de Heinrich Pierer, publicada no século XIX.

Deuses gregos

Zeus era reconhecido como o soberano dos deuses, a principal figura divina e defensora da liberdade humana. Sua esposa, Hera, protegia as mulheres e o casamento. Seus descendentes e parentes formavam o conjunto das divindades, cada qual responsável por um aspecto da vida comum. Por exemplo, Atena (filha de Zeus) protegia as oliveiras e foi adotada pelos atenienses como a protetora de sua pólis. Em sua homenagem foi construído o Partenon.

Da relação entre deuses e humanos nasceram heróis com o poder dos deuses, mas com a mortalidade dos humanos. É o caso de Hércules, famoso por sua força extraordinária, e Teseu, que livrou a Grécia da opressão do Minotauro.

Jogos Olímpicos na Grécia antiga

Os **Jogos Olímpicos**, realizados a cada quatro anos, eram uma homenagem a Zeus. Atletas de várias cidades-Estado participavam dos jogos, das festas e dos sacrifícios em favor dos deuses. Em santuários, por meio de rituais, os gregos consultavam as divindades (os **oráculos**) para pedir conselhos ou conhecer o futuro. O oráculo mais conhecido localizava-se em **Delfos** e era dedicado ao deus Apolo.

DeAgostini/Getty Images/Biblioteca de Artes Decorativas, Paris, França.

Acredita-se que os Jogos Olímpicos tenham se iniciado na Grécia antiga em 776 a.C. Receberam esse nome porque aconteciam na cidade de Olímpia, na Élida. Diversas provas eram praticadas pelos competidores, que vinham de diferentes pontos da Grécia. Os vencedores eram premiados com uma coroa ou um ramo de folhas de oliveira e eram recebidos em sua cidade como heróis. A prática dos Jogos Olímpicos perdurou por 12 séculos.

Reprodução/Museu de Karlsruhe, Alemanha.

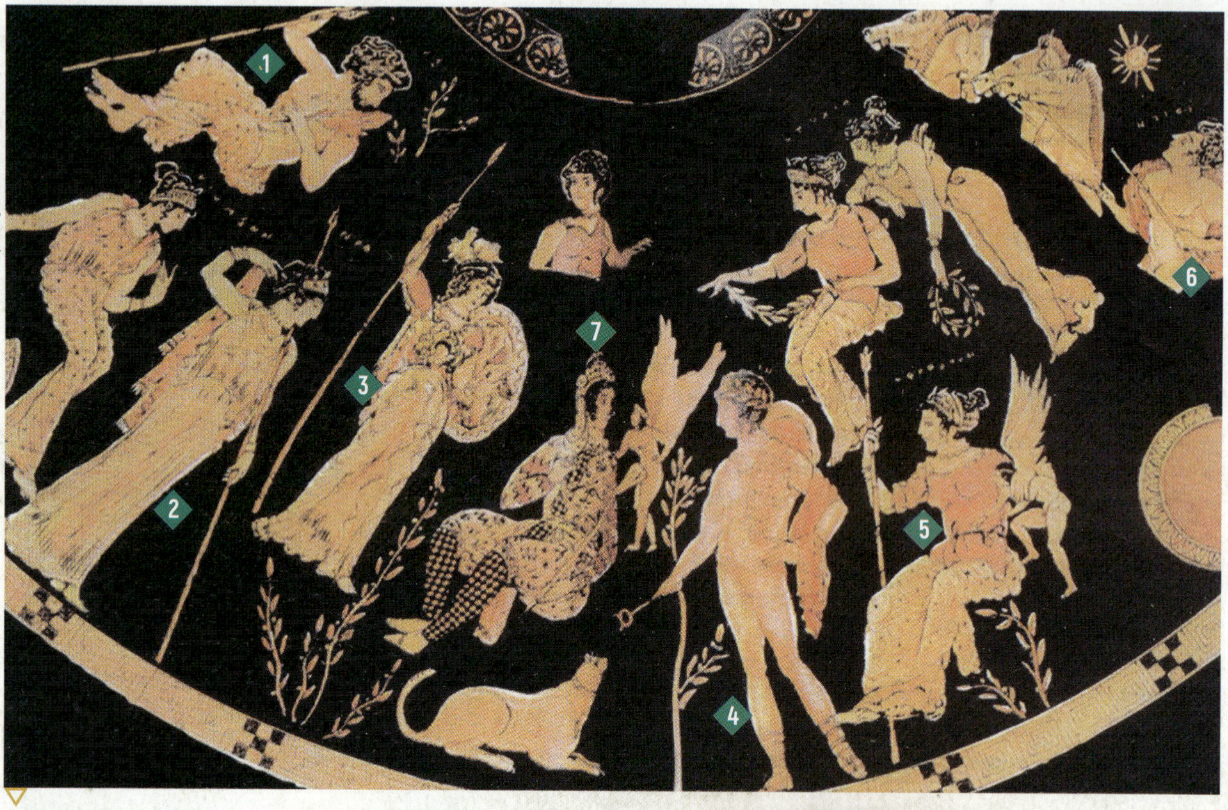

Detalhe de um vaso grego do século V a.C., com representações dos deuses gregos: **1.** Zeus, o rei dos deuses, o céu. **2.** Hera, esposa de Zeus, o casamento. **3.** Atena, a inteligência, a sabedoria. **4.** Hermes, o mensageiro dos deuses, o comércio. **5.** Afrodite, o amor, a beleza. **6.** Apolo, o sol, as artes. **7.** Páris, herói troiano, a origem da guerra de Troia, por ter roubado Helena, esposa do rei de Esparta.

1º dia - Sacrifícios em honra a Zeus

Erich Lessing/Album/Latinstock/Museu de História da Arte, Viena, Áustria.

Dois atletas carregando tochas olímpicas, em vaso grego do século V a.C.

Reprodução/Museu do Louvre, Paris, França.

2º dia – Corridas

Corredores, em detalhe de vaso grego do século V a.C.

3º dia – Esportes de combate

Dois combatentes e um juiz, em representação do século XIX, a partir de pinturas de vasos gregos.

DeAgostini/Getty Images/Biblioteca de Artes Decorativas, Paris, França.

4º dia – Pentatlo: lançamento do disco, lançamento de dardo, salto a distância, corrida, luta

Atirador de dardo, em pintura de vaso grego do século V a.C.

Ace Stock Ltd/Alamy/Latinstock

Ace Stock Ltd/Alamy/Latinstock

5º dia – Corrida de cavalos

Corredor de cavalos, em pintura de vaso grego do século V a.C.

Gianni Dagli Orti/Shutterstock

6º dia – Cerimônia de premiação

A personificação da Vitória entregando a coroa de louros para um atleta, em detalhe de vaso grego do século V a.C.

Mapeando saberes

- Esparta liderou a luta contra a supremacia ateniense nas Guerras do Peloponeso.
- As guerras enfraqueceram os gregos, que foram conquistados pelos macedônios do norte.

- Atenas exerceu hegemonia durante o Período Clássico, época das Guerras Médicas contra os persas e do governo de Péricles.

- A invasão macedônia com Filipe II transformou a Grécia em província dos persas.
- Alexandre Magno formou um grande império, que se desmembrou progressivamente após a sua morte.

ATENÇÃO A ESTES ITENS

- Helenismo: nasce da fusão de elementos gregos e orientais.
- Literatura: destaque para a *Ilíada*, a *Odisseia* e *O trabalho e os dias*.
- Teatro: destacaram-se as tragédias. Os historiadores Heródoto e Tucídides deixaram importantes narrativas das Guerras Médicas e das Guerras do Peloponeso.
- Arquitetura: desenvolvimento de três estilos: o dórico, o jônico e o coríntio.
- Filosofia: destacaram-se Pitágoras, Sócrates, Platão e Aristóteles.
- Correntes filosóficas: prevaleceram o estoicismo, o epicurismo e o ceticismo na época helenística.
- Religião: politeísta; os deuses se assemelhavam aos humanos, física e psicologicamente, mas eram imortais.
- Zeus: divindade mais importante. Em sua honra realizavam-se os Jogos Olímpicos.

POR QUÊ?

- Literatura, teatro, mitos, escultura, Filosofia, História e política são algumas áreas gregas que influenciaram outras civilizações.
- A valorização do humano e suas realizações deixaram importantes elementos para os valores e atuações no presente.
- O desenvolvimento grego, baseado na democracia escravista, favoreceu o surgimento de pensadores e artistas, que podiam se dedicar às atividades intelectuais.
- O fim da democracia e as guerras dos períodos Clássico e Helenístico influenciaram as mudanças culturais e artísticas, principalmente na escultura e na Filosofia.
- Para a cultura grega, a educação derivada das boas artes e o conjunto de modos de pensar e viver formavam o cidadão verdadeiro, genuíno e perfeito.
- Da democracia da época de Péricles ao mundo grego helenístico prevaleceu a formação imperial (em lugar da autonomia das pólis) e a concentração do poder nas mãos de Alexandre.
- A força das armas e o comando militarizado foram priorizados, o que prejudicou as decisões tomadas pela maioria, contrariando o processo democrático existente na Grécia.

ATIVIDADES

Retome

1› Complete o quadro abaixo.

Guerras	Causas do conflito	Consequências para as cidades gregas
Guerras Médicas		
Guerras do Peloponeso		

2› Após as guerras Médicas e do Peloponeso, a Grécia foi invadida por povos do norte da península Balcânica. Quem eram esses povos e quem os comandava?

3› Compare a religião dos gregos com a dos antigos egípcios, apontando uma semelhança e uma diferença entre elas.

4› Qual é a principal diferença entre o pensamento de Aristóteles e o de Platão?

5› Com relação à cultura helenística, responda:

a) Cite três características das obras de arte helenísticas.

b) Qual foi a novidade trazida pelo Helenismo para a vida política da Grécia antiga? Explique-a.

Analise o texto

6› Leia a seguir o trecho da Constituição brasileira que define o funcionamento da nossa atual democracia.

Capítulo IV

Dos direitos políticos

Art. 14. A soberania popular será exercida pelo sufrágio universal e pelo voto direto e secreto, com valor igual para todos [...].

§ 1º. O alistamento eleitoral e o voto são:

I. obrigatórios para os maiores de dezoito anos;

II. facultativos para:

a) os analfabetos;

b) os maiores de setenta anos;

c) os maiores de dezesseis e menores de dezoito anos.

§ 2º. Não podem alistar-se como eleitores os estrangeiros [exceto os naturalizados] e, durante o período do serviço militar obrigatório, os conscritos.

Constituição da República Federativa do Brasil de 1988.

- **Sufrágio:** eleição, votação.
- **Alistamento:** ato de se inscrever numa lista (no caso, a lista do conjunto de eleitores).
- **Naturalizado:** pessoa que, nascida no estrangeiro, optou por obter a nacionalidade de outro país; no caso, a brasileira.
- **Conscrito:** pessoa alistada no Exército.

a) Quem é obrigado e quem não pode votar no Brasil atualmente?

b) Quem tem o direito de escolher se vota ou não?

7› Com base nas respostas da questão 6, compare a democracia brasileira atual com a ateniense do Período Clássico, apontando semelhanças e diferenças.

8› Cite uma medida que, em sua opinião, pode ajudar a aperfeiçoar a democracia no Brasil.

Analise a imagem

9› Observe a reprodução da escultura *Laocoonte e seus filhos* da página 151 e depois responda às questões abaixo.

a) Qual é a expressão das figuras representadas e por que têm essa expressão?

b) Há preocupação do artista em retratar as formas, proporções, expressões, etc. dos personagens como aparecem na realidade? Dê exemplos.

Autoavaliação

1. Quais atividades você considerou mais fáceis e mais difíceis? Por quê?
2. Em quais atividades você utilizou o texto do capítulo como base para sua resposta?
3. Algum ponto do capítulo não ficou muito claro para você? Qual?
4. Você compreendeu o esquema *Mapeando saberes*? Explique-o.
5. Você saberia apontar exemplos da atualidade considerando o que aprendeu no item *Por quê?* do *Mapeando saberes*?
6. Como você avalia sua compreensão dos assuntos tratados neste capítulo?
   - **Excelente**: não tive nenhuma dificuldade.
   - **Boa**: tive algumas dificuldades, mas consegui resolvê-las.
   - **Regular**: foi difícil compreender certos conceitos e resolver as atividades.
   - **Ruim**: tive muitas dificuldades, tanto no conteúdo quanto na realização das atividades.

CAPÍTULO

10 Roma antiga

Caio Graco, político romano eleito no ano 123 a.C., discursa na Tribuna Romana. Ilustração de 1754.

A língua portuguesa e outros idiomas (como o francês, o espanhol e o italiano) são originários da língua latina, nascida na civilização romana.

As sociedades ocidentais conservam muitos aspectos da civilização romana. O Direito moderno também se baseou nas instituições romanas. A República moderna, sistema de governo adotado em vários países, inclusive no Brasil, tem como referência a República romana que se desenvolveu do século VI a.C. ao século I a.C.

A civilização romana surgiu do desenvolvimento da cidade-Estado de Roma, situada no centro da península Itálica, próxima do Mar Mediterrâneo. Ao longo de quase nove séculos, essa cidade deixou de ser um pequeno vilarejo e se tornou a capital de um dos maiores impérios do mundo antigo. A história política de Roma costuma ser dividida em três períodos distintos: **Monarquia**, **República** e **Império**.

Neste capítulo, vamos estudar a formação de Roma, que corresponde aos dois primeiros períodos.

Para começar

Observe a imagem e atente à legenda. Ela representa uma cena que pode ter acontecido na República de Roma no século II a.C.

1. Identifique o personagem principal da cena e responda: quais elementos o levaram a reconhecê-lo?
2. Em sua opinião, é possível que um grupo numeroso de pessoas seja influenciado pelas opiniões de um único indivíduo? Por quê?

1 A origem da civilização romana

Os povos indo-europeus chegaram à península Itálica durante o segundo milênio a.C. Muitos séculos mais tarde, um conjunto de sete aldeias de pastores, localizadas no alto de sete colinas na região do Lácio, deu origem à cidade de Roma.

Pouco antes da fundação de Roma, a península Itálica era ocupada por vários povos, destacando-se os italiotas, os etruscos e os gregos. Observe no mapa abaixo as principais regiões da Itália e a distribuição dos povos que ali habitavam na época da fundação de Roma.

Roma: povos formadores

Portal de Mapas/Arquivo da editora

Fonte: elaborado com base em VALENCIA, A. F. *Historia*. Madrid: Editex, 1997. v. 3. p. 76.

△ A cidade de Roma localiza-se na região central da península Itálica. Ao sul da península, na área conhecida como Magna Grécia, encontravam-se os gregos. Na região central, ficavam os italiotas. Entre eles, destacavam-se os **latinos** (habitantes da região do **Lácio**). Os **etruscos** concentravam-se em sua maioria ao norte.

Por volta do século VIII a.C., Roma tornou-se um importante povoado da região, funcionando como centro de defesa contra os frequentes ataques de povos vizinhos. Sua condição geográfica (perto da junção de várias vias naturais de comunicação, como o rio Tibre) facilitava o contato de seus habitantes com diversos povos. Dessa forma, Roma recebeu muitas influências externas, em especial dos etruscos e dos gregos.

Portal de Mapas/Arquivo da editora

LINHA DO TEMPO

Monarquia romana

753 a.C.
Fundação lendária de Roma

República romana

509 a.C.
Deposição do rei Tarquínio

264 a.C. a 146 a.C.
Guerras Púnicas

133 a.C.
Tibério Graco

123 a.C.
Caio Graco

60 a.C. a 54 a.C.
Primeiro Triunvirato

44 a.C.
Segundo Triunvirato

27 a.C.
Império

Linha do tempo esquemática. O espaço entre as datas não é proporcional ao intervalo de tempo.

Principais estradas romanas (séc. III a.C.)

Portal de Mapas/Arquivo da editora

Observe no mapa a rede de estradas construídas pelos romanos até o século III. Elas ligavam Roma ao restante da península. Vem daí a expressão "todos os caminhos levam a Roma". Graças à técnica utilizada na construção dessas vias, muitas existem até hoje.

Fonte: elaborado com base em ATLAS da história do mundo. São Paulo: Folha de S.Paulo, 1995. p. 87.

Saiba mais

Rômulo e Remo

Existem várias versões sobre a origem de Roma. O principal mito de fundação é atribuído a um príncipe troiano, sobrevivente da Guerra de Troia, que acabou indo para a região do Lácio, na Itália. Seus descendentes, Rômulo e Remo, seriam os fundadores da cidade de Roma.

Segundo a lenda, Amúlio, tio de Rômulo e Remo, era rei de Alba Longa (uma das aldeias do Lácio) e temia perder o trono para os sobrinhos. Para garantir sua permanência como rei, Amúlio ordenou que os bebês fossem jogados no rio Tibre.

Salvos por uma loba, que os amamentou, Rômulo e Remo foram resgatados por camponeses e, anos mais tarde, depuseram o rei Amúlio e fundaram Roma, em 753 a.C. O historiador romano Tito Lívio (em sua *História de Roma*) e o poeta clássico Virgílio (na *Eneida*), que viveram séculos depois, fazem referência a essa lenda.

A. de Gregorio/Art Images Archive/Glow Images/Museu Cívico Arqueológico de Bolonha, Itália.

Gianni Dagli Orti/Shutterstock

A estátua da loba em bronze amamentando os irmãos Rômulo e Remo, datada do século XIII (d.C.), é o símbolo da cidade de Roma. No detalhe, face de moeda romana com a representação de Rômulo e Remo e a loba, do século III a.C.

INFOGRÁFICO

A sociedade romana

A família era a base da organização social romana. As famílias se agrupavam em clãs, de acordo com a origem de seus antepassados. Em Roma, havia clãs de origem etrusca, sabina e latina.

A sociedade romana era dividida em quatro categorias sociais básicas:

Clã: conjunto de famílias cujos membros acreditam ser descendentes de um ancestral comum, ainda que remoto.

Sabino: relativo aos sabinos, povo da Itália central. Assim como os latinos, fazem parte do grupo conhecido genericamente como italiota (reveja o mapa da página 159 – *Roma: povos formadores*).

Patrícios: livres e cidadãos romanos
Eram os chefes dos clãs, descendentes dos primeiros habitantes da região. Donos das terras e do gado, compunham a elite que governava a cidade.

Plebeus: livres e sem direitos políticos
Esse grupo era formado por camponeses, artesãos, pequenos proprietários e alguns comerciantes. Formavam a maioria da população romana.

Clientes: livres e sem direitos políticos
Todos os que prestavam serviços aos patrícios, sendo seus dependentes ou agregados.

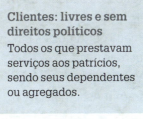

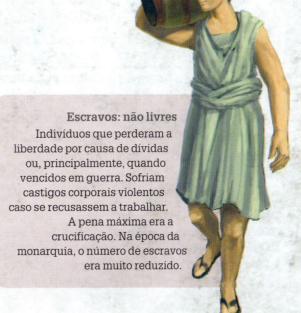

Escravos: não livres
Indivíduos que perderam a liberdade por causa de dívidas ou, principalmente, quando vencidos em guerra. Sofriam castigos corporais violentos caso se recusassem a trabalhar. A pena máxima era a crucificação. Na época da monarquia, o número de escravos era muito reduzido.

Ilustrações: Carlos Bourdiel/Arquivo da editora

As mulheres em Roma

A situação das mulheres variou muito ao longo da história romana. Embora fossem excluídas oficialmente da vida política, em geral elas tinham mais participação na sociedade que as mulheres gregas.

Os principais papéis destinados às mulheres romanas eram os de esposa e de mãe. Os chefes de família escolhiam com quem suas filhas deveriam se casar, podendo realizar o casamento quando elas completavam 12 anos.

Mesmo sujeitas ao poder de um homem, principalmente do pai (o chefe da família) ou do marido, as mulheres romanas frequentavam espaços públicos, como o teatro e os tribunais, e assumiram diferentes papéis na Roma antiga: comerciantes, sacerdotisas, parteiras, etc.

Além disso, a família se transformou com o expansionismo romano (que veremos adiante). Por causa das guerras e da ausência ou morte dos maridos, as mulheres conquistaram o direito à herança dos bens paternos e à administração dos bens da família.

As mulheres que sabiam ler e escrever eram proibidas de tornar públicos seus escritos. Por isso, o estudo das práticas e representações femininas geralmente é realizado com base em textos escritos por homens. A análise de representações artísticas em mosaicos, esculturas, pinturas, etc. e de objetos cotidianos permite ampliar o conhecimento sobre o papel da mulher na sociedade romana.

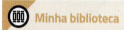

Oleg Senkov/Shutterstock

Mulheres romanas não tinham direitos políticos. Cópia romana de uma estátua grega do século V a.C. produzida pelo escultor Fídias, representando uma arqueira.

O período monárquico

As informações sobre os primeiros tempos de Roma são raras. Escavações arqueológicas continuam ocorrendo na cidade de Roma, o que levará a novas descobertas.

Segundo Tito Lívio (59 a.C.-17 d.C.) e Virgílio (70 a.C.-19 a.C.), os quatro primeiros reis do **período monárquico** teriam sido latinos: Rômulo, Numa Pompílio, Túlio Hostílio e Anco Márcio. A partir do século VII a.C., o Lácio ficou sob domínio dos reis etruscos: Tarquínio Prisco, Sérvio Túlio e Tarquínio, o Soberbo.

Na época da monarquia, os reis romanos governavam até a morte. Eles comandavam o Exército, conduziam as cerimônias religiosas e determinavam as punições como um juiz. Seu poder era controlado pelo **Conselho dos Anciãos**, ou **Senado**. Esse órgão era formado pelos chefes dos **clãs** e podia vetar as decisões do rei.

Vetar: anular, impedir.

Havia, ainda, a **Assembleia Curiata** (reunião de clãs), formada por todos os patrícios, que votava as leis e decidia sobre as declarações de guerra e de paz.

Os patrícios ampliaram pouco a pouco seu poder ao longo do século VI a.C., sob o governo dos últimos reis de origem etrusca. Eles dominaram a Assembleia e o Senado e acabaram derrubando a monarquia.

Minha biblioteca

Como seria sua vida na Roma antiga?, de Anita Ganeri, Editora Scipione, 1996. Livro ricamente ilustrado, com informações detalhadas sobre vários aspectos do cotidiano na Roma antiga.

Roma antiga: histórias da Antiguidade, de Stewart Ross, Editora Companhia das Letras, 2007. Por meio de uma história em quadrinhos, este livro nos ajuda a conhecer mais da vida e dos costumes da civilização romana.

O período da República

O último rei etrusco, Tarquínio, o Soberbo, foi deposto pelos patrícios em 509 a.C. Os patrícios elegeram então dois governantes para exercerem o poder executivo em conjunto por um ano. Esses governantes tinham menos poderes que os antigos monarcas e estavam subordinados ao Senado, o órgão político máximo de Roma. Os patrícios afirmavam que essa nova forma de governo representava a libertação de Roma diante da dominação etrusca. Essa e outras mudanças profundas na organização do poder marcaram o início da **República romana**.

Reprodução/Palácio Madama, Roma, Itália.

Representação do Senado romano, em afresco de Cesare Maccari, do século XIX. No centro do Senado, o orador Cícero prununcia-se contra o senador Catilina em 63 a.C., em defesa da República. São famosas as catilinárias de Cícero, discursos firmes que desconstruíam aqueles que agiam contra a República, usando a política em benefício próprio.

Construindo conceitos

República

Em latim, república (*res publica*) significa coisa pública ou, ainda, bem comum. É o oposto de coisa privada (*res privata*).

Na Roma antiga, república significava um governo regido pelo interesse comum (do povo) de acordo com a lei. De início, como nas pólis gregas, tinha por base a participação dos cidadãos-soldados e evoluiu para o domínio das poderosas famílias de grandes proprietários de terras e escravos – uma república oligárquica.

Hoje, república é uma forma de governo que se opõe à monarquia. Nela predominam as eleições que ocorrem de tempos em tempos para escolher o governante, cujo mandato geralmente dura entre quatro e seis anos, em vez de reis com poderes hereditários e vitalícios.

Erich Lessing/Album/Latinstock/Museus Capitolinos, Roma, Itália.

Escultura romana do século I d.C., representando um patrício e seus antepassados. Na Roma republicana, era a linhagem de sangue que diferenciava os indivíduos, e não sua riqueza. Com o tempo, porém, a riqueza foi ganhando importância e se transformando em critério de distinção social.

Vitalício: que dura toda a vida.

A organização política e social da República

Os órgãos da República romana tinham funções diferentes dos da monarquia, mas continuavam controlados pelos patrícios. Veja o esquema abaixo.

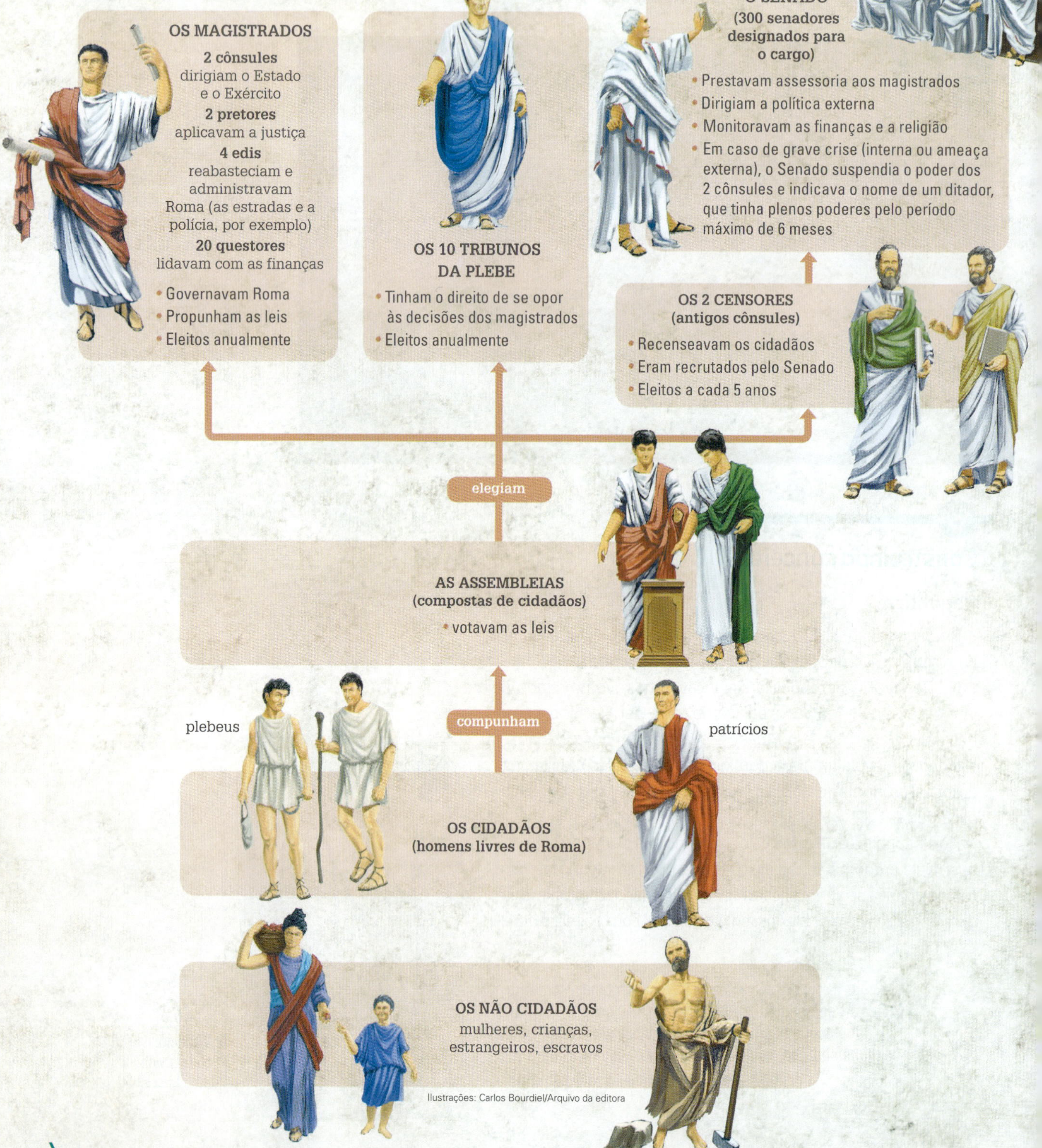
OS MAGISTRADOS
2 cônsules
dirigiam o Estado e o Exército
2 pretores
aplicavam a justiça
4 edis
reabasteciam e administravam Roma (as estradas e a polícia, por exemplo)
20 questores
lidavam com as finanças
• Governavam Roma
• Propunham as leis
• Eleitos anualmente
OS 10 TRIBUNOS DA PLEBE
• Tinham o direito de se opor às decisões dos magistrados
• Eleitos anualmente
O SENADO
(300 senadores designados para o cargo)
• Prestavam assessoria aos magistrados
• Dirigiam a política externa
• Monitoravam as finanças e a religião
• Em caso de grave crise (interna ou ameaça externa), o Senado suspendia o poder dos 2 cônsules e indicava o nome de um ditador, que tinha plenos poderes pelo período máximo de 6 meses
OS 2 CENSORES
(antigos cônsules)
• Recenseavam os cidadãos
• Eram recrutados pelo Senado
• Eleitos a cada 5 anos
elegiam
AS ASSEMBLEIAS
(compostas de cidadãos)
• votavam as leis
compunham
plebeus
patrícios
OS CIDADÃOS
(homens livres de Roma)
OS NÃO CIDADÃOS
mulheres, crianças, estrangeiros, escravos
Ilustrações: Carlos Bourdiel/Arquivo da editora

Lutas e conquistas plebeias

Desde a fundação de Roma os plebeus representavam uma grande parcela da sociedade, mas não tinham direito à participação política. Mesmo os poucos artesãos e comerciantes que conseguiam enriquecer continuavam sem direitos políticos.

Durante as guerras, os plebeus eram obrigados a abandonar suas propriedades para defender a cidade. Isso aconteceu muitas vezes durante a República romana, resultando na desorganização da produção agrícola e no endividamento dos camponeses. Os camponeses que não conseguissem pagar seus empréstimos podiam ser escravizados (até que pagassem integralmente suas dívidas), o que era frequente.

Essa situação motivou diversas revoltas dos plebeus. Em 494 a.C., convocados para uma campanha militar, eles se retiraram para o monte Sagrado, próximo à cidade, e ameaçaram não ir à guerra caso suas exigências não fossem atendidas. Pressionados, os patrícios foram obrigados a criar o cargo de **Tribuno da Plebe**.

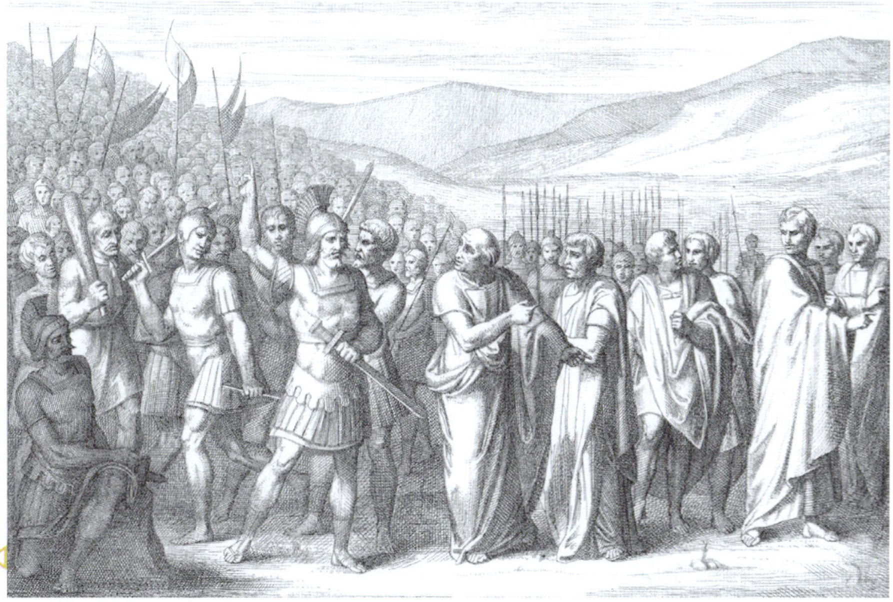

A Revolta do Monte Sagrado, gravura de B. Barloccini, de 1849.

The Bridgeman Art Library/Keystone Brasil/Coleção particular.

Os tribunos eram escolhidos anualmente pelos plebeus. No início eram eleitos dois tribunos; depois passaram a ser dez. Com o tempo, conquistaram o direito de proibir as decisões do Senado e até de suspender atos de cônsules e magistrados.

Em 450 a.C., novas revoltas plebeias conseguiram que as leis romanas passassem a ser escritas. Até então, as leis eram baseadas nos costumes dos antepassados e transmitidas oralmente. Dessa forma, sua aplicação ficava a critério dos governantes, que defendiam os interesses dos patrícios.

A elaboração de um código de leis, que foi gravado em 12 tábuas de bronze, alterou essa situação. O código ficou conhecido como a **Lei das 12 Tábuas** e continha regras dos antigos costumes e outras que beneficiavam os plebeus. A plebe foi conquistando novos direitos, como a abolição da escravidão por dívidas. Em 445 a.C., por exemplo, a **Lei Canuleia** permitia o casamento entre patrícios e plebeus. Porém, essa possibilidade acabava valendo só para os plebeus enriquecidos com as atividades comerciais.

Ao longo do tempo, a elaboração de várias leis deu origem a três áreas distintas: o direito público (referente às relações entre os cidadãos e o Estado); o direito privado, (relativo aos interesses dos particulares); e o direito internacional (que regulava as relações entre todos os povos ligados ao Império Romano). Essa organização do Direito é utilizada até hoje em muitos países, incluindo o Brasil.

2 O expansionismo romano

As disputas de Roma com os povos vizinhos pouco a pouco produziram vitórias e conquistas territoriais. Desde o século V a.C., os romanos expandiram seus domínios por toda a península Itálica e depois por outras regiões, como mostra o mapa abaixo.

Expansão romana (V a.C.-I a.C.)

Portal de Mapas/Arquivo da editora

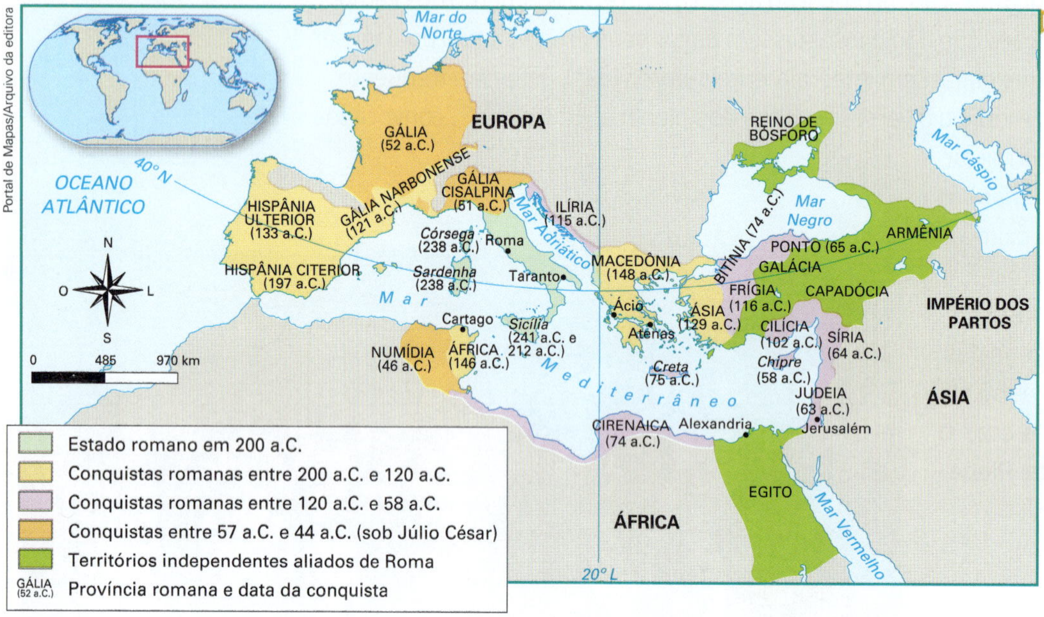

O mapa mostra a expansão romana ao longo dos séculos pelo continente europeu.

Fonte: elaborado com base em ATLANTE storico de Agostini. Novara: Istituto Geografico de Agostini, 2005. p. 29.

Nesse processo de expansão, os romanos se depararam com a força e potência da cidade de origem fenícia de Cartago. O antigo porto de Cartago tinha capacidade para abrigar 200 navios de guerra. Localizada ao norte do continente africano, tinha mais de 300 mil habitantes e possuía muitas colônias na região do mar Mediterrâneo.

As disputas entre Roma e Cartago pelo controle comercial do Mediterrâneo ocidental levaram, em 264 a.C., às **Guerras Púnicas** (de *punicus*, em latim, relativo a Cartago).

Após muitos conflitos, Cartago foi derrotada em 146 a.C. e Roma dominou os territórios cartagineses. Nos séculos seguintes, os romanos prosseguiram seu expansionismo e conquistaram a Macedônia, a Síria, a Grécia e o Egito.

Saiba mais

Arquimedes

Arquimedes foi um grande cientista de Siracusa, cidade localizada na ilha da Sicília, na Magna Grécia. Nasceu em 287 a.C. e morreu em 212 a.C., durante a época helenística.

Uma de suas invenções mais famosas ficou conhecida como parafuso de Arquimedes. Trata-se de um dispositivo que era muito usado na agricultura para elevar a água, transportando-a de um lugar para outro. Veja seu funcionamento na imagem ao lado.

Rodval Matias/Arquivo da editora

Representação artística do parafuso de Arquimedes.

Segundo relatos de alguns historiadores e pensadores romanos, entre eles Tito Lívio e Plutarco (45 d.C.-120 d.C.), Arquimedes foi morto nas Guerras Púnicas, após um cerco de dois anos a Siracusa. O general que comandava o Exército romano sabia da importância do cientista, mas um soldado mal informado invadiu sua casa e o matou. Importante destacar que muitos foram influenciados ou estudaram suas obras; um exemplo foi o pensador italiano Galileu Galilei (da Idade Moderna).

O poderio militar

A organização militar foi um importante fator na expansão territorial de Roma.

Observe a ilustração a seguir, que mostra as características dos acampamentos militares romanos, os únicos no mundo antigo que podiam ser montados e desmontados de acordo com a necessidade de movimentação das tropas. Também como segurança, em volta do acampamento havia um fosso rodeado por paliçadas.

Além dos navios, o exército romano possuía catapultas que arremessavam pedras e outros objetos contra os inimigos.

Paliçada: defesa externa feita de estacas de madeira fincadas no solo.

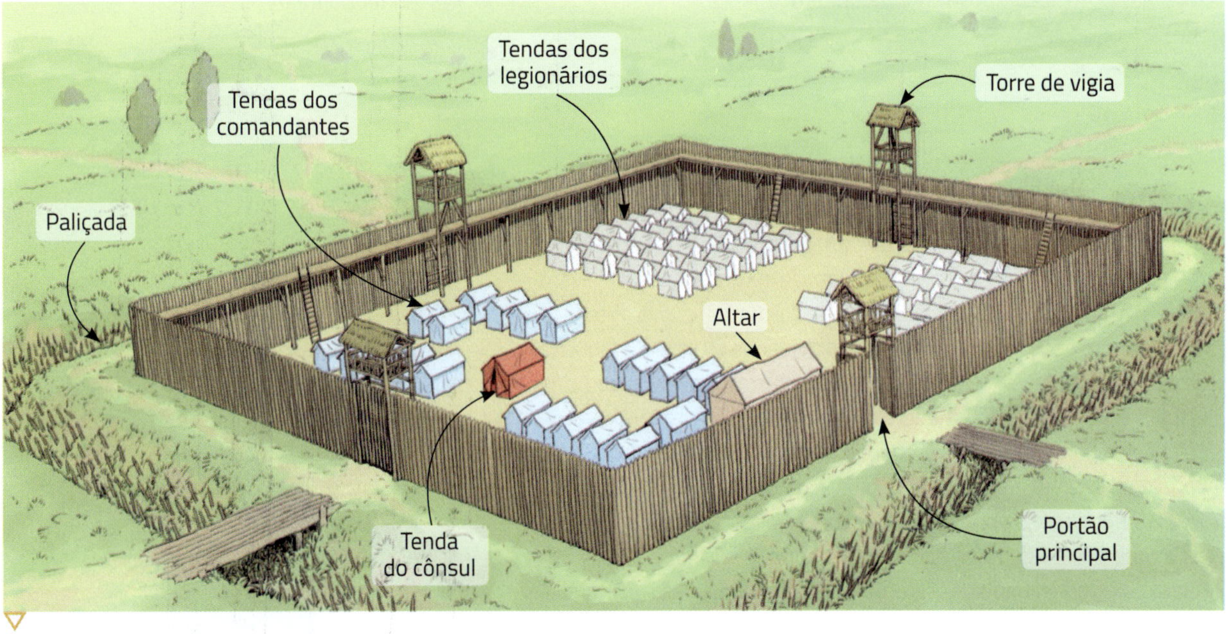

Representação artística, sem escala, de acampamento militar romano.

Consequências das conquistas romanas

O expansionismo romano teve profundos efeitos sobre sua sociedade, entre os quais se destacam:

- envio de riquezas das áreas conquistadas para Roma;
- aumento do número de escravos, que passaram a ser a base da mão de obra romana;
- formação de latifúndios dominados pela aristocracia patrícia (veja o esquema a seguir);
- emergência e protagonismo de poderosos chefes militares;
- aparecimento de grupos sociais ligados à expansão comercial (mercadores e banqueiros) e dos plebeus da cidade, chamados de **proletários**;
- ocorrência de guerras civis, que opunham os diferentes grupos sociais romanos;
- fortalecimento dos generais e enfraquecimento das instituições republicanas e deterioração da República romana por causa das guerras internas.

Observe o esquema a seguir, que mostra que as tensões sociais provocadas pelas conquistas romanas levaram à crise da República.

Do século II a.C. ao século I a.C.

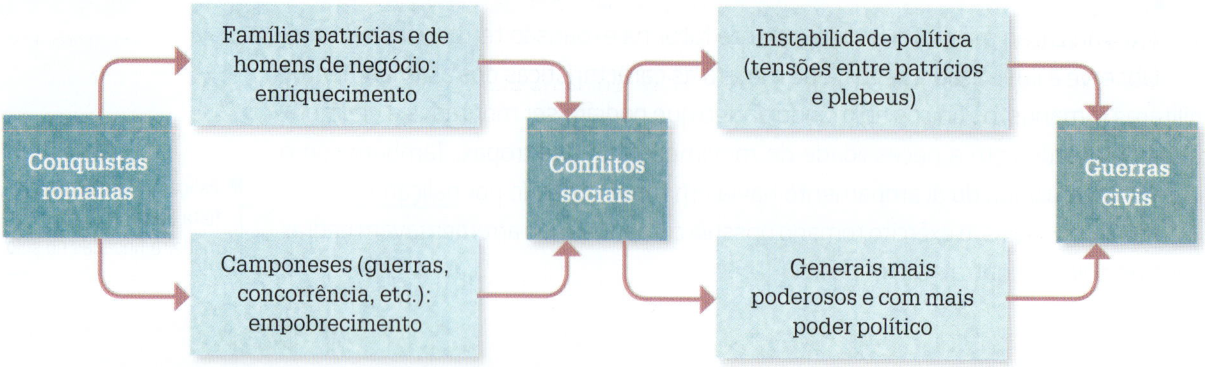

Saiba mais

Latifúndios, a origem dos proletários e os negociantes

Os **latifúndios** na Roma antiga eram grandes propriedades agrícolas que pertenciam à aristocracia patrícia, nas quais se plantavam cereais e se criava gado. Os latifúndios se formaram com a obtenção de terras de pequenos proprietários endividados ou com a conquista de territórios de povos inimigos. Nessas terras, utilizava-se principalmente mão de obra escrava. A produção era feita em larga escala com o objetivo de comercializar os produtos. O latifúndio prevaleceu em algumas regiões, como na Sicília.

Os pequenos proprietários não conseguiam concorrer com as grandes propriedades e acabaram arruinados. Muitos migraram para as cidades, onde passaram a viver em condições miseráveis. Eram chamados de **proletários**, pois, como não pagavam impostos, eram considerados úteis apenas pelos filhos que geravam (prole).

Reprodução/Coleções Estatais de Antiguidades, Munique, Alemanha.

Camponês transportando mercadorias para vender na cidade. Relevo do século I a.C.

Ao longo do tempo, a tradição agrícola romana passou por muitas transformações, principalmente por causa das conquistas militares e dos contatos com diversos povos mediterrâneos. Uma dessas transformações foi o surgimento de homens de negócios, como os banqueiros.

Entre os **negociantes** estavam chefes militares e políticos, que possuíam grande patrimônio. Um exemplo é Considius, que em 63 a.C. tinha uma fortuna de 15 milhões de sestércios (antiga moeda romana). Para entender o valor dessa fortuna, deve-se entender que 2 200 sestércios eram suficientes para alimentar uma família durante um ano na cidade de Pompeia*.

Além disso, naquele período, era comum que diversos aristocratas emprestassem dinheiro a outras regiões sob juros altíssimos.

*Dados: VANOYEKE, Violaine. As finanças na Roma dos césares. In: *História Viva*, ano 2, n. 13, nov. 2004. São Paulo: Duetto. p. 58-59.

A crise da ordem republicana

Como vimos, as conquistas ampliaram as riquezas de Roma, mas também provocaram o empobrecimento da maior parte da população e, assim, o aumento das desigualdades sociais e econômicas.

Diante da crise, surgiram propostas que defendiam reformas profundas, como as dos irmãos Graco.

Tibério Graco, eleito tribuno da plebe em 133 a.C., propôs uma reforma agrária. O tamanho das propriedades no campo deveria ser limitado, e o restante da terra seria distribuído aos pobres. Essa medida conteria o êxodo rural e atrairia os pobres da cidade para o campo. A proposta não foi bem recebida no Senado, dominado por grandes proprietários de terra. Tibério Graco e 300 apoiadores do projeto foram assassinados.

Seu irmão **Caio Graco**, tribuno de 123 a 122 a.C., propôs melhorar as condições de vida dos proletários. Conseguiu a aprovação da **Lei Frumentária**, que obrigava a distribuição de trigo à população por preços baixos. A violenta reação de seus opositores levou-o ao suicídio em 121 a.C.

Êxodo rural: migração do campo para as cidades.

O poder dos generais

Enquanto os irmãos Graco tentavam melhorias sociais para os romanos, alguns **generais conquistadores** disputavam o controle do governo com antigos políticos. O general Mário, defensor da plebe, foi eleito cônsul seis vezes consecutivas no final do século II a.C. Ele modificou a organização do exército romano: os soldados passaram a receber um soldo e parte dos espólios (conquistas de guerra), bem como ganhariam um lote de terra após 25 anos de carreira militar.

Soldo: remuneração a militar de qualquer grau.

DeAgostini/Getty Images/Museu do Vaticano, Cidade do Vaticano, Itália.

Busto do general Mário, do século I a.C.

Sila, sucessor de Mário, defendia os interesses da aristocracia e estabeleceu uma ditadura militar em 81 a.C. Durante seu governo, os líderes populares foram violentamente perseguidos ou mortos. Os assassinos foram recompensados com dinheiro, o que desencorajou os movimentos por mais igualdade social.

Diante da crescente instabilidade, lideranças políticas e sociais estabeleceram em 60 a.C. um acordo para a formação de um governo de três indivíduos, chamados triúnviros. Formou-se, assim, o **Primeiro Triunvirato** romano, composto dos três mais importantes políticos de Roma: Júlio César, Crasso e Pompeu.

Júlio César, sobrinho do general Mário, estava ligado a alguns grupos populares. Pompeu firmou-se como líder aristocrático depois de abafar uma revolta popular na Ibéria (atual Espanha). O general Crasso destacara-se por reprimir uma rebelião de escravos e gladiadores liderada por Espártaco.

The Bridgeman Art Library/Keystone Brasil/Museu do Louvre, Paris, França.

Estátua de Sila, sucessor de Mário, esculpida no século I a.C. Os efeitos sociais da expansão territorial romana causaram instabilidade política e possibilitaram o surgimento de ditadores. Sila, por exemplo, ficou famoso por ordenar perseguições e assassinatos de opositores.

De olho na tela

Spartacus. Direção: Stanley Kubrick. Estados Unidos, 1960. Um filme clássico sobre a revolta de escravos na República romana.

TRABALHANDO COM **DOCUMENTOS**

Um dos fatores mais marcantes da história de Roma foi sua expansão. Observe atentamente os dois mapas abaixo. O mapa 1 representa a distribuição de territórios entre cartagineses e romanos antes das Guerras Púnicas, e o mapa 2 representa o crescimento territorial de Roma até o século I a.C.

Mapa 1

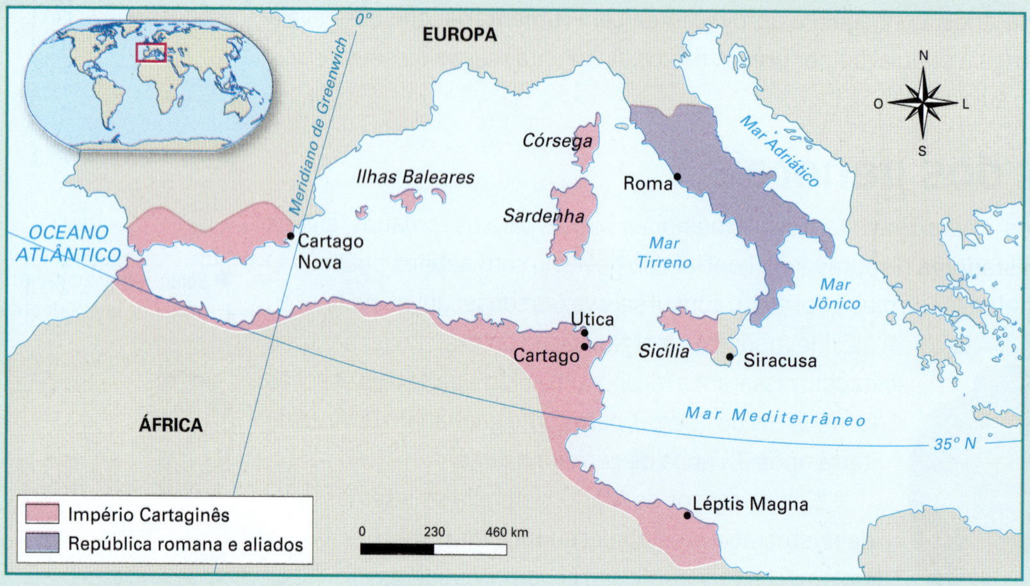

Fonte: elaborado com base em ATLANTE storico de Agostini. Novara: Istituto Geografico De Agostini, 2005. p. 27.

Mapa 2

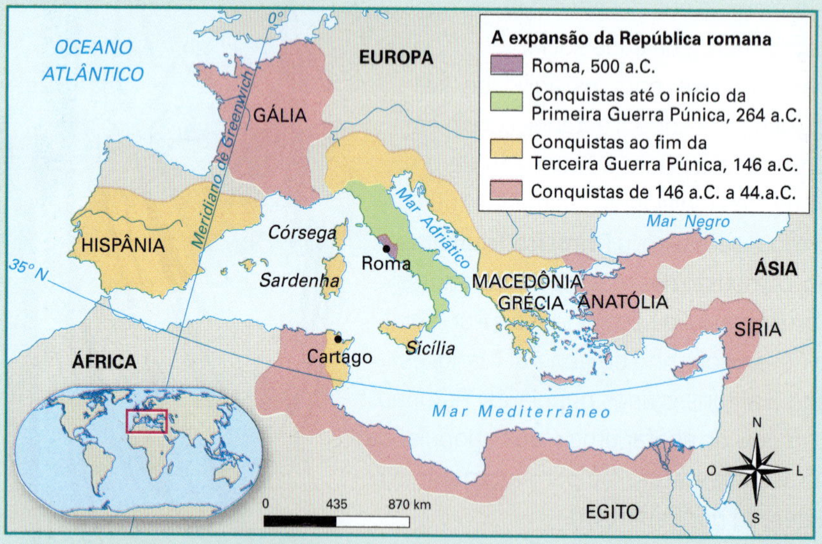

Fonte: elaborado com base em ATLANTE storico de Agostini. Novara: Istituto Geografico De Agostini, 2005. p. 29.

1› Com base nas suas observações, responda aos itens abaixo.

a) Até o ano 264 a.C., a costa do mar Mediterrâneo era controlada pelos romanos ou pelos cartagineses?

b) Quem dominava então a ilha da Sicília?

c) Ao final da Terceira Guerra Púnica, quem controlava a costa ocidental do mar Mediterrâneo?

d) De acordo com o mapa 2, o que aconteceu com o território romano entre os séculos II a.C. e I a.C.?

2› É possível fazer uma ligação entre as Guerras Púnicas e a formação do Império Romano? Explique.

Mapeando saberes

- Roma foi um centro antigo importante, com influências gregas e etruscas, principalmente.

- Uma lenda, lembrada por Tito Lívio e Virgílio em suas obras, atribui a fundação de Roma aos irmãos Rômulo e Remo.

- A monarquia prevaleceu no início da civilização romana. A sociedade era dividida em patrícios, plebeus, clientes e escravos.

ATENÇÃO A ESTES ITENS

- Depois de muitas reivindicações, os plebeus conseguiram participar das decisões políticas. Entre suas conquistas estão a criação do cargo de Tribuno da Plebe, as Leis das 12 Tábuas, a abolição da escravidão por dívidas e a Lei Canuleia.

- O expansionismo enriqueceu Roma e empobreceu a maioria da população. Surgiram novos grupos sociais: negociantes, latifundiários e proletários. Guerras civis contribuíram para o enfraquecimento da República.

- Os romanos derrotaram os cartagineses nas Guerras Púnicas e passaram a controlar o Mediterrâneo, conquistando a Macedônia, a Síria, a Grécia e o Egito nas décadas seguintes.

- O Senado estabeleceu o Primeiro Triunvirato romano em 60 a.C., composto por Júlio César, Pompeu e Crasso.

- O início da República de Roma: Senado defendia os aristocratas e controlava o poder. A execução dos projetos era encargo dos magistrados eleitos pelas Assembleias.

- Reformas propostas para reduzir a crise gerada pela concentração de terras e pelo êxodo rural. Exemplo: a tentativa de reforma agrária.

POR QUÊ?

Ao estudar a civilização romana podemos:

- entender diferentes formas de fazer política;
- comparar a sociedade romana com os povos do mundo de hoje, considerando aspectos econômicos, sociais e políticos;
- compreender que herdamos dos romanos muitos legados: a língua portuguesa, que se originou do latim, a república e o Direito, entre outros;
- verificar que, no Direito, um marco importante foi a Lei das 12 Tábuas, transformando as leis costumeiras em leis escritas.

ATIVIDADES

Retome

1› Compare com atenção as linhas do tempo das páginas 123 e 159 e responda:

a) Quando Roma foi fundada, os gregos atravessavam qual período da sua história?

b) No período identificado na questão acima, o que acontecia na Grécia?

c) Quando a democracia grega se desenvolveu em Atenas, qual forma de governo era adotada pelos romanos?

d) O domínio romano sobre o Mediterrâneo ocorreu antes ou depois da ruína das pólis gregas?

e) Qual período da história romana estudado até aqui foi mais duradouro?

2› Explique com suas palavras o que você entendeu sobre o conceito de república.

3› No quadro abaixo, identifique na primeira coluna os principais grupos sociais existentes em Roma e complete com "sim" ou "não" os demais campos considerando os critérios indicados no quadro.

Grupo social durante o período monárquico	Livre	Com direito à cidadania

4› Com relação aos Tribunos da Plebe, responda:

a) Quando e como surgiram?

b) Quais eram suas funções?

5› Complete o quadro a seguir com as informações pedidas. Depois, compare as duas colunas e identifique quais as principais diferenças entre a monarquia e a república romanas.

	Monarquia	República
Quem governa Roma		
Que órgão confirmava o governante		
Quem participava do órgão que elegia o governante		
Quem compunha o Senado		
Funções do Senado		

6› Com relação ao processo expansionista romano dos séculos V a.C. a I a.C., cite:

a) suas consequências econômicas;

b) suas consequências sociais;

c) suas consequências políticas.

7› Reforma agrária é a alteração da estrutura da propriedade no campo buscando uma distribuição mais igualitária da terra e da renda obtida através dela. As iniciativas dos irmãos Graco em Roma permitem refletir sobre a questão agrária brasileira atual. Com base nisso, responda:

a) Quem foram os irmãos Graco e qual foi o papel deles na vida política romana?

b) Você conhece alguma organização que se dedique à questão da reforma agrária hoje? O que ela defende?

Analise o texto e a imagem

8› Leia o texto a seguir e responda às questões propostas.

No tempo em que os reis ainda governavam Roma, a idade legal para o casamento era 12 anos para as mulheres e 14 para os homens. Estes, entretanto, costumavam casar-se mais tarde, aos 35 ou 40 anos. As mulheres começavam a vida de casadas muito cedo, geralmente aos 14 anos. Meninas ainda, as noivas costumavam oferecer suas bonecas aos deuses adorados na casa paterna, antes de iniciar sua vida conjugal. Com o casamento, a mulher romana "adotava" a religião doméstica da família de seu marido.

Comparecer aos casamentos sempre foi, para os romanos, uma verdadeira obrigação social. As cerimônias apresentavam um caráter religioso, e algumas de suas características sobreviveram até nossos dias. A noiva, como ainda hoje, era a figura central. Vestida de branco, usava um véu amarelo e sandálias da mesma cor. Enfeitava os cabelos com uma espécie de grinalda de folhas de mirta e flores de laranjeira.

Depois da cerimônia, os pais da noiva ofereciam, em sua casa, um banquete para os convidados, ao término do qual, já ao cair da noite, a noiva partia para a casa de seu marido. Geralmente seguia em um carro acompanhado por um cortejo festivo, com alguns tocheiros – que iluminavam o caminho –, além de vários músicos que tocavam flautas. O marido costumava carregar a noiva nos braços para que ela transpusesse a soleira de seu novo lar.

FERREIRA, Olavo Leonel. *Visita à Roma antiga*. São Paulo: Moderna, 1995. p. 58-59.

Soleira: parte inferior da porta, composta geralmente de pedra ou madeira; nesse caso, o autor se refere à entrada da casa.

Reprodução/Coleção Arte Antiga e Arquitetura, Londres, Inglaterra.

Relevo em mármore feito no século II d.C. encontrado em túmulo romano. A cena mostra um casamento.

a) De acordo com o texto, com que idade as mulheres romanas costumavam se casar? E os homens?

b) Que elementos das cerimônias matrimoniais romanas permaneceram nas sociedades ocidentais de hoje?

9 Observe a cena de casamento retratada nesta página e responda:

a) Entre os personagens representados, quais você identifica que são os noivos?

b) Qual elemento da imagem revela que se trata de um casamento?

10 Analise o texto a seguir e depois responda às questões propostas.

Os animais ferozes – disse Tibério Graco em um célebre discurso – que vivem na Itália possuem um refúgio, um leito, um esconderijo; pelo contrário, os cidadãos que combatem e morrem por Roma nada possuem à exceção da luz e do ar. Vemo-los vaguear sem eira nem beira, arrastando consigo as mulheres e os filhos.

[...]

Estes a quem chamais de senhores do mundo, que nem sequer são senhores de um pedaço de terra, combatem e morrem pela luxúria e riqueza alheias.

BLOCH, Léon. *Lutas sociais na Roma antiga*. Lisboa: Publicações Europa América, 1974. p. 141. (Saber).

a) Por que os romanos eram chamados de "senhores do mundo"?

b) O que quis dizer Tibério Graco com esse discurso?

Autoavaliação

1. Quais atividades você considerou mais fáceis e mais difíceis? Por quê?
2. Em quais atividades você utilizou o texto do capítulo como base para sua resposta?
3. Algum ponto do capítulo não ficou muito claro para você? Qual?
4. Você compreendeu o esquema *Mapeando saberes*? Explique-o.
5. Você saberia apontar exemplos da atualidade considerando o que aprendeu no item *Por quê?* do *Mapeando saberes*?
6. Como você avalia sua compreensão dos assuntos tratados neste capítulo?
   - **Excelente:** não tive nenhuma dificuldade.
   - **Boa:** tive algumas dificuldades, mas consegui resolvê-las.
   - **Regular:** foi difícil compreender certos conceitos e resolver as atividades.
   - **Ruim:** tive muitas dificuldades, tanto no conteúdo quanto na realização das atividades.

CAPÍTULO 11

O Império Romano

De Agostini/Getty Images

Mosaico das taças, obra datada de meados do século III d.C., encontrada em Duga, antiga cidade romana localizada na atual Tunísia. O mosaico apresenta dois personagens (com uma ânfora sobre os ombros) que servem bebida a dois outros. Nas laterais há outros personagens: um deles traz um ramo de louro e uma cesta de rosas. A bebida, o louro e as rosas representavam boas-vindas aos hóspedes.

Como vimos, a crise da República romana levou ao poder três líderes militares organizados em um **Triunvirato**. As disputas e a instabilidade que se seguiram quebraram a ordem política republicana e desembocaram na instalação do Império. Ao final prevaleceu a concentração do poder nas mãos do imperador, um governante que estava acima de todas as instituições políticas, até mesmo do Senado.

O expansionismo de Roma provocou um processo de "romanização" de várias regiões da Europa e de partes da Ásia e da África. Além do domínio militar, essas áreas sofrerem influência romana em sua cultura, seus costumes e suas leis.

Neste capítulo vamos conhecer o último período da história de Roma na Antiguidade: o início e o desenvolvimento do Império.

Para começar

Observe a imagem e atente à legenda.

1. Que espécie de cena está representada no mosaico?
2. Há dois grupos de personagens representados na cena. Identifique-os e caracterize-os. Eles estão em condição de igualdade? Por quê?

1 O início do Império

O Triunvirato de Júlio César, Crasso e Pompeu foi estabelecido em 60 a.C. e durou até 54 a.C., ano da morte de Crasso. Dois anos depois, o Senado aproveitou que Júlio César estava combatendo na Gália e nomeou Pompeu como único cônsul de Roma.

Contrário a tal medida, Júlio César marchou com seus soldados sobre Roma e depôs Pompeu. Em 49 a.C., proclamou-se **ditador vitalício**. O Senado, as assembleias e as magistraturas continuaram existindo, mas sob seu controle.

Com plenos poderes, César determinou que os grandes proprietários rurais empregassem trabalhadores livres. Colocou muitos plebeus para viver em propriedades tomadas dos patrícios para evitar que os camponeses empobrecidos deixassem o campo para morar na cidade. Também estimulou a fundação de colônias na Gália, na península Ibérica e na África, oferecendo lotes para veteranos de guerra e plebeus pobres dispostos a difundir os valores e o modo de vida latinos nessas regiões.

Sammlung Rauch/Interfoto/Latinstock

Na imagem, moeda romana representando Júlio César, datada de 30 a.C.

Manuel Cohen/AFP

Instalada no antigo Fórum Romano, na Itália, está a estátua de Júlio César (que viveu de 100 a.C. a 44 a.C.), produzida em bronze patinado.

Construindo conceitos

Império

O conceito de império tem suas origens no latim, com a palavra *imperium*. Na Antiguidade, a definição de império envolvia a extensão do próprio Estado, com base na colonização. Foi o que verificamos entre impérios babilônico, persa, grego, helenístico e romano. No plano político, tinha como centro o poder personificado na pessoa do imperador. A amplitude do conceito, contudo, envolve também as marcas culturais que o povo dominador deixa sobre os povos dominados e, no sentido inverso, envolve as marcas dos conquistados sobre os dominadores.

Portal de Mapas/Arquivo da editora

LINHA DO TEMPO

Alto Império

- **27 a.C.-14 d.C.** Otávio Augusto
- **14 a.C.-68 d.C.** Dinastia Júlio-Claudiana

Baixo Império

- **284 d.C.-305 d.C.** Diocleciano
- **306 d.C.-337 d.C.** Constantino
- **330 d.C.** Bizâncio passa a se chamar Constantinopla
- **379 d.C.-395 d.C.** Teodósio
- **395** Divisão do Império Romano em Ocidental e Oriental

Idade Média / Império Bizantino

- **476** Desagregação do Império Romano do Ocidente
- **527-565** Governo de Justiniano (Império Bizantino)
- **1054** Fundação da Igreja Ortodoxa (Cisma do Oriente)
- **1453** Turcos otomanos conquistam Constantinopla

Linha do tempo esquemática. O espaço entre as datas não é proporcional ao intervalo de tempo.

Saiba mais

O calendário juliano

Júlio César encomendou ao astrônomo Sosígenes (de Alexandria) a produção de um calendário solar para os romanos.

Sosígenes determinou que a duração do ano solar seria de 365 dias e seis horas. A cada quatro anos, seria acrescentado um dia ao ano solar em curso, originando assim o ano bissexto. O astrônomo definiu ainda que janeiro, março, maio, julho (mês batizado em homenagem a Júlio César), setembro e novembro teriam 31 dias cada um; os demais meses teriam 30 dias, exceto fevereiro, que teria 29 dias e, nos anos bissextos, 30.

O ano 1 marcava para os romanos o ano da fundação lendária de Roma. Esse ano equivale, no calendário cristão, a 753 a.C.

No século XVI, o calendário juliano sofreu nova reforma, feita pelo papa Gregório XIII. O resultado foi o calendário gregoriano, usado até hoje na maioria dos países do mundo ocidental.

A concentração de poderes nas mãos de Júlio César e as mudanças promovidas contrariavam os interesses dos senadores, que fizeram uma conspiração para retirá-lo do poder. Em março de 44 a.C., em pleno Senado romano, um grupo comandado por Marco Júnio Bruto e Caio Cássio Longino apunhalou Júlio César até a morte.

A morte de César, pintura de Vincenzo Camuccini, produzida no início do século XIX.

The Bridgeman Art Library/Keystone Brasil/Coleção particular.

O assassinato de Júlio César gerou uma violenta reação popular, explorada com habilidade por Otávio, sobrinho de Júlio César, pelo cônsul Marco Antônio e pelo militar Lépido. Os três assumiram o governo de Roma e eliminaram os assassinos do ditador.

Era o início do **Segundo Triunvirato**, com o comando de Marco Antônio no Oriente, Otávio no Ocidente e Lépido na África. Desentendimentos entre os três, porém, resultaram na tomada do poder por Otávio, em 31 a.C.

Em Roma, Otávio foi aclamado soberano supremo. O Senado, animado com sua vitória, conferiu-lhe os títulos de *Imperator* (chefe militar, general), *Princeps* (primeiro cidadão, chefe do Senado) e *Augustus* (divino, consagrado). Assim, com Otávio, terminava a República e iniciava-se o período imperial, em que o imperador concentraria os principais poderes. Veja, na página seguinte, uma síntese dos poderes do imperador.

De olho na tela

Construindo um império: Roma. Direção: History Channel. Estados Unidos, 2006. O documentário conta a história do Império Romano utilizando recursos de computação gráfica para reproduzir os ambientes, as construções e explorar a arquitetura daquela época.

MCOHEN/AFP

Estátua do imperador Otávio Augusto, no antigo Fórum Romano, na Itália.

Poderes do imperador de Roma

Poder político

- Nomeava e convocava os senadores;
- Propunha leis;
- Nomeava os magistrados;
- Nomeava os governadores das províncias.

Poder judiciário

- Podia julgar ou fazer novos julgamentos de todos os processos.

Poder militar

- *Imperator*: chefe do Exército;
- Nomeava os generais.

Poder religioso

- Pontífice Máximo: chefe religioso;
- Organizava o culto ao imperador.

Poder financeiro

- Dispunha do tesouro imperial.

Saiba mais

Cleópatra

O Egito, no século I a.C., era um reino rico, mas dividido por lutas internas. Era a época da dinastia ptolomaica, marcada por vários reinados breves. O grande destaque coube a Cleópatra, filha de Ptolomeu XII, que chegou ao poder em 51 a.C.

Ela disputou o comando egípcio com o irmão Ptolomeu XIII, de apenas 15 anos, e seus ministros. Com o apoio de Júlio César, conseguiu a coroa, mas precisou dividi-la com outro irmão menor, Ptolomeu XIV. Em seguida, mudou-se para Roma e, da união com Júlio César, teve um filho, conhecido como Ptolomeu XV Cesarion. Com o assassinato de César, Cleópatra retornou ao Egito. Uniu-se a Marco Antônio, um dos integrantes do Segundo Triunvirato romano.

Cleópatra sempre buscou ampliar as áreas territoriais de seu reino e manteve aliança com o Império Romano. Porém, em razão das disputas entre Otávio e Marco Antônio, ela acabou derrotada e preferiu morrer. Deixou-se picar por uma serpente em 30 a.C.

Peter Horree/Alamy/Fotoarena

Fragmento de relevo com a representação de Cleópatra datado do século I a.C., no Templo de Hathor, no Egito.

INFOGRÁFICO

A sociedade romana no Império

Durante o Império, os habitantes das regiões conquistadas adquiriram a **cidadania romana**. Por volta do ano 212 d.C., quase todas as pessoas livres que viviam no Império eram consideradas romanas.

Estima-se que havia cerca de 60 milhões de habitantes em todo o Império. Desse total, entre 500 mil e 1 milhão estavam apenas na cidade de Roma durante o século II. Como comparação, vale destacar que o Egito, aproximadamente em 1250 a.C., tinha uma população próxima a 3 milhões e que Atenas, na época de Péricles, contava com cerca de 300 mil habitantes.

Veja uma representação da pirâmide social romana.

Imperador
Elite
Grupo formado por grandes proprietários de terras, de origem patrícia, e pelos homens novos, plebeus enriquecidos nos negócios, como mercadores e banqueiros.
População livre
Plebeus que exerciam atividades diversas. Eram comerciantes, artesãos, açougueiros, taberneiros, porteiros, etc.
Escravos
Prisioneiros de guerra, filhos de escravos ou indivíduos comprados fora do Império. Trabalhavam nas minas, nas propriedades e nas casas de seus senhores.

Adriana Moreira Henrique da Rocha/Arquivo da editora

Escravos, rebeliões e escravos libertos

Os escravos romanos nunca aceitaram passivamente sua condição. Nos dois primeiros séculos depois de Cristo, porém, as rebeliões e outras formas de resistência à escravidão aumentaram.

Pouca dedicação ao trabalho, roubos, fugas, suicídios e assassinatos eram atos de resistência cada vez mais frequentes, tornando muitas vezes a escravidão desvantajosa para os senhores. Isso contribuiu para a libertação de alguns escravos, principalmente nas cidades. Os escravos domésticos e urbanos conseguiam a liberdade mais facilmente do que os escravos rurais. A alforria, o pagamento de indenizações e o reconhecimento do direito a bens e heranças foram algumas de suas conquistas na Roma imperial.

Outros escravos, mesmo sem obter a alforria, adquiriam certa autonomia: podiam exercer as funções de conselheiros, administradores locais e educadores, desde que pagassem uma renda de tempos em tempos ao senhor.

No fim do período imperial, com as crescentes crises, boa parte dos escravos rurais também adquiriu liberdade. Nessa época, foram criadas leis para empregar homens livres nas propriedades rurais.

The Bridgeman Art Library/Keystone Brasil

Relevo em mármore, com homens acorrentados, datado do século III d.C.

Aspectos culturais

A cultura romana sofreu forte influência grega helenística, sobretudo no final da República e início do Império, por causa das conquistas no Mediterrâneo oriental.

No campo das artes, a **arquitetura** romana teve muito destaque. As grandes obras romanas, como aquedutos, estradas e muralhas, podem ser admiradas ainda hoje. O uso de colunas é uma herança dos gregos. Já o uso de abóbadas (teto arredondado) e arcos é uma inovação etrusca.

Alforria: libertação concedida a escravos.

Indenização: compensação; no caso dos escravos, essa indenização, na maioria das vezes, era paga em dinheiro.

Valery109/Dreamstime/Glow Images

O aqueduto de Nimes, localizado no sul da França, levava água de uma fonte em Uzès até Nimes, a 50 quilômetros de distância. A ponte do Gard possibilitou o fornecimento de água e a travessia de pessoas e animais sobre o rio Gard. Foto de 2015.

Minha biblioteca

Império e família em Roma, de Pedro Paulo Funari, Editora Atual, 2000. O livro nos leva a conhecer o mundo do Império Romano, sua vastidão, seus costumes, o dia a dia, a vida no campo e na cidade e sua herança cultural.

Romanos: vida cotidiana, de John Guy, Editora Melhoramentos, 2002. Traz detalhes sobre a cultura e a vida durante o Império Romano: a origem das arenas, como eram as casas romanas e os costumes dos seus moradores.

Carlo Hermann/KONTROLAB/LightRocket/Getty Images

A cidade de Pompeia, com cerca de 20 mil habitantes, foi destruída em 79 pela erupção do vulcão Vesúvio, no sul da península Itálica. Dezessete séculos depois, escavações arqueológicas trouxeram à tona as residências e os vários edifícios urbanos em estilos dórico, jônico e coríntio. Além deles, esculturas, pinturas, ruas, corpos petrificados e objetos desenterrados no local formam um acervo importante para o conhecimento da vida romana no século I. Na foto de 2018, vista das ruínas, com o Vesúvio ao fundo.

A **religião** romana era politeísta e antropomórfica. Várias divindades eram inspiradas nos deuses gregos, como Júpiter (Zeus), Juno (Hera), Vênus (Afrodite), Baco (Dioniso), Marte (Ares), Netuno (Poseidon), Minerva (Atena) e Diana (Ártemis).

Em Roma, havia o culto público e o doméstico. Em casa, as famílias cultuavam seus antepassados e mantinham aceso o fogo sagrado para atrair a proteção das divindades. No culto público, dedicado à deusa Vesta, eram escolhidas as filhas das famílias mais poderosas (chamadas vestais) para garantir a manutenção do fogo sagrado dos templos.

Festas, jogos, templos e sacrifícios de animais eram oferecidos aos deuses. Cabia aos sacerdotes romanos interpretar a vontade dos deuses por meio da observação da natureza e das vísceras de animais.

Víscera: entranha, órgão.

O cristianismo

Foi durante o governo de Otávio, na província romana da Judeia, que nasceu Jesus Cristo. Das suas pregações, surgiu uma nova religião monoteísta, o cristianismo. Foram seus seguidores (os apóstolos) os principais divulgadores das ideias cristãs, especialmente Pedro e Paulo.

Essa religião mostrou-se de início como uma ameaça à estrutura militar e escravista de Roma porque negava a divindade do imperador, condenava o militarismo e defendia a igualdade entre os homens. Os cristãos foram perseguidos pelo Império durante séculos. No entanto, muitas pessoas converteram-se ao cristianismo, especialmente os pobres e os escravos.

Nas primeiras comunidades cristãs, os padres eram responsáveis pela divulgação da doutrina, pela organização das reuniões e pelo culto. Os diáconos encarregavam-se das questões administrativas e os bispos cuidavam da preservação dos princípios cristãos.

Doutrina: conjunto de princípios, de ideias, que constituem a base de uma religião, filosofia, etc.

A partir do século IV, estabeleceu-se a superioridade do bispo de Roma sobre os demais. No ano 455 foi criado o mais alto cargo da Igreja cristã: o papado, com Leão I.

2 O Alto Império: maior poderio romano

No seu governo, Otávio ampliou seus poderes aos poucos, transformando o Senado em órgão basicamente consultivo e administrativo. Para evitar resistência às mudanças, Otávio garantiu os privilégios e o prestígio dos senadores, além de ampliar suas funções na administração imperial, escolhendo entre eles os governadores das províncias.

Para obter o apoio da população, o imperador ofereceu trigo e azeite a preços baixos e espetáculos populares, como jogos e lutas. Essa prática ficou conhecida como "política do **pão e circo**".

Otávio impôs a paz nas fronteiras do Império. Com suas poderosas legiões, garantiu a hegemonia romana em torno do mar Mediterrâneo: era a *Pax Romana*. Esse equilíbrio trouxe um período de desenvolvimento no intercâmbio entre as províncias, segurança nas fronteiras e entrada de riquezas. Os romanos tinham à sua disposição diversos produtos, desde os mais básicos, como cereais trazidos do Egito, aos mais luxuosos, como a seda da China e as especiarias da Índia. Nessa época, Roma era chamada de "armazém do mundo".

Durante o governo de Otávio (de 27 a.C. a 14 d.C.), Roma viveu uma fase de grandes realizações administrativas e culturais. Com os recursos obtidos nas guerras e conquistas, Otávio construiu em Roma magníficas praças, bem como arcos, teatros, templos, termas e outros edifícios. Criou ainda a guarda pretoriana, responsável pela segurança pessoal do imperador.

Ruínas do Fórum de Augusto e as colunas que sobraram do Templo de Marte em Roma, Itália. Foto de 2018.

Tatiana Cutrone/Shutterstock

As artes e as letras foram incentivadas, especialmente pela atuação do ministro Mecenas, que apoiou financeiramente artistas e escritores, como Horácio, Tito Lívio e Virgílio.

Após a morte de Otávio Augusto, diversos imperadores sucederam-se no poder.

Durante muito tempo, os **imperadores** romanos foram representados como homens desequilibrados em relatos historiográficos, romances históricos, charges, filmes, etc. Alguns deles realmente cometeram atos que podem ser considerados insanos. Calígula ficou conhecido por seu autoritarismo e por nomear seu cavalo, Incitatus, como cônsul romano. Nero foi acusado de mandar matar a mãe, irmãos e esposas, além de incendiar Roma para pôr a culpa nos cristãos, que se negavam a adorá-lo como um deus. Perseguidos, os cristãos passaram a ser mortos por animais selvagens nos circos romanos ou ainda por gladiadores.

Entretanto, o julgamento das ações desses governantes deve levar em consideração o período histórico e o contexto sociocultural em que ocorreram. Os historiadores cristãos que viveram logo após a desagregação do Império Romano do Ocidente ressaltaram os aspectos que consideravam negativos, como as festividades em homenagem ao deus Baco, regadas a vinho, música e dança. Com isso, aqueles estudiosos procuravam valorizar os costumes de sua época: os cristãos defendiam uma vida regrada e simples.

Erich Lessing/Album/Latinstock/ Museu do Louvre, Paris, França.

Relevo romano de mármore, datado do período entre os séculos I e III, que retrata a guarda pretoriana criada por Otávio Augusto para proteção pessoal do imperador.
Dimensão: 162 cm × 1 079 cm.

Máxima extensão do Império Romano

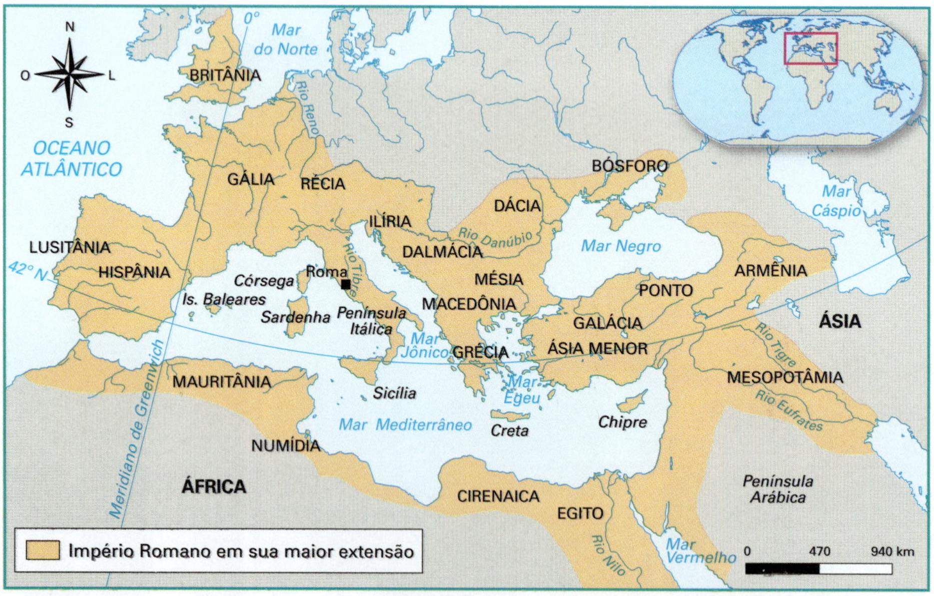

Portal de Mapas/Arquivo da editora

Fonte: elaborado com base em DUBY, Georges. *Grand atlas historique*. Paris: Larousse, 2006.

De olho na tela

Gladiador. Direção: Ridley Scott. Estados Unidos, 2000. Um general romano é preso e levado para disputar os jogos nas arenas. Durante sua luta para sobreviver, acompanhamos como era parte da vida no Império Romano.

TRABALHANDO COM **DOCUMENTOS**

Leia atentamente o texto abaixo, responda às questões e depois discuta as respostas com os colegas.

É difícil imaginar um personagem histórico mais insultado do que o imperador romano Nero (37 d.C.-68 d.C.). O clichê popular de que ele tocava [lira] enquanto Roma pegava fogo – incêndio que teria sido causado por ele, o que não é verdade – está tão entranhado que é a primeira coisa que se espera ver nessa minissérie. Que apesar de ser ficção, algo romantizada, não deixa de resgatar um pouco a memória do sujeito.

A enxurrada de filmes e séries de TV passadas na Roma antiga não poderia deixar de lado esse personagem tão conhecido. Por isso deve ser uma surpresa para muitos ver um Nero jovem e tentando ser um bom administrador, em vez da caricatura de praxe de um glutão, sibarita e louco. [...] Quase tudo o que sabemos dele vem de historiadores hostis que pertencem à classe senatorial romana, com quem ele vivia às turras.

Nero vem na lista, depois de Calígula, dos imperadores cruéis e amalucados. Por isso outra surpresa é ver que ele se opunha à morte de gladiadores.

A série coloca muita ênfase no relacionamento de Nero com uma ex-escrava, Cláudia Acte. Não se sabe muito dela, o que deixou o roteirista mais livre.

Esse amor algo romântico soa um tanto anacrônico, mas é inegável que incrementou bem o enredo.

BONALUME NETO, R. Ficção resgata a memória de Nero. *Folha de S.Paulo*, São Paulo, 18 set. 2006. Ilustrada.

- **Clichê:** ideia repetida por todos, sem originalidade; chavão, lugar-comum.
- **De praxe:** habitual, costumeiro.
- **Sibarita:** pessoa dada aos prazeres físicos.
- **Turra:** desentendimento, choque, embate.
- **Roteirista:** pessoa que escreve o roteiro (enredo, história) de um filme ou série de televisão.
- **Anacrônico:** que está em desacordo com os usos e costumes de uma época.

1 Do que trata o texto?

2 De acordo com a resenha, qual é o "clichê popular" associado ao imperador Nero? Esse clichê corresponde ao que as pesquisas históricas revelam sobre ele?

- **Resenha:** análise crítica ou informativa de um livro, de um filme ou de uma série de TV.

3 Quais outras características negativas são associadas ao imperador?

4 De acordo com a resenha, qual é a origem da má reputação do imperador?

5 Quais são as duas "surpresas" da série de televisão?

6 De acordo com o autor da resenha, o "amor romântico" entre Nero e a ex-escrava Cláudia Acte é anacrônico, ou seja, não poderia ter acontecido naquela época (pelo menos não da maneira romântica como é mostrado pela série). Em sua opinião, por que o roteirista enfatizou a história de amor?

7 Você já leu ou viu ficções (filmes, livros, séries de televisão, etc.) que retratam episódios e personagens que existiram de verdade? Quais?

8 Algumas pessoas acham que ficções desse tipo são importantes, uma vez que ajudam a divulgar a História. Outras pensam que elas são perigosas, porque podem transmitir interpretações ou ideias equivocadas sobre o período tratado. Qual é a sua opinião sobre o assunto?

Mattes René/hemis.fr/AFP

Nero e Agripina, escultura de mármore do Museu de Afrodísias, na atual Turquia. A cena refere-se à ascensão do imperador Nero em 54 d.C. Agripina coroa seu filho Nero com uma coroa de louros, enquanto carrega uma cornucópia, símbolo de fortuna e abundância. Nero usa a armadura e o manto de um comandante romano. A obra é anterior ao ano 59, quando Nero assassinou Agripina.

VIVENDO NO TEMPO

Dos gladiadores e da cultura do espetáculo em Roma

Origem

As lutas de gladiadores se popularizaram em Roma nos últimos séculos antes de Cristo. Há uma versão de que sua origem estaria ligada a um ritual funerário muito comum entre os povos antigos. Quando alguém importante morria, para mostrar seu desespero, algumas pessoas iam ao enterro arrancar os cabelos, chorar ou mesmo gladiar próximo ao túmulo.

Com o tempo, alguns desses gladiadores iam de funeral em funeral em troca de dinheiro. Assim, após a morte de um nobre, a família oferecia um grande banquete funerário e contratava gladiadores.

Gladiar: lutar com uma espada (*gladus*, em latim).

Mais tarde, o caráter funerário se perdeu e as lutas de gladiadores se tornaram grandes espetáculos, realizados em diversas partes do Império.

De Agostini/Getty Images/Museu da Civilização Romana, Roma, Itália.

Relevo de gladiadoras produzido entre os séculos I d.C. e II d.C., na cidade de Halicarnasso (atual Turquia).

Lutas e lutadores

Os gladiadores tinham as mais diversas origens: escravos (a imensa maioria), plebeus e até filhos de famílias nobres. Todos buscavam dinheiro e celebridade. Para se tornar gladiador, um homem livre devia ingressar em uma das escolas de luta do Império. Já um escravo devia pedir a seu senhor que o revendesse a um empresário. Muito raramente, havia gladiadoras, como as representadas no relevo acima, produzido entre os séculos I d.C. e II d.C., na cidade de Halicarnasso (atual Turquia). Elas usavam o mesmo equipamento que os homens, porém sem o elmo (capacete).

Se o gladiador tivesse lutado com bravura, o presidente da luta poderia deixá-lo partir. Caso contrário, era morto por seu adversário.

Pão e circo

Durante muito tempo acreditou-se que esses espetáculos visavam apenas distrair os pobres e desocupados que viviam nas cidades, evitando rebeliões e aplicando a "política do pão e circo". Essa é a ideia que ainda hoje vemos em muitos filmes, quadrinhos e revistas.

Alguns historiadores, porém, discordam dessa visão, porque o público das lutas era proveniente de diferentes origens, incluindo nobres, pensadores e o próprio imperador. O mais importante anfiteatro foi o Coliseu, com capacidade para receber entre 50 mil e 80 mil espectadores, inaugurado pelo imperador Tito no ano 80 de nossa era.

Anfiteatro: edifício onde eram realizadas as lutas de gladiadores e outros espetáculos. Seu formato era semelhante ao dos nossos atuais estádios. Nele, os assentos eram definidos de acordo com a posição social do grupo na população.

Corrida de bigas

Outro espetáculo que atraía a população romana eram as corridas de bigas e quadrigas, carros puxados por dois ou quatro cavalos que foram inventados pelos gregos e utilizados na guerra. Os aurigas eram condutores das bigas. As corridas ocorriam em pistas ovais, sendo a maior delas a do Circo Máximo, com capacidade para 385 mil pessoas. As corridas eram perigosas e os acidentes, frequentes.

DeAgostini/Getty Images

Biga etrusca de Monteleone (Itália) feita de bronze e datada do século VI a.C. Museu Metropolitano de Nova York, Estados Unidos.

Imagine que você vivia na época dos gladiadores e dos aurigas e fosse assistir a um desses espetáculos:

- Com quem você iria?
- Como eram os lugares onde aconteciam essas apresentações? Esses locais reuniam muitas pessoas? Reveja as imagens mostradas nestas páginas.
- Se fosse contar a um amigo como eram as lutas de gladiadores ou as corridas de biga, o que você diria?
- Você foi a algum tipo de evento em sua cidade recentemente? Conte para seus colegas qual foi o espetáculo, como era o lugar, as pessoas que estavam lá, enfim, compartilhe com a classe como foi sua experiência.

Representação do Circo Máximo de Roma, onde se realizavam as corridas de bigas, do *Atlas Von Loon*, criado pelo holandês Frederik Willem Van Loon (1644-1728).

Reprodução/Biblioteca Nacional, Amesterdã, Holanda.

O enfraquecimento do Império Romano

Durante o governo do imperador Trajano, na virada do século I d.C. para o II d.C., ocorreram as últimas anexações territoriais do Império. Após a dinastia dos Antoninos (96-192), o Império Romano entrou em decadência, o que piorou com as invasões estrangeiras.

No final do século II d.C., as invasões multiplicaram-se. A produção agrícola debilitou-se pela falta de mão de obra escrava e de segurança no campo. Tudo isso levou a uma crise generalizada.

3 O Baixo Império: declínio do poderio romano

O período romano que chamamos de **Baixo Império** foi uma época de profundas dificuldades econômicas, tensões sociais, descontrole político e migrações e invasões de povos considerados bárbaros pelos romanos.

No século III d.C., prevaleceu a anarquia militar. O posto de imperador foi atribuído a diversos comandantes militares, gerando sérios conflitos. Entre os anos 235 e 284, Roma teve 26 imperadores, dos quais 25 foram assassinados. O caos militar, econômico e administrativo facilitou a invasão de estrangeiros. Eles ocuparam e dominaram, pacífica ou militarmente, vastos territórios do Império.

Anarquia: nesse contexto, o termo refere-se à falta de autoridade ou ao desrespeito à hierarquia.

Alguns imperadores que governaram o império no processo de desintegração destacaram-se.

- **Diocleciano (284-305)**: dividiu o poder entre quatro generais (tetrarquia) a fim de obter a paz social e estipulou um limite máximo para preços e salários. Porém, tal medida provocou a falta de alimentos e a prática de ágio, contribuindo para aprofundar a crise.
- **Constantino (306-337)**: publicou em 313 o Édito de Milão, documento que concedeu liberdade de culto aos cristãos. Ainda em seu reinado, foram aprovadas as bases do cristianismo no Concílio de Niceia, em 325, com a participação do imperador. Para proteger as fronteiras no leste, Constantino reconstruiu a antiga cidade de Bizâncio e tornou-a capital da parte oriental do Império Romano, com o nome de **Constantinopla** (atual Istambul), em referência ao seu próprio nome. Assinou a **Lei do Colonato**, em 332, que obrigava o camponês a trabalhar para seu senhor como colono, em troca de proteção. Isso aumentou a substituição do trabalho escravo pelo trabalho **servil**.

Ágio: valor adicional cobrado sobre o preço de um produto em falta no mercado.

Concílio: reunião de chefes da Igreja.

Chris Hellier/Alamy/Fotoarena

Mosaico bizantino, datado do século X, aproximadamente, representando o imperador Constantino segurando um modelo ou oferenda de Constantinopla à Virgem Maria. Museu da Igreja de Santa Sofia em Istambul, Turquia.

- **Teodósio (379-395)**: em seu governo o cristianismo tornou-se a religião oficial de Roma; promoveu a definitiva divisão do Império Romano: o do Ocidente, com capital em Roma; e o do Oriente, com capital em Constantinopla (veja o mapa abaixo).
- **Rômulo Augusto**: em 476, os hérulos tomaram Roma e destituíram Rômulo Augusto, o último soberano do Império Romano do Ocidente.

The Bridgeman Art Library/Easypix Brasil

Manuscrito turco do século IX representando o imperador Teodósio no Primeiro Concílio de Constantinopla, realizado durante o seu governo.

O Império Romano e os "bárbaros"

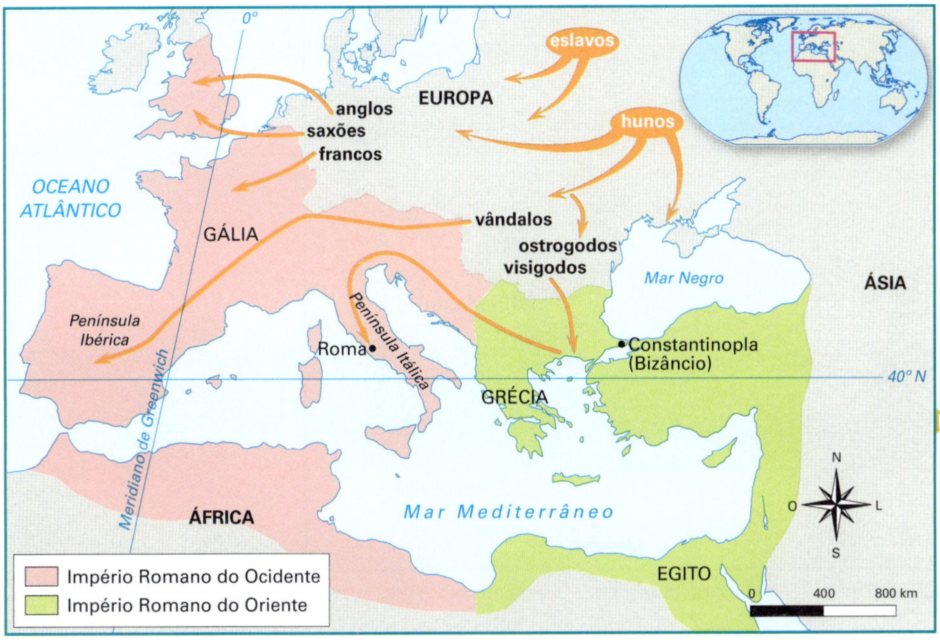

Portal de Mapas/Arquivo da editora

Fonte: elaborado com base em CORSO di storia antica e medievale 2. Milano: Bussola, 1997. p. 45.

No mapa observa-se a divisão do Império Romano no período do Baixo Império. Veja também que os diversos povos considerados bárbaros pelos romanos passaram a migrar ou conquistar os domínios do império.

Saiba mais

Diferença entre escravo e servo

O escravo era considerado um bem como outro qualquer, uma posse de seu senhor, que podia vendê-lo, comprá-lo, alugá-lo, emprestá-lo, etc. O **servo** era o indivíduo sem posses que, em troca de proteção, adquiria certas obrigações com o senhor, em uma relação mútua (o que não significa igualitária) de direitos e deveres.

Tudo o que um escravo produzia pertencia a seu amo; já o servo tinha o direito de se fixar em parte da terra do senhor e receber sua proteção, pagando-lhe por isso tributos em forma de serviços e produtos.

O **escravismo** foi predominante na Antiguidade clássica. Já a **servidão** foi característica do período seguinte, após a desagregação do Império Romano do Ocidente, durante a Idade Média europeia.

4 A Roma Oriental: o Império Bizantino

A atual cidade de Istambul (na Antiguidade foi chamada de Bizâncio e depois Constantinopla), na Turquia, foi capital do Império Bizantino. Situada entre os continentes europeu e asiático, a região se desenvolveu a partir de um importante centro portuário e militar, que fica na entrada para o mar Negro.

Em 330 Bizâncio tornou-se capital do Império Romano e passou a se chamar **Constantinopla**. Em 395, com a divisão do Império Romano, Constantinopla passou a ser a sede da parte oriental.

Observe o mapa abaixo.

Divisão do Império Romano em 395 d.C.

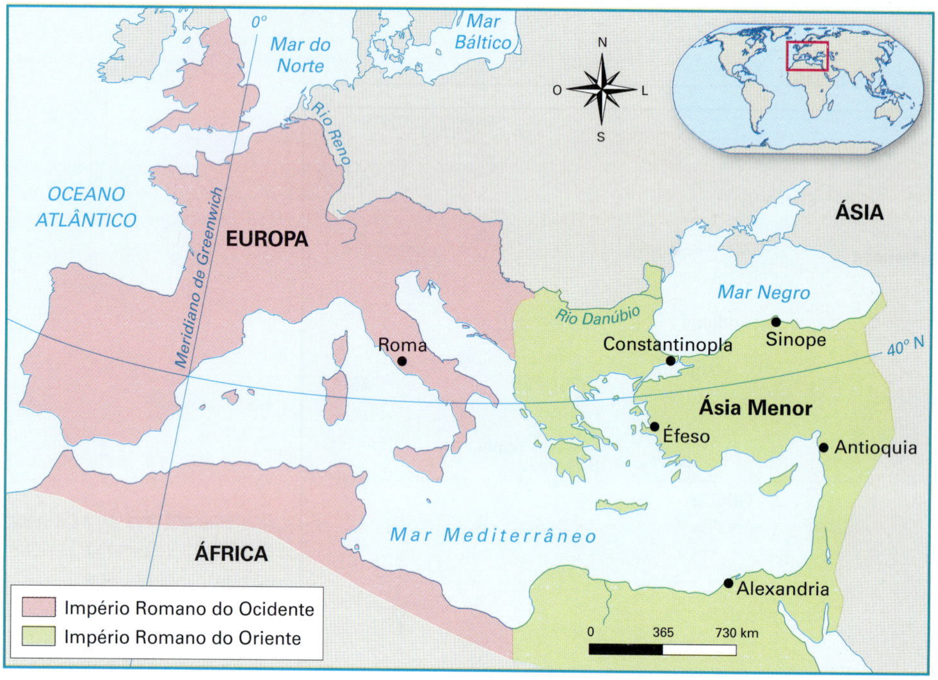

Fonte: elaborado com base em ARMENTO, B. et al. *A Message of Ancient Days*. Boston: Houghton Mifflin, 2004. p. 476.

Durante quase um século, Roma e Constantinopla dividiram o controle do Império Romano. Localizada no estreito que liga o mar Negro ao Mediterrâneo, a antiga Bizâncio tinha enorme importância econômica e militar.

Em 476 d.C., após décadas de ataques, a parte ocidental do Império Romano foi tomada e controlada pelos povos germânicos. Contudo, o poder defensivo e a posição geográfica estratégica de Constantinopla preservaram a porção oriental de invasões.

Lá se desenvolveu uma civilização cristã, de idioma grego e com uma cultura muito característica, conhecida como **civilização bizantina**. A extensa área dominada por Constantinopla ficou conhecida como **Império Bizantino** e agregava grandes cidades (Constantinopla, Alexandria, Antioquia, Nicomédia, Éfeso), com poderosos mercadores, artesãos e proprietários rurais. Os bizantinos, uma sociedade bastante diversa daquela da Europa ocidental, enfrentaram ataques externos e conseguiram estender sua influência pelo Mediterrâneo e por partes da Europa, África e Ásia.

De olho na tela

Construindo um império: bizantinos. Direção: Mark Cannon, Dana Ross, Ted Poole. Estados Unidos, 2006. Série de documentários do History Channel. Esse episódio trata do Império Bizantino, que durou mais de mil anos.

O reinado de Justiniano

Entre 527 e 565, o Império Bizantino foi governado por **Justiniano**. Ele tentou unir as duas metades do antigo Império Romano sem sucesso: a porção ocidental já estava muito fragmentada. Ainda assim, Justiniano anexou o norte da África, territórios da península Ibérica e da península Itálica, além das ilhas da Sicília e parte da península Balcânica, entre outras regiões. Observe o mapa abaixo.

Império Bizantino na época de Justiniano

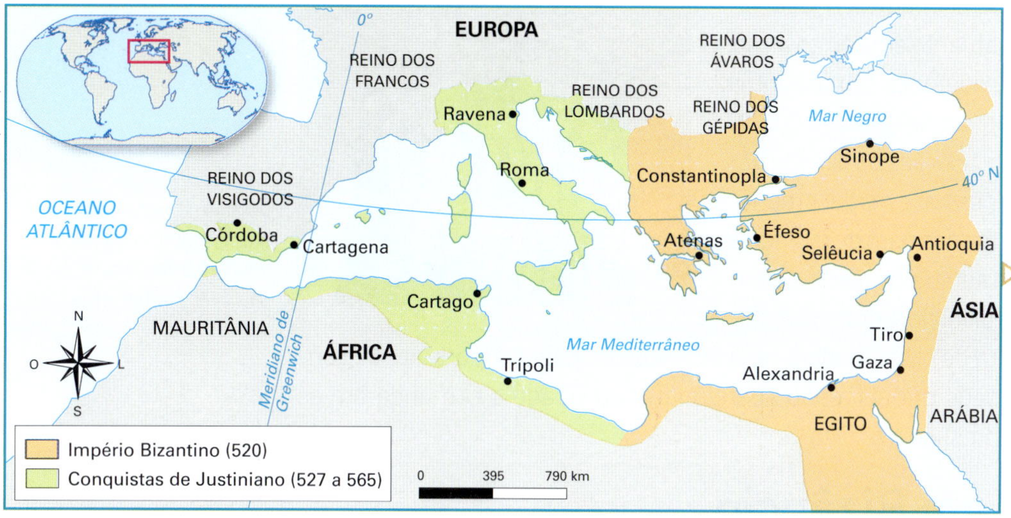

Com Justiniano, o Império Bizantino alcançou sua maior extensão. Porém, a partir do século VII, muitas de suas conquistas foram anuladas por outros povos conquistadores.

Fonte: elaborado com base em KINDER, H.; HILGELMANN, W. *The Anchor Atlas of the World History*. New York: Doubleday, 1974. v. 1. p. 138.

Justiniano atualizou antigas leis romanas e as reuniu no **Código de Justiniano**. Mais tarde esse documento seria a base para a ciência do Direito moderno no Ocidente.

O Código de Justiniano determinava que o imperador tinha poderes ilimitados, garantia as posses dos grandes proprietários de terras e tornava inalienável toda a riqueza da Igreja.

Os escravos e camponeses que trabalhavam para os grandes proprietários não tinham direito à propriedade, mas eram obrigados a prestar serviços diversos e pagar tributos aos seus senhores, obrigações essas que eram hereditárias (passavam de pai para filho).

A Igreja de Santa Sofia, em Istambul, em foto de 2018. Construída no século VI, ela combina vários elementos típicos da arquitetura romana, como abóbadas, arcos e mosaicos. No ano 1453, quando a cidade foi conquistada pelos turcos, a igreja foi transformada em mesquita (templo muçulmano) e ganhou os minaretes típicos dessas construções. Atualmente ela é um museu.

Na cidade, a maioria da população passava fome, pagava altos impostos e arcava com os gastos das conquistas militares. Descontente com essa situação, a população realizou uma manifestação em 532, na cidade de Constantinopla, conhecida como **Revolta** ou **Levante de Nika**. "Nika" era a palavra gritada pelos revoltosos e significa "vitória" em grego. A repressão foi violenta e cerca de 30 mil pessoas morreram.

Sob o governo de Justiniano também foi construída a **Igreja de Santa Sofia**, confirmando a força do cristianismo no Império. Observe a imagem acima.

Inalienável: que não se pode ceder nem vender.

Minarete: torre alta e fina construída em torno das mesquitas. De seu topo, um encarregado chama a população para as cinco orações do dia.

A imperatriz bizantina Teodora

A imperatriz Teodora, esposa de Justiniano, nasceu provavelmente em 497, filha de um tratador de ursos do circo. Tornou-se atriz cômica, dançarina e mímica. Quando conheceu Justiniano, então herdeiro do trono bizantino, Teodora era fiandeira de lã. Casaram-se em 523, em Constantinopla.

The Bridgeman Art Library/Keystone Brasil

Detalhe de mosaico do ano 547 representando a imperatriz Teodora. Igreja de São Vital, Ravena, Itália.

Ao tornar-se imperador em 527, Justiniano tornou-a parceira atuante em seu governo. A imperatriz exerceu liderança em assuntos militares, administrativos, religiosos e jurídicos, especialmente em relação aos direitos das mulheres (como o de possuir e herdar propriedades, a proibição do assassinato de mulheres que tinham cometido adultério, maiores direitos nas situações de divórcio, entre outros).

Durante a Revolta de Nika, Teodora teria exercido um papel importante ao convencer Justiniano e seus oficiais a não abandonarem a cidade e comandarem as tropas na violenta repressão à revolta.

A religião em Bizâncio

O cristianismo, instituído como a religião oficial do Império Romano desde 391, foi adotado também em Constantinopla. Grande parte da população se converteu e recebeu influência de diversas civilizações orientais, como a dos persas, com quem os bizantinos tinham contatos frequentes. Assim, o cristianismo praticado no Império Bizantino afastou-se do ocidental em alguns princípios.

Eye Ubiquitous/VIG/Getty Images

Os adeptos das antigas crenças pagãs do Império Romano adoravam imagens. Os cristãos, para expandir sua nova fé, mantiveram esse costume. Acima, detalhe de mosaico bizantino da Igreja de Santa Sofia, feito por volta do século XI, representando o imperador Constantino e Cristo.

Por causa dessas influências, surgiram algumas interpretações das escrituras sagradas diferentes daquelas difundidas pela Igreja de Roma. Essas novas interpretações foram consideradas heresias. Dentre elas, destacam-se a dos **iconoclastas**.

Os iconoclastas, apoiados no Antigo Testamento e em crenças orientais, condenavam a adoração de imagens (ícones, estátuas, mosaicos, etc.) nas igrejas. Eles organizaram manifestações populares para destruir as imagens dos templos bizantinos.

Ícone: objeto ou imagem cultuado como sagrado.

Diante dessas agitações, os imperadores passaram a intervir nos assuntos da Igreja. O Código de Justiniano instituiu o **cesaropapismo**, sistema no qual o chefe de Estado controlava também a Igreja (como o papa). Essa junção entre poder político e poder religioso teria grande influência na vida social do período, tanto no Oriente como no Ocidente.

Ao mesmo tempo, as diferenças entre o cristianismo oriental e o ocidental continuaram a se acentuar. Como consequência, em 1054 os cristãos do Oriente fundaram a **Igreja ortodoxa**, separando-se da Igreja de Roma. Esse movimento, conhecido como o **Cisma do Oriente**, dividiu o mundo cristão em dois: uma parte católica, subordinada a Roma, e outra parte ortodoxa, com sede em Constantinopla. Para o mundo bizantino, a religião ortodoxa foi um importante elemento de unificação e identidade.

A ruína do Império Bizantino

Com a morte de Justiniano e as dificuldades econômicas, grande parte dos territórios conquistados em seu governo foi perdida nos sucessivos ataques estrangeiros. Constantinopla perdeu progressivamente o controle do comércio com o Oriente devido aos ataques de persas, árabes, etc.

No final da Idade Média, por causa de sua posição estratégica, a cidade tornou-se alvo dos turcos otomanos (observe o mapa abaixo) até que, em 1453, foi dominada por eles. O Império Turco Otomano foi fundado na região da Anatólia no século XIII e só desapareceu em 1924. Seu nome deriva de um de seus primeiros governantes, Otomão.

A conquista de Constantinopla ocorreu na época da expansão marítima europeia e foi considerada um dos marcos do final da Idade Média. É chamada por alguns historiadores de "Queda de Bizâncio", "Tomada de Constantinopla" ou "fim do Império Romano do Oriente".

A conquista turca otomana (séculos XIV e XV)

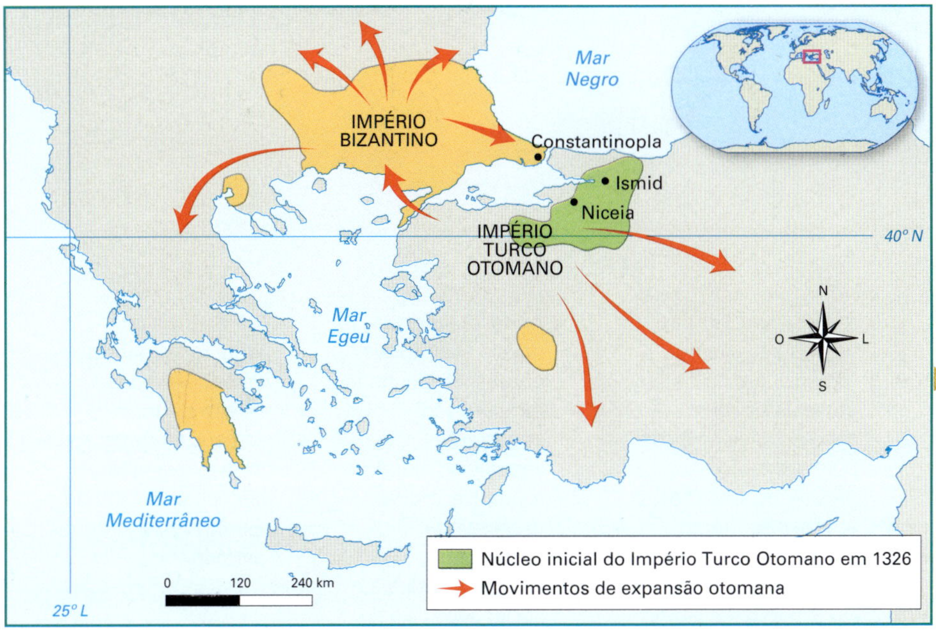

Portal de Mapas/Arquivo da editora

Fonte: elaborado com base em KINDER, H.; HILGELMANN, W. *The Anchor Atlas of the World History*. New York: Doubleday, 1974. v. 1. p. 206.

Em seu movimento expansionista, nos séculos XIV e XV, os turcos otomanos dominaram diversos territórios vizinhos, entre eles o Império Bizantino, que, depois de sucessivas crises, foi definitivamente conquistado.

Mapeando saberes

ATENÇÃO A ESTES ITENS

- Os romanos absorviam características culturais de regiões dominadas. A religião politeísta e antropomórfica é uma grande influência grega, por exemplo.
- O expansionismo romano levou à crise republicana e ao início do Império.
- Governo de Otávio: política do "pão e circo", *Pax Romana*, surgimento do cristianismo e grandes obras administrativas e culturais.
- Inicialmente perseguido, o cristianismo passou a ser a religião oficial de Roma no final do período imperial.
- Baixo Império: crises militares, administrativas e econômicas, invasões de povos considerados bárbaros pelos romanos.
- Em 476: fim do Império Romano do Ocidente com a invasão de Roma pelos hérulos.
- A cidade de Bizâncio: tornou-se capital do Império Romano do Oriente em 330, passando a se chamar Constantinopla.
- Divisão do Império Romano em dois no final do século IV: porção ocidental em desintegração e porção oriental desenvolvia a civilização bizantina.
- Fim do Império Bizantino: século XV, com a tomada de Constantinopla pelos turcos otomanos.

POR QUÊ?

- Com o Império Romano Oriental (bizantinos), o direito romano foi impulsionado com o Código de Justiniano, na época do imperador de mesmo nome.
- O cristianismo oriental afastou-se do ocidental, culminando na fundação da Igreja ortodoxa.

- Alguns aspectos das formas de governo romanas e a importância da concepção de políticas públicas estão presentes nos debates atuais, inspirando governos e organizações.

- Artes, arquitetura, poesia, literatura e obras de engenharia também são importantes legados do mundo romano e, muitas vezes, ainda constituem referências para as sociedades de hoje.

- A influência do Império Romano se estende até nós. O Direito e o latim romanos são alguns desses exemplos. O cristianismo também é uma herança desse período.

ATIVIDADES

Retome

1› Identifique a principal transformação política ocorrida em Roma com a instauração do Império, no final do século I a.C.

2› O que se entende por "romanização"?

3› Explique a importância da escravidão para a economia romana.

4› Indique os eventos que marcaram a desagregação do Império Romano do Ocidente, iniciada no final do século II.

5› O que determinava a Lei do Colonato?

6› Qual era a diferença entre trabalho escravo e servil?

7› Explique qual religião surgiu durante o Império Romano e por que os imperadores perseguiam os seguidores dessa nova religião.

8› Sintetize os principais acontecimentos do governo de Justiniano.

9› Quais as principais razões do fim do Império Bizantino?

Explore o documento histórico

10› Leia o texto a seguir, escrito por São Gregório Magno, no século VI.

Por toda parte nós só vemos luto, só escutamos suspiros. Roma, outrora senhora do mundo, curva-se sob indizível dor, sob o assalto dos bárbaros, sob a ruína de seus monumentos. Onde está o Senado? Onde está o povo? As glórias do mundo foram aniquiladas; resta apenas uma multidão miserável, exposta, todos os dias, ao gládio dos bárbaros. Que foi feito da glória de Roma? Que foi feito do seu orgulho? O Senado desapareceu, o povo pereceu, a cidade desaba sobre si mesma.

SÃO GREGÓRIO. Homilias II, 6. In: São Paulo, Secretaria de Estado da Educação. Coletânea de documentos históricos para o 1º grau: 5ª a 8ª séries. São Paulo: SE/CENP, 1978. p. 69.

a) Que acontecimentos o texto relata?

b) Como os acontecimentos são descritos pelo autor?

c) Pesquise alguns dados da biografia do autor.

d) Em sua opinião, a identidade do autor pode ter influenciado a maneira como ele descreve os fatos?

Analise o texto historiográfico

11› Veja o que diz o historiador Pedro Paulo Funari das visões históricas construídas sobre Roma:

Talvez a ideia mais corrente sobre o Império Romano seja a mais injustificada. Referimo-nos à noção de decadência moral, associada a exageros na comida e nas diversões, que teria levado à decadência de Roma. Em primeiro lugar, essa decadência moral teria durado séculos antes de levar Roma à ruína: ao menos cinco séculos (séculos I a.C. a IV d.C.), o que representa mais do que toda a História do Brasil! Em segundo lugar, a "queda" do Império Romano já foi assinalada em momentos totalmente diferentes, indo desde 330 d.C., com Constantino, passando por 398, com a divisão entre o Império Romano do Ocidente e do Oriente, por 410, com a tomada de Constantinopla pelos godos, até 1453, quando Constantinopla, ainda oficialmente capital do Império Romano do Oriente (ou Bizantino), foi tomada pelos turcos.

Ainda mais importante, no entanto, é o fato de que noções como "decadência" são por demais subjetivas. Teria havido decadência moral ou os costumes eram, simplesmente, diferentes dos nossos?

FUNARI, Pedro Paulo. *Roma, vida pública e privada*. São Paulo: Atual, 1994. p. 6-7.

a) Qual é a crítica que o autor faz aos historiadores tradicionais?

b) Explique o questionamento feito pelo autor: "[...] ou os costumes eram, simplesmente, diferentes dos nossos?".

Subjetivo: pessoal, parcial.

Autoavaliação

1. Quais atividades você considerou mais fáceis e mais difíceis? Por quê?
2. Em quais atividades você utilizou o texto do capítulo como base para sua resposta?
3. Algum ponto do capítulo não ficou muito claro para você? Qual?
4. Você compreendeu o esquema *Mapeando saberes*? Explique-o.
5. Você saberia apontar exemplos da atualidade considerando o que aprendeu no item *Por quê?* do *Mapeando saberes*?
6. Como você avalia sua compreensão dos assuntos tratados neste capítulo?
   - **Excelente**: não tive nenhuma dificuldade.
   - **Boa**: tive algumas dificuldades, mas consegui resolvê-las.
   - **Regular**: foi difícil compreender certos conceitos e resolver as atividades.
   - **Ruim**: tive muitas dificuldades, tanto no conteúdo quanto na realização das atividades.

LENDO IMAGEM

Para reverenciar a si próprios ou a antigos governantes, os imperadores e senadores romanos mandavam construir grandes monumentos de pedra. A Coluna de Trajano é um monumento encomendado pelo imperador Trajano e instalado em praça pública, na cidade de Roma, no ano 113.

Com mais de 30 metros de altura, a coluna é decorada com um friso que percorre toda a sua extensão, onde foram esculpidos, em baixo-relevo, diferentes momentos das duas campanhas militares contra os dácios, ocorridas entre 101 e 106 e lideradas por Trajano.

Nas duas cenas aqui destacadas, a superioridade romana é mostrada de diferentes maneiras. Os soldados romanos estão equipados com escudos ou com capacetes e escudos.

Detalhe da Coluna de Trajano, com duas cenas, produzida em 113.

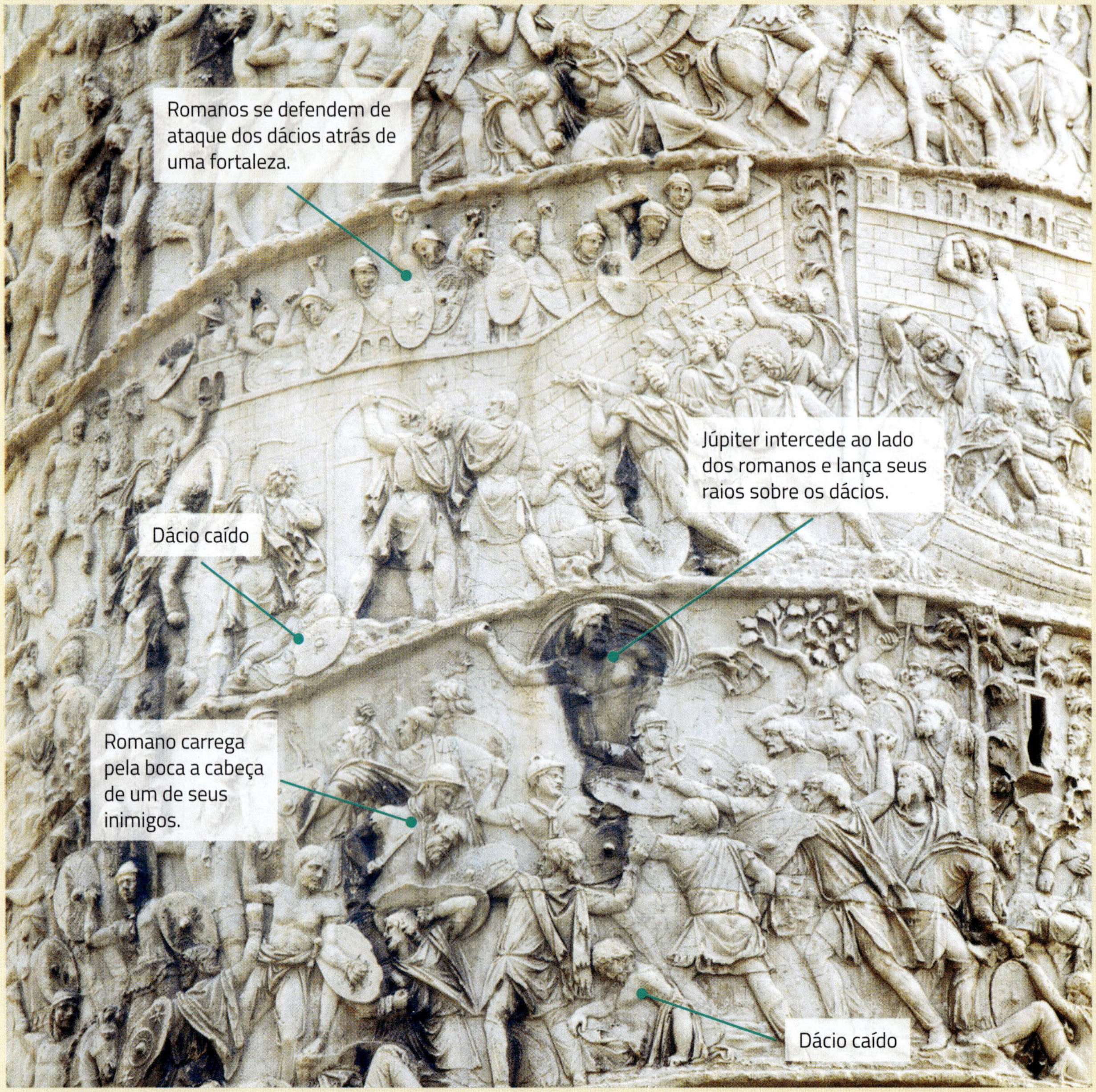
Romanos se defendem de ataque dos dácios atrás de uma fortaleza.
Júpiter intercede ao lado dos romanos e lança seus raios sobre os dácios.
Dácio caído
Romano carrega pela boca a cabeça de um de seus inimigos.
Dácio caído

Akg-Images/Latinstock

Nesta página, vemos o detalhe de uma das últimas cenas representadas na coluna (perto do topo).

Cópia produzida em 1861 de cena existente na Coluna de Trajano (do século II d.C.), exposta no Museu da Civilização Romana, em Roma, na Itália.

Identifique o vestígio

1› Diferencie o imperador Trajano, os romanos e os dácios. Como eles se distinguem?

Analise as características do objeto (a cena representada)

2› **a)** O que está acontecendo nesta cena?

b) Que aspectos da representação confirmam a sua conclusão?

Crie hipóteses sobre a elaboração do objeto (compreenda o sentido das representações)

3› Observando as três cenas apresentadas, o que pode ser deduzido da recordação que Trajano quis deixar de seu governo para a posteridade?

Catedral de Aachen, na Alemanha. Carlos Magno mandou construí-la por volta do ano 790. Foto de 2018.

Sergei Afanasev/Shutterstock

UNIDADE 4

O período medieval: sociedade, política e religião

Desde a desagregação do Império Romano do Ocidente até a tomada de Constantinopla passaram-se quase mil anos. Nesse período prevaleceram a divisão do território romano em vários reinos, a organização da vida em feudos e o crescente poder da Igreja católica.

Observe na imagem a Catedral de Aachen, considerada uma importante construção religiosa do catolicismo.

1. Quando você pensa em Idade Média, quais imagens vêm à sua cabeça?
2. Por que você acha que esta unidade tem como abertura a fotografia de uma igreja católica?

CAPÍTULO 12

A Europa e a formação do feudalismo

Detalhe de iluminura do *Livro de horas* referente ao mês de julho, produzida no século XVI pelo miniaturista flamengo Simon Bening. Criado por devotos na Idade Média e ricamente ilustrado, o livro continha o calendário das festas, dos dias santos e descrevia os trabalhos rurais realizados em cada época. A imagem ao lado representa camponeses trabalhando com feno em um feudo medieval, criando palheiros ao ar livre e transportando carga. Ao fundo, observam-se construções de uma cidade.

Reprodução/The Morgan Library Museum, New York, EUA.

Certamente você sabe alguma coisa sobre a Idade Média. Você já deve ter ouvido falar dos *vikings* ou de histórias de cavaleiros. Talvez tenha visto algum filme sobre essa época, como os que apresentam a lenda do rei Artur, a história de Robin Hood, a vida de Joana d'Arc, as Cruzadas, etc. Nas histórias em quadrinhos também há exemplos, como o príncipe Valente e Hagar, o Horrível.

A palavra "média" indica algo que está entre duas coisas, no meio. A **Idade Média** está entre a **Antiguidade** e a **Idade Moderna**. É importante destacar que os termos "Idade Média" ou "tempos médios", usados para denominar esse período, só surgiram muito depois (por volta do século XV). Os historiadores discordam entre si sobre os eventos que marcam o início e o fim da Idade Média.

Neste capítulo, vamos conhecer as características que distinguem essa época; qual é a importância de estudá-la; como viviam as pessoas; e quais atividades econômicas e instituições políticas caracterizaram esse período.

Para começar

Observe a imagem e responda.

1. Qual cenário está sendo representado? Descreva as características que o levaram a essa conclusão.
2. Com base nesta imagem, como você imagina que tenha sido o cotidiano da população europeia durante a Idade Média?

1 A Idade Média

O termo "Idade Média" não se aplica a todos os povos do planeta, mas apenas àqueles que viviam na Europa ocidental, no território que fazia parte do Império Romano do Ocidente. Foi aí que se desenvolveram uma visão de mundo e um modo de agir e de se organizar que chamamos de "medieval".

Na mesma época, na América, as civilizações pré-colombianas (maia, inca, asteca) viviam seu período de maior desenvolvimento. Porém, as características desses povos eram bem diferentes daquelas das sociedades europeias.

Na África também se desenvolviam grandes reinos, como o de Gana e, posteriormente, o do Mali.

Na Ásia, as civilizações da China e da Índia, além de várias outras culturas, viviam de forma bastante diferente dos povos europeus. Nem mesmo os diversos povos e culturas da Europa e do chamado Oriente Próximo apresentaram as mesmas características durante a Idade Média.

© 2015 King Fetures Syndicate/Ipress

Tirinha do personagem Hagar, o Horrível, um guerreiro *viking* criado em 1973 pelo estadunidense Dik Browne.

Portal de Mapas/Arquivo da editora

LINHA DO TEMPO

- **330** Liberdade de culto para os cristãos
- **395** Divisão do Império Romano em Oriente e Ocidente
- **476** Deposição do último imperador romano do Ocidente
- **622** Hégira: início do calendário islâmico
- **630** Tomada de Meca: unificação política e religiosa árabe
- **800** Carlos Magno: imperador do Ocidente
- **1453** Tomada de Constantinopla pelos turcos

Alta Idade Média

Baixa Idade Média

Linha do tempo esquemática. O espaço entre as datas não é proporcional ao intervalo de tempo.

Transformações dos tempos medievais

O longo período medieval, que durou cerca de mil anos, é dividido em duas fases: a Alta Idade Média e a Baixa Idade Média. Considera-se **Alta Idade Média** o período compreendido entre os séculos V e X. A **Baixa Idade Média** estende-se entre os séculos XI e XV.

Na Alta Idade Média foram formadas grandes propriedades agrícolas na Europa ocidental, isoladas umas das outras e conhecidas como **feudos**. Não havia um forte poder central que as governasse, e o comércio entre elas era quase inexistente.

Oriente Próximo: o Oriente Próximo é, para os europeus, a região mais próxima da Europa. Abrange o território da Turquia, os países do sudoeste da Ásia e do norte da África, incluindo ainda Iraque, Irã e Afeganistão. Como se refere à proximidade ou à distância em relação à Europa, essa expressão tem pouco significado para quem vive em outra parte do mundo.

Pilhar: saquear, roubar.

Os servos que viviam e trabalhavam na propriedade do senhor rural produziam praticamente tudo o que era necessário para os moradores do feudo. O isolamento e a autonomia dos feudos fizeram com que muitas cidades, nesse período, perdessem importância. Essa forma de organização ficou conhecida como **sistema feudal**.

Saiba mais

Enquanto no Ocidente a Alta Idade Média foi marcada pelo declínio e até desaparecimento de cidades e pelo enfraquecimento ou pela quase inexistência do comércio (que só ressurgiria na Baixa Idade Média), no Oriente, nessa mesma época, continuaram a existir impérios e intensas atividades comerciais e urbanas.

As migrações germânicas no Império Romano

Os romanos chamavam de "bárbaros" todos os povos que não falavam o latim ou o grego e aqueles que não se comportavam como romanos, dentro e fora das fronteiras do Império.

Os chamados "bárbaros" viviam da caça, da pesca, de uma agricultura rudimentar e, principalmente, dos saques de guerra. Habitavam florestas, embora alguns povos fossem nômades.

Assim como os gregos e os romanos, eram politeístas, mas cada grupo tinha a própria crença e os próprios deuses. Cultuavam seus ancestrais e as forças da natureza, como o trovão (para os germanos, Thor, deus do trovão).

Organizados em sociedades tribais, sem unidade política, esses povos seguiam leis que não eram escritas, mas apoiadas em costumes e tradições. Suas relações eram baseadas na lealdade para com os parentes, chefes e companheiros.

Esses povos "não romanos" costumam ser agrupados, segundo a origem ou a língua, como abaixo.

- **Tártaro-mongóis**: de origem asiática, deles descendiam os hunos e os turcos;
- **Eslavos**: originários da Europa oriental e de parte da Ásia, deram origem aos russos, polacos, tchecos, sérvios, bósnios e búlgaros, entre outros;
- **Germanos**: de origem indo-europeia, ocupavam a parte mais ocidental da Europa, na fronteira com o Império Romano. Deles são descendentes os francos, os visigodos, os ostrogodos, os vândalos, os burgúndios, os anglos, os saxões, entre outros.

A partir do final do século V, povos germânicos ocuparam boa parte do Império Romano do Ocidente. Essas migrações foram decisivas para a desintegração do poder de Roma, como você viu no capítulo anterior, e para o declínio das cidades europeias.

The Bridgeman Art Library/Keystone Brasil/Museu de Arte Walters, Baltimore, EUA.

Broche visigótico do século VI d.C., em formato de águia, descoberto em um cemitério na província de Badajoz, Espanha.

The Bridgeman Art Library/Keystone Brasil/Museu Montecassino Abbey, Cassino, Itália.

Face de moeda do século VI, com representação do rei Totila, penúltimo rei dos ostrogodos (541-552).

Veja, no mapa abaixo, os percursos seguidos pelos povos germânicos.

Migrações germânicas (século V)

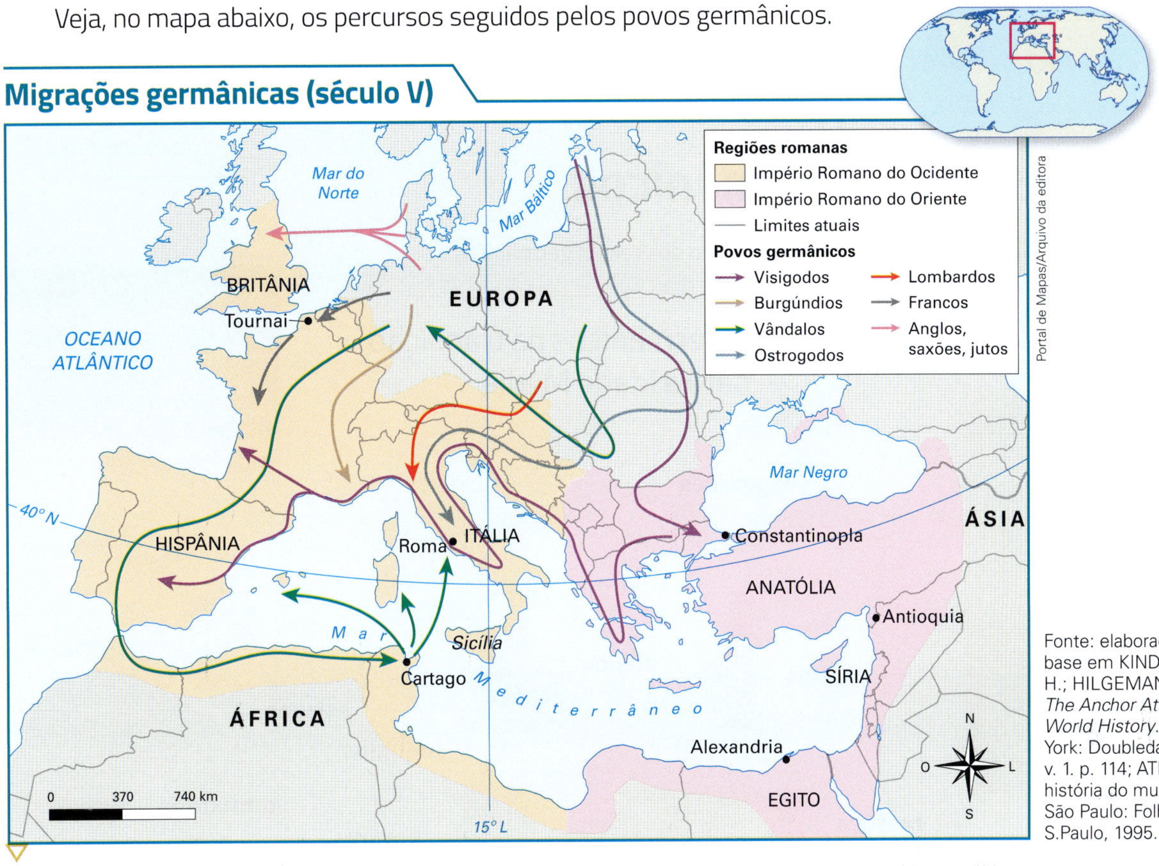

Fonte: elaborado com base em KINDER, H.; HILGEMANN, W. *The Anchor Atlas of World History*. New York: Doubleday, 1974. v. 1. p. 114; ATLAS da história do mundo. São Paulo: Folha de S.Paulo, 1995. p. 99.

Este mapa reúne informações de dois momentos históricos diferentes: as migrações germânicas e a divisão política atual. As migrações germânicas aceleraram a desagregação do Império Romano do Ocidente. Nos séculos IV e V, houve ondas migratórias também de povos hunos e eslavos, e muitos deles penetraram no Império Romano, contribuindo para sua desagregação.

A formação dos reinos germânicos

O esquema abaixo mostra como se deu a formação dos reinos germânicos durante a Idade Média.

Formação dos reinos germânicos

- 476: deposto o último imperador romano do Ocidente.
- Crise política, falta de alimentos, alta dos preços, queda na arrecadação de impostos, saques e invasões.
- População das cidades migra para o campo em busca de proteção nas propriedades rurais (ruralização).
- Formação dos feudos, que começam a produzir o necessário para sua sobrevivência.
- Cidades praticamente desaparecem; regiões que formavam o Império Romano do Ocidente deixam de ter ligações entre si.
- Fundação de reinos "bárbaros" em diversos pontos da Europa.
- Elementos da cultura romana e dos povos germânicos começam a se fundir: "bárbaros" adotam o cristianismo; as línguas faladas por "bárbaros" se misturam com o latim e dão origem às línguas neolatinas.

Principais reinos germânicos

Heptarquia: do grego *hept(a)* = sete; *arquia* = tipo de governo. Significa reunião de sete reinos.

Observe o mapa abaixo, que representa a extensão dos reinos germânicos.

Reinos Anglo-Saxões
Formaram sete reinos na ilha da Grã-Bretanha, conhecidos como heptarquia saxônica.

Os reinos germânicos na transição para a Idade Média

Reino Franco
Estabelecido inicialmente no norte da Itália e na região da Gália (território da França atual), transformou-se no principal reino da Idade Média, ampliando seus domínios por quase toda a Europa ocidental.

Portal de Mapas/Arquivo da editora

Reino Ostrogodo
Destacou-se pela construção da cidade de Ravena, no norte da península Itálica.

Reino Visigodo
Formou-se na região da península Ibérica. Deu origem a vários reinos cristãos que, mais tarde, formariam Portugal e Espanha.

Fonte: elaborado com base em ARMENTO, B. et al. *Across the Centuries*. Boston: Houghton Mifflin, 2002. p. 257.

Ao dividir o território do Império Romano do Ocidente, os povos "bárbaros" desfizeram sua unidade política e formaram diversos reinos. Esse processo foi lento e durou séculos, apresentando características próprias em cada região.

Reino Vândalo
Estabelecido da península Ibérica ao norte da África, estendeu seu domínio até as ilhas da Sicília, Sardenha e Córsega.

A civilização árabe na Idade Média

A civilização árabe desenvolveu-se na península Arábica, onde predomina o clima árido do deserto. Além das migrações dos "bárbaros", a Europa foi atingida por uma grande expansão dos árabes, que alcançaram o sul do continente. Iniciada no século VII, só foi contida no século seguinte.

As regiões férteis dos oásis e do litoral do mar Vermelho foram ocupadas pelos povos semitas muitos séculos antes de Cristo. Grupos nômades (conhecidos como beduínos) predominavam no interior da península.

Oásis: porção de terra fértil, com água, em pleno deserto.

Península Arábica no início do século VII

Divisão política atual

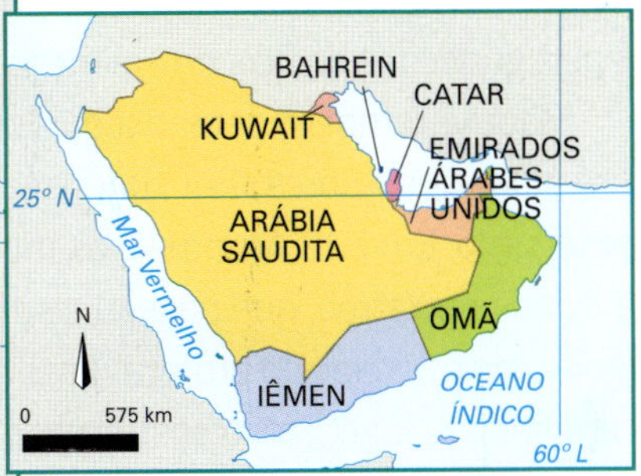

Mapas: Portal de Mapas/Arquivo da editora

Fonte: elaborado com base em ALONSO, M. B. et al. *Geografía e Historia 1*. Madrid: Anaya, 2000. p. 231; ATLAS geográfico escolar. 5. ed. Rio de Janeiro: IBGE, 2009. p. 32-33.

Os árabes concentravam-se na região em destaque no mapa maior, já que mais de dois terços da península correspondem a áreas desérticas por onde circulavam e ainda circulam os beduínos. Veja, no mapa menor, a configuração dos atuais países da região.

No século VI, os árabes estavam divididos em aproximadamente 300 tribos. Algumas se fixaram em núcleos urbanos como Meca e Yatreb, mas a maioria se distribuía pelo interior da península Arábica. As diferentes tribos eram independentes e governadas por *sheiks* (xeques ou chefes de tribo). Não havia um governo central organizado. Em época de guerra, o comando passava ao **emir**, o chefe militar.

Os árabes eram politeístas e seus ídolos ficavam em um santuário chamado **Caaba**, localizado na cidade de **Meca**. A cidade era dominada pela tribo coraixita, guardiã do templo sagrado.

Meca era parada obrigatória das caravanas de mercadores que vinham do sul da península Arábica ou da Síria e da Babilônia. Por isso, uma das características da cidade era seu intenso comércio. A cidade também recebia peregrinos de todo o mundo árabe, que vinham visitar a Caaba e participar das festividades religiosas. Os coraixitas beneficiavam-se do intenso comércio resultante da movimentação dos visitantes.

Rodval Matias/Arquivo da editora

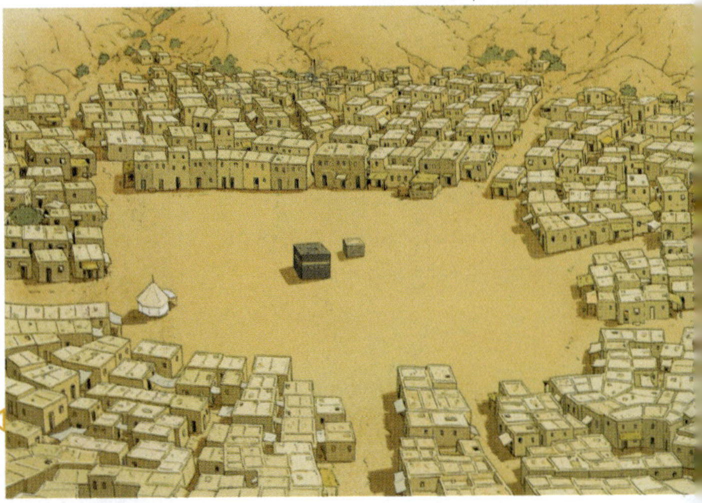

O desenho representa a cidade de Meca por volta do século VII. No centro está a Caaba e à sua direita um poço de água onde todos se abasteciam. As casas eram construídas bem próximo umas das outras e tinham o teto plano.

Fonte: elaborado com base em TULLEKEN, K. van (Ed.). *A marcha do islã*. Rio de Janeiro: Cidade Cultural, 1989. p. 22-25. (História em Revista 600-800).

Peregrino: pessoa que faz viagens, geralmente longas, para lugares considerados santos.

Maomé e a unificação árabe

No século VII, os povos árabes passaram por uma grande transformação, tendo à frente um homem chamado Maomé (Muhammad, em árabe).

Aos 40 anos, Maomé começou a pregar uma nova religião, o **islã**, palavra de origem árabe que significa "submissão a Alá". Segundo a tradição, ele teve uma visão em que o anjo Gabriel o encarregou de pregar o monoteísmo: "Alá é o único Deus e Maomé é seu profeta" (essa frase está registrada na abertura do livro sagrado escrito com base nos ensinamentos de Maomé – o **Corão** ou **Alcorão**). Os nomes **islã**, **islão** e **islamismo** são sinônimos e referem-se à religião criada por Maomé.

Alá (ou Allah): nome com o qual se denomina Deus no islamismo.

Profeta: aquele que anuncia a vontade de Deus.

As pregações de Maomé aos poucos conquistavam muitos seguidores (chamados de **muçulmanos** ou **islamitas**) e colocavam em risco os interesses dos coraixitas. Negar o politeísmo e condenar os ídolos adorados na Caaba significava acabar com as peregrinações de fiéis que alimentavam a vida comercial da cidade.

Maomé também defendia que os ricos contribuíssem com pequenas quantias para ajudar os pobres. Por tudo isso, a tribo da qual Maomé descendia passou a persegui-lo. Em 622, Maomé e os muçulmanos deixaram Meca e foram para a antiga cidade de Yatreb, que passou a se chamar **Medina**, palavra de origem árabe cujo significado é "cidade do profeta". Esse acontecimento, chamado **hégira** (palavra árabe que significa "fuga"), foi transformado no marco inicial do atual calendário islâmico.

Nesse período, os muçulmanos sobreviviam com a ajuda das tribos de beduínos, que pilhavam as caravanas que atravessavam a península Arábica, principalmente as que abasteciam Meca, contribuindo para o seu enfraquecimento.

Quem era Maomé?

Nascido em Meca, em 570, Maomé era membro da poderosa tribo coraixita, embora pertencesse a uma família pobre. Ele viveu muito tempo em uma tribo beduína, dedicando-se possivelmente ao comércio entre as várias regiões da Arábia.

Mais tarde, Maomé casou-se com Cadija, viúva rica, proprietária de uma caravana.

Depois de violentos conflitos, Maomé conseguiu retornar a Meca em 630 e iniciar a **unificação religiosa e política** da Arábia. A maioria dos ídolos que eram adorados na Caaba foi destruída durante esse processo. No entanto, ele preservou a **pedra negra**, que, de acordo com a cultura árabe, foi oferecida por Alá a Ismael, dando origem ao povo árabe. A cidade de Meca se transformou em capital dos muçulmanos.

Antes de morrer, Maomé encarregou seus seguidores de lutarem para estabelecer a hegemonia religiosa do islã.

De olho na tela

A história do islamismo – Maomé: o mensageiro de Alá. Direção: Moustapha Akkad, Líbia/Líbano/Arábia Saudita/Inglaterra, 1976. Retrata a vida de Maomé do início de sua pregação até a sua morte.

Andrew V Marcus/Shutterstock

Localizada em Meca, na atual Arábia Saudita, a Caaba é o local mais sagrado para os muçulmanos. Na imagem, peregrinos oram durante as sete voltas em sentido anti-horário em torno da Caaba, ritual muçulmano chamado de *Tawaf*. Foto de 2018.

A difusão do islã

Com fortes influências do cristianismo e do judaísmo, a religião criada por Maomé tem seus fundamentos no Corão. Nele estão escritas as práticas do culto islâmico, como a de orar cinco vezes ao dia voltado para Meca, visitar Meca ao menos uma vez na vida, jejuar no mês do Ramadã (mês da comemoração da hégira), dar esmolas, guardar as sextas-feiras, não ingerir bebidas alcoólicas, entre outras normas.

Depois da morte de Maomé, o mundo árabe passou a ser governado por califas, seus sucessores. As discordâncias sobre as interpretações dos ensinos de Maomé e quem deveria ser califa originaram outras seitas religiosas. As mais importantes foram a dos **sunitas** e a dos **xiitas**.

Os sunitas defendiam que o califa deveria ser eleito, de acordo com o antigo costume árabe de escolher o chefe de cada tribo. Também afirmavam que os ensinamentos do Corão deviam ser complementados pelo *Sunna* (daí o nome de sunitas), livro em que estavam registrados as pregações e os atos de Maomé.

Os xiitas acreditavam que o califa deveria ser um descendente direto de Maomé e não admitiam outra fonte de ensinamento que não fosse o Corão, seguindo as determinações dos **aiatolás** (líderes espirituais).

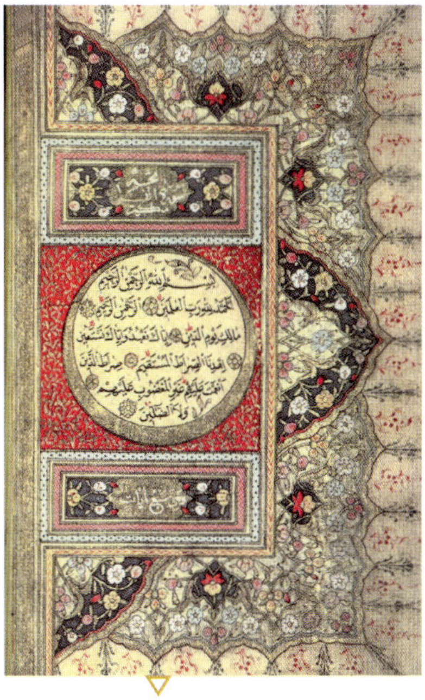

Museu Condé, Chantilly, França./Arquivo da editora

Fac-símile de uma página do Corão, do século XVII.
O Corão é o livro sagrado dos muçulmanos, com 114 suras ou capítulos. Seu nome vem da palavra árabe *qu'ân*, que significa "leitura" ou "discurso". Esse livro foi escrito no século VII com base na reunião de textos sobre as revelações divinas que teriam sido recebidas por Maomé. O Corão estabelece não só as normas religiosas dos muçulmanos, mas também políticas e morais.

A formação do Império Muçulmano

Os califas iniciaram a expansão da civilização árabe e a difusão do islã por meio da chamada "guerra santa" (*jihad*). Quando Maomé morreu, em 632, os árabes ocupavam apenas um terço da península Arábica. Pouco mais de um século depois, eles haviam conquistado um vasto império, que incluía o norte da África, grande parte da península Ibérica, a Pérsia e a Síria.

Califa: chefe político-religioso que sucedeu a Maomé.

***Jihad*:** além do ideal de guerra santa dos muçulmanos contra infiéis ou inimigos do islã, o termo também significa o dever de defender o islã pela purificação, pela pregação e pelo comportamento.

Expansão muçulmana e as rotas comerciais

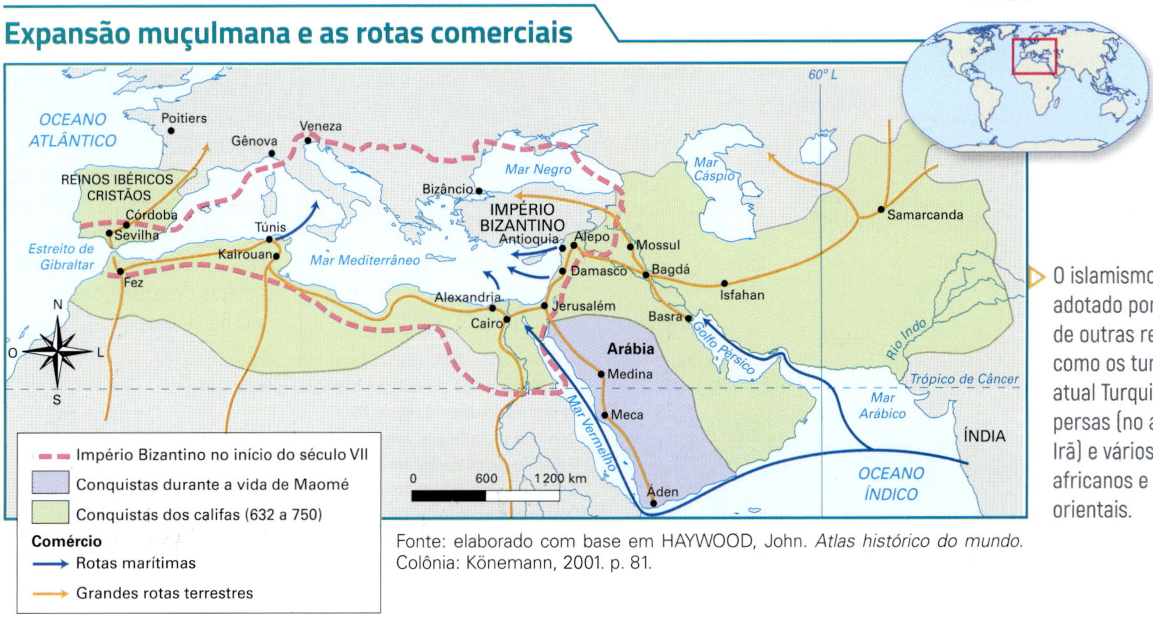

Portal de Mapas/Arquivo da editora

Fonte: elaborado com base em HAYWOOD, John. *Atlas histórico do mundo*. Colônia: Könemann, 2001. p. 81.

O islamismo foi adotado por povos de outras regiões, como os turcos (na atual Turquia), os persas (no atual Irã) e vários povos africanos e orientais.

Com o domínio sobre o norte da África e a península Ibérica, os árabes passaram a controlar o mar Mediterrâneo, dificultando ainda mais a atividade comercial dos europeus ocidentais naquela região. Assim, a expansão árabe contribuiu para a ruralização da Europa ocidental, característica marcante do **feudalismo**.

A partir do século IX, disputas internas pelo poder, pressões dos cristãos, principalmente os da península Ibérica, e ataques constantes dos turcos desintegraram o Império. O mundo árabe dividiu-se, então, em califados (regiões comandadas por califas).

Mesmo depois de extinto o Império Muçulmano, o islamismo continuou a se expandir e exerceu forte influência sobre os povos da península Ibérica e, consequentemente, sobre os povos da América colonizados pelos portugueses e espanhóis.

Os domínios muçulmanos na península Ibérica diminuíram durante a Baixa Idade Média. Nesse período, os reinos cristãos de Castela, Aragão, Navarra e Leão retomaram as terras dominadas pelos árabes nas chamadas Guerras da Reconquista. Em 1492, os muçulmanos foram expulsos de Granada, seu último reduto no continente.

Leemage/Agência France-Presse/ Biblioteca Nacional, Paris, França.

Na imagem, representação do califa Haroum al Rachid (765-809). Seu governo foi o ponto mais alto do Império Muçulmano da dinastia dos Abássidas. A capital era Bagdá, que, além de grande desenvolvimento econômico, alcançou no século X uma população de 1 milhão de habitantes. Detalhe de miniatura persa do século XVI.

A península Ibérica muçulmana

Portal de Mapas/Arquivo da editora

Durante vários anos, boa parte da atual Espanha foi um califado, com sede em Córdoba. Perto do ano 1000, a cidade era a mais populosa do Ocidente, com cerca de 100 mil habitantes. Na mesma época, Leão, a mais conhecida cidade cristã da península, possuía 7 mil habitantes.

Fonte: elaborado com base em LARREA, Julio López-Davalillo. *Atlas histórico de España y Portugal*. Madrid: Síntesis, 1999. p. 90.

Os muçulmanos na península Ibérica

A presença dos muçulmanos na península Ibérica deixou profundas marcas na história dos povos da região. Ela se deu, segundo os estudiosos, com as conquistas de Tariq Ibn Ziya, em 711. Pouco a pouco, a maioria das lideranças visigodas aceitou a soberania islâmica em troca da preservação de suas terras. A língua árabe se espalhou pela península e superou até mesmo o latim, que era falado desde a dominação romana.

Philip Reeve/Shutterstock

Interior da Mesquita de Córdoba, construída no século X, na península Ibérica, que mostra a influência árabe na arquitetura da região. Foto de 2018.

Os muçulmanos garantiram aos povos locais a preservação de seus bens, de sua liberdade (não seriam escravizados) e de suas crenças, como a cristã. Em compensação, as pessoas assumiram o compromisso de pagar uma contribuição territorial, um tipo de imposto em moeda ou em produtos (trigo, cevada, vinagre, mel, azeite, etc.).

No norte da península, existiam pequenos reinos cristãos apoiados em uma economia pastoril-agrícola. Ao sul, os muçulmanos ergueram uma brilhante cultura urbana, com palácios, jardins e outras construções, em que circulavam califas, sábios, artistas, poetas, soldados e trabalhadores.

O centro da autoridade muçulmana ficava no palácio, sob o controle do emir ou califa, que exercia poder absoluto sobre uma população variada, composta de berberes, sírios, godos e judeus.

Berbere: povo do norte da África dominado pelos árabes desde o século VII e convertido ao islamismo.

Na economia, a influência árabe se deu na introdução de diversos cultivos agrícolas (laranja, arroz, cana-de-açúcar, algodão), no intenso comércio e no desenvolvimento da produção artesanal têxtil (seda, bordado, linho).

A cultura árabe

O legado árabe pode ser observado em muitos campos. Durante sua expansão, os árabes entraram em contato com várias civilizações orientais e ocidentais, absorvendo sua cultura. Estudaram e traduziram, por exemplo, textos de Aristóteles, Platão (Filosofia) e Hipócrates (Medicina), três grandes nomes da Grécia antiga. Dessa forma, boa parte do legado grego, celebrado posteriormente como uma das mais importantes expressões culturais da humanidade, chegou ao Ocidente pelas mãos dos árabes. Desempenharam importante papel nessa tarefa os filósofos Averróis e Avicena. Este também teve grande influência no ensino da Medicina durante a Baixa Idade Média europeia.

Gianni Dagli Orti/Shutterstock

Iluminura do século XIX que representa Aladim sobrevoando Istambul em um tapete mágico. A história de Aladim é uma das reunidas em *As mil e uma noites*.

Na arquitetura, destacam-se a construção de grandes palácios e mesquitas de cúpulas singulares, com minaretes, arcos em ferradura e colunas torcidas, e o uso do reboco como revestimento.

Na literatura, a obra *As mil e uma noites*, que reúne fábulas, anedotas, contos e aventuras recolhidos em diversos países do Oriente, é uma das narrativas árabes mais célebres até os dias atuais.

Na ciência, os árabes desenvolveram conhecimentos de Matemática, Física, Astronomia e Química. Adotaram e introduziram na Europa os algarismos hindus, depois chamados de arábicos e usados atualmente. Também divulgaram o zero para representar o vazio.

Uma série de instrumentos astronômicos usados pelos europeus nas **Grandes Navegações** foi trazida ao Ocidente pelos árabes, que os estudaram e os desenvolveram com base nos documentos gregos. Eles descobriram diversas substâncias, entre elas o álcool, o fósforo, a benzina, o mercúrio, o ácido sulfúrico, e ainda trouxeram para o Ocidente três grandes invenções chinesas: a bússola, o papel e a pólvora.

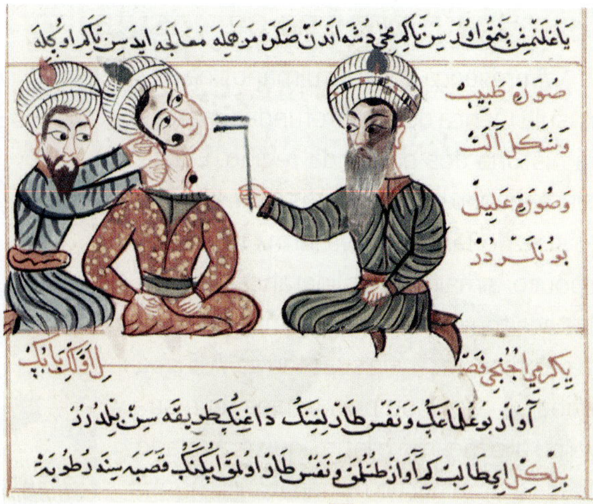

The Bridgeman Art Library/Keystone Brasil/Biblioteca Nacional, Paris, França.

Cena de cauterização reproduzida de um manuscrito persa sobre "cirurgias imperiais", de cerca de 1300.

Na Medicina, os árabes alcançaram importantes avanços: a produção de medicamentos, o desenvolvimento de tratamentos, o uso da anestesia em cirurgias e a identificação da natureza de doenças contagiosas, como a varíola e a tuberculose.

AA105/Shutterstock

Pátio dos Leões, no interior do Palácio de Alhambra. Nesta imagem podem ser observados detalhes típicos da arquitetura e da decoração árabes. Eles demonstram o vasto conhecimento de Geometria e Matemática alcançado pelos árabes. Granada, Espanha. Foto de 2018.

Saiba mais

A civilização árabe se estendeu além da península Arábica, no sudoeste da Ásia, alcançando os territórios que correspondem a Argélia, Egito, Iraque, Jordânia, Líbano e Marrocos. Embora a maioria dos árabes siga a religião islâmica, existem também árabes cristãos e de outras religiões.

O islamismo surgiu na península Arábica e se espalhou pelo mundo, adotado por povos árabes e não árabes.

Muçulmanos, maometanos, islamitas e islâmicos são denominações comuns para os seguidores da religião de Maomé.

Povos turcos não são provenientes da península Arábica, mas da Ásia central. Ao longo de séculos, o avanço desses povos sobre áreas do Oriente Próximo facilitou a assimilação do islamismo. A população da atual Turquia é majoritariamente muçulmana.

Na Idade Média, os termos **sarraceno** (povo nômade que vivia nos desertos entre a Síria e a Arábia, antes do islamismo) e **mouro** (povo da Mauritânia, região no norte da África dominada pelos árabes) foram usados pelos cristãos europeus para designar, de forma pejorativa, os povos muçulmanos do Oriente, da África e da Espanha.

Minha biblioteca

Árabes na Idade Média, de Claudia Beltrão, Editora FTD, 2001. Uma oportunidade de conhecer o mundo árabe desde o momento de sua formação até a época de suas grandes realizações durante a Idade Média.

As mil e uma noites, de Julieta de Godoy Ladeira (Adaptação), Editora Scipione, 1997. Sherazade se oferece para contar uma história ao sultão antes que ele mande executá-la. O sultão se encanta pelas narrativas e assim se passam mil e uma noites.

Pejorativo: depreciativo, insultuoso.

CONEXÕES COM A MATEMÁTICA

O número zero

Como vimos, os árabes entraram em contato com várias civilizações orientais e absorveram sua cultura. Da Índia, por exemplo, eles se inspiraram na noção do *sunya*, palavra em sânscrito que representava o vazio, o nada. Os primeiros vestígios dessa noção foram encontrados nas civilizações babilônica e maia, além da indiana.

Ao dominar o Mediterrâneo, os árabes difundiram o *sunya*, que traduziam por *sifr*, passando para o latim como *zephirum*. É o que conhecemos por **zero**, difundido com a popularização dos algarismos arábicos, adotados amplamente no final da Idade Média.

O zero é um algarismo indispensável em nosso sistema de numeração. Sem ele, teríamos dificuldade para diferenciar uma dezena de uma unidade ou o número 12 do número 102. Hoje, não conseguimos imaginar o mundo sem o zero. Leia mais sobre o assunto no texto a seguir.

— Os algarismos, o zero, são uma invenção dos árabes! – exclamou Habibi. – O que o senhor está fazendo conosco, sr. Ruche? [...] Não esperava isso da parte de um velho amigo.

— Desculpe, Habibi, era o que eu também acreditava até outro dia. Mas é um equívoco, os algarismos que utilizamos hoje foram inventados pelos indianos na Índia. É assim. Não dá para reescrever a História.

— Então você pode me explicar por que todo mundo diz "algarismos arábicos"?

[...]

— Quando os algarismos chegaram a Bagdá – explicou o sr. Ruche – os árabes os chamaram de figuras indianas. Um matemático, membro da Casa da Sabedoria, redigiu um tratado para divulgá-los e descrever a maneira de utilizá-los. Foi por ele que os árabes conheceram os algarismos indianos. Vários séculos depois, o livro foi traduzido em latim.

— Foi por essa obra que na França, na Itália e na Alemanha, eles se tornaram conhecidos. Depois se difundiram em todo o Ocidente. E como foi por intermédio dos árabes que os cristãos os conheceram, eles chamaram de "algarismos arábicos", e declararam que o zero era uma invenção árabe. E se todo mundo diz "algarismos arábicos" e não "algarismos indianos" é porque faz séculos que o mundo ocidental se arrogou o poder de dar nome às coisas para toda a humanidade.

Arrogar: reivindicar, assumir.

GUEDJ, Denis. *O teorema do papagaio*. Tradução de Eduardo Brandão. 2. ed. São Paulo: Companhia das Letras, 2006. p. 215.

1› De acordo com o texto, quais civilizações trocaram saberes durante o período medieval?

2› Qual é a importância do número zero? Aponte um exemplo prático.

3› Descreva o processo da expansão árabe para o Ocidente e os seus desdobramentos na Europa.

4› Elabore um texto sobre as transformações ocorridas nas ciências durante a Idade Média.

5› Observe ao lado algumas representações gráficas do zero. Em seguida, crie um símbolo para representar a sua ideia do zero.

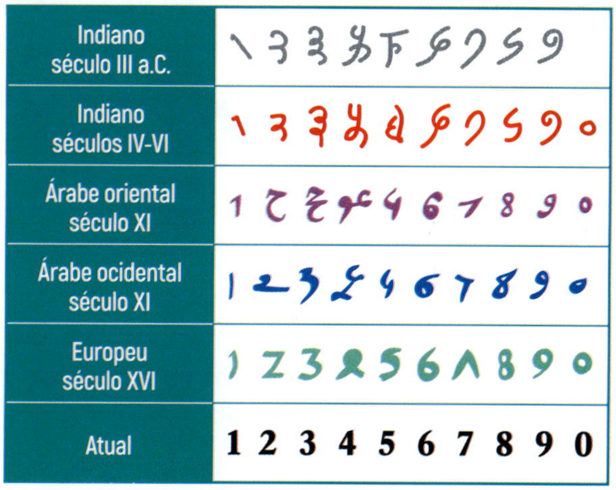

Banco de imagens/Arquivo da editora

O surgimento do feudalismo

Enquanto os povos germânicos se fixavam na Europa ocidental e os árabes iniciavam sua expansão pelo norte da África, diversos feudos se formavam na Europa ocidental como consequência da fragmentação política do antigo Império Romano. Nascia o **feudalismo**, uma nova forma de organização política, econômica e social.

A sociedade feudal

A sociedade feudal era uma **sociedade de ordens** ou **estamental**, isto é, composta de camadas sociais rígidas. O indivíduo nascia e morria pertencendo à mesma camada social, com raras chances de modificar sua condição. Ser ou não dono de terras era o fator que definia o lugar do indivíduo na estrutura feudal.

Ao longo do período medieval existiram, dependendo da região, servos (que pagavam tributos) e aqueles com plena liberdade, inclusive em relação a tais obrigações.

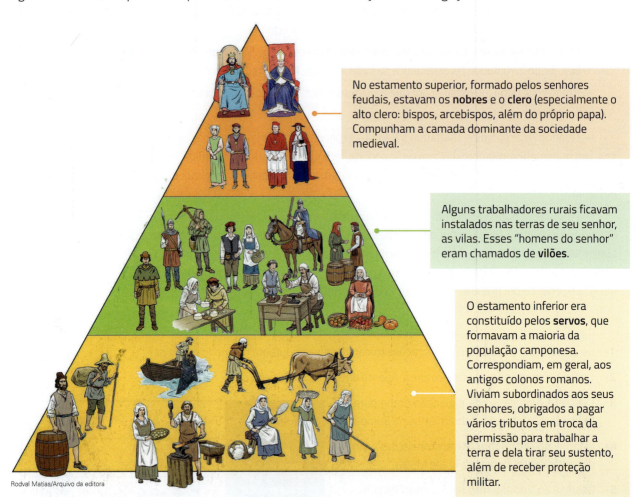

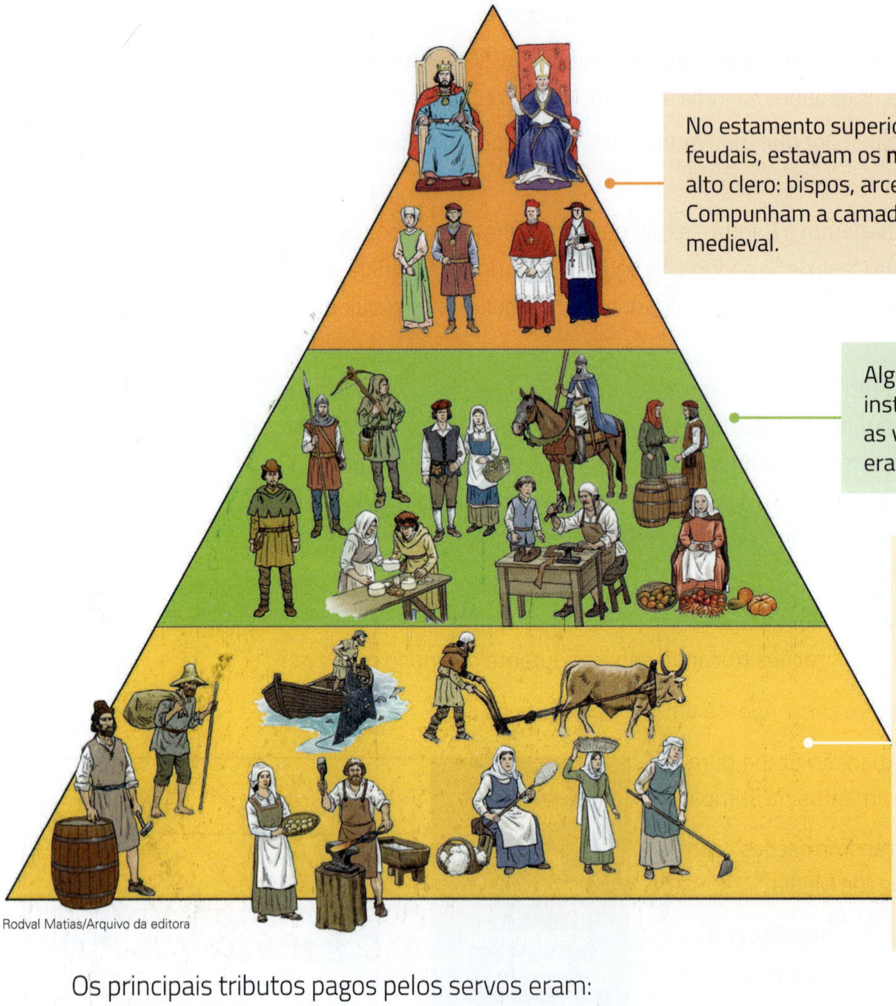

No estamento superior, formado pelos senhores feudais, estavam os **nobres** e o **clero** (especialmente o alto clero: bispos, arcebispos, além do próprio papa). Compunham a camada dominante da sociedade medieval.

Alguns trabalhadores rurais ficavam instalados nas terras de seu senhor, as vilas. Esses "homens do senhor" eram chamados de **vilões**.

O estamento inferior era constituído pelos **servos**, que formavam a maioria da população camponesa. Correspondiam, em geral, aos antigos colonos romanos. Viviam subordinados aos seus senhores, obrigados a pagar vários tributos em troca da permissão para trabalhar a terra e dela tirar seu sustento, além de receber proteção militar.

Rodval Matias/Arquivo da editora

Os principais tributos pagos pelos servos eram:

- **Talha**: correspondia, em geral, a mais da metade da produção das terras de uso dos servos;
- **Corveia**: era pago com trabalho obrigatório nas terras do senhor pelo menos dois ou três dias por semana;
- **Banalidades**: pagamento em produtos pelo uso de instrumentos de trabalho e das dependências comuns do feudo, como moinhos, fornos, celeiros e pontes.

Suseranos e vassalos

Durante a Idade Média europeia, as relações de poder entre o rei, os senhores feudais e seus servos constituíam laços individuais de proteção e de obrigação mútuas. Na ordem feudal, os que ofereciam proteção geralmente possuíam um exército; eram chamados **suseranos** ou Senhores.

O principal suserano de um reino era o próprio rei. Abaixo do rei estavam os Grandes Senhores (duques, condes), abaixo destes estavam os Senhores com feudos menores e, mais abaixo, os Cavaleiros. Os **vassalos**, por sua vez, eram aqueles que juravam lealdade, oferecendo serviços militares aos Senhores, entre outras tarefas. Quase sempre os suseranos eram proprietários de uma vasta área e distribuíam terras e cargos a seus vassalos em troca de um juramento de fidelidade. Dentro de seu feudo, o vassalo passava a ser também um suserano, distribuindo proteção e posses a outros indivíduos que, por sua vez, transformavam-se em seus vassalos. Criava-se, assim, uma extensa rede de obrigações e de lealdade entre Senhores, buscando garantir unidade e poder ao grupo social.

Esse acordo estabelecido entre as partes chamava-se **contrato vassálico** e raramente era feito por escrito. Em geral, ele era confirmado em uma cerimônia em que o futuro vassalo prestava **homenagem** ao suserano e depois fazia o **juramento de fidelidade**. O suserano, por sua vez, fazia a **investidura**, ou seja, entregava ao vassalo um punhado de terra ou algum objeto para simbolizar a concessão do feudo.

Granger/Fotoarena

Nobre cavaleiro fidalgo e seu falcão. Detalhe de calendário medieval de Pietro Crescenzi, c. 1306.

Concessão: ato de ceder algo a alguém, entrega.

The Bridgeman Art Library/Keystone Brasil/Arquivo da Coroa de Aragão, Barcelona, Espanha.

Representação da cena de homenagem em miniatura do século XII. Nessa cerimônia, o vassalo ajoelha e tem as mãos do suserano colocadas sobre as dele, confirmando a dependência e a subordinação.

Minha biblioteca

As mais belas lendas da Idade Média, de Laurence Camiglieri et al., Editora Martins Fontes, 2001. Coletânea de contos e lendas medievais que retrata torneios, duelos, batalhas violentas e nobres em provas de coragem e bravura.

TRABALHANDO COM **DOCUMENTOS**

A cavalaria desempenhou um importante papel na sociedade e nos conflitos ocorridos durante o período medieval. Conheça um pouco sobre sua origem no texto a seguir.

[...] Os cavaleiros da Idade Média montavam cavalos de guerra conhecidos como corcéis, animais enormes e treinados para a batalha. No entanto, a origem da cavalaria pode ter ocorrido ainda antes, no auge do Império Romano.

Os antigos romanos tinham uma ordem equestre de elite conhecida como "*Ordo Equestris*". Embora ela não possa ser conclusivamente ligada a cavaleiros, estudiosos notam que essa ordem compartilhava muitas semelhanças com os cavaleiros da Idade Média – eram homens das classes inferiores da nobreza que lutavam a cavalo e impunham um respeito considerável.

[...]

O treinamento de um cavaleiro era um árduo processo que começava aos sete anos e durava 14 anos. O cavaleiro em potencial primeiro tinha que servir como pajem. Nesse ponto, ele era apenas um servo que tinha que fazer o que seu senhor quisesse. Embora a maior parte do treinamento fosse feita em jogos e esportes, alguns eram extremamente perigosos. Em vez de brincar com bolas e bonecos, o pajem medieval manuseava armas e praticava equitação.

Adriana Moreira Henrique da Rocha/Arquivo da editora

Representação artística de um cavaleiro medieval e seu escudeiro. Considerado servente e companheiro, o escudeiro era responsável por cuidar das vestes, do cavalo e das armas do cavaleiro. Por sua vez, o cavaleiro se encarregava de treinar e educar o jovem visando prepará-lo para a cavalaria.

Na idade de 14 anos, se tornava um escudeiro. Cada escudeiro geralmente servia um cavaleiro específico, atuando como uma espécie de mordomo e ajudando a vesti-lo e a manter sua armadura e armas. Um escudeiro era visto como um homem capaz de lutar no campo de batalha. Como tal, sua formação tornava-se cada vez mais perigosa. Lesões eram comuns, já que as habilidades de cavaleiro tradicionais eram parte do seu treinamento.

Aos 21 anos, o escudeiro era finalmente nomeado cavaleiro. A cerimônia de ordenação ou investidura era, inicialmente, bem simples: o nobre dava um tapa no pescoço do escudeiro com a mão aberta e dizia algumas palavras rápidas. Eventualmente, a Igreja transformou a cerimônia no evento cheio de pompas agora visto em inúmeros filmes e programas de TV.

ROMANZOTI, Natasha. 10 fatos fascinantes sobre cavaleiros. *HypeScience*. Disponível em: <http://hypescience.com/10-fatos-fascinantes-sobre-cavaleiros>. Acesso em: 22 ago. 2018.

1› Qual é o assunto do texto acima?

2› Segundo a autora, a cavalaria era característica exclusiva da Idade Média? Justifique.

3› Como era o treinamento dos jovens para que se tornassem cavaleiros?

4› Você se recorda de outras sociedades que preparavam seus cidadãos desde cedo para a vida militar? Quais?

5› De acordo com o que você aprendeu sobre o cotidiano da Idade Média, na sua opinião, qual era a importância da cavalaria para a época?

A organização do feudo

Oronoz / Album / Fotoarena

Camponeses franceses no trabalho em uma propriedade feudal. Iluminura do século XIV.

O feudo possuía três partes básicas ou mansos: o **manso senhorial**, onde ficavam o castelo e as terras de uso exclusivo do senhor; o **manso servil**, composto de vários lotes, chamados tenências, entregues aos servos; e o **manso comunal**, composto de bosques e pastos, usados tanto pelo senhor como pelos servos.

A economia do mundo feudal era baseada nas atividades agrícolas realizadas pelos servos. Uma série de inovações foi desenvolvida na Idade Média.

- **Rotação de culturas**: para evitar o rápido esgotamento da terra, adotou-se o sistema de alternar o plantio de produtos agrícolas.
- **Moinhos**: usavam a força motriz do vento ou das águas represadas dos rios.
- **Enxadas e arados**: ficaram mais resistentes com partes feitas em ferro (antes eram totalmente de madeira).
- **Força animal**: desenvolveram-se a canga para os bois e o peitoral para os cavalos, para aproveitar melhor a força animal na lavoura.

Motriz: que movimenta ou que produz movimento.

Canga: peça de madeira usada para unir os bois ao carro ou arado.

Reprodução/Biblioteca Britânica, Londres, Inglaterra.

Arado de ferro em iluminura de manuscrito inglês do século XIV.

O feudo era defendido por um exército formado pelos cavaleiros nobres. Em caso de necessidade de reforço, os servos também eram convocados. Esses guerreiros formavam a **cavalaria**. Com tal força, muitas vezes, o senhor feudal era ainda mais poderoso que o próprio rei.

De olho na tela

Coração valente. Direção: Mel Gibson. Estados Unidos, 1995. O filme retrata a figura de William Wallace, que liderou, no século XIII, as rebeliões escocesas contra o domínio inglês.

O senhor da guerra. Direção: Franklin J. Schaffner. Estados Unidos, 1965. O filme se passa durante a Alta Idade Média, quando um nobre recebe terras no norte da Europa e inicia uma série de conflitos com os camponeses locais.

A consolidação do feudalismo

Durante toda a Alta Idade Média, a Europa central foi invadida tanto por migrantes pacíficos quanto por guerreiros conquistadores. Entre os séculos VIII e X, uma nova onda de invasões varreu o continente. Leia os boxes e veja o mapa para conhecer esses invasores e suas rotas.

Essas invasões contribuíram para debilitar ainda mais a autoridade dos reis e reforçar as relações de dependência entre servos e senhores, que para se proteger viviam em castelos cercados por muros. Consolidou-se, assim, a ordem feudal em toda a Europa.

As novas invasões na Europa dos séculos VIII a X

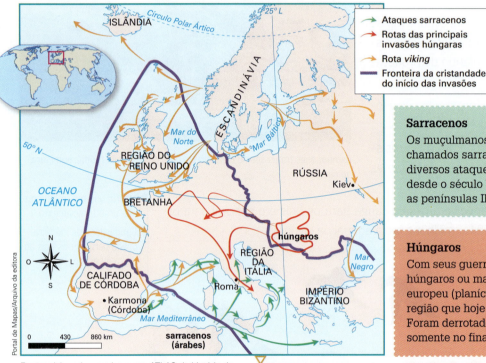

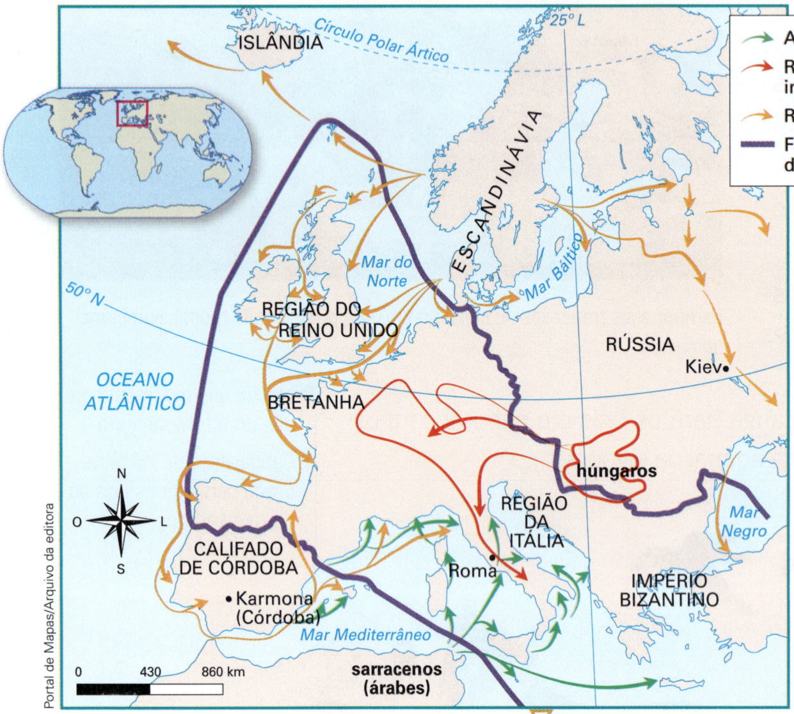

Portal de Mapas/Arquivo da editora

Fonte: elaborado com base em ATLAS da história do mundo. São Paulo: Folha de S.Paulo, 1995. p. 111.

Quase todas as regiões da Europa sofreram com as novas invasões nos séculos VIII a X.

Sarracenos

Os muçulmanos do norte da África, chamados sarracenos, efetuaram diversos ataques no litoral sul da Europa desde o século VIII e avançaram sobre as penínsulas Ibérica e Itálica.

Húngaros

Com seus guerreiros a cavalo, os húngaros ou magiares, vindos do leste europeu (planície Húngara), saquearam a região que hoje vai da Itália à Alemanha. Foram derrotados e cristianizados somente no final do século X.

Vikings

Os *vikings* (normandos), provenientes da Escandinávia, fixaram-se no norte do continente, nas atuais Rússia, Irlanda e no atual Reino Unido. Suas investidas eram muito rápidas: vinham em barcos pequenos e velozes pelos rios e pelo litoral, atacavam e saqueavam.

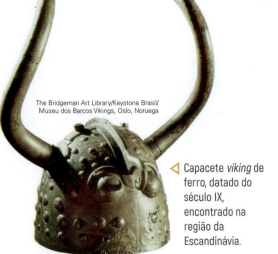

The Bridgeman Art Library/Keystone Brasil/ Museu dos Barcos Vikings, Oslo, Noruega

Capacete *viking* de ferro, datado do século IX, encontrado na região da Escandinávia.

De Agostini/Glow Images

Face de moeda de prata com a imagem de uma embarcação *viking* dracar, cunhada em Hedeby, na atual Dinamarca, no século X.

O Reino dos francos na época do feudalismo

Os povos francos habitavam o território europeu, nas regiões próximas às fronteiras romanas, desde o século II.

No início do século V, sob a liderança de **Clóvis**, os francos ocuparam a área que hoje corresponde ao território da França (a antiga Gália romana). Transformado em rei dos francos, Clóvis converteu-se ao cristianismo e fez a Igreja católica, já bastante poderosa, apoiar a monarquia franca. Isso motivou outros povos bárbaros a seguir seu exemplo.

The Granger Collection/Glow Images

Representação do batismo de Clóvis, em 496. Iluminura da obra *Grandes crônicas da França*, do século XV.

Os francos diziam que seu rei era descendente de um antigo chefe, Meroveu. Por isso, passaram a chamar os descendentes de Clóvis, que comandariam os francos de 481 a 751, de **dinastia merovíngia**.

A dinastia merovíngia

Os francos não tinham um Estado organizado. Para estruturar o Reino Merovíngio (veja o mapa ao lado), eles usaram as instituições herdadas dos romanos, a organização administrativa e as leis. E adicionaram elementos germânicos: os laços de lealdade pessoal entre o soberano e os súditos. Esses laços, regulados por juramentos e obrigações de ambas as partes, eram a base das relações entre suseranos e vassalos, mais tarde espalhadas por toda a Europa.

Durante a dinastia merovíngia, o poder se concentrou nas mãos de ministros do rei, encarregados da administração do palácio e do comando do exército, entre outras funções. Os ministros eram chamados de "prefeitos do palácio". O mais conhecido deles foi Carlos Martel, que bloqueou o avanço dos árabes na Europa ao derrotá-los na **Batalha de Poitiers**, em 732.

Expansão do Reino dos francos merovíngios

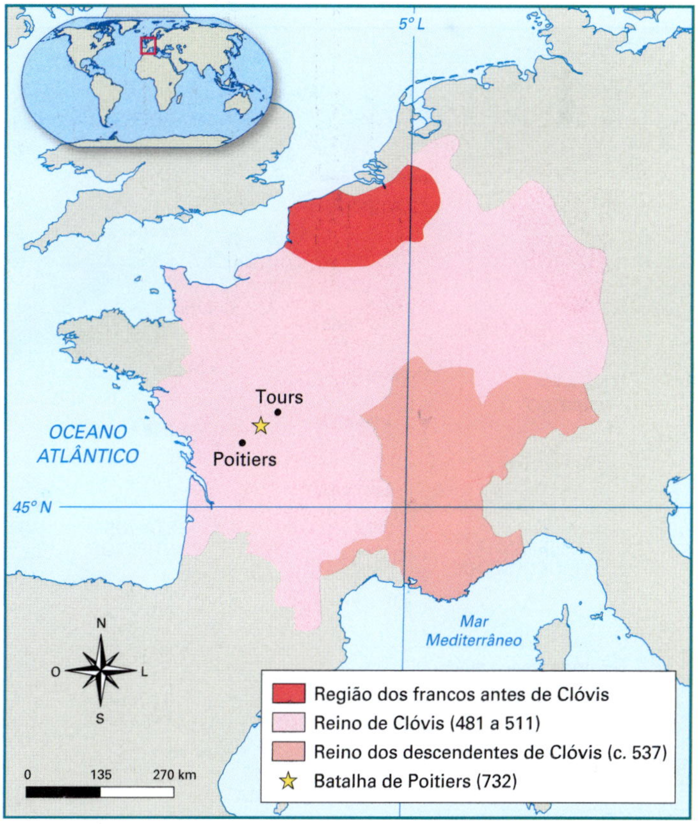

Portal de Mapas/Arquivo da editora

Organizado pelos autores.

A dinastia carolíngia

Em 751, o prefeito do palácio, Pepino, o Breve, filho de Carlos Martel, aproveitou-se de seu cargo para derrubar o último rei merovíngio. Ele contou com o apoio dos nobres (senhores feudais que o escolheram como rei dos francos) e da Igreja católica (que o nomeou "rei pela graça de Deus"). Em troca, Pepino cedeu ao papa parte dos territórios na península Itálica tomados de outros povos germânicos e dos bizantinos. Esses territórios constituíram um Estado sob a chefia do papa, que, a partir de então, além da autoridade espiritual sobre a cristandade, conquistava também a autoridade temporal, graças às terras e aos bens que a Igreja passou a acumular.

Temporal: relativo às coisas terrenas, em oposição a espiritual, que se refere às questões religiosas e do espírito.

Inaugurava-se, assim, a **dinastia carolíngia** (751-987). Dela nasceu o mais conhecido governante da Alta Idade Média, **Carlos Magno**.

Reprodução/Museu Nacional Germânico, Nuremberg, Alemanha.

Carlos Magno em retrato do pintor renascentista Albrecht Dürer (1471-1528), feito em cerca de 1511-1513. O governante foi representado pelo artista com a espada, símbolo da sua autoridade, e a cruz, símbolo cristão. A fama de Carlos Magno e seus guerreiros inspirou diversas canções de gesta. A mais conhecida é a "Canção de Rolando", que narra a expedição de Carlos Magno e seu sobrinho Rolando contra os árabes na península Ibérica.

O Império Carolíngio

Em 768, o filho de Pepino, o Breve, Carlos Magno, assumiu o trono de todo o território franco e governou-o até 814. Nesse período, ele expandiu as fronteiras do reino por quase toda a Europa central e por boa parte da península Itálica, como podemos ver no mapa desta página.

Coroado imperador do Ocidente europeu pelo papa Leão III, em 800, Carlos Magno teve seu governo marcado por uma estreita ligação com a Igreja católica.

Império de Carlos Magno (768-814)

Portal de Mapas/Arquivo da editora

As conquistas de Carlos Magno fizeram do Reino Franco o mais extenso da Europa ocidental daquele período e reconstituíram, em parte, os antigos limites do Império Romano do Ocidente.

Fonte: elaborado com base em DUBY, G. *Atlas histórico mundial.* Madrid: Debate, 1989. p. 40.

A administração de Carlos Magno

Carlos Magno criou um sistema administrativo mais eficiente que os anteriores. Dividiu o território em áreas e as distribuiu entre seus companheiros de armas, nomeando-os condes e marqueses. Eles administravam as regiões e prestavam lealdade ao imperador, garantindo a força do poder central. Em troca, recebiam parte dos impostos recolhidos. O soberano os controlava examinando os territórios e recebendo informações de funcionários chamados "enviados do senhor". Contudo, após a morte de Carlos Magno, os poderes locais dos senhores feudais passaram a prevalecer. Ou seja, os francos não construíram um Estado centralizado.

No governo de Carlos Magno foi escrito o primeiro código de leis da Idade Média ocidental. Cada lei desse código, redigido em breves parágrafos, era denominada *capitulum*, daí ele ser conhecido como *Capitulares*. As **Capitulares** regulavam os costumes, o comércio, a educação, a religião, a concessão de terras e a punição para os crimes. Com essas leis, o imperador favorecia a nobreza e o clero.

Nessa época também foi criado um sistema de ensino para a formação de religiosos e nobres. Intelectuais e estudiosos de todas as regiões dominadas pelos francos foram trazidos para ensinar gramática, retórica, aritmética, geometria e música na corte e nas escolas de mosteiros, igrejas e abadias. A principal e mais famosa escola estabelecida nesse período foi a do palácio real, a Escola Palatina.

Nos mosteiros, alguns monges dedicavam a vida a copiar livros antigos usando pena e papel, pois naquela época não existia a imprensa. Chamados copistas, eles copiavam manuscritos, originalmente escritos em latim ou grego, e foram responsáveis pela preservação de boa parte das obras clássicas (gregas e romanas) que chegaram até nós. A Igreja católica utilizou-se desses manuscritos para preservar e difundir os escritos religiosos.

Com a morte de Carlos Magno, em 814, o Reino Franco foi, aos poucos, perdendo a força. Após sérios conflitos entre seus sucessores, o antigo Império Carolíngio foi dividido entre os três netos de Carlos Magno pelo Tratado de Verdun: Carlos, Lotário e Luís. Veja o mapa ao lado.

Com o Império enfraquecido, grande parte dos senhores feudais passou a exercer poder e autoridade sobre os francos.

Copista: escriba; pessoa encarregada de copiar manuscritos.

Manuscrito: texto escrito à mão.

Divisão do Império Carolíngio

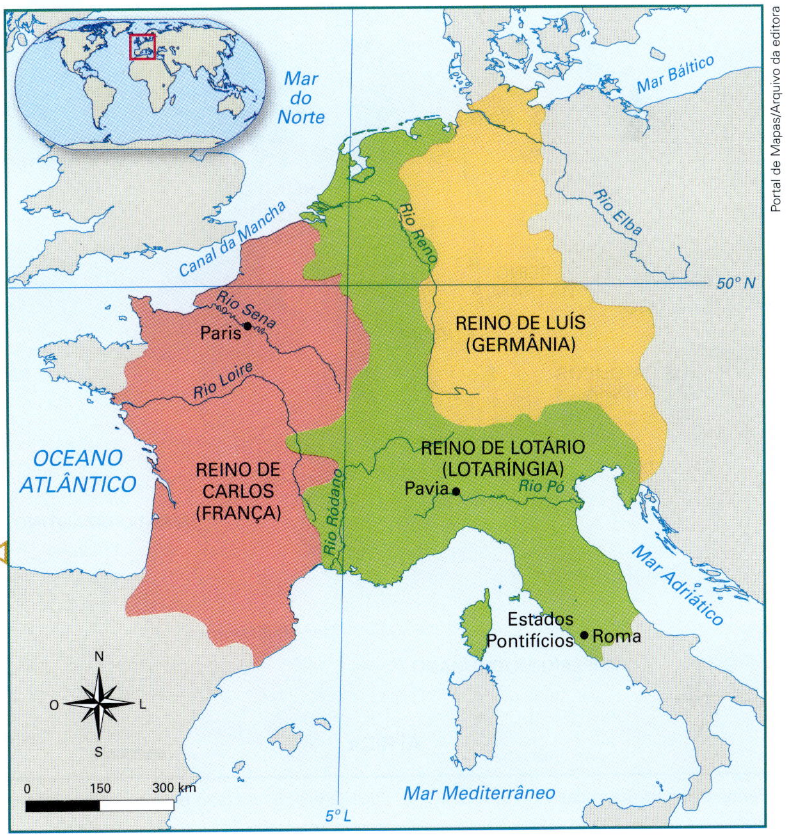

Pelo Tratado de Verdun (843), o Império Carolíngio foi dividido em três partes: Carlos, o Calvo, recebeu a Francia Ocidentalis (ou França); Luís, o Germânico, obteve a Francia Orientalis (ou Germânia); e Lotário ficou com uma faixa de terras entre os dois reinos, que passou a se chamar Lotaríngia.

Fonte: elaborado com base em ARMENTO, B. et al. *Across the Centuries*. Boston: Houghton Mifflin, 2002. p. 260.

O Sacro Império Romano-Germânico

No século X, os reinos da Germânia e da Lotaríngia foram reunidos por Oto I, rei da Germânia, que assim procurava recriar o Império de Carlos Magno.

No ano de 962, depois de conquistar a Lotaríngia, Oto ocupou Roma e derrotou uma revolta contra o poder da Igreja católica. Como agradecimento, o papa João XII o coroou imperador. A associação entre os poderes da Igreja e os do soberano germânico originou o Sacro Império Romano-Germânico.

Considera-se que Oto I foi o sucessor de Carlos Magno, que já havia sido coroado imperador pelo papa Leão III no ano de 800. Cabia ao imperador defender a Igreja e a fé cristã. Em compensação ele exigia interferir nas decisões da Igreja e opinar na escolha dos bispos, os quais deveriam jurar-lhe fidelidade.

Akg-Images/Latinstock

Representação do imperador Oto I em gravura de autoria de Michael Wolgemut, feita em 1493.

O Sacro Império Romano-Germânico (século XI)

Portal de Mapas/Arquivo da editora

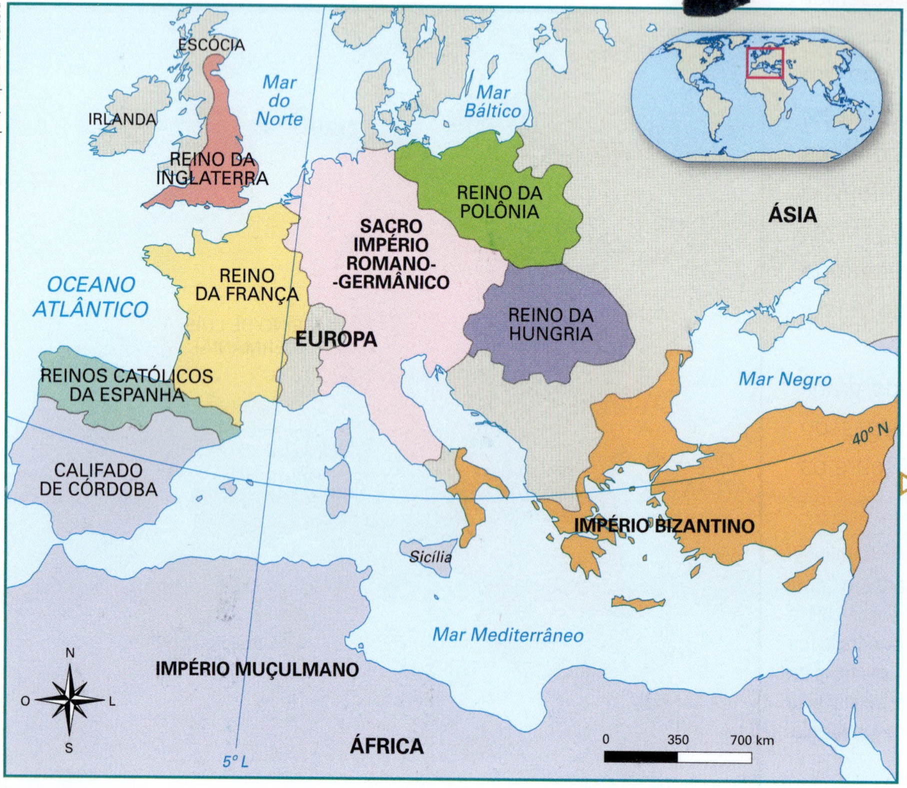

Fonte: elaborado com base em PAOLUCCI, S.; SIGNORINI, G. *Il Corso della Storia 1*. Bologna: Zanichelli, 1997. p. 321.

Durante os séculos X e XI, quando atingiu seu apogeu, o Sacro Império Romano-Germânico ocupava a enorme área hoje correspondente a Alemanha, Áustria, República Tcheca, Suíça, Países Baixos, leste da França, norte e centro da Itália.

Mapeando saberes

- Senhores feudais: sustentados pelo trabalho dos servos e vilões que cultivavam suas terras e lhes pagavam tributos.
- Inovações para aumentar a produção agrícola: o sistema rotativo de cultivo, uso do ferro nos arados, uso de moinhos, etc.

- Idade Média na Europa ocidental: descentralização política, produção rural, trabalho servil e organização da sociedade em camadas rígidas, os estamentos.
- Essas características não se aplicam a sociedades que existiam na mesma época em outros lugares do mundo.
- A divisão em Alta Idade Média e Baixa Idade Média indica que houve mudanças no decorrer desse longo período.

- Dinastias merovíngia e carolíngia estabeleceram aliança com a Igreja católica, que sobreviveu ao fim do Império Romano e se fortaleceu no período medieval.
- Carlos Magno: principal governante carolíngio, ampliou fortemente seus domínios. Após seu governo prevaleceram o poderio dos senhores feudais e a fragmentação do poder dos francos.

ATENÇÃO A ESTES ITENS

RELIGIÃO ISLÂMICA

- Criada por Maomé no século VII.
- Propiciou a unificação política da península Arábica e a formação do Império Muçulmano.
- Em sua expansão, os árabes entraram em contato com povos do Oriente e do Ocidente e trouxeram para o Ocidente importantes conhecimentos de Matemática, Física, Astronomia, Química e Medicina.
- Hégira: fuga de Maomé para Yatreb (Medina).
- Árabes: responsáveis pela preservação do legado greco-romano, tendo traduzido obras de filósofos como Platão e Aristóteles.

"BÁRBAROS"

- Como os romanos chamavam aqueles que não falavam a sua língua.
- Participaram da desintegração do Império Romano do Ocidente.
- Contribuíram para a formação do sistema feudal.
- Leis baseadas nos costumes e nas tradições.
- Relações de fidelidade entre os guerreiros e seus chefes são contribuições germânicas que se somaram às romanas.

SISTEMA FEUDAL

- Resultou da fusão da cultura romana com a cultura germânica.
- O cristianismo e a submissão dos colonos à terra contribuíram para a constituição do feudalismo.

POR QUÊ?

- Formação do Reino dos Francos ligada à ascensão da Igreja católica.
- Carlos Magno: maior poder entre os francos na Idade Média e coroado imperador do Ocidente pelo papa.
- A divisão do Império Franco em Verdun confirmou a fragilidade da monarquia no feudalismo.

- Aspectos da nossa cultura relacionados ao mundo medieval: formação da nossa língua e preservação da literatura clássica.
- O termo "bárbaros" é carregado de preconceitos: os diferentes eram tidos como inferiores à cultura romana.

- A presença islâmica na península Ibérica influenciou fortemente a cultura dos povos da região.
- Essa influência marca também nossa cultura, que tem entre os seus formadores o colonizador português.

- Conhecer formas diversas de organização política, econômica e social ajuda a perceber que as sociedades estão em constante transformação e que, com nossa participação, podemos contribuir para mudanças que melhorem a vida de todos.

ATIVIDADES

Retome

1› O termo "Idade Média" se aplica à história de todos os povos do mundo no período que se estende do século V ao XV? Explique sua resposta.

2› Quem eram os "bárbaros" e como eles influenciaram a formação do feudalismo?

3› Descreva o contexto social, econômico e político da península Arábica no período em que o islamismo foi fundado.

4› Releia o texto sobre a civilização árabe e responda às questões abaixo.

a) O que você entendeu por islamismo?

b) Qual é a diferença entre "árabe", "turco" e "muçulmano"?

c) Quais nomes são utilizados para designar os seguidores do islã?

d) Como se chama o livro no qual estão reunidos os preceitos islâmicos?

5› Cite as diferenças de ideias entre os seguidores das seitas xiita e sunita.

6› Em menos de 100 anos, os muçulmanos dominaram a península Arábica, o Oriente Médio, o norte da África e quase toda a península Ibérica. Que fatores explicam essa expansão?

7› Explique as relações de suserania e vassalagem e a razão de contribuírem para o enfraquecimento do poder real.

8› Explique com suas palavras as principais características econômicas, políticas e sociais do feudalismo.

9› Observe a pirâmide social da página 210 e responda às questões abaixo.

a) Em quantas partes ela está dividida?

b) Que grupos compõem cada uma de suas partes?

c) Que função social cada um dos grupos citados anteriormente desempenhava?

d) Qual é o grupo de maior expressão numérica? Em que parte da pirâmide ele se localiza?

e) A representação de uma sociedade em formato de pirâmide coloca um grupo na "base" e outro no "topo". O que isso pode significar, além da quantidade de pessoas?

10› Que fatores motivaram a aliança entre Clóvis, rei dos francos, e a Igreja católica?

11› Quais foram as principais características políticas do reinado de Carlos Magno?

12› Preencha os dados referentes aos germânicos no quadro abaixo, de acordo com o que você leu no texto.

	Romanos no Império	Povos germânicos
Atividades econômicas	Comércio, manufatura e agricultura, principalmente trigo, azeite e vinho.	
Propriedade da terra	Propriedade privada das terras.	
Organização da sociedade e da produção	Grandes proprietários que tinham suas terras cultivadas por escravos e colonos.	
Organização política	Poder concentrado e centralizado nas mãos do imperador.	

13› De acordo com o quadro e considerando os estudos deste capítulo, você diria que o feudalismo foi produto de uma fusão das culturas germânica e romana ou da dominação de uma sobre a outra? Por quê?

Explore a imagem

- Observe esta imagem, que representa um feudo medieval. Depois responda às questões que se seguem.

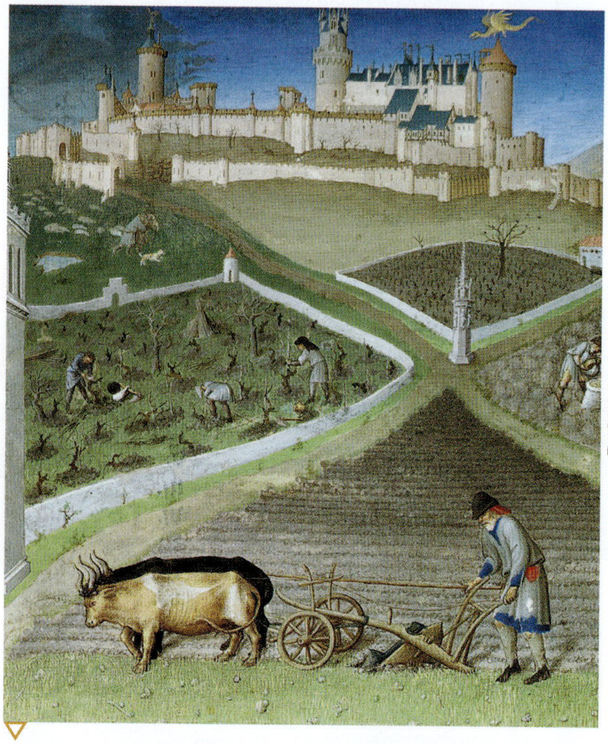

The Bridgeman Art Library/Keystone Brasil/Museu Condé, Chantilly, França.

Camponeses no trabalho em uma propriedade feudal. Iluminura do manuscrito *Livro de horas*, do duque de Berry, século XV.

14› Quem são as pessoas representadas na imagem? A que camada social pertencem?

15› Descreva as atividades praticadas por essas pessoas.

16› De acordo com a pirâmide social da página 210, que personagens da sociedade feudal não aparecem na imagem?

17› Descreva as partes que compõem o feudo de acordo com o que aparece representado na imagem.

Pesquise

- Observe o mapa abaixo sobre a expansão muçulmana e depois faça as atividades propostas.

Expansão muçulmana e as rotas comerciais

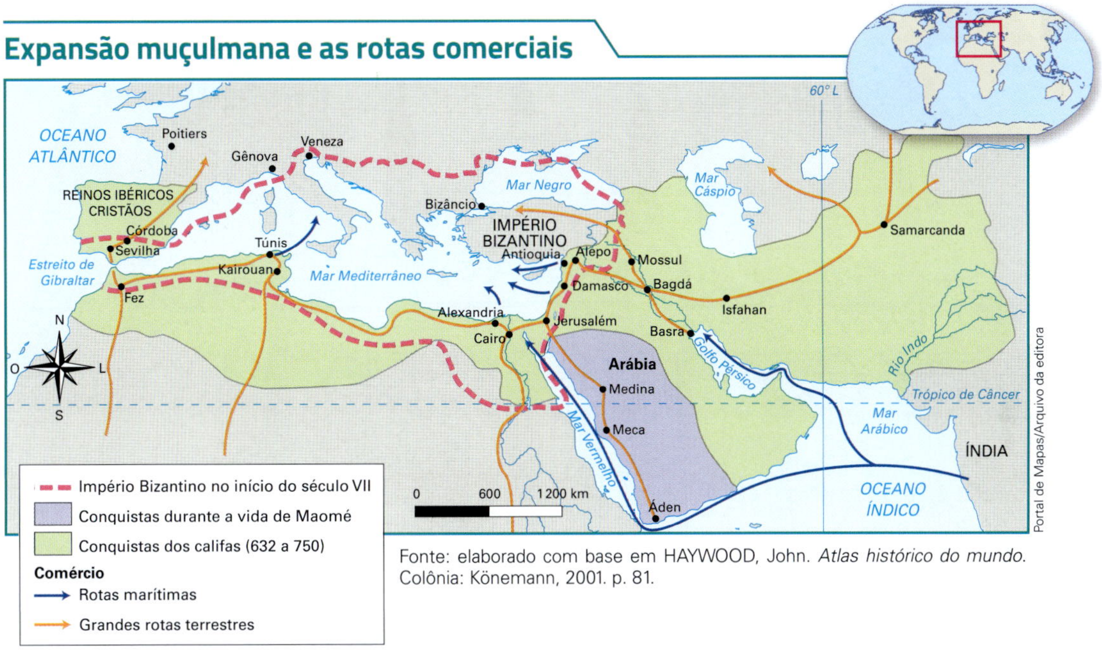

Fonte: elaborado com base em HAYWOOD, John. *Atlas histórico do mundo*. Colônia: Könemann, 2001. p. 81.

18› Procure em um atlas ou na internet um mapa-múndi com a divisão política atual. Compare-o com o mapa apresentado acima e relacione os países que existem hoje na região conquistada pelos árabes no passado.

19› Faça uma pesquisa na internet ou em bibliotecas e responda às seguintes questões:

a) Em quais desses países a maioria da população segue o islamismo?

b) Quais são os países que, atualmente, fazem parte do mundo árabe?

c) Cite ao menos dois países não árabes cuja população é predominantemente islâmica.

Autoavaliação

1. Quais atividades você considerou mais fáceis e mais difíceis? Por quê?
2. Em quais atividades você utilizou o texto do capítulo como base para sua resposta?
3. Algum ponto do capítulo não ficou muito claro para você? Qual?
4. Você compreendeu o esquema *Mapeando saberes*? Explique-o.
5. Você saberia apontar exemplos da atualidade considerando o que aprendeu no item *Por quê?* do *Mapeando saberes*?
6. Como você avalia sua compreensão dos assuntos tratados neste capítulo?
   - » **Excelente**: não tive nenhuma dificuldade.
   - » **Boa**: tive algumas dificuldades, mas consegui resolvê-las.
   - » **Regular**: foi difícil compreender certos conceitos e resolver as atividades.
   - » **Ruim**: tive muitas dificuldades, tanto no conteúdo quanto na realização das atividades.

CAPÍTULO

13 Igreja e cultura na Idade Média

Catedral de Santo André, em Wells, na Inglaterra, inaugurada no século XV. Foto de 2017.

1000 Words/Shutterstock

Muitos de nós conhecem um pouco da história e dos ensinamentos de Jesus Cristo. Afinal, o cristianismo é uma das doutrinas religiosas com mais seguidores no mundo e seus valores e práticas têm forte presença na nossa cultura.

A vida e os ensinamentos de Cristo estão registrados nos evangelhos, escritos por seus discípulos posteriormente aos acontecimentos narrados. Os evangelhos integram a parte da Bíblia denominada Novo Testamento. De acordo com os evangelistas, Jesus nasceu na Palestina e, depois de adulto, começou a divulgar suas ideias na região, então dominada pelos romanos. Ele pregava a igualdade entre as pessoas e condenava a injustiça e a violência. Com isso, atraiu muitos adeptos, mas foi visto como uma ameaça pelas elites dominantes, que o condenaram à crucificação, uma prática comum na época. Após a morte de Jesus Cristo, seus apóstolos e outros discípulos continuaram a propagar os ensinamentos recebidos, conquistando mais seguidores.

Neste capítulo estudaremos o processo que conduziu a Igreja cristã a conquistar poder e influência na Idade Média e a cultura disseminada na Europa ocidental nessa época.

Para começar

Observe a imagem e faça o que se pede.

1. Descreva a arquitetura da igreja registrada na fotografia.
2. Você conhece outros edifícios tão grandes quanto essa igreja fotografada? Quais? Onde se localizam?

1 Origem e difusão do cristianismo

O imperador romano Constantino governou de 306 a 337. Ele garantiu a liberdade de culto aos cristãos em 313 e assim a religião cristã disseminou-se por todo o Império Romano. Mas foi em 391, sob o governo de Teodósio, que o cristianismo se tornou a religião oficial do Império.

Apesar da perseguição nos primeiros séculos da nossa era, os seguidores de Cristo se espalharam por diversos lugares da Europa, da Ásia e da África. Formavam pequenas comunidades que se reuniam semanalmente para orar e praticar a comunhão. Com o tempo, um grupo se destacou nessas reuniões e passou a conduzir as cerimônias; esse grupo seria chamado posteriormente de clero. Surgia, aos poucos, a hierarquia que seria desenvolvida pela Igreja: os bispos conduziam as reuniões, e os presbíteros e diáconos eram seus auxiliares.

- **Comunhão:** ato de compartilhar das mesmas crenças, ideias e rituais religiosos.
- **Clero:** o corpo dos clérigos de uma igreja.
- **Hierarquia:** ordem estabelecida entre os diferentes membros de um grupo de acordo com as relações de subordinação entre eles.
- **Bispo:** na ordem eclesiástica, é o sacerdote responsável pelo governo material e espiritual de uma diocese (conjunto de paróquias de uma determinada região).
- **Diácono:** clérigo que fica abaixo do padre (presbítero) na hierarquia da Igreja e tem por função ajudar na celebração da missa.

Album/akg-images/Latinstock/Pinacoteca Nacional, Siena, Itália.

O sermão do apóstolo Paulo, fragmento de uma predela (conjunto de pinturas ou esculturas que formam a parte inferior do retábulo do altar da igreja). Pintura do italiano Luca di Tommè, de 1360.

Portal de Mapas/Arquivo da editora

LINHA DO TEMPO

354-430
Santo Agostinho
Teologia agostiniana

391
Cristianismo tornou-se religião oficial do Império Romano

Séculos IX a XII
Universidades
Estilo românico

1054
Cisma do Oriente

1073
Papa Gregório VII

1095
Papa Urbano II convoca as Cruzadas

Século XII em diante
Estilo gótico
Trovadorismo

1225-1274
Tomás de Aquino
Tomismo (escolástica)

1231
Criação dos tribunais da Inquisição

1378-1417
Cisma do Ocidente

- **Cisma:** cisão, divisão.

Linha do tempo esquemática. O espaço entre as datas não é proporcional ao intervalo de tempo.

A Igreja medieval

Segundo os evangelhos, a Igreja foi instituída pelo próprio Jesus Cristo, que teria encarregado o apóstolo Pedro de edificar a Igreja cristã. Pedro teria fundado, em Roma, a primeira igreja.

Durante as migrações bárbaras, a Igreja aliou-se a muitos povos: coletava tributos dos servos e acumulou terras doadas por reis e nobres. Com isso, tornou-se uma das maiores proprietárias de terras do período. Também converteu os bárbaros ao cristianismo e permitiu que integrantes do clero exercessem funções administrativas nos reinos bárbaros.

Porém, todo esse poder e prestígio eram desfrutados apenas pelo alto clero, ligado às elites da ordem feudal. Dificilmente os monges e padres de origem humilde, pertencentes ao chamado baixo clero, chegavam às mais altas posições da Igreja.

Comanda
Papa
Chefe da Igreja, comandava a cristandade na sede da Igreja, em Roma
Cardeais
Cardeais escolhem o papa
Clero secular
(voltados para a administração da Igreja)
Bispo (comanda uma diocese)
Sacerdotes ou padres (nas paróquias)
Clero regular
(principais responsáveis pela conversão dos "bárbaros" ao cristianismo e pela preservação e produção cultural realizada nos mosteiros)
Abade ou abadessa (comanda uma abadia)
Monges ou monjas (dedicavam sua vida à oração e faziam votos de caridade, castidade e pobreza)

Banco de imagens/Arquivo da editora

Entre os séculos VI e VII surgiram inúmeros mosteiros pelo interior da Europa. Um dos primeiros foi fundado no século VI por São Bento de Núrsia (480-547), cujos seguidores formaram a **Ordem Beneditina**. Mais tarde, surgiram outras ordens, como a **Franciscana**, criada por São Francisco de Assis (1182-1226), e a **Dominicana**, fundada por São Domingos (1170-1221).

De olho na tela

Irmão Sol, irmã Lua. Direção: Franco Zeffirelli. Estados Unidos, 1972.
O filme conta o surgimento da Ordem Mendicante dos Franciscanos, destacando a vida de São Francisco e de Santa Clara.

O corcunda de Notre Dame. Direção: Gary Trousdale e Kirk Wise. Estados Unidos, 1996.
Em Paris, durante a Idade Média, Quasímodo, um corcunda, vive enclausurado desde a infância nos porões da catedral de Notre Dame.

Os mosteiros

Os mosteiros medievais eram construídos com a intenção de ser a residência de uma comunidade religiosa católica, formada por pessoas do mesmo sexo, que pretendia viver isolada do mundo. Quando abrigavam a residência do clérigo responsável pela ordem religiosa na região, o abade, denominavam-se **abadias**.

No século X, alguns monges beneditinos fundaram a **Abadia de Cluny**, na França. O objetivo desses monges era levar uma vida dedicada à pregação, ao trabalho e à caridade cristã sem se submeter a nenhuma autoridade terrena. Eles obedeciam apenas ao papa e não aceitavam o envolvimento de nobres nos assuntos religiosos.

Os beneditinos de Cluny também questionavam a conduta de bispos e de muitos clérigos, que tomavam como suas as terras doadas à Igreja e comercializavam objetos sagrados e relíquias.

Nos mosteiros, os monges dedicavam-se integralmente a uma vida regrada, de trabalho intelectual e oração, sob uma rígida hierarquia. Visitantes que não faziam parte da Igreja eram aceitos de vez em quando e se recolhiam na hospedaria. Era o caso de algum nobre que destinava recursos à ordem religiosa e que, de passagem pela localidade, poderia nela se hospedar para descansar. Andarilhos pobres também eram aceitos, como demonstração do princípio de caridade da própria ordem. Esses, porém, eram abrigados no asilo.

De olho na tela

O nome da rosa. Direção: Jean-Jacques Annaud. Itália/Alemanha/França, 1986. Ao chegar a uma abadia, um monge se depara com uma série de crimes e tenta desvendá-los em meio a debates teológicos de ordens católicas rivais. Baseia-se no romance homônimo do escritor italiano Umberto Eco.

Relíquia: objeto que pertenceu a um santo ou que teve contato com seu corpo; o que resta do corpo do santo.

Larousse, Paris, França/The Bridgeman/Keystone

Este desenho, do século XX, é uma reconstrução da Abadia de Cluny feita com base nas informações obtidas de plantas arquitetônicas e vestígios arqueológicos, pois algumas transformações ocorreram ao longo de mais de 800 anos de existência como sede da ordem beneditina. As construções mais antigas dessa abadia são do século XII e as mais novas, do século XVIII, e abrigam um museu de arte, história e arqueologia medievais.

Questionamentos ao poder da Igreja

O poder da Igreja católica cresceu progressivamente na Idade Média, mas enfrentou contestações e crises.

O Cisma do Oriente

Ao longo da Idade Média, a religião cristã sofreu muitas transformações. Em Constantinopla (capital do Império Romano do Oriente, que não foi desestruturada pelas invasões germânicas), os cristãos julgavam seguir as verdadeiras leis e tradições da Igreja e, por isso, se autodenominavam ortodoxos.

Em 1054, as diferenças entre os cristãos resultaram na divisão da Igreja. Tal episódio, conhecido como **Cisma do Oriente**, levou à fundação da **Igreja cristã ortodoxa**, com sede em Constantinopla. Tanto a **Igreja Católica Apostólica Romana** como a **Igreja ortodoxa** existem até hoje e são cristãs, mas diferem em relação a cultos e valores.

Ortodoxo: palavra de origem grega que quer dizer "opinião correta" (*ortos* = correta; *doxos* = opinião); é utilizada para designar a posição inflexível daqueles que agem de acordo com o que acreditam, de acordo com a sua doutrina.

Carlos Pessuto/Photo Premium/Agência O Globo

Vista da Catedral Metropolitana Ortodoxa localizada em São Paulo. Inaugurada na década de 1950, a catedral é um exemplo de arquitetura bizantina. Foto de 2018.

O Cisma do Ocidente

Outro exemplo das disputas entre os poderes deu-se ao final do século XIII, quando o rei Filipe IV (o Belo), da França, estabeleceu a cobrança de tributos sobre os bens da Igreja. O papa Bonifácio VIII recusou-se a fazer os pagamentos e foi preso em 1303 após diversos ataques do rei.

Com a morte do papa, Filipe IV conseguiu a eleição de um papa francês, Clemente V, e transferiu a sede da Igreja católica para Avignon (cidade ao sul da França). O maior controle por parte do rei agravou as disputas com aqueles que defendiam a sede do papado em Roma. Estes, os que discordavam de Filipe IV, elegeram, em 1378, outro papa em Roma. Os dois papas disputavam então a legitimidade como herdeiros do apóstolo Pedro.

Esse acontecimento enfraqueceu a Igreja, quebrou a unidade existente e foi chamado de **Cisma do Ocidente**. A unidade só foi recuperada em 1417, com o Concílio de Constança, pelo qual se restabeleceram o poder de um único papa e a cidade de Roma como sede do papado.

The Bridgeman Art Library/Keystone Brasil/Coleção particular

Martinho V é eleito papa em 1417, durante o Concílio de Constança, em representação de Ulrich von Richental para as *Crônicas do Concílio de Constança* (1414-1418).

O papa e o imperador

O poder espiritual da Igreja e o poder temporal dos nobres se fundiram no século X, com o Sacro Império Romano-Germânico (reveja a página 218, do capítulo 12). No entanto, as relações entre papa e imperador nem sempre foram boas.

Em 1073, um monge da Abadia de Cluny, na França, foi escolhido para ser papa. Adotou o nome de Gregório VII e promoveu uma reforma para controlar a interferência dos reis e dos imperadores na Igreja: eles não poderiam mais destituir nem empossar bispos; essa responsabilidade passaria a ser apenas do papa.

Imperador do Sacro Império Romano-Germânico, Henrique IV rejeitou a determinação e continuou a escolher os bispos de acordo com seus interesses. O descumprimento da nova regra gerou um conflito que ficou conhecido como **Questão das Investiduras**, pois o que estava em questão era o poder de empossar (ou investir) os bispos da Igreja católica. Esses desentendimentos levaram o papa, em 1075, a excomungar o imperador germânico.

Em 1122, Henrique V, sucessor de Henrique IV, assinou um acordo com a Igreja chamado **Concordata de Worms**. Por esse tratado, os futuros bispos seriam escolhidos pelas autoridades religiosas, mas deveriam pagar tributos ao imperador. Mesmo assim, os conflitos entre o papado e o Sacro Império continuaram nos séculos seguintes.

Excomungar: expulsar da Igreja católica.

Worms: cidade alemã em que foi assinada a Concordata.

INFOGRÁFICO

Os movimentos heréticos e a Inquisição

Paralelamente às disputas políticas entre o papado e os reis europeus, surgiram no interior da própria Igreja diversas seitas e movimentos religiosos que contestavam as ideias e práticas católicas. Muitos cristãos condenavam a ambição da Igreja por riquezas e seu afastamento de certos princípios. Tal postura era considerada, pela Igreja, um crime de heresia – e os contestadores eram denominados **hereges**.

Os movimentos heréticos ameaçavam o poder da Igreja, que iniciou uma verdadeira guerra contra eles. Entre os movimentos heréticos, destacaram-se, durante os séculos XII e XIII, o dos valdenses e o dos cátaros, também conhecidos como albigenses.

Seita: doutrina que se afasta da crença geral, dissidente da religião oficial.

Heresia: doutrina ou interpretação considerada falsa pela Igreja.

Cátaro: palavra de origem grega que quer dizer "puro".

Para combater os hereges, em 1231 foram criados os **tribunais da Inquisição**. Em 1270, o papa Alexandre IV recomendou a utilização de métodos de tortura física para obter a confissão do herege ou puni-lo de forma exemplar. O interrogatório e a sentença passaram a ser de responsabilidades dos membros da Igreja, principalmente dos dominicanos.

Albigenses

Concentravam-se na cidade de Albi, na França.

O que contestavam:
- o modo de vida de diversos membros do clero, a venda de indulgências, a acumulação de riquezas e a vida de luxo;
- a cobrança de juros por empréstimos.

O que pregavam:
- a busca da perfeição e da purificação;
- uma doutrina apoiada na luta do bem contra o mal, do espírito contra a matéria;
- a salvação que vem das boas ações;
- o voto de pobreza.

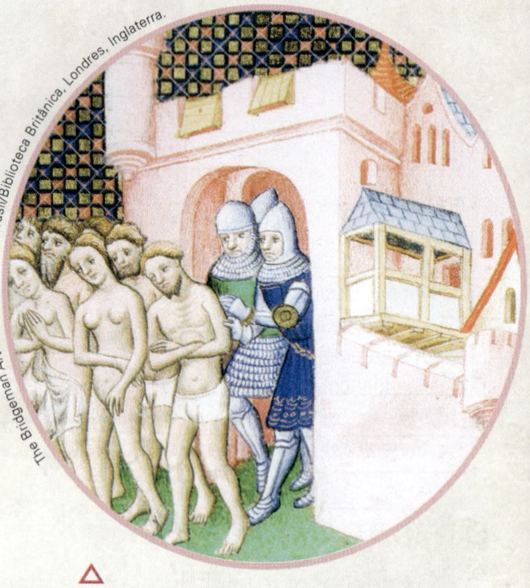

The Bridgeman Art Library/Keystone Brasil/Biblioteca Britânica, Londres, Inglaterra.

Representação da perseguição aos albigenses por fiéis da Igreja católica após a excomunhão. Iluminura do século XV.

Universal History Archive/UIG/The Bridgeman Art Library/Keystone Brasil

Representação de um valdense, em gravura do século XIX.

Indulgência: perdão para os pecados cometidos, concedido pela Igreja.

Valdenses

Seguiam os ensinamentos do francês Pedro Valdo, um mercador de Lyon que abandonou sua atividade e distribuiu sua riqueza entre os pobres.

O que contestavam:
- o abandono do ideal de uma vida de fé e simplicidade;
- o culto dos santos;
- a crença na existência do purgatório.

O que pregavam:
- uma vida de fé e simplicidade;
- o voto de pobreza.

Andrey_Kuzmin/Shutterstock

A cultura medieval

Durante séculos, termos como "Idade das trevas" e "uma longa noite de mil anos" foram utilizados para caracterizar a Idade Média. O período medieval era mais conhecido por um suposto atraso do que por suas contribuições nos campos da cultura, da sociabilidade ou da política.

Esse ponto de vista surgiu com os humanistas italianos, que resgataram as contribuições do período anterior à Idade Média (a Antiguidade) e inauguraram o chamado Renascimento. Os humanistas destacaram os avanços intelectuais e as produções culturais que não se basearam em crenças religiosas. Embora essa forma de pensar tenha surgido entre os séculos XV e XVI, a época medieval carregou essa marca negativa por séculos.

Os estudos atuais permitiram o conhecimento de muitas contribuições da população medieval, constituindo um importante legado para a sociedade moderna. Um dos historiadores mais importantes do nosso tempo afirma:

> Esta longa Idade Média é [...] o contrário do hiato visto pelos humanistas do Renascimento e [...] pelos homens das luzes. [...] Criou a cidade, a nação, o Estado, a universidade, o moinho, a máquina, a hora e o relógio, o livro, o garfo, o vestuário, a pessoa, a consciência e, finalmente, a revolução.

LE GOFF, Jacques. *Para um novo conceito de Idade Média*. Lisboa: Estampa, 1980. p. 12.

Minha biblioteca

A Idade Média explicada aos meus filhos, de Jacques Le Goff, Agir, 2007. Nessa obra são analisados e explicados o significado e a duração da Idade Média.

Hiato: lacuna, vazio.

Supremacia do cristianismo e os ritos pagãos

Na era medieval, a religiosidade influenciou fortemente a cultura europeia. Grande parte das expressões culturais do período (textos filosóficos, pinturas e obras arquitetônicas) mostra intensa devoção e crença em Deus. O mundo era visto como algo ordenado e dirigido por leis divinas e imutáveis. Os seres humanos não deviam questionar nem procurar entender como e por que as coisas aconteciam; eles deviam apenas acreditar. Esse tipo de cultura, centrada na religião e em Deus, é chamada de **teocêntrica** (do grego *theós* = deus, *kéntron* = centro).

No campo da Filosofia, destacou-se a obra do teólogo e filósofo **Santo Agostinho** (354-430). Ele uniu o neoplatonismo (filosofia baseada nas ideias do filósofo grego Platão) à doutrina cristã.

Santo Agostinho ensinando Retórica e Filosofia na Escola de Roma. Afresco da Capela de Santo Agostinho, em San Gimignano, Itália, pintado no século XV por Benozzo Gozzoli.

Segundo Agostinho, para encontrar a Verdade, deve-se procurá-la entre as ideias do mundo espiritual e não entre as coisas do mundo material. Assim, ele criou uma teoria que supervalorizava o mundo espiritual. Para Agostinho, a humanidade, ao nascer, já estava predestinada à salvação ou à perdição eterna. Aqueles que recebiam os sacramentos e se submetiam à vontade da Igreja davam provas de sua fé, o que demonstrava que seriam salvos.

A cultura medieval, no entanto, não se limitava ao espaço das igrejas e dos mosteiros. Em muitas comunidades eram realizados ritos pagãos, herdados dos povos "bárbaros".

Pagão: não cristão, politeísta.

As camadas populares juntaram elementos de antigas crenças (dragões, anões e deuses) ao cristianismo. Muitos foram adotados mais tarde pelo clero cristão, com a intenção de aproximar a Igreja das pessoas comuns. Foi o caso da deusa céltica Brigit, que deu origem a Santa Brígida, cultuada pelos irlandeses.

O Carnaval foi outra manifestação popular da Idade Média. Em muitos lugares, as pessoas aproveitavam para se divertir e até criticar a ordem existente. A Igreja e a elite medieval toleravam essa festa como forma de amenizar as tensões sociais.

Amenizar: suavizar.

Saiba mais

O Carnaval

O Carnaval é uma época festiva popular comemorada nos dias que antecedem a Quaresma, período de quarenta dias (da quarta-feira de Cinzas até o domingo de Páscoa) no qual os cristãos fazem penitência. Acredita-se que a festa tenha se originado nas comemorações ao antigo deus grego Dioniso (deus do vinho, da colheita e da fertilidade) e depois foi adaptada ao calendário e às tradições cristãs. Algumas comunidades agrícolas costumavam, também, celebrar a colheita e festejar seus deuses em cerimônias coletivas, nas quais vestiam máscaras e imitavam animais.

Penitência: renúncia ou privação de algo.

Até hoje as comemorações e os costumes carnavalescos variam de região para região. O que caracteriza o Carnaval em todos os lugares que seguem a religião cristã, porém, é que, depois da festa, vem a Quaresma. Assim, a festa funcionava como uma maneira de dar mais liberdade aos antigos costumes pagãos antes de um período de purificação cristã.

Na Idade Média, o Carnaval era uma forma de subverter a ordem: as pessoas se vestiam de animais ou usavam máscaras, podendo um servo vestir-se de nobre ou um homem, de mulher. Curiosamente, o costume do uso de máscaras também seria adotado pelas elites, nos "bailes de máscara", e permanece até os nossos dias, nas diferentes manifestações carnavalescas.

Album/akg-images/Latinstock/Biblioteca Nacional, Paris, França.

Mascarados no Carnaval representados em iluminura francesa de um poema satírico do século XIV intitulado *Romance de Fauvel*, cuja autoria é incerta.

2 Baixa Idade Média: tempo de mudanças

A partir do século XI (na passagem da Alta para a Baixa Idade Média), o feudalismo medieval passou por grandes transformações, como o desenvolvimento do comércio e o crescimento das cidades. A cultura também sofreu modificações: a educação recebeu mais destaque e as manifestações artísticas ganharam um novo impulso.

Um ensino universal

O crescimento das cidades trouxe novas necessidades para a educação. As tradicionais escolas monásticas, voltadas para a formação de religiosos ou nobres, já não atendiam às exigências da vida urbana e à diversificação da sociedade. Por isso, foram fundadas novas escolas (as *universitates*), que atendiam aos filhos dos mercadores e dos artesãos enriquecidos.

Em geral, o aluno que entrava em uma dessas universidades permanecia, aproximadamente, oito anos estudando o *trivium*, composto de Gramática, Retórica e Lógica, e o *quadrivium*, formado por Aritmética, Geometria, Astronomia e Música. Em seguida, preparava-se para exercer um ofício ou escolhia se especializar nas áreas de Teologia, Medicina ou Direito.

A vida universitária expandiu-se tanto durante a Baixa Idade Média que, no final desse período, havia mais de oitenta universidades em toda a Europa. Somente a de Paris contava com milhares de alunos. Outras universidades famosas foram as de Oxford e Cambridge, na Inglaterra; Montpellier, na França; Salamanca, na Espanha; Coimbra, em Portugal. Na Itália destacam-se a de Salerno, com uma escola de medicina já no século XI, e a de Bolonha, considerada a mais antiga do mundo ocidental, fundada em 1088.

Nas universidades medievais, um nome que se destacou nesse período foi o do teólogo **Tomás de Aquino** (1225-1274), que elaborou uma doutrina que unia a fé e a razão. São Tomás, como ficou conhecido, recuperou as ideias do grego Aristóteles para construir uma filosofia com base na racionalidade das coisas do mundo cotidiano. Assim, ele se opunha ao pensador platônico Santo Agostinho, cuja filosofia se baseava no "mundo das ideias".

Em sua obra *Suma teológica*, Tomás de Aquino negava a predestinação e admitia o livre-arbítrio do ser humano, ou seja, a liberdade para escolher entre a salvação e a perdição.

The Bridgeman Art Library/Keystone Brasil/Museu Nacional de São Marcos, Florença, Itália.

Tomás de Aquino, um dos mais importantes teólogos da Igreja cristã e catedrático da Universidade de Paris, representado em pintura do século XV de Fra Bartolommeo.

Literatura medieval

No final da Idade Média, a fusão do latim com as línguas "bárbaras" deu origem aos atuais idiomas europeus (inglês, italiano, francês, português, etc.). Conhecidos como idiomas vernáculos (em oposição ao latim, que era falado em toda a Europa), eles deram grande impulso à **literatura**.

Vernáculo: que é próprio de uma região.

A Divina Comédia, do florentino Dante Alighieri (1265-1321), é considerada a primeira grande obra escrita em uma língua vernácula. É dividida em três partes: o Inferno, o Purgatório e o Paraíso, refletindo a visão de mundo cristã. Guiado pelo poeta latino Virgílio, o narrador visita esses três lugares míticos. No Inferno e no Purgatório, encontra chefes da Igreja e autoridades, o que faz da obra uma crítica política.

Mundo virtual

Museu Nacional da Idade Média. *Site* em francês, com muitas imagens históricas, de uma das mais importantes instituições de cultura medieval. Disponível em: <www.musee-moyenage.fr>. Acesso em: 22 ago. 2018.

Reprodução/Catedral de Santa Maria del Fiore, Florença, Itália.

Dante Alighieri, autor de *A Divina Comédia*, foi aqui retratado tendo ao fundo uma representação do Purgatório e do Céu. Pintura de Domenico di Michelino, *Dante e o Livro da Divina Comédia*, realizada por volta de 1465.

Arquitetura medieval

Dois estilos arquitetônicos marcam as edificações da Baixa Idade Média: o **românico** e o **gótico**.

O estilo românico pode ser observado em castelos, igrejas e mosteiros construídos durante os séculos XI e XII. Seus traços principais são: solidez (paredes extremamente grossas), arcos redondos (muito parecidos com os arcos romanos, daí o nome) e poucas aberturas que possibilitem a passagem de luz para o interior das construções. Veja abaixo um exemplo românico na Igreja de Sant'Antimo.

O estilo gótico, ou ogival, difundiu-se a partir do século XII. As construções góticas caracterizam-se por linhas verticais, paredes finas, vitrais coloridos, interiores iluminados. Criado na França, esse estilo influenciou toda a arquitetura religiosa do final da Idade Média.

Igreja de Sant'Antimo, na Toscana, Itália. O núcleo mais antigo remonta ao século VIII, mas a maior parte dessa construção foi finalizada no século XII. Foto de 2017.

Freeartist/Alamy/Fotoarena

Erudito e popular na cultura da Idade Média

A divisão da sociedade medieval em dois grupos bem definidos gerou universos culturais distintos: a cultura letrada, também chamada de "erudita", cultivada por nobres e clérigos nos castelos, nos mosteiros e nas universidades; e a cultura iletrada, também chamada de "popular", em geral transmitida oralmente entre os membros das camadas mais baixas da população, como os servos e os pobres das cidades.

A noção de "cultura popular" ainda não existia na Idade Média. Foi apenas no século XVIII que alguns estudiosos, olhando para o passado medieval, perceberam que as manifestações do povo também eram uma forma de cultura. Até então, essa palavra se referia apenas aos hábitos e saberes produzidos pelas camadas dominantes.

Construindo conceitos

Cultura

Cultura é uma palavra latina que, originalmente, referia-se ao cultivo do solo, à produção material de alimentos: cultura de arroz, de trigo, de cevada, etc. Foi só quando os romanos entraram em contato com os gregos que a palavra cultura passou a se referir à produção intelectual.

Biblioteca de São Lorenzo de El Escorial, Madri, Espanha. Foto: Album/Oronoz/Latinstock

Iluminura do século XIII representando um menestrel da corte de Afonso, o Sábio, monarca dos reinos espanhóis de Castela e Leão.

Os gregos, que valorizavam o conhecimento humano, tinham um conceito que não existia no latim, *paideia*, que significa "conjunto de conhecimentos que deve ser transmitido à criança". Como os romanos não tinham nenhum termo equivalente em sua língua, traduziram *paideia* por "cultura".

A palavra latina passou, então, a significar os saberes e hábitos que, na visão da camada dominante, deveriam ser transmitidos às futuras gerações. A transmissão ocorria, principalmente, pela escrita. Essa definição de cultura perdurou por toda a Idade Média.

Hoje em dia a palavra **cultura** tem um significado bem mais amplo e se refere a todos os conhecimentos, valores, crenças, costumes e outros hábitos adquiridos pelo ser humano como membro de uma sociedade. Mas a ideia de que existe uma cultura "erudita" e outra "popular" permanece em nossa sociedade.

Embora distintas, havia muitas trocas e influências entre a cultura erudita e a popular.

Às vezes, a cultura popular absorvia elementos da cultura das camadas dominantes. Um exemplo foram as canções de gesta, poemas escritos por membros da nobreza, os **trovadores**. Eles cantavam esses poemas em suas andanças pelo reino, acompanhados por instrumentos musicais. Os trovadores também podiam contratar artistas profissionais (os **menestréis** e **jograis**) para apresentar suas canções nos palácios, feiras ou praças públicas.

Com o tempo, jograis e menestréis passaram a reelaborar as canções de acordo com o gosto do público. Surgiram, assim, os **romances**: poemas curtos, derivados das canções trovadorescas, que eram cantados ao som de um instrumento musical. Transmitidos oralmente, esses poemas populares atravessaram os séculos, narrando os feitos de Carlos Magno e sua cavalaria ou contando histórias de amor. Embora fossem composições orais, muitos foram registrados, a partir do século XV, em coleções chamadas **romanceiros**.

Havia também casos em que as camadas dominantes absorviam a cultura popular. Foi o que ocorreu, por exemplo, na música. Inicialmente, a música "erudita" (aquela cultivada pelo clero) resumia-se ao canto gregoriano, que era lento e monótono, pois a melodia deveria se subordinar ao texto. Nos séculos XIII e XIV, influenciados pelos cantos e pelas danças populares, que eram alegres e cadenciados, alguns compositores eruditos começaram a ritmar as melodias do canto gregoriano. Vários instrumentos utilizados na música profana, como o alaúde e a rabeca, foram incorporados à música sacra.

Cadenciado: ritmado, ligeiro.
Música profana: música não religiosa, podendo ser de origem nobre ou popular.

TRABALHANDO COM **DOCUMENTOS**

O documento abaixo, de um historiador contemporâneo, mostra que muitos hábitos, invenções e objetos presentes no nosso dia a dia têm origem no período medieval.

Ecos do passado

[...] Pensemos num dia comum de uma pessoa comum. Tudo começa com algumas invenções medievais: ela põe sua roupa de baixo (que os romanos conheciam mas não usavam), veste calças compridas (antes, gregos e romanos usavam túnica, peça inteiriça, longa, que cobria todo o corpo), passa um cinto fechado com fivela (antes ele era amarrado). A seguir, põe uma camisa e faz um gesto simples, automático, tocando pequenos objetos que também relembram a Idade Média, quando foram inventados, por volta de 1204: os botões. Então ela põe os óculos (criados em torno de 1285, provavelmente na Itália) e vai verificar sua aparência num espelho de vidro (concepção do século XIII). Por fim, antes de sair olha para fora através da janela de vidro (outra invenção medieval, de fins do século XIV) para ver como está o tempo.

Ao chegar na escola ou no trabalho, ela consulta um calendário e verifica quando será, digamos, a Páscoa este ano: 23 de março de 2008. Assim fazendo, ela pratica sem perceber alguns ensinamentos medievais. Foi um monge do século VI que estabeleceu o sistema de contar os anos a partir do nascimento de Cristo. Essa data (25 de dezembro) e o dia de Páscoa (variável) também foram estabelecidos pelos homens da Idade Média. Mais ainda, ao escrever aquela data – 23/3/2008 –, usamos os chamados algarismos arábicos, inventados na Índia e levados pelos árabes para a Europa, onde foram aperfeiçoados e difundidos desde o começo do século XIII. O uso desses algarismos permitiu progressos tanto nos cálculos cotidianos quanto na Matemática, por serem bem mais flexíveis que os algarismos romanos anteriormente utilizados. Por exemplo, podemos escrever aquela data com apenas sete sinais, mas seria necessário o dobro em algarismos romanos (XXIII/III/MMVIII).

[...]

Sentindo fome, a pessoa levanta os olhos e consulta o relógio na parede da sala, imitando gesto inaugurado pelos medievais. Foram eles que criaram, em fins do século XIII, um mecanismo para medir o passar do tempo, independentemente da época do ano e das condições climáticas.

FRANCO JÚNIOR, Hilário. Somos todos da Idade Média. *Revista de História da Biblioteca Nacional*. Ano III, n. 30, mar. 2008.

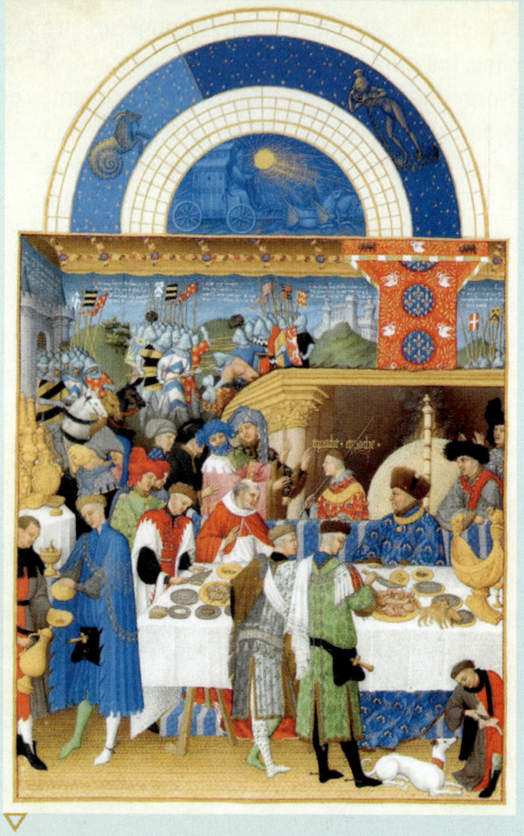

Reprodução/Museu Condé, Chantilly, França.

Calendário do livro *As riquíssimas horas do duque de Berry*, de 1413, representando o mês de janeiro. Iluminura de autoria dos irmãos Limbourg.

1. Que tipo de documento é esse e quando ele foi escrito?
2. O texto mostra uma visão que valoriza ou desvaloriza a Idade Média?
3. No primeiro parágrafo do documento, o autor cita várias invenções medievais de que fazemos uso em nosso cotidiano. Cite pelo menos três dessas invenções.
4. Por que você acha que o autor do artigo mostrou vários hábitos e objetos que surgiram na Idade Média e permanecem até hoje?

Rawpixel.com/Shutterstock

Ilustração de óculos.

Mapeando saberes

ATENÇÃO A ESTES ITENS

PERÍODO MEDIEVAL

- Importantes produções e práticas culturais (eruditas, populares, religiosas, pagãs, arquitetônicas, musicais, educacionais, filosóficas, literárias, etc.).
- Filósofos de destaque:
  - Santo Agostinho: incorporou o neoplatonismo à doutrina cristã;
  - São Tomás de Aquino: base aristotélica.
- Integração de elementos culturais pagãos e antigas crenças ao cristianismo.
- Baixa Idade Média: expansão da vida universitária.

- Cristianismo: originário da Palestina, espalhou-se pela Europa, Ásia e África e tornou-se a religião oficial do Império Romano no final do século IV.

IGREJA CATÓLICA

- Importante instituição política e religiosa do mundo, desde sua difusão no Império Romano até hoje.
- Poder baseado em seus domínios materiais e em sua visão de que o mundo é regido por leis divinas e imutáveis, não cabendo aos seres humanos questioná-las (teocentrismo).
- Aliança e confronto com reis.
- Sofreu divisões internas e combateu com violência os movimentos que considerava heréticos.

Reprodução/Museu Condé, Chantilly, França.

POR QUÊ?

- Cristianismo: mais de 2 bilhões de adeptos no mundo hoje; religião predominante no Brasil.
- Valores e crenças da Igreja católica estão arraigados em nossa cultura e se expressam nos mais diferentes aspectos do nosso cotidiano, das artes às manifestações populares.

- Ritos e festas pagãs sobreviveram e se expressavam em manifestações populares, apesar do controle e das crenças da Igreja. Há pouco conhecimento sobre essas manifestações por falta de registros escritos.

- Grande parte dos elementos culturais do período medieval foi preservada.

ATIVIDADES

Retome

1› Reveja as questões do início do capítulo e explique com suas palavras de onde se originavam o poder e a riqueza da Igreja católica durante a Idade Média.

2› Cite as diferenças entre o "alto" e o "baixo" clero.

3› Sobre os movimentos religiosos considerados heréticos pela Igreja na Idade Média, responda:

a) O que eles propunham?

b) Como a Igreja combateu esses movimentos religiosos?

4› Considerando os aspectos estudados ao longo do capítulo, é possível questionar a expressão Idade das Trevas, em referência ao período medieval? Por quê?

5› Indique dois exemplos de práticas culturais relacionadas ao poderio da Igreja e dois exemplos de ritos culturais pagãos.

6› Com base no que você estudou no capítulo, explique a origem da noção de cultura. Em seguida, reflita sobre a cultura nos dias de hoje e elabore um texto sobre o seu significado atual. Ao produzir seu texto, procure citar exemplos de manifestações culturais que possam ser encontradas ao seu redor, em sua realidade.

Trabalhe com o texto

7› Leia o texto abaixo sobre a cultura na Idade Média e depois faça as atividades propostas.

Vestígios da cultura popular

Os homens e as mulheres "comuns" da Idade Média organizavam suas festas, cantavam, dançavam e faziam encenações teatrais. O que eles produziam também não era cultura? Também não expressavam uma visão de mundo própria?

O primeiro problema ao tentar estudar as manifestações populares de tempos mais remotos é a quase inexistência de documentos, de fontes, ou seja, de vestígios deixados por essas pessoas. A principal causa disso é o fato de que grande parte delas não sabia ler nem escrever e não deixou registros sobre o tipo de atividade que exercia em suas comunidades. Aqueles que sabiam ler, escrever e pintar produziam a "cultura oficial" e estavam, em geral, sob o domínio da Igreja.

Na Idade Média, a Igreja buscava controlar tudo o que era escrito e registrava somente o que lhe parecia necessário. Sendo assim, muitas manifestações culturais não foram preservadas.

a) Responda às duas perguntas contidas no primeiro parágrafo do texto da atividade.

b) Segundo informações do texto, por que a Igreja, na Idade Média, não se preocupou em registrar a cultura popular?

c) O que representa para nós a ausência de registro dessas manifestações?

d) Por que essas pessoas não deixaram registro próprio, por exemplo, letras de canções que costumavam cantar nas festas?

Analise as imagens

8› Observe as iluminuras.

Esta iluminura do século XII representa uma cena dos primeiros anos da Era Cristã: um historiador (*Iosephus*), em pé, segurando um manuscrito que está sendo reproduzido por um copista (Samuel).

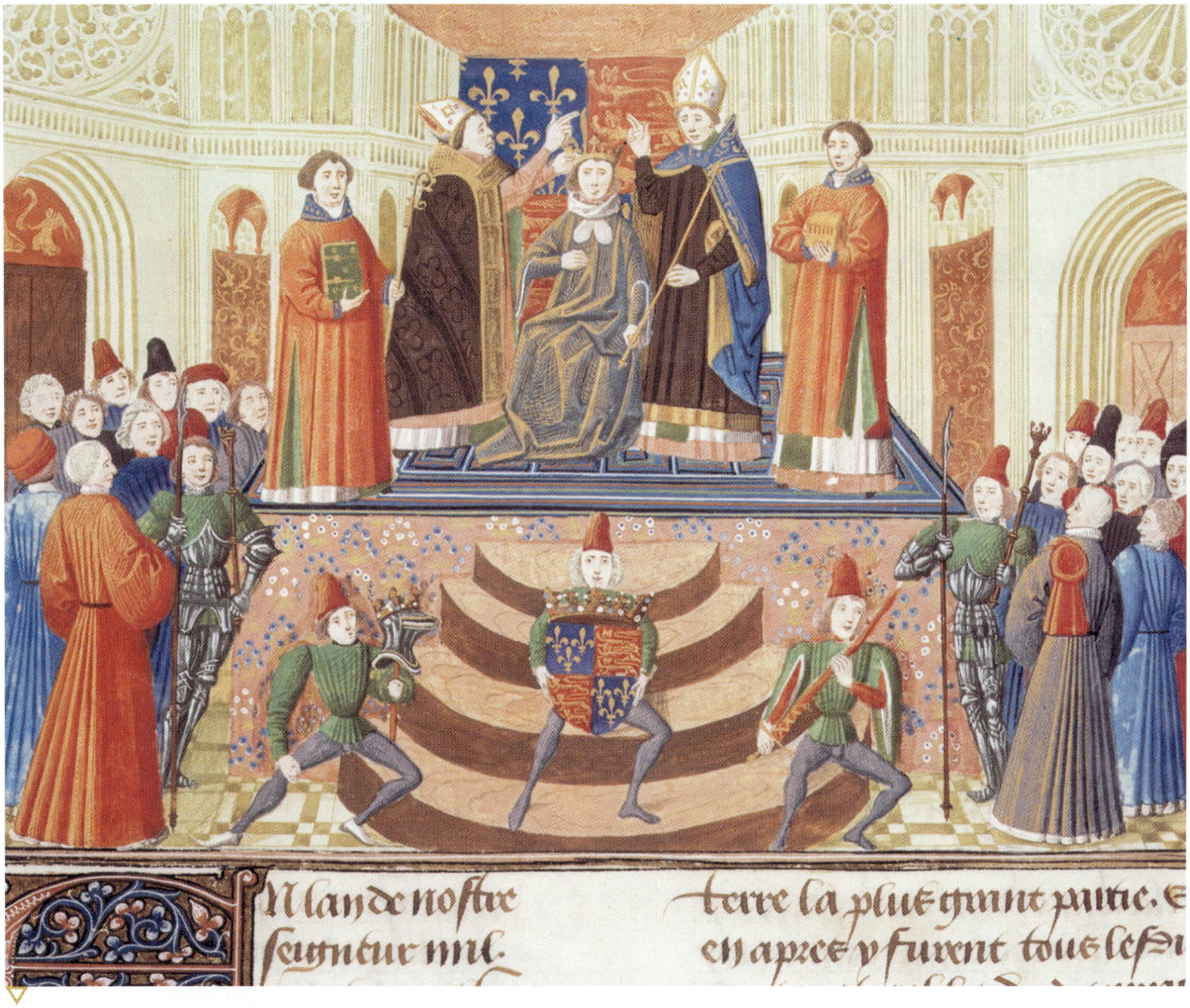

akg-images/Latinstock/Biblioteca Britânica, Londres, Inglaterra

Iluminura do século XV, presente na obra flamenga *Crônicas de Jean Froissart*, representando a coroação do rei Henrique IV, da Inglaterra.

Agora responda: a que iluminura se refere cada uma das frases a seguir?

- Mostra a proximidade entre dois poderes medievais.
- Mostra a preservação de obras clássicas.

9› Releia o boxe *Saiba mais*, na página 230. Depois, faça uma pesquisa para responder às seguintes questões:

a) Como o Carnaval é comemorado na sua cidade?

b) Atualmente, nas grandes cidades, quais interesses estão relacionados ao Carnaval?

c) O Carnaval continua a ser uma festa de caráter popular? Por quê?

Album/akg-images/Latinstock/ Biblioteca Nacional, Paris, França.

Autoavaliação

1. Quais atividades você considerou mais fáceis e mais difíceis? Por quê?
2. Em quais atividades você utilizou o texto do capítulo como base para sua resposta?
3. Algum ponto do capítulo não ficou muito claro para você? Qual?
4. Você compreendeu o esquema *Mapeando saberes*? Explique-o.
5. Você saberia apontar exemplos da atualidade considerando o que aprendeu no item *Por quê?* do *Mapeando saberes*?
6. Como você avalia sua compreensão dos assuntos tratados neste capítulo?
   - » **Excelente**: não tive nenhuma dificuldade.
   - » **Boa**: tive algumas dificuldades, mas consegui resolvê-las.
   - » **Regular**: foi difícil compreender certos conceitos e resolver as atividades.
   - » **Ruim**: tive muitas dificuldades, tanto no conteúdo quanto na realização das atividades.

Painel

Migrações e seus impactos: passado e presente

Execução

Agora que você e seu grupo já pesquisaram bastante os movimentos migratórios e suas consequências, tanto no Brasil como no município em que vocês moram, chegou a hora de cada grupo elaborar o seu painel. Para isso, obedeçam às instruções a seguir.

1› Em uma folha de cartolina, façam, juntos, uma tabela com três colunas. Nela, vocês vão reunir os dados que obtiveram nas entrevistas. No alto da tabela, escrevam o título, que vocês podem escolher de acordo com o conteúdo. A primeira coluna (da esquerda) será para escrever o nome e o sobrenome das pessoas que migraram; a segunda (do meio) para a data da migração; e a terceira (da direita) para a razão pela qual elas migraram.

2› Para ilustrar as migrações no Brasil atual, vocês podem reproduzir a tabela do Instituto Brasileiro de Geografia e Estatística (IBGE) a seguir. Ela resume informações do Censo Demográfico de 2010, mostrando as entradas e saídas de migrantes de uma região para outra do país em 2004 e 2009. O Censo é realizado apenas a cada dez anos. Por isso, é possível assumir que os números reais hoje são diferentes dos apontados na tabela.

Imigrantes, emigrantes e saldo líquido migratório, segundo as Grandes Regiões – 2004/2009

Grandes Regiões	2004			2009		
	Imigrantes	Emigrantes	Saldo líquido migratório	Imigrantes	Emigrantes	Saldo líquido migratório
Norte	330 660	266 919	63 741	184 634	219 793	(–) 35 159
Nordeste	848 002	934 589	(–) 86 587	541 733	729 602	(–) 187 869
Sudeste	844 605	1 059 913	(–) 215 308	656 386	668 801	(–) 12 415
Sul	305 063	270 477	34 586	252 947	154 094	98 853
Centro-Oeste	534 879	331 311	203 568	418 143	281 553	136 590

Nota: excluindo-se os imigrantes vindos de países estrangeiros.

OLIVEIRA, Antônio Tadeu Ribeiro de; ERVATTI, Leila Regina; O'NEILL, Maria Monica Vieira Caetano. Migrações internas. In: OLIVEIRA Luiz Antonio Pinto de; OLIVEIRA, Antônio Tadeu Ribeiro de (Org.). *Reflexões sobre os deslocamentos populacionais no Brasil.* Rio de Janeiro: IBGE, 2011. Disponível em: <https://biblioteca.ibge.gov.br/visualizacao/livros/liv49781.pdf>. Acesso em: 6 set. 2018.

3› De acordo com as informações que vocês coletaram na pesquisa, façam um esquema sobre as manifestações culturais existentes no município de vocês. Esse esquema pode conter pequenos textos e imagens. Nos textos, descrevam como a cultura de um lugar se relaciona com os movimentos migratórios que ocorreram na área.

Hans Von Manteuffel/Pulsar Imagens

Encontro de Culturas Populares em Buenos Aires, zona da mata de Pernambuco. Foto de 2018.

Marco Antonio Sá/Pulsar Imagens

Cavalhada realizada durante a Festa de São Benedito no Clube Cidade Rosa, em Poconé, Mato Grosso. Foto de 2016.

4› Façam um resumo dos textos elaborados durante a pesquisa. O conteúdo pode ser organizado em tópicos, por exemplo, para ficar mais dinâmico e visualmente atrativo no painel. Em seguida, pesquisem e imprimam imagens que ilustrem os textos. Elas serão utilizadas na composição do painel. Lembrem-se de que as imagens devem ser pertinentes ao conteúdo abordado nos textos.

5› Chegou a hora de montar o painel. A base dele pode ser de cortiça, MDF, isopor ou outro material de fácil manipulação. Sobre essa base, colem (ou afixem com percevejos latonados) a tabela de cartolina; o esquema sobre manifestações culturais; os resumos dos textos e as imagens. Definam um título para o painel e escolham um local visível da escola para exibi-lo.

Atividades

1› O que essa atividade lhe ensinou?

2› Qual foi o aspecto do projeto que você achou mais interessante? Por quê?

3› Tendo em mente as pesquisas e discussões que você teve durante o semestre, você acha que as migrações no Brasil têm influência na grande diversidade cultural do país? Como? É possível dizer que temos uma cultura dominante no Brasil?

4› Em sua opinião, o painel ajudou você, seus colegas e as demais pessoas envolvidas a compreender melhor o processo de formação das sociedades? Explique sua resposta.

CAPÍTULO

14 Transformações da Europa medieval

Iophius/Alamy/Fotoarena

Visitantes em uma feira no Festival Medieval de Vic, cidade da Catalunha, Espanha. Foto de 2016.

A Baixa Idade Média foi um período de grandes transformações na Europa ocidental. No início dessa época, houve uma relativa estabilidade nos reinos cristãos com o declínio das "invasões bárbaras". Seguiu-se o crescimento da produção agrícola, acompanhado do aperfeiçoamento de técnicas, como o uso de arados de ferro, mais fortes que os de madeira, e os moinhos hidráulicos. Em meio a tais mudanças, houve também o aumento populacional ao mesmo tempo que se faziam a derrubada de florestas, drenagem de pântanos e ocupação de novas áreas.

Contudo, a produção agrícola não era suficiente para alimentar a crescente população. O resultado, muitas vezes, era a expulsão de milhares de servos dos domínios feudais, formando um grande número de marginalizados miseráveis.

Foi nesse cenário que muitos nobres partiram em expedições de conquistas, em especial as que estavam sob o poder dos muçulmanos no Oriente.

Neste capítulo estudaremos tais expedições, que ficaram conhecidas como Cruzadas. Vale ressaltar que, três séculos antes dessas Cruzadas para o Oriente, tiveram início as **Guerras de Reconquista** na península Ibérica, que a partir do século XI geraram confrontos com novas dimensões.

Para começar

Observe a imagem.

1. Descreva as construções retratadas na imagem e compare-as com as do lugar onde você vive.
2. As pessoas representadas nessa foto aparecem exercendo diversas atividades. Na região onde você mora é comum a prática de atividades semelhantes?

Marginalizado: deixado "à margem" da sociedade, excluído. Não confundir aqui "marginalizado" com "marginal", no sentido de pessoa "fora da lei".

1 As Cruzadas

As Cruzadas foram campanhas militares promovidas pela Igreja católica com o objetivo de combater os "infiéis" e convertê-los ao cristianismo. Os cristãos chamavam de infiéis os que não possuíam suas crenças religiosas, os não cristãos e os considerados inimigos do cristianismo. Por isso, diziam que se tratava de uma "guerra santa".

Essas campanhas militares foram convocadas pelo papa Urbano II em 1095, no Concílio de Clermont. A fim de reunir o maior número de homens para a cruzada, o papa convocou todos os cavaleiros, clérigos e fiéis cristãos a se mobilizarem para expulsar os islâmicos dos lugares sagrados. Ganhariam, em troca, a libertação dos pecados.

Em uma época em que a fé e a religião eram muito fortes, a convocação juntou milhares de voluntários rapidamente. Os nobres viam na "guerra santa" uma forma de ampliar seus domínios. Os mercadores da península Itálica buscavam retomar o comércio com a Ásia Menor e com a região leste do mar Mediterrâneo, então controlada pelos muçulmanos. Servos e camponeses também se interessaram pela possibilidade de riquezas com a conquista do Oriente.

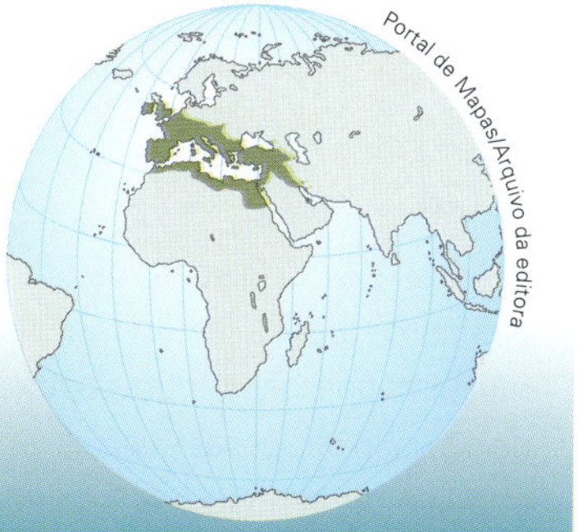

Portal de Mapas/Arquivo da editora

LINHA DO TEMPO

Alta Idade Média (séculos V a X)

Século VIII Início da Guerra de Reconquista

Baixa Idade Média (séculos XI a XV)

1095 Papa Urbano II convoca as Cruzadas

1096 Primeira Cruzada

1204 Quarta Cruzada

1492 Conquista de Granada (fim da Guerra de Reconquista na Península Ibérica)

Linha do tempo esquemática. O espaço entre as datas não é proporcional ao intervalo de tempo.

The Bridgeman Art Library/Keystone Brasil/Mosteiro e Sítio do Escorial, Madri, Espanha.

A ilustração espanhola, do século XIII, mostra exército de cruzados (à esquerda) combatendo os muçulmanos (à direita).

Saiba mais

El Cid

Antes das Cruzadas, os cristãos da península Ibérica já lutavam contra os muçulmanos, habitantes da região desde o século VIII. Essas guerras ganharam impulso no período das Cruzadas e só terminaram no século XV (reveja o mapa da página 206). Nesse longo processo, vários reinos cristãos foram constituídos. Posteriormente, eles formariam Portugal e Espanha.

Um guerreiro do reino de Castela, Rodrigo Díaz de Vivar, ficou famoso por sua coragem na luta contra os muçulmanos e foi transformado em herói popular. Ele participou da expulsão dos mouros da cidade de Valência, em 1094, em uma das principais etapas das Guerras de Reconquista. Conta-se que era respeitado por seus inimigos e que seus feitos lhe renderam o apelido de Cid (do árabe *sidi*, que significa "senhor").

Prisma/Getty Images/Coleção particular.

Gravura representando a conquista de Valência, na Espanha, em 1094, sob a liderança de El Cid. Autoria e data desconhecidas.

De olho na tela

El Cid. Direção: Anthony Mann. Estados Unidos/Espanha, 1961. Retrata as aventuras do nobre cristão dom Rodrigo de Vivar e sua luta para expulsar os mouros da península Ibérica. Destaca a fidelidade da vassalagem e as disputas pelo trono espanhol.

As expedições

Entre 1096 e 1270, oito Cruzadas partiram da Europa para o Oriente visando livrar a cidade de Jerusalém do domínio islâmico, onde, segundo a tradição cristã, Jesus fora crucificado e enterrado (veja a foto abaixo). Nenhuma delas, porém, atingiu esse objetivo. Os cristãos chegaram a dominar parcialmente Jerusalém em 1099, mas a cidade foi retomada pelos muçulmanos anos depois.

Mattis Kaminer/Shutterstock

Vista da Igreja do Santo Sepulcro, construída no século XII, em Jerusalém. Foto de 2018.

Santo Sepulcro: local em que Jesus teria sido enterrado.

Apesar disso, os cruzados conquistaram algumas cidades da Ásia Menor e do Oriente Próximo, retomando, de forma provisória, o comércio do Ocidente com aquela região. Veja no mapa a seguir as rotas das primeiras Cruzadas.

Rotas das Cruzadas (séculos XI-XIII)

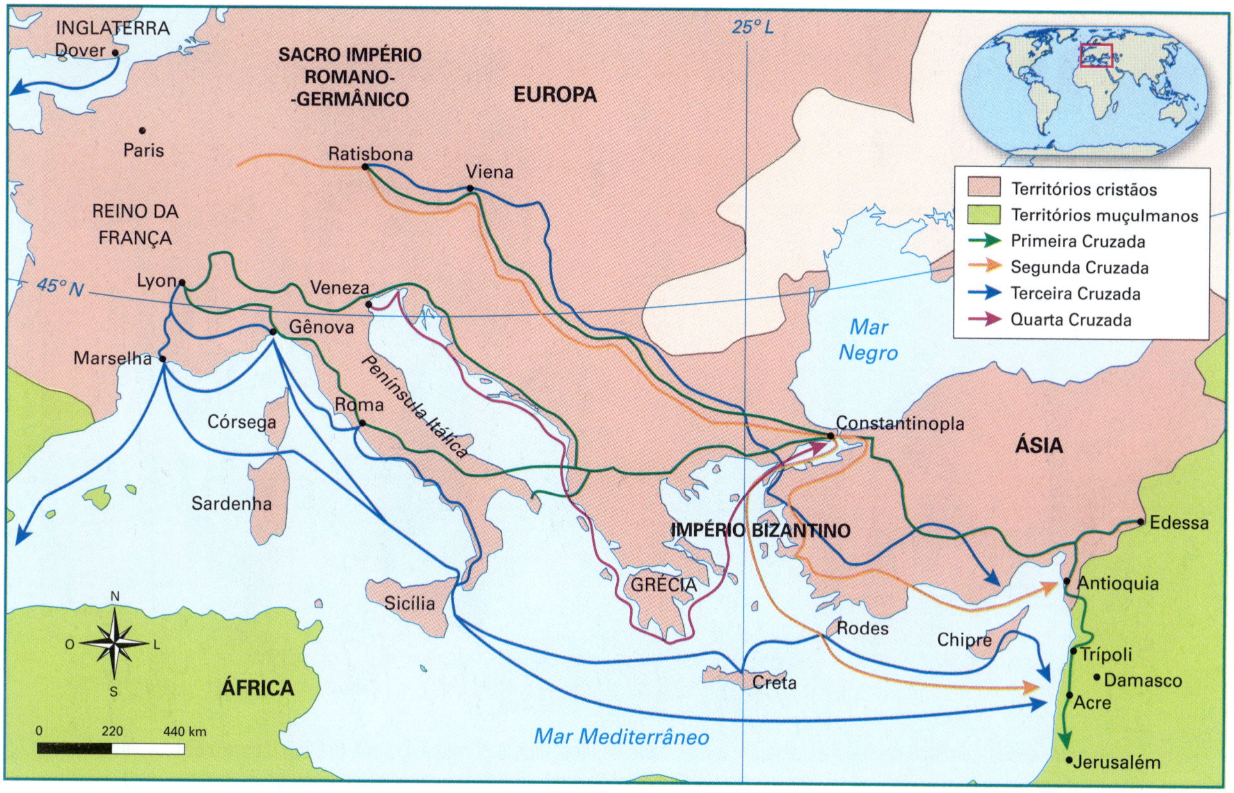

Fonte: elaborado com base em ARMENTO, B. et al. *Across the Centuries*. Boston: Houghton Mifflin, 1999. p. 296.

Das oito Cruzadas, duas merecem especial destaque.

- **Terceira Cruzada (1189-1192)**: conhecida como Cruzada dos Reis, contou com a participação de importantes reis europeus da época, como Ricardo Coração de Leão, da Inglaterra; Filipe Augusto, da França; e Frederico Barba Ruiva, da Germânia. Além da honra e da glória propiciadas pela "guerra santa", eles buscavam riquezas a fim de superar o poder que os nobres tinham em seus reinos.
- **Quarta Cruzada (1202-1204)**: ficou conhecida por um desvio de seus planos originais, pois, em vez de dirigir-se à Palestina, a expedição seguiu para Constantinopla. Dominou a antiga capital dos cristãos ortodoxos, transformando-a em entreposto comercial entre o Oriente e o Ocidente. Nessa ação, os cruzados contaram com o apoio dos mercadores da cidade de Veneza, que se abasteciam de valiosos produtos orientais em Constantinopla, comercializando-os depois no mercado europeu.

Entreposto: local de troca, depósito ou distribuição de mercadorias; passagem, parada obrigatória.

Minha biblioteca

O guia completo das Cruzadas, de Paul Williams, Editora Madras, 2007. Neste livro, o leitor será transportado a um período de intensas emoções vividas pelos personagens que participaram das Cruzadas.

TRABALHANDO COM **DOCUMENTOS**

No final do século XI, o papa Urbano II convocou os cristãos a formar uma Cruzada para libertar o Santo Sepulcro. Leia um trecho de seu discurso e depois responda às questões.

Fine Art Images/Heritage Images/Getty Images/Biblioteca de Genebra, Genebra, Suíça.

Esta iluminura da década de 1460 representa uma cena na cidade de Clermont, na França. O papa Urbano II está à direita, vestido de vermelho, recebendo Pedro, o Eremita. Este, junto com Gautier Sem-Vintém, liderou um movimento popular cruzadista antes da primeira Cruzada oficial. Conhecida como Cruzada dos Mendigos (1096), acabou massacrada pelos turcos.

Deixai os que outrora estavam acostumados a se baterem, impiedosamente, contra os fiéis, em guerras particulares, lutarem contra os infiéis [...].

Deixai os que até aqui foram ladrões tornarem-se soldados. Deixai aqueles que outrora se bateram contra seus irmãos e parentes lutarem agora contra os bárbaros, como devem. Deixai os que outrora foram mercenários, a baixos salários, receberem agora a recompensa eterna.

Uma vez que a terra que vós habitais, fechada de todos os lados pelo mar e circundada por montanhas, é demasiado pequena à vossa grande população: sua riqueza não abunda, mal fornece o alimento necessário aos seus cultivadores [...] tomai o caminho do Santo Sepulcro; arrebatai aquela terra à raça perversa e submetei-a a vós mesmos. Essa terra em que, como diz a Escritura, "jorra leite e o mel" foi dada por Deus aos filhos de Israel. Jerusalém é o umbigo do mundo, a terra mais que todas frutífera, como um novo paraíso de deleites.

HUBERMAN, Leo. *História da riqueza do homem*. São Paulo: Zahar, 1979. p. 28.

Outrora: antes, antigamente.
Bater: no sentido empregado no texto, lutar.
Arrebatar: retirar, arrancar.

1. Além do sentimento cristão dos fiéis e do espírito de honra dos cavaleiros, outros fatores motivaram pessoas de todos os grupos sociais, incluindo servos, mendigos, idosos, mulheres e crianças, a arriscar a vida em nome de Cristo. De acordo com o texto, quais seriam esses outros fatores?

2. Explique, com base no discurso do papa Urbano II, como a situação que a Europa vivia influenciou a realização das Cruzadas.

2 O renascimento comercial e urbano

Na península Itálica, cidades como Veneza e Gênova tinham grande interesse na conquista dos portos no Oriente porque seu comércio havia decaído durante a Alta Idade Média. Os mercadores apoiaram as expedições, e o aumento do intercâmbio com o Oriente trouxe novos produtos, conhecimentos e as consequentes transformações.

A intensificação do comércio com o Oriente despertou nos europeus o gosto pelas especiarias (pimenta, cravo, açúcar, canela, etc.). Outros produtos típicos, como marfim, perfumes, tecidos e tapeçarias também se tornaram desejados. Por serem raros e caros, muitas vezes eram utilizados como moeda.

As especiarias eram obtidas em entrepostos no Egito, na Síria e em Constantinopla, e esse comércio se tornou monopólio das cidades da península Itálica.

O escambo, muito praticado até então, foi pouco a pouco substituído por trocas comerciais feitas com dinheiro. Com isso, ganhou impulso a cunhagem de moedas, e o relacionamento entre feudos, vilarejos e pequenas cidades ficou cada vez mais intenso.

Os novos núcleos urbanos formados nesse período eram cercados por muralhas e foram denominados **burgos**, centros de desenvolvimento do comércio e do artesanato. Alguns desses núcleos surgiram em torno das antigas vilas medievais ou cidades romanas. Outros se formaram gradualmente e sem planejamento em pontos "estratégicos", como no cruzamento de rotas comerciais ou locais de feiras tradicionais, nas margens de rios ou, ainda, próximos a abadias e castelos que pudessem lhes oferecer proteção contra possíveis assaltantes. Muitos servos, andarilhos e marginais empobrecidos foram atraídos pela vida nos burgos.

Rotas comerciais no continente europeu abasteciam as diferentes regiões com os novos produtos trazidos do Oriente e com os artigos vindos de diferentes pontos da Europa. No cruzamento das rotas surgiram as **feiras**, onde esses produtos eram vendidos. Entre as mais importantes desse período destacam-se as feiras de Champagne e de Flandres, na França.

Monopólio: domínio exclusivo de um grupo de pessoas ou empresas sobre determinada atividade econômica ou produto.

Escambo: troca de mercadorias ou serviços sem fazer uso de dinheiro (moeda).

JaySi/Deposit Photos/Glow Images

Foto aérea da cidade de Carcassonne (França), em 2017, mostrando o traçado típico das cidades de origem medieval, com o burgo murado ao centro.

A união de mercadores

O crescimento das atividades comerciais atraiu produtores e mercadores do norte da Europa. Eles uniram várias cidades em uma entidade destinada a garantir vantagens e lucros para seus negócios. Denominada Liga Hanseática, essa associação combateu os concorrentes e impôs seus preços em mais de 200 cidades.

Os comerciantes e artesãos dos núcleos urbanos também passaram a se associar para proteger seus interesses. Suas associações denominavam-se **corporações de ofício** e dividiam-se em categorias profissionais (sapateiros, padeiros, carpinteiros, etc.).

Como o comércio envolvia pessoas de regiões distintas, cada qual com sua moeda, alguns comerciantes passaram a efetuar a troca e conversão dessas moedas (câmbio). Também realizavam empréstimos de dinheiro (financiando viagens para regiões distantes em troca de uma parcela dos lucros), aceitavam depósitos em dinheiro e participavam de atividades comerciais. Esse tipo de comércio deu origem a um importante grupo urbano: o dos **banqueiros**.

Apesar de enriquecerem com as novas atividades, os burgos continuavam sob o domínio dos senhores feudais, que cobravam tributos e serviços de seus moradores. Com o tempo, os burgos passaram a exigir autonomia. Algumas cidades conseguiam a liberdade por meio de lutas armadas; outras a obtinham comprando **cartas de franquia**. As cidades independentes receberam, na Itália, o nome de **repúblicas**; na França de **comunas**; e na Alemanha de **cidades livres**.

Tal foi o desenvolvimento do comércio exterior e interior na Europa ocidental ao longo do século XIII que boa parte de historiadores especialistas em Idade Média (medievalistas) chega a falar em uma "revolução comercial". A imagem, uma iluminura francesa do final da Idade Média, mostra a concentração de pessoas e o movimento comercial em uma das cidades.

Corporações de ofício

As corporações de ofício apresentavam uma rígida hierarquia: no topo, achava-se o **mestre**, dono da oficina, que, junto a outros mestres, controlava a corporação; abaixo dele, encontravam-se os **companheiros** ou **oficiais**, remunerados de acordo com a jornada de trabalho (daí serem chamados também de **jornaleiros**).

Nas oficinas, além dos mestres e oficiais, trabalhavam os **aprendizes**, jovens que, em troca de trabalho, recebiam moradia e comida e aprendiam o ofício. Após o período de aprendizagem, o jovem tornava-se oficial, podendo chegar a mestre. Porém, as corporações dificultavam o surgimento de novos mestres, posição geralmente reservada aos filhos dos mestres já estabelecidos. Com isso, diminuíam a concorrência local e favoreciam o enriquecimento de um número reduzido de pessoas.

Representação de um mestre, um carpinteiro e um pedreiro em manuscrito de Jean du Ries para o rei Eduardo IV, de 1482.

INFOGRÁFICO

As cidades medievais

1 CASAS
A maioria das casas era de madeira. Alguns grandes comerciantes tinham casas luxuosas, com vários andares. Mas em geral as moradias eram simples; as pessoas viviam, comiam, dormiam e trabalhavam no mesmo local.

2 LOJAS
As lojas geralmente eram construídas no andar de baixo das casas dos mercadores. Os quartos e outros cômodos ficavam nos andares de cima.

3 ATIVIDADES
Nas cidades eram desenvolvidas diversas atividades. Homens e mulheres tinham lojas de artigos de luxo: joias, tecidos de seda bordados e objetos de ouro e prata. Outros comercializavam alimentos e bebidas.

4 PROFISSÕES
Havia espaço para todo tipo de trabalhador nas cidades: escultor, pintor, bordadeira, ourives, tecelão, tapeceiro, carpinteiro, oleiro, sapateiro, ferreiro, etc.

5 COMÉRCIO
Na Baixa Idade Média, com o desenvolvimento do comércio, mais pessoas compravam e vendiam produtos.
Os comerciantes ganharam destaque nessa sociedade, pois alguns deles investiam em várias atividades diferentes.

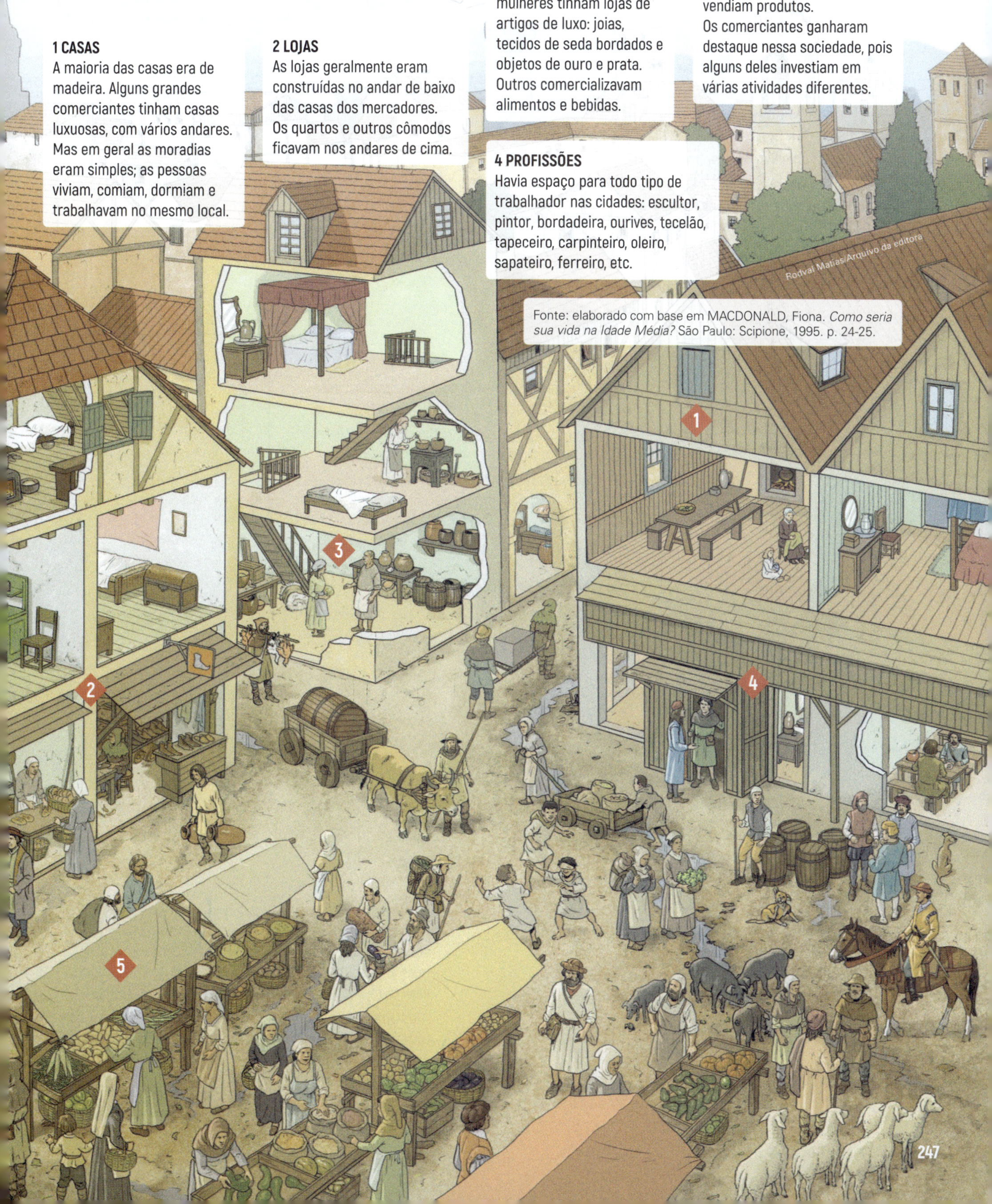

Rodval Matias/Arquivo da editora

Fonte: elaborado com base em MACDONALD, Fiona. *Como seria sua vida na Idade Média?* São Paulo: Scipione, 1995. p. 24-25.

Mapeando saberes

ATENÇÃO A ESTES ITENS

REATIVAÇÃO DO COMÉRCIO

- Impulsionou a abertura de rotas para várias partes do continente.
- Fortaleceu o uso da moeda.
- Promoveu o crescimento dos núcleos urbanos, nos quais se concentravam mercadores e artesãos.

BAIXA IDADE MÉDIA

- Transformação do sistema feudal e abertura para novos modos de viver e pensar.
- Redução da importância do trabalho agrícola e do uso de servos.
- Atividade comercial ganhou espaço.
- População aumentou e as cidades se revitalizaram.

CRUZADAS

- Incentivadas pelo aumento da população, pela religiosidade e pela ambição de riquezas.
- Contribuíram para a reativação do comércio entre a Europa e o Oriente.
- Objetivavam conquistar novas terras e riquezas, cristianizar os "infiéis" (especialmente os muçulmanos) e expulsá-los de Jerusalém.
- A expulsão dos muçulmanos de Jerusalém não foi alcançada.

Fine Art Images/Heritage Images/Getty Images/Biblioteca de Genebra, Genebra, Suíça.

Fine Art Images/Heritage Images/Getty Images/Biblioteca de Genebra, Genebra, Suíça.

POR QUÊ?

- Conhecer as instituições e as transformações de uma sociedade do passado contribui para a percepção das mudanças em nossa sociedade.
- Também possibilita a identificação de elementos que têm origem em outra época e permanecem ainda hoje.

- Observamos o dinamismo das mudanças sociais e econômicas e os interesses entrelaçados dos grupos sociais e políticos (tanto dos grupos formados na ordem feudal da Alta Idade Média quanto dos grupos novos, ligados às transformações da ordem feudal).
- A estrutura social hierarquizada, em meio às disputas entre poderes, levou ao enriquecimento de alguns grupos sociais em contraste com a maioria da população.

ATIVIDADES

Retome

1› Reveja as questões da abertura do capítulo e, com base no que você estudou, explique de que modo o crescimento do comércio com o Oriente favoreceu o nascimento das cidades.

2› Cite os principais fatores que impulsionaram as Cruzadas.

3› Identifique as diferenças mais marcantes entre o sistema feudal da Alta Idade Média e a economia da Baixa Idade Média.

Trabalhe com o texto

4› Leia o texto abaixo sobre as mulheres na Idade Média e depois faça as atividades propostas.

O espaço no qual transitaram as mulheres foi, ele próprio, muito variável e mutável. A vida rural contrastava com a das cidades. Estas se multiplicaram em razão de um processo de renovação das atividades econômicas ocorrido a partir do século XI, responsável pelo aparecimento de relações determinadas cada vez mais por uma economia mercantil e monetária, por novas formas de poder e de cultura, diferentes das senhoriais e clericais. Nesse amplo quadro, presentes nas aldeias e nos castelos, nas praças públicas e nas ruas, nas oficinas artesanais, nas feiras e nos mercados, podemos dizer que as mulheres atuaram em todas as esferas da sociedade medieval. [...] Mulheres [...] parentes de pequenos ou grandes negociantes, foram levadas pelas circunstâncias a substituir ou auxiliar os homens. Atuaram em atividades comerciais desde as pequenas transações até empreitadas de grande envergadura. [...]

Havia mercadoras no pequeno comércio praticado nas cidades. Em Troyes, situada ao norte da França, muitas mulheres possuíram lojas. Algumas vendiam bolos, frutas, legumes, especiarias e carne. [...] Os registros fiscais da administração inglesa mencionam casos de mulheres envolvidas até em transações mais importantes e vultosas, ligadas sobretudo à exportação de lã. [...] Certas viúvas de oficiais do rei ou outros funcionários da monarquia dispunham inclusive de capital considerável, que aplicavam em embarcações e no comércio com a Coroa.

Negócios de tal porte exigiam sólidos conhecimentos e grande habilidade pessoal, algo que várias mulheres tinham. [...]

> **Vultoso:** de valor ou volume considerável.

Comprometidas com o comércio, as mulheres se envolveram em operações financeiras de todo o gênero, inclusive com a usura, isto é, com o empréstimo a juros. [...]

Assim, dependendo do lugar ocupado na sociedade urbana, as chances de sucesso não eram completamente vedadas ao sexo feminino. Nas cidades, algumas mulheres chegaram a conquistar independência em relação aos homens. Entre os testamentos dos burgueses alemães de Lübeck do século XIV encontra-se o de Matilde de Bremen. Em 1353, ela declarava possuir, além de dinheiro e joias, certo número de imóveis.

MACEDO, José Rivair. *A mulher na Idade Média*. São Paulo: Contexto, 2002. p. 32; 42-43; 46. (Repensando a História).

a) De acordo com o texto, cite algumas das atividades praticadas pelas mulheres na Idade Média.

b) Segundo o autor, elas ficavam restritas a certas ocupações? Justifique.

c) Durante muito tempo, havia a ideia de que as mulheres medievais estavam sempre subordinadas aos seus maridos ou pais, tanto na vida doméstica quanto fora dela. Essa afirmação se confirma no texto de José Rivair Macedo? Por quê?

d) Na sua opinião, hoje as mulheres podem exercer todos os tipos de atividade ou ainda existe certa divisão entre tarefas consideradas "masculinas" e "femininas"? Dê exemplos para justificar sua resposta.

Autoavaliação

1. Quais atividades você considerou mais fáceis e mais difíceis? Por quê?
2. Em quais atividades você utilizou o texto do capítulo como base para sua resposta?
3. Algum ponto do capítulo não ficou muito claro para você? Qual?
4. Você compreendeu o esquema *Mapeando saberes*? Explique-o.
5. Você saberia apontar exemplos da atualidade considerando o que aprendeu no item *Por quê?* do *Mapeando saberes*?
6. Como você avalia sua compreensão dos assuntos tratados neste capítulo?
   - **Excelente**: não tive nenhuma dificuldade.
   - **Boa**: tive algumas dificuldades, mas consegui resolvê-las.
   - **Regular**: foi difícil compreender certos conceitos e resolver as atividades.
   - **Ruim**: tive muitas dificuldades, tanto no conteúdo quanto na realização das atividades.

LENDO IMAGEM

As igrejas tornaram-se o centro da vida social na Idade Média. Essas construções também são consideradas por alguns estudiosos a principal expressão artística do período. Um dos estilos arquitetônicos da Igreja católica foi o românico. Na imagem abaixo é possível observar características desse estilo.

arcos arredondados
estrutura robusta, compacta
Janelas pequenas e em número reduzido deixam o interior escuro, criando um ambiente adequado às orações.
Construção se alonga mais no sentido horizontal do que no vertical (altura).
estilo mais sóbrio, com poucos detalhes decorativos
paredes grossas

Marie-Lan Nguyen/Wikipedia/Wikimedia Commons 4.0

A igreja de Notre-Dame em Châtel-Montagne, na França, é um exemplo do estilo românico. Foto de 2017.

Outro estilo arquitetônico medieval foi o gótico. As catedrais, presentes em áreas urbanas, caracterizavam-se por serem mais altas que as românicas e por possuírem estrutura verticalizada, com paredes mais finas, grandes vitrais, arcos ogivais e janelas maiores para a entrada de luz. As torres altas e a luminosidade destacavam o esplendor e a proximidade com Deus. A Catedral de Milão, abaixo, é um exemplo do estilo gótico.

jeafish Ping/Shutterstock

A Catedral de Milão começou a ser construída em 1386 e foi concluída 500 anos depois. Foto de 2017.

Identifique o vestígio (os elementos da construção)

1› Observe a imagem da Catedral de Milão e leia as informações a respeito da construção. Quais características do estilo gótico você consegue identificar?

Analise as características das construções

2› Quais as diferenças entre a igreja de Notre-Dame, em Châtel-Montagne, e a Catedral de Milão?

Crie hipóteses sobre as construções

3› **a)** Por que o estilo românico e o estilo gótico apresentam características diferentes?

b) O que a altura e o tamanho da janela indicam em cada uma delas?

Linha do tempo

O tempo é muito importante no estudo de História, como já vimos. Assim, a linha do tempo é um recurso bastante usado, pois ajuda a ordenar os acontecimentos no tempo e a identificar os diferentes períodos.

Você viu neste livro alguns exemplos de linhas do tempo. Que tal construir a linha do tempo da vida de um adulto da sua família? Pode ser seu pai, sua mãe, um de seus avós, um tio ou até um irmão mais velho.

Para a atividade você vai precisar de:

- papel *kraft* ou uma cartolina branca;
- régua;
- lápis e canetas coloridas;
- se possível, cópias de fotos da pessoa em diferentes fases da vida.

Passo a passo

1› Faça uma lista com cinco fatos que você considera que devem constar da linha do tempo. Exemplos: nascimento, casamento, formatura, nascimento de filho, morte de um familiar, vitória do time de futebol, mudança de casa ou cidade, etc.

2› Pergunte ao adulto escolhido o ano em que ocorreram esses cinco fatos selecionados por você. Em seguida, pergunte outros cinco fatos marcantes da vida dele. Anote os fatos narrados e o ano em que cada um deles aconteceu.

3› Em uma folha de papel, trace uma linha usando uma régua. O tamanho da linha variará de acordo com o número de eventos que serão inseridos.

Para que os espaços entre os anos tenham sempre o mesmo tamanho, defina uma escala, ou seja, trace uma linha vertical a cada 5 centímetros e indique o ano em intervalos de 10 em 10. Exemplo: 1910, 1920, 1930... Veja um exemplo abaixo.

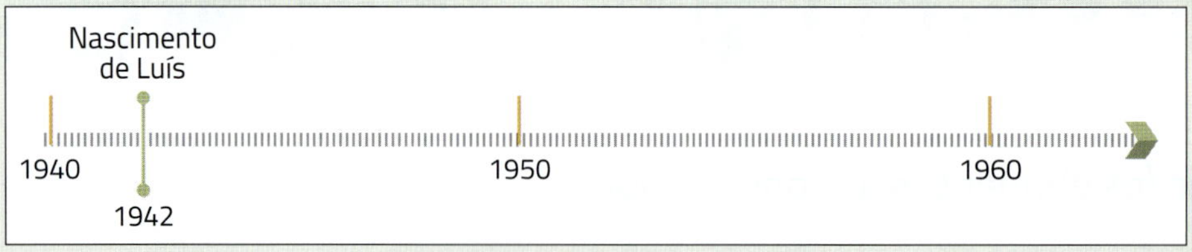

4› Registre os fatos, em sequência, da data menor para a maior.

a) Na extremidade esquerda da linha marque o ano de nascimento desse adulto.

b) A partir dela, vá marcando os anos seguintes, um a um, respeitando a escala definida, até chegar à idade que a pessoa tem hoje.

c) Em seguida, escreva os fatos importantes ocorridos nas datas marcadas.

d) Caso você tenha cópias de fotos, cole-as junto aos fatos importantes. Se não tiver fotos, pode criar ilustrações para representar as fases ou os fatos destacados.

5› Por fim, compare a linha da vida que você construiu com a de seus colegas: as datas e os fatos considerados importantes são os mesmos para todas as pessoas?

Leitura de mapas históricos

Ao longo deste livro, entramos em contato com diversos mapas históricos. Os mapas históricos são aqueles que apresentam **eventos** (ou transformações) ocorridos em certo **lugar** (ou região) em um determinado **momento** (ou período).

Ao ler um mapa histórico, precisamos seguir alguns passos. Veja-os abaixo.

Classificar o mapa

Existem diferentes tipos de mapas históricos. Veja alguns deles a seguir.

- Mapas econômicos: trazem dados sobre a agricultura, a indústria, o comércio, os transportes, etc.;
- Mapas demográficos: destacam a distribuição, as características e as migrações de populações;
- Mapas políticos: trazem dados sobre fatos ocorridos no campo militar (guerras, conquistas, batalhas), governamental (formação de reinos e impérios), etc.;
- Mapas culturais: trazem dados sobre religiões, manifestações artísticas, desenvolvimento científico, etc.;
- Mapas geológicos: apresentam as transformações sofridas pelo planeta ao longo do tempo.

Identificar o quê, quando e onde

Para isso, é preciso:

- identificar o assunto e os dados do mapa (em geral, o assunto aparece no título, e os dados, na legenda interna);
- distinguir a época ou a data a que o mapa se refere (essa informação pode vir na legenda interna ou no título do mapa);
- reconhecer o local representado pelo mapa (pode ser uma cidade, um país, uma região ou até mesmo todo o planeta).

Ler e interpretar o mapa

1› Observe os mapas das páginas 37 (*Povoamento do mundo no paleolítico*) e 38 (*Principais áreas de origem da agricultura*) e classifique cada um quanto ao tipo.

2› Observe o mapa da página 37 (*Povoamento do mundo no paleolítico*) e responda:

a) Qual é o assunto do mapa?

b) Quais são os dados do mapa?

c) Como esses dados estão representados?

d) Quais os limites geográficos apresentados?

e) A que período ele se refere?

3› Relacione os dados do mapa da página 37 (*Povoamento do mundo no paleolítico*) com o local representado e a época a que se refere e responda:

a) Em que continente surgiu o ser humano?

b) Descreva a rota das migrações humanas, indicando cada um dos continentes alcançados pelo ser humano na ordem em que foram povoados.

Sergio Pedreira/Pulsar Imagens

Alunos de escola pública de Santaluz, Bahia. Foto de 2018.

Fichamento

Toda vez que lemos um texto, entramos em contato com várias informações, muitas delas novas para nós. Para organizar as ideias e diferenciar as informações principais das secundárias, uma boa solução é fazer um fichamento. Chamamos de fichamento as anotações dos dados mais importantes de um texto, geralmente feitas em fichas ou folhas avulsas. Mas você pode criar seu próprio modelo de fichamento.

Ao longo do curso de História, será importante fichar os capítulos deste livro e outros textos. Isso vai ajudá-lo na hora de estudar e recordar a matéria.

Para fazer um fichamento, é necessário cumprir algumas etapas. Veja-as abaixo.

1› No topo de uma folha pautada, identificar o texto que será fichado (título, autor, livro em que está, etc.).

2› Anotar na folha os títulos dos **itens** e **subitens** do texto. Eles devem vir em tamanhos ou cores diferentes, para você diferenciar um do outro.

Atenção: Deixar um espaço em branco entre os títulos e subtítulos. Para cada parágrafo do texto, reservar uma linha.

3› Ler atentamente o texto. Se existir alguma palavra cujo significado você não saiba, pesquisar no dicionário e anotar na ficha.

4› Ao longo da leitura, identificar as **ideias principais** de cada item ou subitem e anotá-las no espaço em branco correspondente.

5› Para cada ideia, criar um parágrafo. Você pode usar suas palavras ou as do autor, mas neste caso deve colocar aspas no trecho copiado para deixar claro que aquelas palavras não são suas.

6› Além das ideias principais, você também pode anotar no seu fichamento conceitos importantes, questionamentos, comparações e outras informações motivadas pelo texto.

7› Tenha o cuidado de separar suas ideias das do autor para não as confundir depois.

Vamos fazer uma experiência? Para ajudá-lo neste primeiro fichamento, preste atenção em como está fichado o primeiro parágrafo do texto abaixo. Copie o início da ficha e elabore os tópicos seguintes.

Não havia contradição entre a democracia antiga e a escravidão. Na realidade, era o fato de uma massa de cativos trabalhar compulsoriamente que garantia a liberação dos cidadãos para a participação política.

Compulsório: obrigatório, forçado.

A escravidão não foi apenas um aspecto econômico central da vida grega, mas também influenciou profundamente sua mentalidade. Como o trabalho estava associado à escravidão, era geralmente desvalorizado, visto como atividade inferior, que não cabia ao cidadão.

[...] O ideal grego valorizou o ócio, mas não como tempo livre inútil e vazio, e sim como a possibilidade de o cidadão dedicar-se à cidade, à política. Não é à toa que Hefesto, o deus dos ofícios artesanais, era representado como um ser deformado, que vivia separado dos demais deuses. [...]

Na prática, nem todos os cidadãos podiam escapar da atividade produtiva ou possuíam escravos e terras suficientes. Por isso, a participação política variou muito de pessoa para pessoa. O camponês pobre, embora livre e gozando de todos os direitos políticos, raramente comparecia à assembleia e só podia ocupar um cargo público quando era remunerado.

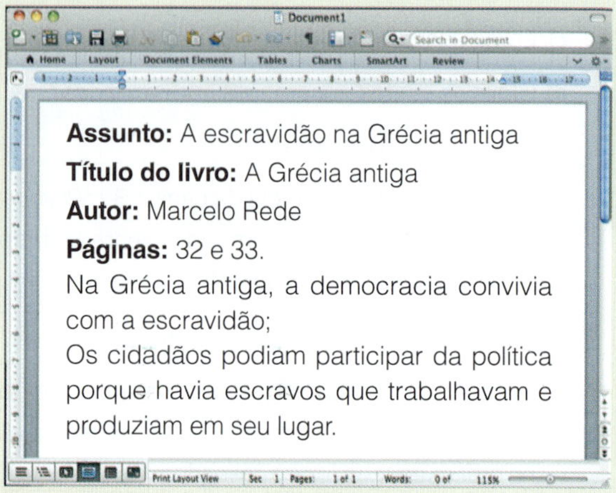
Assunto: A escravidão na Grécia antiga
Título do livro: A Grécia antiga
Autor: Marcelo Rede
Páginas: 32 e 33.
Na Grécia antiga, a democracia convivia com a escravidão;
Os cidadãos podiam participar da política porque havia escravos que trabalhavam e produziam em seu lugar.

Banco de imagens/Arquivo da editora

É importante salientar o predomínio da mentalidade escravista. A sociedade grega nunca se imaginou sem a existência do trabalho dos cativos e sem a exclusão desse grupo da vida política. Mesmo os escravos jamais conseguiram formular um projeto consistente alternativo à escravidão. Um dos motivos para isso foi que os escravos provinham das mais diferentes realidades estrangeiras e não falavam sequer a mesma língua. Era difícil obter um consenso para lutar contra seus senhores. Mas a principal razão para a ausência de revoltas que propusessem uma nova sociedade, sem escravos e senhores, foi que a ideia e prática da escravidão eram consideradas naturais na Antiguidade, mesmo entre os escravos.

REDE, Marcelo. *A Grécia antiga*. São Paulo: Saraiva, 1999. p. 32-33.

Salientar: destacar.
Consenso: acordo.

Trabalho em equipe

Trabalhar em grupo é quase sempre mais agradável do que sozinho. Mas o resultado do trabalho depende de um bom planejamento e da participação de todos. Vamos experimentar esse método montando um painel de fotos sobre o islamismo. Siga os procedimentos abaixo.

Montar a equipe

1› Organizem-se em grupos de até 5 pessoas.

Definir o tema e o material

2› Combinem qual aspecto do islamismo vocês gostariam de ilustrar. Por exemplo: expansão do islã entre os séculos VII e IX; distribuição e concentração dos muçulmanos no mundo hoje; a vida de Maomé; diferenças entre sunitas e xiitas; o Corão; etc.

3› Para o painel, vocês precisarão de:

- uma folha de papel *kraft* de 1,5 m × 1,5 m;
- canetas coloridas;
- cartolina;
- régua, lápis, tesoura com pontas arredondadas e cola.

Dividir as funções de cada um

4› O painel precisará de título, de texto introdutório e de imagens com legenda.

- Todas as imagens escolhidas deverão ser aplicadas em tamanho grande. Podem ser recortadas de revistas, impressas da internet ou xerocopiadas de livros (coloridas).
- Todas as imagens devem ter moldura e legenda.
- Todos os textos, incluindo os das legendas, devem ser escritos com letras grandes. Caso os textos sejam digitados, usem o tipo Arial 20.

5› Distribuam as funções.

- Quem será o coordenador responsável por centralizar a distribuição, o desenvolvimento e o recebimento das atividades?
- Quem ficará responsável por pesquisar as imagens e escrever as legendas?
- Quem fará a redação do texto introdutório?
- Quem fará as molduras das figuras?
- Quem escreverá o título e fará a colagem das imagens?

Elaborar o cronograma de trabalho

6› Organizem um cronograma com a ordem em que as tarefas devem ser cumpridas. Lembrem-se de que as molduras só poderão ser feitas depois que as imagens estiverem escolhidas.

Bibliografia

ANDRADE, Manuel Correia de. *O Brasil e a África*. São Paulo: Contexto, 1997.

BASCHET, Jérôme. *A civilização feudal*: do ano mil à colonização da América. São Paulo: Globo, 2006.

BETHELL, Leslie (Org.). *História da América Latina*: a América Latina colonial I. São Paulo: Edusp, 1998.

BITTENCOURT, Circe Maria F. (Org.). *O saber histórico na sala de aula*. São Paulo: Contexto, 1997.

BORGES, Jóina Freitas. *A História negada*: em busca de novos caminhos. Teresina: Fundapi, 2004.

BURKE, Peter. (Org.). *A escola dos Annales (1929-1989)*: a Revolução Francesa da historiografia. São Paulo: Unesp, 1997.

______. *A escrita da História*: novas perspectivas. São Paulo: Unesp, 1992.

CARDOSO, Ciro Flamarion S. *O Egito antigo*. São Paulo: Brasiliense, 1982.

______. *O trabalho compulsório na Antiguidade*: ensaio introdutório e coletânea de fontes primárias. Rio de Janeiro: Graal, 2003.

______. *Sete olhares sobre a Antiguidade*. Brasília: UnB, 1998.

______. *Sociedades do antigo Oriente Próximo*. São Paulo: Ática, 1995.

CARDOSO, Ciro Flamarion S.; BRIGNOLI, Hector Perez. *Os métodos da História*. Rio de Janeiro: Graal, 1979.

______; VAINFAS, Ronaldo (Org.). *Domínios da História*: ensaio de teoria e metodologia. Rio de Janeiro: Campus, 1997.

CHESNEAUX, Jean. *Devemos fazer tábula rasa do passado?*: sobre a História e os historiadores. São Paulo: Ática, 1995.

CUNHA, Manuela Carneiro da. *História dos índios no Brasil*. São Paulo: Companhia das Letras, 1998.

D'ALESSIO, Marcia Mansor. *Reflexões sobre o saber histórico*. São Paulo: Unesp, 1998.

FERRO, Marc. *A manipulação da História no ensino e nos meios de comunicação*: a história dos dominados em todo o mundo. São Paulo: Ibrasa, 1983.

FINLEY, Moses I. *Aspectos da Antiguidade*. São Paulo: Martins Fontes, 1991.

______. *Economia e sociedade na Grécia antiga*. São Paulo: Martins Fontes, 1989.

FLORENZANO, Maria Beatriz B. *O mundo antigo*: economia e sociedade. São Paulo: Brasiliense, 1982.

FONTANA, J. L. *Introdução ao estudo da História geral*. Bauru: Edusc, 2000.

FUNARI, Pedro Paulo. *Arqueologia*. São Paulo: Ática, 1988.

______. *Grécia e Roma*. São Paulo: Contexto, 2001.

______; NOELLI, Francisco Silva. *Pré-História do Brasil*. São Paulo: Contexto, 2002.

GINZBURG, Carlo. *Relações de força*: história, retórica, prova. São Paulo: Companhia das Letras, 2002.

GOODY, Jack. *O roubo da história*. São Paulo: Contexto, 2008.

GRANDAZZI, Alexandre. *As origens de Roma*. São Paulo: Unesp, 2010.

GRUPIONI, Luís Donisete Benzi (Org.). *A temática indígena na escola*: novos subsídios para professores de 1º e 2º graus. 2. ed. São Paulo: Global, 1998.

HERNANDEZ, Leila Leite. *A África na sala de aula*: visita à História contemporânea. São Paulo: Selo Negro, 2005.

HOBSBAWM, Eric J. *Sobre História*. São Paulo: Companhia das Letras, 1998.

KARNAL, Leandro (Org.). *História na sala de aula*: conceitos, práticas e propostas. São Paulo: Contexto, 2003.

______ et al. *História dos Estados Unidos*: das origens ao século XXI. São Paulo: Contexto, 2008.

LEAKEY, Richard E.; LEWIN, Roger. *Origens*. São Paulo: Melhoramentos, 1980.

LE GOFF, Jacques. *As raízes medievais da Europa*. Petrópolis: Vozes, 2007.

______. *História e memória*. Campinas: Unicamp, 1992.

LOPES, Nei. *Dicionário da Antiguidade africana*. Rio de Janeiro: Civilização Brasileira, 2011.

______. *Dicionário de História da África*: séculos VII a XVI. Belo Horizonte: Autêntica, 2017.

LOPES, Reinaldo. *1499*: a Pré-História do Brasil. Rio de Janeiro: Harper Collins, 2017.

LOVEJOY, Paul E. *A escravidão na África*: uma história de suas transformações. Rio de Janeiro: Civilização Brasileira, 2002.

LOYN, Henry R. (Org.). *Dicionário da Idade Média*. Rio de Janeiro: Jorge Zahar, 1997.

MACEDO, José Rivair. *Desvendando a história da África*. Porto Alegre: UFRGS, 2008.

______. *História da África*. São Paulo: Contexto, 2017.

MATTOS, Regiane Augusto de. *História e cultura afro-brasileira*. São Paulo: Contexto, 2007.

NOVAES, Adauto (Org.). *A descoberta do homem e do mundo*. São Paulo: Companhia das Letras, 1998.

NOVAIS, Fernando Antonio; SILVA, Rogerio Forastieri da (Org.). *Nova história em perspectiva*. São Paulo: Cosac Naify, 2011.

PINSKY, Jaime. *As primeiras civilizações*. São Paulo: Atual, 1994.

______ (Org.). *O ensino de História e a criação do fato*. São Paulo: Contexto, 2009.

RATHBONE, Dominic. *História ilustrada do mundo antigo*. São Paulo: Publifolha, 2011.

REIS, José Carlos. *Escola dos Annales*: a inovação em História. São Paulo: Paz e Terra, 2000.

REVISTA USP. *Dossiê antes de Cabral*: arqueologia brasileira I e II. São Paulo, n. 44, dez./jan./fev. 1999-2000.

______. *Dossiê surgimento do homem na América*. São Paulo, n. 34, jun./jul./ago. 1997.

ROSENSTONE, Robert A. *A História nos filmes, os filmes na História*. São Paulo: Paz e Terra, 2010.

ROSTOVTZEFF, Michael Ivanovitch. *História de Roma*. Rio de Janeiro: Guanabara, 1986.

SILVA, Alberto da Costa e. *A enxada e a lança*: a África antes dos portugueses. Rio de Janeiro: Nova Fronteira, 1996.

UNESCO. Educação das relações étnico-raciais no Brasil: trabalhando com histórias e culturas africanas e afro-brasileiras nas salas de aula. Brasília: Fundação Vale, 2014. Disponível em: <https://tinyurl.com/y85g8acg>. Acesso em: 23 ago. 2018.

______. História Geral da África. Disponível em: <www.unesco.org/new/pt/brasilia/about-this-office/single-view/news/general_history_of_africa_collection_in_portuguese_pdf_only>. Acesso em: 11 maio 2018.